파이썬으로 하는
마케팅 연구와 분석

First published in English under the title
Python for Marketing Research and Analytics
by Jason S. Schwarz, Chris Chapman and Elea McDonnell Feit, edition: 1

파이썬으로 하는 마케팅 연구와 분석

데이터 처리부터 시각화까지

(주)크라스랩 옮김

제이슨 슈바르츠
크리스 채프먼
에리 맥도넬 파이트 지음

에이콘

에이콘출판의 기틀을 마련하신 故 정완재 선생님 (1935-2004)

| 옮긴이 소개 |

(주)크라스랩(craslab@daum.net)

머신러닝을 기반으로 다양한 연구를 수행하고 있으며, 특히 머신러닝 기반의 금융 분석과 핀테크에 중점을 두고 있다. KAIST 전산학과 계산이론 연구실 출신의 이병욱 대표가 이끌고 있으며, 그의 저서인『블록체인 해설서』(에이콘, 2019)는 대한민국학술원에 의해 2019년도 교육부 우수학술도서로 선정됐다.

| 옮긴이의 말 |

이 책은 파이썬을 사용해 마케팅 분석을 수행하는 각종 방법론을 설명한다. 통계적인 유의성에 기반해 다양한 마케팅 사례를 설명하는데, 마케팅 사례 분석을 위해 파이썬의 문법과 함께 통계적 분석 또한 동시에 배울 수 있으므로 일석삼조의 효과를 볼 수 있다. 특히 다양한 그래픽 기법을 통해 데이터 분석에서 가장 중요한 시각화 기법을 익힐 수 있다.

다양한 통계 수학이 동원되지만 복잡한 수식의 전개는 최대한 자제했으며, 대부분의 개념을 어려운 수학을 이해하지 않고도 습득할 수 있도록 배려한 부분 또한 돋보인다. 마케팅에 종사하고 있거나 마케팅 분야가 아니더라도 기초 데이터의 통계적 분석 기법을 파이썬을 통해 배우고자 한다면, 이 책은 좋은 선택이 될 것이다.

이 책은 파이썬을 전혀 모르는 사람들을 위해 한 장에 걸쳐 파이썬의 주요 기본 문법과 데이터 유형을 일목요연하게 정리했다. 따라서 데이터 분석에 관심이 있는 사람은 물론이고 처음으로 파이썬을 배우고자 하는 사람들에게도 좋은 지침서가 될 수 있을 것이다.

| 지은이 소개 |

제이슨 슈바르츠 Jason Schwarz PhD

구글의 정량 연구원Quantitative Researcher으로, 그 전에는 시스템 신경생물학자였다. 연구 분야는 지각, 주의, 동기 부여, 행동 패턴 형성과 구글에서 대규모로 연구하는 데이터 시각화이다. 구글에 입사하기 전에는 신생 기업에서 데이터 과학자로 근무하면서 파이썬 스택으로 분석을 실행하고 프로덕션 머신러닝 모델을 개발하고 배포했다.

크리스 채프먼 Chris Chapman PhD

구글의 정량 연구원이며, 『R for Marketing Research and Analytics』(Springer, 2015)의 공동 저자이다. 미국 마케팅 협회American Marketing Association 실무자 협의회 회장을 역임했고 2012년과 2017년에는 AMA 고급 연구 기술 포럼AMA Advanced Research Techniques Forum의 의장을 역임했으며, 여러 회의와 산업 위원회의 회원이기도 하다. R, 컨조인트 분석conjoint analysis, 전략적 모델링과 기타 분석 주제에 대한 연구 혁신을 정기적으로 발표하고 워크숍을 진행하고 있다.

에리 맥도넬 파이트 Elea McDonnell Feit

드렉셀 대학교Drexel University의 마케팅 조교수이자 와튼 스쿨Wharton School의 마케팅 선임 연구원이다. 광범위한 정량적 방법에 접근하는 방법론을 좋아하며 광고 측정, 마케팅 실험, R의 마케팅 분석, 이산 선택 모델링, 계층적 베이즈 방법hierarchical Bayes method에 대한 워크숍 및 과정을 맡아 가르치고 있다. 『R for Marketing Research and Analytics』(Springer, 2015)의 공동 저자이다.

| 감사의 글 |

이 책을 쓰는 데 도움을 주신 분들께 특별한 감사의 말씀을 전하고 싶다. 먼저 수년에 걸쳐 튜토리얼과 수업에 참가한 모든 학생에게 감사한다. 그들은 귀중한 피드백을 제공했다. 그 경험이 여러분에게도 도움이 되길 바란다.

구글 연구 커뮤니티의 제이슨Jason과 크리스Chris의 동료들은 책의 일부에서 광범위한 피드백을 제공했다. 자비에 바르가스Javier Bargas, 마리오 칼레가로Mario Callegaro, 수 가오Xu Gao, 로한 기포드Rohan Gifford, 마이클 길버트Michael Gilbert, 시아위 허Xiaoyu He, 팀 헤스터버그Tim Hesterberg, 샹카 쿠마Shankar Kumar, 키산 판챌Kishan Panchal, 카트리나 파노비치Katrina Panovich, 마이클 퀸Michael Quinn, 데이비드 레무스David Remus, 마르타 레이-바바로Marta Rey-Babarro, 댄 러셀Dan Russell, 로리 세이레스Rory Sayres, 안젤라 세르겐도프Angela Schörgendorfer, 미카세게리츠Micha Segeritz, 밥 실버스타인Bob Silverstein, 매트 스몰Matt Small, 길 워드Gill Ward, 존 웹John Webb, 루이 총Rui Zhong, 요리 촐스Yori Zwols 등의 격려와 리뷰는 더 좋은 책을 쓰는 데 도움을 줬다.

커뮤니티의 린다 베이컨Lynd Bacon, 마르티나 디직Marianna Dizik, 데니스 포크Dennis Fok, 노르만 렘케Norman Lemke, 폴 리트박Paul Litvak, 케리 로덴Kerry Rodden, 스티븐 스콧Steven Scott, 랜디 즈위츠Randy Zwitch 등에게서는 가치 있는 피드백을 얻었다.

스피링거Springer의 직원과 편집자들, 특히 선임 편집자 로레인 크리모위치Lorraine Klimowich는 책을 만들면서 여러 절차를 원활하게 해줬다.

이 책의 많은 부분은 공립 도서관과 대학 도서관에서 작성됐다. 탁월한 문학 자료와 환대해주신 학생들에게 감사한다. 이 책의 일부는 뉴올리언스 공립 도서관, 뉴욕 공립 도서관, 뉴욕 GTSGeneral Theological Seminary의 크로스토프 켈러 주니어Christoph Keller, Jr. 도서관, 캘리포니아대학교 샌디에이고 캠퍼스 가이젤 도서관University of California San Diego Giesel Library, 워싱턴 수잘로대학교University of Washington Suzzallo 및 앨런 도서관, 선베일 공립 도서관, 동경 도립 중앙 도서관Tokyo Metropolitan Central Library 등에서 즐겁게 썼다.

무엇보다 독자 여러분께도 감사드린다. 파이썬을 알아보기로 결정했다니 무척 기쁘다. 여러분의 노력이 보상받길 기대하겠다. 이제 시작해보자.

| 차례 |

2부 데이터 분석의 기초

5장 그룹 비교: 테이블 및 시각화 151

6장 그룹 비교: 통계 검정 175

7장 결과의 동인 식별: 선형 모델 195

3부 고급 데이터 분석

| 들어가며 |

이 책은 독자 여러분이 마케팅 조사와 분석을 위해 파이썬을 사용할 수 있게 도움을 줄 것이다.

파이썬은 마케팅 분석가에게는 훌륭한 선택이며, 통계 모델을 적합화하기 위한 고급 기능을 제공한다. 파이썬은 확장 가능하며 소규모와 대규모 데이터셋 모두에서 다양한 형태로 여러 시스템 데이터를 처리할 수 있다. 파이썬 생태계에는 시각화 기술뿐만 아니라 광범위한 기존의 통계 기법과 새로운 통계 기법도 포함된다. 그러나 마케팅 영역에서의 사용은 계량경제학, 생물정보학, 전산학 등의 분야보다 뒤처져 있다. 독자들의 도움으로 이 상황이 바뀔 수 있길 바란다.

이 책은 두 부류의 독자를 위해 설계됐다. 하나는 파이썬을 배우고 싶어 하는 마케팅 연구원 분석가이며, 다른 하나는 파이썬을 사용해 선택한 마케팅 주제를 검토하려는 비마케팅 분야의 학생이나 연구원이다.

이 책을 읽기 위해서는 단지 파이썬을 이용한 마케팅에 관심이 있고 선형 회귀와 같은 기본 통계 모델에 개념적으로 익숙하며 직접 실습에 참여할 의향만 있으면 충분하다. 어느 정도의 프로그래밍 경험이 있으면서 파이썬을 배우고자 하는 분석가들에게는 특히 도움이 될 것이다. 1장에서는 파이썬을 사용해야 하는 추가적인 이유(그리고 파이썬을 사용하지 않는 몇 가지 이유)를 설명한다.

실습 부분은 중요하다. 따라서 처음 7개 장에 걸쳐 개념을 점진적으로 배우고 익히면서 예제를 직접 실습해볼 것을 독자 여러분에게 권한다. 이 책은 참조 가이드 형식이 아니다. 1부에서 파이썬 언어의 기초에 대해 약간의 시간을 보낸 다음, 2부에서는 실제 마케팅 분석 문제에 적용한다. 3부에서는 몇 가지 고급 마케팅 주제를 살펴본다. 전체 장에서 파이썬의 위력을 보여주고 있다. 모든 장에서 여러분이 새롭고 흥미로운 것을 배울 수 있었으면 좋겠다.

이 책의 특징은 다음과 같다.

- 마케팅 조사 과제를 중심으로 구성된다. 일반적인 예 대신 마케팅 질문의 맥락에서 살펴본다.
- 기본적인 통계 지식만 가정하고 최소한의 수학만 사용한다. 이 책은 실무자가 쉽게 접근할 수 있도록 설계됐으며 통계 모델의 방정식이나 수학적 세부 사항은 다루지 않는다(해당 텍스트에 대한 참조는 제공한다).
- 통계적 개념과 파이썬 코드를 설명하는 설명서이다. 각자 하는 일을 이해하고 통계와 파이썬 모두에서 일반적으로 발생하는 문제를 피하는 방법을 배우길 기대한다. 다른 참고 문헌이나 참조 가이드와 달리 가독성 있고 서로 다른 니즈를 충족해줄 수 있길 바란다.
- 응용 장은 진보적 모델 구축을 보여준다. '해답'을 제시하지 않고 대신 분석가가 통계적 강도와 실제 유

용성 측면에서 여러 모델을 비교하는 연속적 단계가 실제로 분석을 어떻게 수행할 수 있는지 보여준다.

- 각 장에는 핵심 분석의 일부로 시각화가 들어 있다. 이 책은 시각화를 독립된 주제로 간주하지 않는다. 오히려 시각화는 데이터 탐색과 모델 구축의 필수 부분이라고 믿기 때문이다.
- 경우에 따라, 고급 프로그래밍이나 모델에 관한 자료는 표시를 통해 독자가 그냥 건너뛰거나 읽을 수 있도록 했다.
- 대부분의 분석은 마케팅 데이터 구조에 대한 추가 통찰과 함께 파이썬 언어로 실습할 수 있는 시뮬레이션 데이터를 사용한다. 독자 여러분이 원할 경우 데이터 시뮬레이션을 변경하고 통계 모델이 어떻게 영향을 받는지 확인해볼 수 있다. 경우에 따라 이러한 절은 제목에 * 표시를 해뒀다(예: 고급 기법*). 책에서 다루지 않는 부분은 무엇일까? 우선, 이 책은 마케팅을 위한 파이썬을 가르치지만 마케팅 연구 자체를 가르치지는 않는다. 많은 마케팅 주제를 설명하지만, 파이썬 분석 방법이 반복되는 다른 주제들은 생략한다. 앞서 언급했듯이 개념적 관점에서 통계 모델에 접근하고 수학은 생략한다. 복잡도와 지면 공간의 제약으로 인해 몇 가지 전문 주제는 생략됐다. 예를 들어 고객 라이프타임lifetime 가치 모델과 계량경제학 시계열 모델 등은 생략된다.

전반적으로 여기에서 분석한 내용은 마케팅 조사와 분석 사례의 훌륭한 샘플이라고 생각한다. 이러한 작업을 수행하는 방법을 배우면 여러 마케팅 영역에서 파이썬을 적용할 수 있는 준비가 된 것이다.

한편, 이 책은 마케팅을 위해 파이썬을 가르치지만 전체 파이썬 프로그래밍 언어나 그 미묘함까지 모두 가르치지는 않는다. 이 책은 마케팅 데이터를 성공적으로 분석하는 데 필요한 파이썬 프로그래밍의 기본 사항을 설명하지만, 파이썬에는 여기서 설명하고 있는 것보다 훨씬 많은 것이 있다.

보충 서적: 『R for Marketing Research and Analytics』

이 책은『R for Marketing Research and Analytics』(Chapman and Feit, 2019)와 밀접한 관련이 있으며 해당 R 책의 방법에 있는 설명과 데이터셋을 많이 공유한다. 어떤 면에서 이 파이썬 책과 R 책은 각각 R과 파이썬의 상호 '번역서'이다.

이는 독자들이 파이썬과 R 사이를 쉽게 이동할 수 있도록 의도적으로 선택한 방법이다. 한 언어로 된 방법을 이해한다면, 다른 언어로 유사하거나 동일한 분석을 수행하는 방법을 볼 수 있다. 예를 들어, 해당 책에서 R을 프로그래밍하는 방법을 배웠다면 이 책을 사용해 파이썬을 빠르게 배울 수 있다. 여기에서 파이썬으로 분석을 마스터하면 해당 책을 활용해 R에서 대부분의 동일한 분석을 쉽게 수행할 수 있다. 대부분의 이론적인 절과 데이터셋은 이미 익숙할 것이며 프로그램 언어에만 집중할 수 있다.

동시에 각 책에는 해당 언어로만 설명하는 다른 곳에서는 다루지 않는 몇 가지 주제가 있다. 이 파이썬 책은 프로그래밍과 사용자 지정 함수 작성에 다소 중점을 둔다. R 책에는 선택 기반 결합 분석(이산 선택 모델), 연관 규칙을 사용한 시장 바스켓 분석market basket analysis, 웹로그weblog와 같은 행동 시퀀스를 모델링하는 방법이 들어 있다.

이러한 차이점은 파이썬의 일반적인 상황을 반영해주며, 방대한 도구 생태계를 가진 R과 달리 다소 적지만 종종 더 안정적이고 고성능 툴을 제공하는 파이썬 생태계를 알 수 있다. 요컨대, 파이썬과 R을 모두 배워야 하는 큰 이유가 있는 것이다. 한 쌍의 책은 이를 더 쉽게 해주도록 설계됐다.

1부

파이썬 기초

01
파이썬 시작

1.1 파이썬이란?

파이썬Python은 범용 프로그래밍 언어이다. 간단한 구문과 뛰어난 가독성 덕분에 파이썬은 프로그래밍 교육뿐만 아니라 데이터 분석과 데이터 과학에서부터 풀 스택 웹full stack web 개발에 이르기까지 모든 종류의 프로그래밍 응용프로그램에 점점 더 많이 선택되는 언어가 됐다.

마케팅 분석가라면 파이썬에 대해 들어봤을 것이다. 파이썬이나 R과 같은 다른 언어를 한번 사용해보고 다소 실망과 혼란을 느낀 다음 충분히 좋은 기존의 다른 도구로 다시 돌아갔을 수도 있다. 파이썬은 명령줄을 사용한다는 사실 때문에 싫어할 수도 있고, 또는 전문가를 위한 파이썬의 장점을 확신할 수 있지만 이를 배우거나 사용할 시간이 없다고 걱정했을 수도 있다.

혹은 시장 분석가가 아닌 프로그래밍 관련 배경을 갖고 공식 분석에 대한 경험이 거의 없는 경우라면, 복잡한 데이터셋을 탐색하려고 했지만 데이터 변환, 통계 혹은 시각화 부분에서 힘들어했을 수도 있다.

이제 이 책이 도움을 줄 것이다. 목표는 실습을 통해 최소한의 시간 동안에 필수 사항만 제시해 파이썬으로 데이터를 생산적으로 분석할 수 있도록 가능한 한 빨리 속도를 높이는 것이다. 또한 파이썬의 성능을 입증하고 고급 사용자에게 몇 가지 새로운 기술을 가르칠 수 있는 몇 가지 고급 주제도 다룰 것이다.

깨달아야 할 핵심적인 사실은 파이썬은 프로그래밍 언어라는 것이다. 파이썬은 SPSS, SAS, JMP 또는 미니탭Minitab과 같은 '통계 프로그램'이 아니며 그중 하나가 되길 원하지도 않는다. 파이썬은 매우 유연하며, 데이터 수집과 변환에서 통계 분석과 시각화에 이르기까지 거의 모든 요구 사항을 충족하는 코드를 작성할 수 있다. 파이썬은 번성하는 오픈소스 커뮤니티를 즐긴다. 과학자와 통계학자들은 새로운 라이브러리를 통해 엄청난 양의 통계와 과학 컴퓨팅 기능을 파이썬에 추가했다. 이러한 라이브러리는 R 또는 매트랩Matlab과 같은 특수 언어에서 볼 수 있는 기능을 추가해 파이썬을 데이터 과학을 위한 강력한 도구로 만들었다.

1.2 왜 파이썬인가?

파이썬은 코드 가독성을 우선으로 설계됐다. 가독성이란 코드가 어떤 작업을 하는지 빠르게 이해하는 것이다. 파이썬에서 코드의 기능은 분명해야 한다. 그게 왜 중요할까? 코드는 쉽게 복잡해질 수 있기 때문이다. 단순성과 직설성을 목표로 코딩에 접근하면 더 좋고 버그가 적으며 공유하기 쉬운 코드를 만들 수 있다.

이것이 대개 학교에서 가르치는 첫 번째 언어가 파이썬인 이유이다. 프로그래머들은 때때로 파이썬은 '그저 유사 코드pseudocode'라는 농담을 하곤 한다. 즉, 실제로 구현하는 것이 아니라 코드를 설계하는 동안 긁적인 문장과 거의 똑같이 느껴진다는 의미이다. 복잡한 구문도 없고 메모리 관리도 없으며 형식을 엄격하게 지키지도 않는다(2.4.1절 참조). 그리고 체계적인 공백whitespace 요구 사항은 코드가 일관된 형식으로 구성되도록 한다.

파이썬은 이러한 단순성과 유연성, 성능, 속도의 균형을 맞춘다. 파이썬이 절대적으로 가장 빠르게 성장하는 프로그래밍 언어인 이유가 바로 여기에 있다(Robinson 2017). 파이썬은 스크립팅과 웹 프레임워크뿐만 아니라 데이터 파이프라인, 머신러닝과 데이터 분석에도 유용하다.

파이썬의 좋은 점은 생산 환경에 잘 통합된다는 것이다. 따라서 보고서 생성, 모델 기반 데이터 스트림 스코어링 또는 이벤트 기반 이메일 전송과 같은 프로세스를 자동화하려는 경우 해당 작업은 일반적으로 파이썬으로 프로토타입을 만든 다음 파이썬으로 직접 생산에 배치해 개발 프로세스를 간소화한다(하지만 이것은 생산에서 사용하는 기술 스택에 따라 다소 다르다).

파이썬은 분석가를 위한 크고 다양한 분석 도구와 통계 방법을 제공한다. 또한 재사용할 수 있고 파이썬 기능 자체를 확장하는 분석을 작성할 수 있다. 파이썬은 대부분의 운영체제에서 실행되며 온라인 데이터 및 SQL 데이터베이스와 같은 데이터 시스템과 잘 인터페이싱된다. 파이썬은 일반적인 스프레드시트 차트보다 훨씬 더 맞춤화되고 유익한 그래픽을 생성할 수 있는 아름답고 강력한 도식화 기능을 제공한다. 이 모든 것을 종합하면, 파이썬은 분석가의 전반적인 생산성을 크게 향상시킬 수 있다.

그리고 또한 커뮤니티가 있다. 많은 파이썬 사용자는 다른 사람을 돕는 것을 좋아하는 열성 팬이며 문제를 해결하는 단순한 기쁨과 종종 새로운 것을 배우는 사실로 인해 보상을 받는다. 파이썬은 사용자가 만든 동적 시스템이며 항상 새로운 것을 배울 수 있다. 파이썬에 대한 지식은 점점 더 많은 상위 기업에서 분석 작업에 필요한 귀중한 기술이 되고 있다.

파이썬에서 사용하는 함수에 대한 코드도 검사할 수 있다. 신뢰할 수 있지만, 또한 자유롭게 검사할 수 있다. 모든 핵심 코드와 사람들이 제공하는 대부분의 패키지는 오픈소스다. 코드를 검사하면, 분석이 작동하는 방식과 내부에서 일어나는 일을 정확히 확인할 수 있다.

마지막으로, 파이썬은 무료이다. 파이썬은 모든 걸작품들처럼 파이썬 핵심 개발자의 사랑과 전문적 자부심이 집결된 산물이다. 그들이 보여준 헌신의 질은 최종 작업을 보면 자명하다.

1.2.1 파이썬 대 R, 줄리아 및 기타 언어

프로그래밍이 처음이라면 파이썬과 R 또는 줄리아Julia, 매트랩, 루비Ruby, Go, 자바Java, C++, 포트란Fortran 중 무엇을 배울지 고민할 것이다. 이러한 각 언어는 몇 가지 차별화 요소에 따라 모두 훌륭한 선택이라 할 수 있다.

작업에 대규모 데이터 변환, 탐색, 시각화, 통계 분석이 포함되는 경우 파이썬이 훌륭한 선택이다. 머신러닝이 당신에게 적합하다면 가장 강력한 머신러닝 라이브러리 중 몇 가지는 Theano, Keras, PyTorch, TensorFlow와 같은 파이썬 네이티브이다. 분석 작업이 생산에 들어가 더 큰 시스템(예: 제품이나 웹 사이트)과 통합되길 원한다면 파이썬이 훌륭한 선택이다.

또 다른 요인은 앱 작성과 같이 분석을 넘어서 더 일반적으로 프로그래밍할 것인지 여부이다. 파이썬은 뛰어난 범용 언어이다. C++보다 접근하기 쉽고 Go, 자바 또는 루비보다 통계와 분석을 더 광범위하게 지원한다.

베이즈 분석이나 구조 방정식 모델링과 같은 고급 통계를 활용하려는 경우 R은 타의 추종을 불허한다(Chapman and Feit 2019). 대규모 데이터셋이나 수학적 복잡성이 높은 모델 작업과 같이 고성능이 필수인 경우라면 줄리아는 탁월한 선택이다(Lauwens and Downey 2019). Go 또한 대규모 확장성을 위해 설계됐다.

모델 방정식 작성과 같이 직접 수학 작업을 많이 하는 경우 줄리아, R, 매트랩, 매스매티카Mathematica 또는 포트란이 더 편안하게 느껴질 수도 있지만, 파이썬이 여전히 좋은 선택이다.

마지막으로 환경 문제가 있다. 다른 프로그래머들과 함께 일하는 경우라면, 그들이 선호하는 언어를 사용하는 것이 유리하므로 전문가의 도움을 받을 수 있다. 동시에 대부분의 언어는 다른 언어와 잘 상호 작용한다. 예를 들어, R에서 분석 코드를 작성하고 파이썬에서 접근하는 것은 매우 쉽다(반대도 마찬가지). C++ 코드는 필요한 경우 파이썬과 기타 여러 언어에 포함시킬 수 있다(Foundation 2020). 즉, 파이썬을 배우면 다른 곳에서 사용할 수 있다. 많은 프로그래머는 결국 여러 언어를 사용하게 되며 그들 사이의 전환이 어렵지 않다는 것을 알게 된다.

간단히 말해서 유연성이 높고 프로그래밍 환경이 간단한 분석의 경우 파이썬을 선택하는 것이 좋다.

1.3 파이썬이 아닌 이유

분석 작업에 파이썬을 사용하지 않는 것을 상상하긴 어렵지만, 물론 그렇지 않은 사람도 많다. 그렇다면 파이썬을 사용하지 않는 이유는 무엇일까?

파이썬을 사용하지 않는 한 가지 이유는 다음과 같다. 언어의 기초를 익히기 전까지는 파이썬에서 여러 간단한 분석을 수행하기가 번거롭다. 파이썬을 처음 사용하고 평균표, 교차 분석 혹은 t-검정을 원하는 경우 이를 수행하는 방법을 파악하는 것이 어려울 수 있다. 파이썬은 마우스 클릭 몇 번의 결과물이 아니라 위력, 유연성, 제어, 반복 분석, 최첨단 방법에 관한 것이다.

또 다른 이유는 프로그래밍을 좋아하지 않는 경우이다. 프로그래밍이 처음이라면 파이썬을 시작하는 것이 좋다.

그러나 이전에 프로그래밍을 시도했지만 즐겁지 않았다면 파이썬이 도전이 될 수 있다. 이 책의 임무는 기본적인 파이썬을 가르치기 위해 열심히 노력하는 것이지만, 모든 사람이 프로그래밍을 즐기는 것은 아니다. 반면 숙련된 프로그래머라면 파이썬은 단순해 보일 것이다(아마도 그럴 수 있다). 몇 가지 함정을 피할 수 있도록 도와주겠다.

파이썬에 대한 또 다른 우려는 생태계의 예측 불가능성이다. 수천 명의 개발자가 제공한 패키지 중에는 귀중한 자원과 함께 평범하고 엉망인 다른 패키지도 있다(비록 주요 패키지, 예컨대 NumPy, pandas, scikit-learn, statsmodels 등에서의 문제는 드물지만). 또 한 가지 때때로 발생하는 일은 다양한 패키지 간의 버전 비호환성이며, 이는 실망스러울 수 있다. 하지만 본인의 판단을 신뢰한다면, 이 상황은 다른 소프트웨어와 그리 다르지 않다.

많은 용도에서 파이썬의 이점이 어려움보다는 훨씬 크다는 것을 확신하길 바란다.

1.4 파이썬을 사용하는 경우

파이썬에 대한 몇 가지 일반적인 사용 사례가 있다.

- 다른 곳에서 사용할 수 있는 것보다 더 새롭거나 더 강력한 기법에 접근하려는 경우. 많은 파이썬 사용자가 바로 그 이유 때문에 시작한다. 그들은 저널 기사, 콘퍼런스 논문 또는 프레젠테이션에서 방법을 보고 그 방법이 파이썬에서 사용 가능하다는 것을 발견한다.
- 분석을 여러 번 실행하는 경우. 이것이 이 책의 한 저자(크리스Chris)가 통계 프로그래밍 여정을 시작한 방법이다. 논문에서 그는 일반적인 결과를 새로운 머신러닝 모델의 결과와 비교하기 위해 기존 방법을 부트스트랩bootstrap해야 했다.
- 여러 데이터셋에 분석을 적용하는 경우. 모든 것이 스크립팅scripting되기 때문에 파이썬은 데이터셋에 대한 반복 등의 분석에 적합하다. 또한 자동화된 보고에 사용할 수 있는 도구도 있다.
- 새로운 분석 기술을 개발하거나 기존 방법에 대한 완벽한 제어 및 통찰력을 원하는 경우. 많은 통계 절차에서 파이썬은 다른 프로그래밍 언어보다 코딩하기 쉽다.
- 관리자, 교수 또는 동료가 파이썬을 사용하도록 권장하는 경우. 우리는 이 분야에서 학생들과 동료들에게 영향을 미쳤다. 그리고 기쁘게도 많은 사람이 오늘날 열광적인 파이썬 사용자라고 알려져 있다.

파이썬의 힘을 보여줌으로써 현재의 도구가 완벽하게 만족스러운 것이 아니라는 점을 확신할 수 있길 바란다. 더욱 만족스러운 것에 대한 기대치를 갖길 바란다.

1.5 이 책의 사용

이 책은 교수법적이고 실습을 위해 저술됐다. 즉, 평이한 문장으로 파이썬과 사용하는 모델을 가르치고자 하며, 파이썬에서 대화식으로 코드를 사용하길 기대한다. 책을 읽는 동안 명령을 입력하도록 설계됐다(또한 책의 웹 사이트에서 다운로드할 수 있는 코드 파일도 제공한다. 아래 1.5.3절을 참조하라).

1.5.1 텍스트 정보

실행할 파이썬 명령은 다음과 같이 샘플을 나타내는 코드 블록으로 제공된다.

```
In [1]: print('Hello World')

Hello World
```

코드는 2장에서 소개하는 노트북notebook에서 찾을 수 있는 형식으로 지정된다. 노트북은 파이썬 프로그래머, 특히 데이터 분석을 위해 일반적으로 사용되는 대화형 코딩 환경이지만 다른 많은 애플리케이션에도 사용된다. 노트북은 파이썬에서 데이터 분석을 학습하기 위해 권장되는 인터페이스이다(자세한 내용은 2.1절 참조).

2장에서는 이러한 코드 블록을 설명하고 파이썬과 상호 작용한다. 코드는 특별히 더 나은 경우를 제외하고 파이썬용 PEP 8 스타일 가이드(https://www.python.org/dev/peps/pep-0008/)를 따른다(파이썬을 배우면서 코드를 읽기 쉽게 만들고 싶을 것이다. 이 가이드는 코드 형식화에 매우 유용하다).

코드 블록 외부의 텍스트에서 파이썬 명령 또는 데이터를 참조할 때 `print()`와 같이 고정 폭 유형으로 이름을 설정한다. `store_df` 데이터셋(2.4절)과 같은 변수와 달리 `open()` 함수(2.4.8절)와 같은 함수(즉, 코드 셋을 참조하는 명령)임을 나타내기 위해 함수 이름에 괄호를 포함한다.

책 전체에서 파이썬 언어를 점진적으로 가르치고 있으며, 언어에 대한 많은 부분이 마케팅 주제와 통계 모델을 다루는 장으로 혼합돼 있다. 이 경우 '언어 요약' 절(예: 3.2.1절)에서 중요한 언어 주제를 제시한다. 가능한 한 많은 파이썬을 배우려면 통계 모델에서 주변 자료만 훑어보더라도 '언어 요약' 절을 읽어야 한다.

일부 절은 더 자세한 내용이나 고급 주제를 다루고 있으며 경우에 따라 건너뛰어도 좋다. 이런 부분은 '더 알아보기*'와 같이 별표로 표시한다.

1.5.2 데이터 정보

이 책에서 분석하는 대부분의 데이터셋은 시뮬레이션된 것으로서 특정 구조를 갖도록 파이썬 코드로 생성된 것이다. 여기에는 몇 가지 장점이 있다.

- 공개적으로 사용 가능한 마케팅 데이터가 없는 경우에도 분석을 수행할 수 있다. 이는 고객 세분화 등의 독점적 데이터를 공유해주는 회사가 거의 없기 때문에 유용하다.

- 이를 통해 책이 더 독립적이고 데이터 다운로드에 덜 의존할 수 있다.
- 데이터를 변경하고 분석을 다시 실행해 결과가 어떻게 변경되는지 확인할 수 있다.
- 이를 통해 데이터 처리, 난수 생성 및 코드 루프loop에 대한 중요한 파이썬 기술을 가르칠 수 있다.
- 실제 데이터를 기다리는 동안 분석 코드를 작성하는 방법을 보여준다. 최종 데이터가 도착하면 새 데이터에서 코드를 실행할 수 있다.

표시되는 '데이터 시뮬레이션' 절을 살펴보는 것이 좋다. 이 절들은 파이썬을 가르치고 마케팅 데이터의 전형적인 요점을 설명하기 위해 설계됐다. 그러나 장을 계속하기 위해 데이터가 빠르게 필요한 경우 다음 절과 각 장에서 다시 설명하는 대로 다운로드할 수 있다.

가능하면 자신의 데이터셋으로 분석을 수행하면 좋다. 모든 장에서 데이터로 작업하지만, 학습하는 가장 좋은 방법은 다른 데이터에도 분석을 적용해보고 발생하는 문제를 해결하는 것이다. 이것은 요리 책이 아니라 교육용 텍스트이고 파이썬이 처음에는 느리게 진행될 수 있기 때문에 긴급한 마감에 직면하지 않는 작업이라면 이러한 병렬 분석을 수행하는 것이 좋다.

처음에는 자신의 데이터로 분석을 반복하는 것이 지나치게 간단해 보일 수 있지만, 고급 모델을 다른 데이터셋에 적용하려고 할 때 여러 데이터셋을 함께 연습했다면 훨씬 더 잘 준비할 수 있다. 파이썬을 자신의 데이터에 빨리 적용할수록 파이썬에서 더 빨리 생산성을 얻을 수 있다.

1.5.3 온라인 자료

이 책에는 온라인 구성 요소가 있다. 사실 코랩Colab(2.1.1절 참조)을 사용하는 것이 좋다. 이 경우 코드가 온라인에서 실행된다.

다음 세 가지 주요 온라인 리소스가 있다.

- **정보 웹 사이트**: https://python-marketing-research.github.io
- **깃허브Github 저장소**: https://github.com/python-marketing-research/python-marketing-research-1ed
- **코랩 깃허브Colab Github 브라우저**: https://colab.sandbox.google.com/github/python-marketing-research/python-marketing-research-1ed

웹 사이트에는 업데이트 또는 뉴스뿐만 아니라 다른 출처에 대한 링크가 포함돼 있다. 깃허브 저장소에는 모든 데이터 파일, 노트북, 함수 코드가 포함돼 있다. 데이터 파일은 `pandas.read_csv()` 명령을 사용해 파이썬으로 직접 다운로드할 수 있다(이 명령은 2.6.2절에서 볼 수 있으며 3.1절에서 다운로드 예제 코드를 찾을 수 있다). 온라인 데이터에 대한 링크는 타이핑을 저장하기 위해 단축된 `bit.ly` 링크의 형태로 제공된다. 데이터 파일은 개별적으로 다운로드하거나 저장소(https://bit.ly/PMR-all-data)에서 zip 파일로 다운로드할 수 있다.

노트북은 주피터Jupyter를 사용해 로컬에서 실행되도록 다운로드할 수 있다(2.1.3절 참조). 노트북은 코랩에서 직접 탐색할 수 있으며 코랩 깃허브 브라우저(https://colab.sandbox.google.com/github/python-marketingresearch)를 사용해 쉽게 실행할 수 있다. 자세한 내용은 2장을 참조하라.

책과 같이 제공되는 노트북은 가급적 아껴서 사용하는 것이 좋다. 스스로 설명한 코드를 입력하고 시뮬레이션을 통해 데이터셋을 만들면 더 많은 것을 배울 수 있다.

많은 장에 걸쳐 후속 장에서 사용할 함수를 만든다. 이러한 코드 파일은 깃허브 저장소의 python_marketing_research_ functions 디렉터리에 있으며, 여기에서 다운로드해 실행할 수 있다. 그러나 해당 코드에 액세스하는 훨씬 더 간단한 방법은 pip를 사용해 코드를 설치하는 것이다. 자세한 내용은 2.4.9절을 참조하라.

1.5.4 잘 안될 때

파이썬이나 새로운 통계 모델처럼 복잡한 것을 배우면 크고 작은 경고와 오류가 많이 발생한다. 또한 파이썬 생태계는 동적이며 이 책이 출간된 후 상황이 바뀔 것이다. 우려 사항 리스트로 겁을 주고 싶지는 않지만, 결과가 다소 다르더라도 안심하고 더 큰 버그가 발생하면 어떻게 해야 하는지 알아두길 바란다. 다음은 결과 중 하나가 이 책과 일치하지 않는 경우 알아둬야 할 몇 가지 사항이다.

- **파이썬 작업**: 파이썬으로 작업할 때 기본적인 오류 수정 프로세스는 모든 것을 매우 주의 깊게 확인하는 것이다. 특히 괄호, 대괄호, 대문자 또는 소문자를 확인한다. 명령이 길면 조각으로 분해하고 다시 빌드build한다(이 과정에 대한 예제를 보여준다).
- **패키지 작업**(추가 라이브러리): 패키지는 정기적으로 갱신되며, 때때로 작동 방식을 변경하거나 잠시 동안 전혀 작동하지 않을 수 있다. 일부는 매우 안정적이며 다른 일부는 자주 변경된다. 설치에 문제가 있는 경우 웹에서 오류 메시지를 검색하라. 출력 또는 세부 정보가 표시된 것과 약간 다른 경우 걱정하지 말라. 'ImportError : No module named ...' 오류는 패키지를 설치해야 함을 나타낸다(2.4.9절). 다른 문제는 여기에 있는 나머지 항목을 참조하거나 패키지의 도움말 파일(2.4.11절)을 확인하라.
- **파이썬 경고 및 오류**: 파이썬 '경고warning'는 종종 유용한 정보를 제공해주며 반드시 수정이 필요한 것은 아니다. 때때로 패키지가 갱신될 때마다 등장하지만, 코드에서 발생하는 것을 무시하고 호출하기도 한다. 파이썬이 '오류error'를 표시하면 문제가 발생해 수정해야 함을 의미한다. 이 경우 코드를 다시 시도하거나 온라인에서 오류 메시지를 검색하라. 또 다른 매우 유용한 도구는 print() 문을 추가해 오류 또는 경고에서 참조된 변수 값을 인쇄하는 것이다. 종종 예기치 않은 값을 가진 변수가 문제의 원인에 대한 단서를 제공한다.
- **데이터**: 이 책에서 다루는 데이터셋은 시뮬레이션되고 난수 시퀀스의 영향을 받는다. 생성한 데이터가 약간 다르면 처음부터 다시 시도하라. 또는 책의 웹 사이트에서 데이터를 적재하라(1.5.3절).
- **모델**: 통계적 추정치가 달라질 수 있는 세 가지 요소가 있다. 데이터의 약간의 차이(이전 항목 참조), 약간 다른 추정값으로 이어지는 패키지의 변경, 무작위 샘플링을 사용하는 통계 모델 등이다. 모델을 실행했

는데 결과가 매우 비슷하지만 약간 다른 경우 이러한 상황 중 하나가 발생했다고 가정할 수 있다. 이 경우 그냥 진행하면 된다.

- **출력**: 패키지는 때때로 보고하는 정보를 변경한다. 이 책의 출력은 일부 패키지가 시간이 지남에 따라 약간 다르게 보고될 것으로 예상할 수 있다.
- **찾을 수 없는 이름**: 때때로 패키지는 사용하는 함수 이름이나 결과 구조를 변경한다. 통계 모델에서 무언가를 추출하려고 할 때 코드 오류가 발생하면 모델의 도움말 파일을 확인하라(2.4.11절). 이름이 변경됐을 수 있다.

전반적인 조언은 다음과 같다. 평균 2.08과 2.076 또는 *p* 값p-value 0.726과 0.758의 경우처럼 결과상의 차이가 작다면 너무 걱정하지 말라. 이는 일반적으로 안전하게 무시할 수 있다. 31.92 대신 0.56의 통계적 추정치와 같이 큰 차이를 발견하면 책의 코드 파일(1.5.3절)에서 코드 블록을 다시 시도하라.

1.6 요점

각 장의 끝에서는 중요한 교훈을 요약한다. 이 장에서는 단 하나의 요점만 있으며, 그 내용은 다음과 같다. '파이썬을 배울 준비가 됐으면 2장부터 시작해보자!'

02
파이썬 개요

2.1 시작하기

이 장에서는 파이썬을 시작에 필요한 정도만큼만 다룬다. 프로그래밍을 처음 접하는 경우 이 장을 통해 충분히 생산성을 높일 수 있으며, 마지막에 더 많은 것을 배울 수 있는 방법도 소개할 것이다. 파이썬은 구문이 더 간단하고 자바 또는 C++와 같은 기존 프로그래밍 언어보다 오버헤드(예: 메모리 관리)가 적기 때문에 프로그래밍에 사용하기에 적절하다. 다른 언어에 능숙한 프로그래머라면 이 장을 훑어보면서 필수 사항을 배워야 한다.

이 장을 직접 살펴보고 인내심을 가질 것을 권장한다. 이를 통해 다음 몇 개 장에서 마케팅 분석을 위한 준비를 할 수 있다. 파이썬과 상호 작용하고 파이썬을 실행하는 방법에 대한 몇 가지 옵션이 있으며 다음 몇 개의 절에서 소개한다.

2.1.1 노트북

노트북은 파이썬에서 데이터 과학자가 사용하는 표준 인터페이스이다. 노트북 자체는 코드, 설명, 코드 출력이 혼합된 문서이다. 문서는 노트북 문서를 렌더링rerdering하는 브라우저 앱과 함께 코드를 검사하고 실행하는 서버인 '연산 엔진computational engine'('커널kernel'이라고도 함)이 포함된 애플리케이션인 노트북 앱Notebook app을 사용해 만들고 관리한다. 브라우저를 사용해 해당 서버에 연결하고 노트북의 셀에서 파이썬 코드를 실행하며 출력이 있는 경우 각 셀에서 인쇄된다. 이러한 노트북을 사용하면 그림을 삽입할 수 있으므로 단일 문서에 코드, 표, 그림이 섞이도록 하는 것이 가능하다.

일반적인 작업 흐름은 노트북을 사용해 새 데이터셋을 탐색하고 분석 파이프라인의 프로토타입을 만드는 것이다. 그런 다음, 해당 파이프라인의 깨끗하고 간소화된 버전을 다른 노트북에 넣고 공유하거나 스크립트에 넣어 정기적으로 실행하거나 양산 코드로 이동할 수도 있다.

구글 코랩

파이썬을 시작하는 가장 쉬운 방법이자 이 책을 작성할 때 사용한 방법은 구글 코랩Google Colab(Colaboratory) 노트북을 사용하는 것이다. 코랩은 무료 호스팅 파이썬 노트북이다. 노트북 자체는 기본적으로 구글 드라이브Google Drive(클라우드 스토리지 드라이브)에 저장되지만 깃허브에 저장하거나 .ipynb 파일로 다운로드할 수도 있다.

코랩에서 실행되는 파이썬 설치에는 전체 기간 동안 사용할 과학 파이썬 라이브러리 대부분이 포함된다. pip나 apt 패키지 관리 시스템을 사용하면 추가 라이브러리를 설치할 수도 있다(2.4.9 절 참조).

코랩 사용을 시작하려면 https://colab.research.google.com/에 접속하라. 초기 랜딩 페이지는 '시작하기Getting started' 노트북이다. 새 노트북을 만들려면 이미 기존 노트북을 보고 있는 경우 메뉴 표시줄로 이동해 파일 메뉴를 열고 새 노트북을 선택한다. 이후 방문에서 사이트를 방문하면 Recent notebooks 패널이 표시되며 New Notebook을 클릭하면 된다.

코랩을 로컬에서 실행하려는 경우 주피터를 사용해 로컬에서도 실행할 수 있다(2.1.3절 참조). 좀 더 자세한 설명을 보려면 https://research.google.com/colaboratory/local-runtimes.html을 방문하라.

2.1.2 로컬에 파이썬 설치

클라우드 기반 시스템을 사용하지 않으려면 파이썬을 로컬에 설치할 수 있다.

리눅스Linux 또는 맥Mac OS X를 사용하는 경우 파이썬이 이미 설치돼 있을 수 있다. 터미널 응용프로그램을 사용해 명령줄에 액세스함으로써 이를 확인할 수 있으며, 터미널은 맥 OS X의 응용프로그램 폴더에서 찾을 수 있다. 그래픽 리눅스에서는 일반적으로 응용프로그램 탐색기에서 널리 사용되지만 Administration 또는 Utilities 아래에 있는 경우도 있다. 터미널 창을 열고 `which python`이라고 입력해보라. `python --version` 명령을 수행하면 버전을 반환한다.

이 책의 모든 코드는 파이썬 버전 3.6.7을 사용해 작성되고 테스트됐다. 파이썬 2Python 2 대신 파이썬 3Python 3를 사용하는 것이 좋으며, 이 책의 목적상 그 차이는 사소하지만 파이썬 2에서 제대로 실행되지 않는 코드가 있다. 파이썬 2는 2020년 1월 1일에 공식 지원이 중단됐다(Peterson 2008–2019). 많은 중요한 라이브러리가 오래전에 파이썬 2 지원을 중단했다(예: pandas 패키지가 2018년 12월 31일에 파이썬 2 지원을 중단함).

파이썬 3가 아직 설치돼 있지 않은 경우 파이썬과 필요한 모든 라이브러리를 설치하는 가장 간단한 방법은 (Anaconda, Inc. 2019) https://www.anaconda.com/을 사용하는 것이다. 수동 설치와 비교해 아나콘다Anaconda를 사용하는 이점은 파이썬의 데이터 과학 응용프로그램에서 일반적으로 사용되는 모든 라이브러리가 포함돼 있다는 것이다(2.4.9절 참조). 아나콘다는 윈도우, 맥, 리눅스를 위한 간단한 설치 프로세스를 제공한다.

이미 파이썬 3가 설치돼 있다면 바로 사용할 수 있지만, 과학용 파이썬 라이브러리가 모두 없는 경우라면 필요한 라이브러리와 도구가 모두 포함돼 있으므로 아나콘다를 설치하는 것이 좋다. 또는 이러한 라이브러리를 수동으로 설치할 수 있다(2.4.9절 참조).

2.1.3 로컬에서 파이썬 실행

명령줄

터미널(리눅스/맥) 또는 명령 창(윈도우)을 열고 python을 입력하면 대화형 모드의 명령줄에서 파이썬 실행이 시작된다. 거기에서 원하는 파이썬 명령을 실행할 수 있고, 명령줄에서 직접 분석을 수행할 수 있다. 그러나 이러한 프로세스는 실망스럽고 재사용할 수 없다(명령 기록이 세션 간에 지속되지 않을 수 있음). 작업을 저장해 쉽게 수정하고 반복할 수 있는 것이 더 좋다.

스크립트

파이썬 코드는 일반적으로 .py 파일 확장자가 지정된 파일에 저장될 수 있다. 해당 파일은 python <path/to/file> 구문을 사용해 명령줄에서 실행할 수 있다. 예를 들어, 월별 판매 번호를 분석하고 Monthly_sales.py 파일에 코드를 작성하고 python Monthly_sales.py 명령을 사용해 실행할 수 있다. 이 파일을 일반적으로 스크립트라고 한다.

스크립트는 월별 또는 일별 분석 실행과 같이 분석을 반복적으로 실행하고 매번 동일한 출력을 생성하려는 경우에 자주 사용된다. 그러나 대화형 탐색이 가능하지 않기 때문에 데이터 과학 애플리케이션을 위한 최상의 개발 환경은 아니다. 또한 모든 데이터는 스크립트가 실행될 때마다 메모리에 적재돼야 하므로 특히 데이터셋이 크고 메모리에 적재하는 데 시간이 걸리는 경우 개발 속도가 느려질 수 있다.

로컬 노트북

무료 클라우드 가상 머신 인스턴스에서 실행할 수 있는 구글 코랩 노트북은 이미 소개했다. 그러나 노트북은 주피터를 사용해 로컬에서 실행할 수도 있다(Kluyver et al. 2016). 주피터는 아나콘다에 포함돼 있다. 주피터 노트북 서버는 터미널에서 jupyter notebook을 실행해 시작할 수 있다. 그러면 서버가 시작되고 현재 디렉터리의 기존 노트북을 보거나 새 디렉터리를 생성할 수 있는 서버 개요 페이지에 대한 브라우저 창이 시작된다. 주피터는 파이썬뿐만 아니라 다른 많은 프로그래밍 언어를 지원한다. 로컬 주피터 런타임은 구글 코랩 노트북도 실행할 수 있다. 자세한 내용을 확인하려면 https://jupyter.org를 방문하라.

노트북에 대한 참고 사항

이미 분명히 알 수 있듯이 많은 사람이 데이터 분석 도구로서 노트북을 정말 선호한다. 왜 그렇게 좋아할까? 주된 이유는 이러한 문서가 독립적인 종단 간 분석 문서로 작동하기 때문이다.

새 데이터셋을 처음 검토할 때 첫 번째 단계는 일련의 탐색적 분석으로서, 데이터의 특성을 이해하는 데 도움이 된다. 노트북에서 이러한 탐색적 분석을 수행할 때 항상 수행한 정확한 단계 집합으로 돌아가서 각 단계의 출력을 볼 수 있다. 논리를 명시적으로 만들기 위해 각 단계에 주석을 달 수도 있다.

종종 탐색적 분석은 저장되지 않는다. 특히 그렇게 하는 것이 쉽지 않은 환경에서 저장되지 않는다(예: 문서에 단계를 작성하거나 스크립트에 복사해야 하는 경우). 그러나 노트북에서는 이 탐색적 분석이 그대로 저장되며 아직 완전히 탐색하지 않은 부분을 기억하기 위해 최종 분석 노트를 갖고 있을 때도 초기 탐색적 분석 노트로 정기적으로 돌아간다.

분석이 완료되면 관련 노트북이 데이터 가져오기, 데이터 변환, 데이터 요약, 통계 테스트 또는 모델 구축, 테이블 생성, 그림 생성, 데이터 내보내기를 포함한 전체 분석을 문서화한다. 노트북에 표시되는 컴파일된 출력 없이 동일한 기능을 수행하는 스크립트를 작성할 수 있다. 그러나 그 스크립트가 비기술적 이해관계자에게 얼마나 유용할까? 대부분의 경우 코드를 직접 읽고 해석해야 하기 때문에 별로 도움이 되지 않는다. 그러나 노트북에는 문맥과 함께 관련 출력이 포함돼 있다. 이제 기술 동료technical colleague를 생각해보라. 출력 파일만 공유하는 경우 이 출력을 생성한 방법까지 보고 싶어 할 것이다. 물론 이를 위해 데이터 파일과 함께 스크립트도 공유할 수 있다. 그러나 그 경우 동료가 모든 단계를 다시 실행해야 하므로 복잡하고 시간이 많이 걸릴 수 있다. 노트북은 즉시 참조할 수 있도록 코드를 결과와 결합해 문제를 해결한다.

또한 노트북은 읽기 쉽다. 여기서는 정기적으로 과거 분석으로 돌아가고, 그것들을 노트북 형태로 두면 특정 결과를 찾고 정확히 무엇을 했는지 이해하는 것이 더 간단하다.

통합 개발 환경

일반적으로 IDE라고 불리는 통합 개발 환경은 대화형 명령 프롬프트, 파일 브라우저, 오류 콘솔, Figure 창 등과 같은 여러 기능을 단일 애플리케이션으로 가져와 개발을 단순화하는 애플리케이션이다. RStudio(2019)는 R 사용자들 사이에서 매우 널리 사용되는 IDE로, 파이썬도 지원하며 아나콘다에서 사용할 수 있다. 일부 회사는 RStudio의 AGPLAffero General Public License 조건에 대한 질문이 있을 수 있다. 이는 독점 코드를 생성하는 사람들에게 질문을 제기하기 때문이다. 관련 있는 경우 기술 지원 그룹에서 AGPL 오픈소스 소프트웨어를 허용하는지 문의하라.

파이썬 전용 IDE는 아나콘다에 포함된 Spyder IDE이다(논쟁이 덜한 MIT 라이선스를 따름). Pycharm IDE는 또 다른 옵션이다. Vim, Emacs, Visual Studio Code 등을 포함한 많은 범용 IDE도 파이썬에서 잘 작동한다. 숙련된 프로그래머이고 이미 개발 파이프라인이 있는 경우 데이터 과학 애플리케이션에서 파이썬과 함께 작동하도록 쉽게 수정할 수 있다.

이 책에서는 노트북을 사용한다고 가정하며, 노트북이 분석뿐 아니라 공유를 위한 매우 강력한 도구라고 생각하므로 모든 사람이 노트북을 사용해보도록 권장한다. 그러나 이미 자신이 선택한 IDE에 익숙하다면 파이썬과 이 책에서 작업할 가능성이 높다.

2.2 파이썬 데이터 분석 기능 둘러보기

프로그래밍에 대해 자세히 알아보기 전에 파이썬에서 상대적으로 강력한 분석을 살펴보겠다. 이는 이 책의 다른 부분에 대한 부분적인 미리 보기이므로 명령을 이해하지 못하더라도 걱정하지 않아도 된다. 파이썬 분석이 수행되는 방법을 이해할 수 있도록 돕기 위해 여기에서는 간략하게 설명한다. 이 장과 이후 장들에서는 이러한 모든 단계를 더 자세히 설명하고 더 많은 분석을 수행한다.

코랩이나 아나콘다 설치로 실행하는 것이 아니라면 pip 명령을 사용해 먼저 몇 개의 라이브러리를 설치해야 한다.

```
pip install pandas seaborn statsmodels
```

또는 코랩 또는 주피터 노트북에서 ! 명령은 노트북에 셸shell 명령으로 실행하도록 지시한다.

```
In [4]: !pip install pandas
Requirement already satisfied: pandas in /usr/local/lib/python3.6/dist-packages
```

코랩에는 기본적으로 pandas가 설치돼 있으므로 별도의 조치가 필요하지 않다.

책 전체에서 노트북에 표시되는 방식과 일치하도록 코드 형식을 지정한다. 'In'은 입력 셀임을 나타낸다. 여기에 코드를 입력하고 실행한다. 출력 셀은 'Out'으로 표시되며 출력 생성 입력 셀 다음에 표시된다. 숫자 '4'는 해당 셀이 실행된 순서를 나타낸다. 이 경우 노트북에서 실행될 네 번째 셀이다(노트북에는 이전 데모 셀이 있다).

셀을 실행하려면 control-Enter 또는 command-Enter(각각 PC 또는 맥에서)를 누른다. 새 셀을 추가하려면 '**+ 코드**' 버튼을 누르거나 control/command+m을 누른 다음 a를 누른다.

대부분의 분석에는 기본 제공 표준 파이썬 라이브러리 외에 하나 이상의 라이브러리가 필요하다. 패키지를 한 번 설치한 후에는 업데이트가 없는 한 다시 설치할 필요가 없다. 코랩에서는 런타임이 '초기화'될 때마다 다시 설치해야 하며, 이는 수동으로 수행하거나('런타임' 메뉴) 또는 며칠 후 자동으로 실행된다.

import는 자주 보게 될 명령이다. 이 명령은 추가 기능이 있는 패키지 또는 모듈을 적재한다. 예제는 이 책 전체에서 광범위하게 사용할 데이터 조작 및 분석 패키지인 pandas(McKinney 2010)를 임포트한다.

이제 이 책의 웹 사이트에서 데이터셋을 적재하고 검토해보자.

```
In [5]: import pandas as pd
        sat_df = pd.read_csv('http://bit.ly/PMR-ch2')
        sat_df.Segment = sat_df.Segment.astype(pd.api.types.
                                               CategoricalDtype())
        sat_df.head()

Out[5]:     iProdSAT  iSalesSAT Segment  iProdREC  iSalesREC
        0          6          2       1         4          3
        1          4          5       3         4          4
        2          5          3       4         5          4
```

```
      ...

In [6]: sat_df.describe()

Out[6]:          iProdSAT    iSalesSAT    iProdREC    iSalesREC
        count  500.000000  500.000000  500.000000  500.000000
        mean     4.130000    3.802000    4.044000    3.444000
        std      1.091551    1.159951    1.299786    1.205724
        ...
        max      7.000000    7.000000    7.000000    7.000000
```

이 데이터셋은 간단한 판매 및 제품 만족도 조사에서 얻은 관측치를 나타낸다. 제품에 대한 만족도(iProdSAT), 영업 경험(iSalesSAT), 제품 및 영업 담당자(각각 iProdREC 및 iSalesREC), 추천 가능성에 대해 묻는 4개 항목으로 설문조사에 대한 500(시뮬레이션) 소비자의 답변이 있다. 각 응답자는 또한 숫자로 코딩된 세그먼트(Segment)에 할당된다. 위 코드의 세 번째 줄에서 세그먼트를 범주형 변수로 설정했다.

다음으로 열 3에서 범주형 세그먼트 변수를 자동으로 생략하는 상관 행렬을 차트로 표시한다.

```
In [7]: import seaborn as sns
        sns.heatmap(sat_df.corr())
```

결과 차트는 그림 2.1에 히트 맵으로 표시된다. 만족도 항목은 추천 가능성 항목과 마찬가지로 서로 높은 상관관계가 있다.

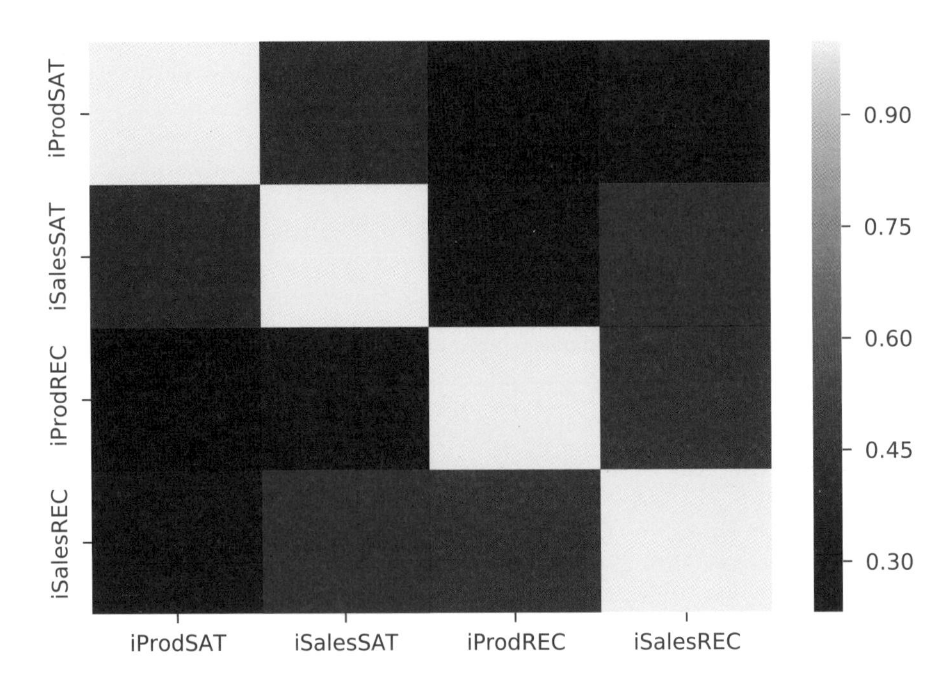

그림 2.1 시뮬레이션된 소비자 데이터셋에서 만족도와 추천 가능성 변수 사이의 상관관계를 시각화한 도표. N = 500. 모든 항목은 서로 양의 상관관계가 있으며, 두 만족 항목은 두 추천 항목과 특히 서로 강한 상관관계가 있다. 4장에서는 상관관계 분석에 대해 자세히 설명한다.

제품 만족도가 부문별로 다른가? groupby() 메서드를 사용해 각 세그먼트에 대한 평균 만족도를 계산해볼 수 있다.

```
In [8]: sat_df.groupby('Segment').iProdSAT.mean()

Out[8]: Segment
        1    3.462963
        2    3.725191
        3    4.103896
        4    4.708075
        Name: iProdSAT, dtype: float64
```

세그먼트 4는 만족도가 가장 높지만 통계적으로 유의미한 차이가 있다. 일원 분산 분석ANOVA을 수행하면 PR 열에서 만족도가 세그먼트별로 크게 다름을 확인할 수 있다.

```
In [9]: import statsmodels.formula.api as smf
        from statsmodels.stats import anova as sms_anova
        segment_psat_lm = smf.ols('iProdSAT ~ -1 + Segment',
                                  data=sat_df).fit()
        sms_anova.anova_lm(segment_psat_lm)

Out[9]:             df       sum_sq      mean_sq          F         PR(>F)
        Segment    4.0  8627.850038  2156.962510  2160.66543  3.569726e-312
        Residual 496.0   495.149962     0.998286         NaN            NaN
```

세그먼트별로 평균 상품 신뢰 구간을 시각화하기 위해 ANOVA 모델의 계수와 신뢰 구간을 도식화한다.

```
In [10]: import matplotlib.pyplot as plt
         plt.errorbar(y=segment_psat_lm.params.index,
                      x=segment_psat_lm.params.values,
                      xerr=segment_psat_lm.conf_int()[1].T
                           - segment_psat_lm.params,
                      fmt='ko')
```

결과 차트는 그림 2.2에 나와 있다. 세그먼트 1, 2와 3은 조금씩 다르지만, 세그먼트 4는 다른 세그먼트보다 훨씬 더 만족하고 있다. 그룹 비교 및 ANOVA 분석 수행에 대한 자세한 내용은 5장에서 살펴볼 예정이다.

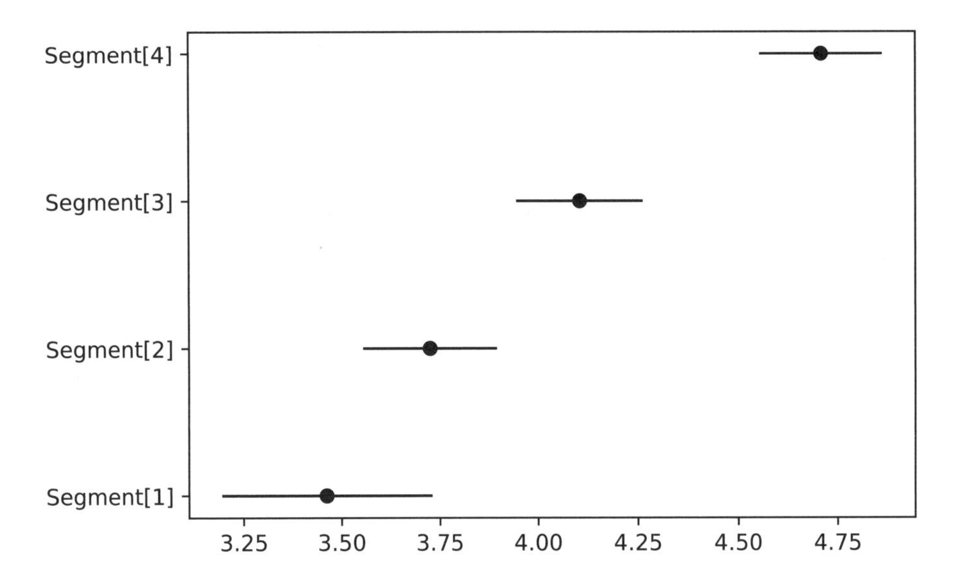

그림 2.2 세그먼트별 제품 만족도에 대한 평균 및 신뢰 구간. x 축은 제품 만족도에 대해 1–7 범위의 리커트(Likert) 등급 척도를 나타낸다. 5장에서는 그룹을 비교하는 방법에 대해 설명한다.

단 몇 줄의 코드로 다음과 같은 결과를 얻을 수 있다.

- 데이터셋을 가져옴
- 데이터 예비 검사 완료
- 변수 간의 상관관계 확인
- 세그먼트별로 평균값 비교
- ANOVA를 실행해 해당 평균이 크게 다른지 확인
- 차이의 기반을 이해하기 위해 평균의 신뢰 구간을 시각화

여기서는 매우 빠르게 처리했고 각 단계를 따로 설명하지는 않았다. 다른 장들에서 상세히 설명할 것이다. 이제 파이썬을 프로그래밍 언어로 소개한다.

2.3 파이썬 명령 작업의 기초

파이썬은 강력한 분석 도구 모음을 제공하지만 기본적으로 프로그래밍 언어이다. 이 장의 나머지 부분에서는 프로그래밍 언어로서의 파이썬을 소개한다. 유형과 제어 흐름을 소개한 다음, 책 전체에서 사용할 데이터 과학 중심 패키지로 이동한다. 이미 다른 언어로 프로그래밍하는 데 익숙하다면 데이터 과학 패키지를 제외하고는 대부분이 매우 익숙할 것이다. 그렇지 않은 경우 다음 절을 주의 깊게 살펴보고 기본 사항을 이해하는 것이 좋다.

대부분의 프로그래밍 언어와 마찬가지로 파이썬은 대소 문자를 구분한다. 따라서 x와 X는 다르다.

```
In [11]: x = [1, 23, 6]
         print(x)

[1, 23, 6]
```

```
In [12]: print(X)

         NameError: name 'X' is not defined
```

스크립트든 노트북이든 코드에 주석을 추가하면 유용하다. 이를 통해 사고 과정을 문서화하고 코드가 하는 일을 설명한다. 다른 사람과 코드를 공유할 때 필수적이며 앞으로 자신의 코드를 읽을 때도 감사하게 될 것이다. '#' 기호는 파이썬에서 주석을 나타내며, 그다음 줄의 모든 것은 무시된다. 예를 들면 다음과 같다.

```
In [13]: x = [1, 23, 6] # 리스트
```

이 책에서는 주석을 입력할 필요가 없다. 주석은 단지 코드를 더 이해하기 쉽게 만드는 기능일 뿐이다.

위의 명령은 x를 정의하고 주석으로 끝난다. 대신 전체 행에 주석을 추가하는 것도 좋다.

```
In [14]: # 리스트 초기화
         x = [1, 23, 6]
```

코드는 도움이 될 것이라고 생각하는 모든 곳에 주석을 포함한다. 정치인이 투표에 대해 말할 수 있듯이, 주석을 통해 일찍 의견을 말하고 자주 의견을 나타낸다. 나중에 작성하는 것보다 코드를 작성하면서 문서화하는 것이 훨씬 쉽다.

2.3.1 파이썬 스타일

파이썬은 매우 유연한 언어이지만 파이썬 프로그래머는 '스타일'을 매우 중요하게 생각한다. 문제를 해결하는 가장 '파이썬다움Pythonic'이 무엇인지에 대한 열띤 토론도 있다. 이 책 전체에서는 PEP 8 Style Guide for Python Code(https://www.python.org/dev/peps/pep-0008/)에 설명된 대로 스타일을 준수하는 것을 목표로 한다. 다음의 이름 지정 규칙은 대부분의 파이썬 프로그래머가 따르는 규칙이다. 이 규칙을 따르지 않으면, 비록 코드는 실행되더라도 다른 파이썬 프로그래머가 읽는 데 문제가 있을 수 있다.

명명 규칙

변수는 숫자 또는 문자열과 같은 값을 나타내는 객체이다. 관례적으로 파이썬의 모든 변수는 소문자이다. 변수 이름에 여러 단어가 있는 경우에는 밑줄(예: variable_one)로 구분되며 카멜 케이스camel-case[1](예: variableOne)가 아니다. 모든 변수 이름은 알파벳 문자로 시작해야 하지만 모든 영숫자 문자를 포함할 수 있다. 밑줄 외에 다른

1 여러 단어를 구분하기 위해 중간에 띄어쓰기나 기호를 쓰는 대신 대문자를 사용하는 방법을 의미한다. – 옮긴이

특수 문자는 제외된다.

클래스 이름은 대문자이며 각각의 새 단어도 대문자로 표시된다(예: MyAdder). 2.4.8절을 참조하라.

이름이 의미하는 바가 명확하지 않거나 단일 문statement에서 임시 변수로 사용되지 않는 한 단일 문자 변수 이름은 피해야 한다(리스트 이해의 예, 2.4.8절 참조). 여기서는 때때로 x 또는 y를 변수로 사용하는 간단한 예제로 이 책의 규칙을 무시할 때도 있지만, 상당한 양의 코드를 작성할 때는 단일 문자 변수 이름을 피해야 한다.

줄 너비

파이썬 코드 파일의 최대 줄 너비는 79자여야 한다(이 책에서는 여백 너비로 인해 70자를 초과하지 않는다). 이 규칙이 만들어진 이유는 많은 코드 편집기가 79자보다 긴 줄을 줄 바꿈해 읽기가 매우 어렵기 때문이다.

이 규칙은 때때로 여러 줄에 걸쳐 문을 분리하도록 한다. 이는 괄호나 대괄호를 사용해 수행하는 것이 바람직하다. 일단 열리면, 줄을 가로질러 확장되거나 필요한 경우 '\' 문자를 사용하기 때문이다. 책 전체에서 이러한 예를 볼 것이다.

공백

공백white space은 파이썬에서 매우 중요하다. 다른 많은 언어와 달리 공백은 의미를 가진다. 2.4.8절에서 이 주제에 대해 자세히 설명한다.

2.4 기본 유형

파이썬에는 이해해야 할 몇 가지 기본 제공 데이터 유형이 있다. 각 유형에 대한 자세한 내용을 알고 싶다면 https://docs.python.org/3/library/stdtypes.html에서 파이썬 문서를 확인할 수 있다.

2.4.1 객체 및 유형

파이썬의 거의 모든 엔티티entity는 객체이다. 즉, 숫자와 문자열에서 함수와 클래스에 이르기까지 모두 객체이다. 파이썬은 약한 유형 또는 동적 유형의 언어로서 이는 몇 가지 의미를 내포한다.

하나는 객체를 선언한 후에 그 값뿐만 아니라 유형도 변경할 수 있다는 것이다. 일부 언어에서 다음 명령은 TypeError 오류가 발생할 것이다.

```
a = 3   # int(정수 숫자)로 선언
a = 'b' # a를 문자열 값(텍스트)으로 재할당
```

파이썬에서는 이러한 유형 변경이 허용된다. 파이썬의 또 다른 특징은 많은 함수가 입력 유형을 확인하지 않아

예기치 않은 동작이 발생할 수 있다는 것이다. 또한 많은 기본 연산자(예: + 연산자)가 오버로드overload돼 입력 유형에 따라 다르게 작동한다. 이 두 가지 사실이 결합되면 매우 까다로운 버그가 발생할 수 있다.

전반적으로 파이썬의 약한 유형은 자바와 같은 강력한 유형의 언어보다 언어를 더 유연하고 코딩하기 쉽게 만들지만, 동적 형식의 잠재적인 함정을 인식하는 것이 좋다.

이제 파이썬의 몇 가지 기본 유형을 소개한다.

2.4.2 부울

부울boolean/bool은 True 또는 False 값 중 하나만 가질 수 있다.

부울은 종종 비교에서 생성된다.

```
In [15]: 1 == 1

Out[15]: True

In [16]: 1 < 2

Out[16]: True

In [17]: 1 == 2

Out[17]: False
```

부울은 연산자가 아닌 and 또는 or를 사용해 비교할 수도 있다.

```
In [18]: x = True
         y = False
         x or y

Out[18]: True

In [19]: x and y

Out[19]: False

In [20]: x and not y

Out[20]: True
```

부울은 절차적 제어(2.4.10절 참조)와 데이터프레임Dataframe 인덱싱에도 매우 중요하다.

2.4.3 숫자 유형

파이썬에는 세 가지 기본 제공 숫자 유형인 int, float, complex가 있다. 이 책은 데이터 분석에 초점을 맞추고 있으므로 숫자 유형이 가장 중요하다.

float는 모든 실수를 나타낼 수 있는 부동 소수점floating-point 수에 대한 파이썬 유형이다(부동 소수점 수를 이진으로 나타내는 것은 위험이 따른다. https://docs.python.org/3/tutorial/floatingpoint.html과 Bush 1996을 참고하라).

float는 정수만 나타내는 int와 달리 소수점 값을 나타낼 수 있다. int는 메모리 효율성이 더 높으므로 가능하다면 int 유형을 사용하는 것이 가장 좋다(즉, 정수나 소수점이 아닌 값을 나타낼 때마다).

complex 객체는 허수 성분을 포함하는 복소수를 나타낸다. 이 책에서는 사용하지 않을 것이다.

숫자 유형은 + 연산자를 사용한 더하기와 같은 간단한 산술 연산이 지원된다.

```
In [21]: x = 2
         y = 4
         x + y

Out[21]: 6
```

/ 연산자를 사용해 나누기:

```
In [22]: w = x/y
         w

Out[22]: 0.5

In [23]: type(w)

Out[23]: float
```

** 연산자를 사용한 지수 연산:

```
In [24]: x ** y

Out[24]: 16
```

그리고 다른 작업도 마찬가지다. 나눗셈 연산에서 분자와 분모가 모두 int라는 사실에도 불구하고 출력은 float 유형이다. 이 동작은 파이썬 3와 파이썬 2 간에 다르다(파이썬 2는 소수 구성 요소가 잘린 int를 반환한다. 이것은 많은 버그의 원인이었다!).

마찬가지로 작업에 대한 입력에 int와 float가 모두 포함된 경우 출력은 float가 된다.

```
In [25]: z = 3.2
         type(x * z)

Out[25]: float
```

2.4.4 시퀀스 유형

파이썬에는 세 가지 시퀀스 유형이 있으며, 각 유형은 순서가 지정된 객체 배열이다.

리스트

리스트list는 순서가 지정되고 변경 가능한 객체 시퀀스이다. 대괄호 []로 정의된다.

```
In [26]: x = [0, 1, 2, 3, 4, 5]
         y = ['a', 'b', 'c']
```

리스트 둘을 더해서 같이 연결할 수 있다.

```
In [27]: x + y

Out[27]: [0, 1, 2, 3, 4, 5, 'a', 'b', 'c']
```

append() 메서드를 사용해 리스트 끝에 객체를 추가할 수 있다.

```
In [28]: x.append('r')
         x

Out[28]: [0, 1, 2, 3, 4, 5, 'r']
```

타 언어와 달리 파이썬의 리스트에 추가하는 것은 메모리 효율적이므로 다른 객체를 반복해 생성하는 경우 리스트를 미리 할당할 필요가 없다.

리스트에는 앞 두 예의 int 및 문자열과 같은 혼합 유형이 포함될 수 있다. 내장 len() 함수는 리스트의 길이를 반환한다(다른 객체도 포함).

```
In [29]: len(x)

Out[29]: 7
```

인덱싱

파이썬의 인덱싱은 매우 강력하다. 파이썬의 리스트와 기타 시퀀스 객체는 인덱스가 0으로 지정된다. 즉, 인덱스가 1이 아닌 0부터 시작한다. 따라서 첫 번째 항목은 인덱스 0이고 마지막 항목의 인덱스는 전체 크기 − 1이다.

이미 정의한 리스트 x에서 두 번째 값은 1이며 인덱스 1로 접근한다.

```
In [30]: x[1]

Out[30]: 1
```

: 연산자를 사용해 값 범위를 인덱싱할 수 있다.

```
In [31]: x[2:4]

Out[31]: [2, 3]
```

파이썬의 인덱싱에서 하한은 포함되는 반면 상한은 제외된다는 점에 주의하자. x [2 : 4] 명령은 인덱스 2와 3

이 있는 항목(이 경우에는 값에도 해당)이다.

리스트의 처음부터 인덱싱을 시작하려는 경우 시작 번호를 지정할 필요가 없다. 예를 들어 x의 처음 두 원소를 검색하려면 다음과 같이 한다.

```
In [32]: x[:2]

Out[32]: [0, 1]
```

마찬가지로 리스트의 끝까지 인덱스를 생성하려면 최종 인덱스를 지정할 필요가 없다.

```
In [33]: x[1:]

Out[33]: [1, 2, 3, 4, 5, 'r']
```

음수 인덱스는 리스트의 끝을 기준으로 한다. 예를 들어, x의 마지막 두 원소부터 모든 것을 검색하려면 다음과 같이 한다.

```
In [34]: x[-2:]

Out[34]: [5, 'r']
```

이렇게 하면 리스트의 길이를 계산을 통해 얻어야만 하는 다른 많은 언어보다 다소 깔끔하고 읽기 쉬운 코드가 된다.

앞서 언급했듯이 리스트는 변경 가능하다. 즉, 추가할 수도 있지만 모든 인덱스에서의 값이 변경될 수 있다.

```
In [35]: x[2] = 'freeze'
         x

Out[35]: [0, 1, 'freeze', 3, 4, 5, 'r']
```

튜플

튜플tuple은 리스트와 유사하지만 한 가지 중요한 주의 사항이 있다. 튜플은 변경 불가능하다.

튜플은 괄호 (,)로 정의된다.

```
In [36]: z = (7, 8, 9)
```

튜플은 리스트처럼 인덱싱된다.

```
In [37]: z[1]

Out[37]: 8
```

튜플을 수정하려고 하면 TypeError가 발생한다.

```
In [38]: z[1] = 'boil'
        TypeError: 'tuple' object does not support
          item assignment
```

이 책에서 튜플을 광범위하게 사용하지는 않지만, 알아두는 것이 좋다. 튜플은 불변이어서 해시할 수 있으므로 이 장의 뒷부분에서 소개할 셋set과 딕셔너리dictionary에서 사용할 수 있다.

범위

범위range는 변경할 수 없는 숫자 시퀀스로서, 가장 일반적으로는 for 루프를 통해 반복하는 데 사용된다.

range는 위치 인수 start, stop, step으로 정의되며, stop만으로도 정의할 수 있다. stop만 제공되는 경우 range는 0에서 시작해 해당 값까지 1씩 증가한다.

```
In [39]: range(10)

Out[39]: range(0, 10)

In [40]: list(range(10))

Out[40]: [0, 1, 2, 3, 4, 5, 6, 7, 8, 9]
```

몇 가지 유의할 사항이 있다. 첫째, range는 리스트로 변환해야 그 내용을 볼 수 있다(참고: 파이썬 2에서는 그렇지 않고 range()의 출력은 range 객체가 아닌 리스트다).

둘째, 인덱싱과 마찬가지로 상한은 포함되지 않는다. 즉, 시퀀스는 stop 인수 값 이전의 최종 값에서 중지된다. 리스트가 제로 인덱싱된다는 점을 고려하면 리스트의 길이가 stop과 같음을 의미한다.

그리고 역시 start 인수는 포함된다.

```
In [41]: list(range(2,12))

Out[41]: [2, 3, 4, 5, 6, 7, 8, 9, 10, 11]
```

step이 지정된 경우 범위는 start에서 시작되고 값이 stop 미만으로 유지되지만 step만큼씩 증가한다.

```
In [42]: list(range(2, 12, 2))

Out[42]: [2, 4, 6, 8, 10]
```

2.4.5 텍스트 유형: 문자열

파이썬에는 텍스트를 지정하기 위한 단일 유형 str이 있다. 문자열은 '단일', ''이중'' 또는 '''삼중''' 따옴표로 지정할 수 있다. 단일 따옴표(작은따옴표)와 이중 따옴표(큰따옴표)는 동일하게 작동하고, 삼중 따옴표는 여러 줄에 걸쳐 작용한다.

문자열은 +를 통한 연결 등 일부 특성이 리스트와 같다.

```
In [43]: x = 'Hello'
         y = "World"
         x+y

Out[43]: 'HelloWorld'
```

[]를 사용해 인덱싱:

```
In [44]: x[3:]

Out[44]: 'lo'
```

또한 문자열에는 대소 문자 변환과 같은 많은 문자열 관련 메서드가 있다.

```
In [45]: x.upper()

Out[45]: 'HELLO'
```

값 대체:

```
In [46]: x.replace('lo', 'p')

Out[46]: 'Help'
```

문자열 리스트는 다른 문자열에 결합될 수 있다.

```
In [47]: ', '.join([x,y, 'what a day!'])

Out[47]: 'Hello, World, what a day!'
```

또는 구분 기호로 분할:

```
In [48]: 'Hello, World, what a day!'.split(',')

Out[48]: ['Hello', ' World', ' what a day!']
```

이 기능은 텍스트 파일에서 데이터를 가져오는 데 매우 유용하다.

포맷

문자열과 함께 사용할 수 있는 유용한 도구는 format() 메서드이다. 이 메서드는 변수의 값을 문자열에 삽입하는 근사한 방법을 제공한다. 대체되는 위치는 {}를 사용해 지정되고 대체될 값은 format() 메서드에 인수로 전달된다.

```
In [49]: temperature = 21.34
         'The temperature today is {} degrees'.format(temperature)
```

```
Out[49]: 'The temperature today is 21.34 degrees'
```

여러 값이 포함될 수 있다.

```
In [50]: x = 18.93
         y = 345.234
         '{} divided by {} equals {}         '.format(x, y, x/y)
```

```
Out[50]: '18.93 divided by 345.234 equals 0.05483237456333965'
```

각 대체에 대해 이름을 지정할 수도 있다. 그러면 코드를 더 쉽게 재사용할 수 있으며, 값이 반복되면 한 번만 지정하면 된다.

```
In [51]: '{x} plus {x} plus {y} equals {r}'.format(x=x, y=y, r=x + x + y)
```

```
Out[51]: '18.93 plus 18.93 plus 345.234 equals 383.094'
```

더 읽기 쉬운 출력을 만들기 위해 책 전체에서 이 방법을 사용할 것이다.

2.4.6 집합 유형

셋set은 고유한 객체들의 순서가 지정되지 않은 집합이다. 이러한 객체는 해시 가능해야 하며, 이는 int, str, float, 튜플 같은 변경 불가능한 내장 유형에 적용되지만 리스트나 딕셔너리에는 적용되지 않는다. 셋을 사용해 리스트와 같은 객체 집합에서 모든 고유값을 가져올 수 있다.

```
In [52]: x = [1, 1, 3, 8, 12, 12]
         set(x)
```

```
Out[52]: {1, 3, 8, 12}
```

셋은 또한 원소를 빠르게 확인해볼 수 있다. in 연산자는 객체가 집합 등의 모임에 포함돼 있는지 확인해준다.

```
In [53]: 3 in x
```

```
Out[53]: True
```

```
In [54]: 5 in x
```

```
Out[54]: False
```

in은 리스트와 튜플에서도 작동하지만 리스트와 튜플의 경우 파이썬은 일치하는 객체를 찾거나 찾지 못할 때까지 전체 컬렉션을 반복한다. 이는 리스트가 클수록 더 많은 시간이 소요됨을 의미한다. 그러나 셋의 경우 하나의 항목을 검색하는 데 고정된 시간이 걸린다. 모음collection의 크기에 관계없이 모든 항목은 다른 항목과 동일한 시간에 빠르게 찾을 수 있다.

셋은 합집합, 교차, 차이 등과 같은 집합 이론 수학 연산에도 사용할 수 있다.

```
In [55]: x = set([1, 1, 3, 8, 12, 12])
         y = set([2, 2, 8, 9])
         x.intersection(y)

Out[55]: {8}

In [56]: y.difference(x)

Out[56]: {2, 9}

In [57]: x.union(y)

Out[57]: {1, 2, 3, 8, 9, 12}
```

2.4.7 매핑 형식

파이썬에서 딕셔너리dictionary(또는 딕트dict)라고 하는 해시 맵Hashmap은 한 객체를 사용해 다른 객체를 인덱싱하는 데이터 구조이다. 리스트나 튜플은 모든 객체를 저장할 수 있지만 인덱스는 반드시 정수이다.

그 차이는 별것 아닌 것 같지만 믿을 수 없을 만큼 크다. 긴 텍스트 파일에서 모든 단어의 등장 횟수를 세고 싶다고 상상해보라. 리스트를 사용해 그 문제를 어떻게 해결할 수 있을까? 그러려면 관찰한 각 단어와 그 개수를 저장해야만 한다. `[[word_0, count_0], [word_1, count_1], ..., [word_n, count_n]]` 형식의 리스트를 사용해 이를 수행할 수 있을 것이다. 관찰된 각 단어에 대해 해당 단어를 볼 때까지 전체 리스트를 반복해야 하며, 그 지점에서 해당 리스트의 개수가 증가한다. 또는 해당 단어를 보지 못한 경우 해당 단어와 하나의 개수가 포함된 새 리스트를 추가한다.

여기서 딕셔너리가 어떻게 도움이 될까? 딕셔너리에는 두 가지 유형의 객체가 있다. 키와 값은 각각 쌍을 형성한다. 키는 해시되므로 해시 가능한 유형으로 제한된다. 즉, 리스트는 안되지만 문자열, 튜플, float와 int는 모두 작동한다. 셋과 마찬가지로 키가 있는지 확인하는 조회 시간이 일정하므로 키가 있는지 즉시 확인할 수 있다. 값은 모든 유형이 될 수 있다.

카운트를 `{word_0 : count_0, word_1 : count_1, ..., word_n : count_n}` 형식으로 저장하면 관찰되는 각 단어에 대해 고정된 시간에 딕셔너리에 존재하는지 확인할 수 있다. 존재하는 경우 값을 증가시킨다. 존재하지 않는 경우 단어 수 딕셔너리에 새 키-값 쌍을 추가한다.

여기 예제에서의 차이는 미묘하지만 중요하다. 총 약 15억(1.5B) 개의 단어와 영어로 된 약 200만(2M) 개의 고유 단어를 가진 위키백과의 모든 단어를 세고 있다고 상상해보라.

모든 단어를 살펴봐야 하는 작업을 피할 수 없으며 이는 최소 15억 개의 작업이 필요하다. 그러나 관찰된 각 단어에 대해 계산하기 위해서는 반드시 수행해야 하는 작업 수이다. 200만 개의 고유 단어로 구성된 리스트 기반 구조를 검색하면 약 100만 개의 작업에서 평균 단어가 발견된다. 15억 개의 단어 각각에 대해 이를 반복하면 총작업 수는 대략 1.5B * 2M == 1,500조 번의 작업이 된다! 대조적으로, 딕셔너리 기반 데이터 구조는 관찰된 단어당 2개의 작업만 필요하므로 (찾고 업데이트하기 위해) 총 30억 번의 작업이 필요하다. 이는 여전히 많은 컴퓨팅 작업이지만 리스트 기반 대안(500,000배 많은 작업이 필요함)보다 훨씬 효율적이다.

dict() 함수를 사용해 딕셔너리를 만들 수 있다.

```
In [58]: x = dict(a=1, b=2, c=3)
         x

Out[58]: {'a': 1, 'b': 2, 'c': 3}
```

또는 {key : value}와 같이 중괄호를 사용한다.

```
In [59]: x = {'a': 1, 'b': 2, 'c': 3}
         x

Out[59]: {'a': 1, 'b': 2, 'c': 3}

In [60]: y = {1: 'a', 2: 'b', 3: 'c'}
         y

Out[60]: {1: 'a', 2: 'b', 3: 'c'}
```

리스트와 튜플의 경우 인덱스는 대괄호를 사용해 전달된다.

```
In [61]: x['a']

Out[61]: 1
```

키-값 쌍은 items() 메서드를 사용해 튜플로 직접 액세스할 수 있다.

```
In [62]: y.items()

Out[62]: dict_items([(1, 'a'), (2, 'b'), (3, 'c')])
```

파이썬 3.6부터 딕셔너리는 삽입 순서이므로 items() 메서드의 출력은 일관되게 정렬된다. 이전 버전의 파이썬에서의 딕셔너리는 순서가 지정되지 않았으므로 items()의 출력은 이전 버전과 일관되지 않는다.

각각 딕셔너리의 키와 값을 반환하는 keys() 및 values() 메서드도 유사하다.

```
In [63]: y.keys()

Out[63]: dict_keys([1, 2, 3])

In [64]: y.values()

Out[64]: dict_values(['a', 'b', 'c'])
```

딕셔너리는 데이터 분석을 위해 파이썬에서 광범위하게 사용된다. 이 책 전체에서는 pandas 시리즈Series와 데이터프레임Dataframe 객체를 생성하기 위한 생성자로 사용할 것이다. 이들은 특수한 HashMap 구조로 작동한다.

생성자란 무엇일까? 이 맥락에서는 딕셔너리를 사용해 데이터셋을 구성한 다음 딕셔너리를 시리즈나 데이터프레임으로 변환한다는 것을 의미한다. 일반적으로 딕셔너리에 데이터셋을 구성하는 것이 시리즈나 데이터프레임으로 직접 수행하는 것보다 더 간단하지만, 책 전체에서는 두 가지 접근 방식의 예를 모두 볼 수 있다. 2.5.3절에서 시리즈와 데이터프레임 구조를 소개한다.

2.4.8 함수, 클래스, 메서드

함수

매우 중요한 객체 클래스는 단어나 숫자와 같은 정보의 개별 단위를 나타내는 것이 아니라 연산을 수행하는 프로세스(또는 프로세스의 집합)와 속성을 나타내는 기능적 객체이다.

이들 중 가장 간단한 것은 함수이며, 단순히 코드 조각에 해당한다. 함수는 종종 인수 또는 매개변수라 불리는 입력을 취하고 종종 출력을 생성하는데, 이를 반환 값이라고 한다. 함수는 몇 가지 용도로 사용된다.

여섯 줄의 코드가 필요한 복잡한 계산이 있고, 이를 수십 개의 데이터셋에 대해 계산해야 한다고 가정해보자. 매번 코드를 복사해 붙여 넣는 대신 함수를 작성하고 매번 호출할 수 있다.

이 방법은 몇 가지 장점이 있다.

첫째, 코드 가독성을 크게 향상시킬 수 있다. 가독성 향상의 중요성은 과소 평가돼서는 안 된다. 특히 다른 사람과 코드를 공유한다거나 몇 주, 몇 달 또는 몇 년 후에 다시 코드로 돌아와서 수행하는 작업을 정확히 이해하려면 상당한 시간이 걸릴 수 있다.

함수는 몇 가지 방법으로 가독성을 향상시킬 수 있다. 함수는 동일한 작업을 수행하는 데 필요한 전체 코드 줄 수를 줄여준다. 코드 줄이 적다는 것은 코드로 돌아갈 때 읽어야 할 줄이 적다는 것을 의미한다.

함수는 또한 코드의 논리를 좀 더 명시적으로 만든다. 모든 것을 수행하는 긴 스크립트를 사용하는 대신 각 함수가 하나의 작업을 수행하는 기능으로 분할한다. 그러면 코드를 이해하려고 할 때 더 쉽게 분해할 수 있다. 이것은 코드 가독성뿐 아니라 코드를 작성하는 데도 도움이 될 수 있다. 전체 분석은 일련의 더 큰 단계로 분류할 수 있으며, 예를 들면 다음과 같다.

- 데이터 가져오기 및 정리
- 데이터 변환 및 측도 계산
- 모델 적합화
- 수치 생성
- 분석 내보내기

이들 각각은 그 안에 더 미세한 함수를 가진 함수 자체일 수 있다. 가독성을 높이는 것 외에도 함수는 최소한 두 가지 중요한 방식으로 코드 안정성을 향상시킨다. 첫 번째는 복사–붙여 넣기–편집 오류를 방지한다는 것이다. 측도를 12번 계산하고 각 인스턴스에서 세 줄에 걸쳐 약간의 변경이 필요하다고 가정해보자. 총 36개의 변경 사항 중 하나를 놓칠 위험이 높아지며, 이는 감지하기 어려운 버그일 수 있다. 함수를 사용하면 각 인스턴스의 함수에 대한 인수를 변경하기만 하면 된다. 편집 횟수도 줄어들고, 문제가 발생하면 디버깅하기가 더 쉽다.

함수가 신뢰성을 향상시키는 두 번째 방법은 향상된 유지 보수를 통한 것이다. 측도 계산 방식을 변경하고 싶다고 가정해보자. 함수를 사용하는 경우 함수 내에서 코드를 변경하면 완료된다. 함수가 없다면 찾기–바꾸기 작업을 수행해야 하므로 오류가 발생하기 쉽다.

파이썬에서 함수는 `def` 키워드, `:` 연산자, 들여쓰기를 사용해 정의한다.

```
In [65]: def add(a, b):
             return a + b
```

인수는 괄호를 사용해 해당 함수에 전달된다.

```
In [66]: add(3, 4)

Out[66]: 7
```

인수는 위와 같이 위치적으로 전달할 수 있지만 키워드로도 전달할 수 있다.

```
In [67]: add(a=3, b=4)

Out[67]: 7
```

함수 정의에서 각 인수에 대해 기본값을 설정할 수 있다. 이렇게 하면 인수 전달은 선택 사항이 된다.

```
In [68]: def add(a, b=0):
             return a + b

In [69]: add(3)

Out[69]: 3

In [70]: add(3, 4)

Out[70]: 7
```

이 책 전체에서 이미 작성한 코드를 활용하기 위해 함수를 사용할 것이다.

공백

공백에 대해서는 간략하게 설명하겠다. 파이썬의 공백은 중요하며, 코드 블록은 들여쓰기 수준으로 식별된다. 함수, 루프, 조건의 범위를 나타내기 위해 대괄호를 사용하는 많은 프로그래밍 언어와 달리 파이썬은 엄격하게 공백을 사용한다. 즉, 공백을 사용할 때는 매우 주의해야 한다.

일반적인 함정은 탭tab과 공백을 혼합하는 것이다. 파이썬 인터프리터는 이것을 동등하게 취급하지 않는다. 혼합된 탭과 공백은 초보 파이썬 프로그래머에게 악몽이 될 수 있다. 노트북을 포함한 대부분의 파이썬 중심 코딩 환경에서는 탭 키를 눌렀을 때 탭 문자를 삽입하지 않고 대신 일정한 수의 공백(일반적으로 2개 또는 4개)을 삽입한다. 일부 환경에서는 해당 설정을 활성화해야 한다.

표준 들여쓰기는 2개 또는 4개의 공백이다. 이 책에서는 2개의 공백을 사용한다. 공백이 의미를 갖는다는 사실은 새로운 파이썬 프로그래머에게 약간 혼란스러울 수 있다. 그러나 그것의 이점은 향상된 코드 가독성이다. 혼합된 탭과 공백 문자의 가능한 문제를 제외하고는 일반적으로 많은 문제를 일으키지 않는다. 그러나 파이썬을 처음 사용하는 경우 공백의 중요성을 염두에 두는 것이 좋다.

클래스와 메서드

클래스class는 데이터와 함수를 함께 묶는 객체이다. 이 장에서 소개한 모든 기본 유형은 실제로 내장 클래스이다. 그러나 자신의 클래스를 정의할 수도 있다. 복잡한 함수를 가진 사용자 정의 클래스는 객체 지향 프로그래밍의 특징이다. 클래스 사용법을 자세히 설명하는 것은 이 책의 범위를 벗어나지만 개념적으로 소개하고자 한다.

클래스에는 각각 데이터와 기능에 해당하는 다른 객체, 속성과 메서드method가 있다.

속성은 모든 유형이 될 수 있으며 해당 클래스의 특정 인스턴스에 연결된다. 메서드는 해당 클래스에 연결된 함수로서, 해당 속성과 다른 인수에 대해 작동할 수 있다. 여기서는 2개의 속성 a와 b를 가진 새로운 클래스 Adder를 생성하는데, 하나의 메서드 add()는 a와 b의 합을 반환한다.

```
In [71]: class Adder:
           '''인수를 더하는 클래스'''
           def __init__(self, a, b):
             self.x = a
             self.y = b

           def add(self):
             return self.x + self.y
```

관례에 따라 파이썬에서는 클래스 이름을 대문자로 작성한다(2.3.1절 참조). 클래스의 인스턴스와 상호 작용할 때 내부 파이썬 작업에 의해 호출되는 다양한 예약된 메서드가 있다. __init__는 해당 클래스의 새 인스턴스가 생성될 때마다 호출되는 중요한 메서드이다. 예제의 경우 클래스의 새 인스턴스는 a와 b의 두 값을 지정해야 한다.

클래스 정의에는 단순히 a + b를 반환하는 add 메서드도 포함된다. 메서드는 특정 클래스 객체에 연결된 함수이다. 클래스를 소개하는 주목적은 책 전체에서 함수와 메서드를 모두 사용하므로 메서드의 개념을 소개하려는 것이다. 주요 차이점은 메서드는 객체에 연결돼 있고 일반적으로 해당 객체의 속성을 인수로 사용하는 반면 함수는 단독으로 사용되며 모든 인수가 명시적으로 전달돼야 한다는 것이다.

Adder 클래스를 사용하는 방법을 살펴보자.

```
In [72]: adder = Adder(3, 4)
         adder

Out[72]: <__main__.Adder at 0x7f3887065e48>
```

Adder 객체인 adder를 만들었다. 우리가 볼 수 있는 것은 __main__에 연결된 Adder 객체이다. 이는 최상위 스크립트 환경이며 특정 메모리 주소에 연결된다. 점 표기법을 사용해 속성 x의 값을 확인할 수 있다.

```
In [73]: adder.x

Out[73]: 3
```

마찬가지로 add() 메서드를 실행할 수 있다.

```
In [74]: adder.add()

Out[74]: 7
```

여기서는 어떤 식으로든 클래스나 메서드를 제한하지 않았으므로 + 연산자는 다른 유형에 대해 다른 기능으로 오버로드된다는 점에 주목하자. 따라서 다른 유형의 인수로 Adder 객체를 초기화하면 다른 동작이 발생한다.

```
In [75]: adder2 = Adder('frog', 'coyote')
         adder2.add()

Out[75]: 'frogcoyote'
```

이 책에서는 사용자 정의 클래스를 사용하지 않지만 많은 내장 및 제3자 속성과 메서드를 활용한다.

2.4.9 모듈과 패키지

지금까지 파이썬에 내장된 일부 유형과 함수에 대해 배웠지만, 자체 코드나 제3자 코드를 통해 확장된 기능이 필요한 경우에는 어떻게 해야 할까? 해법은 파이썬 모듈 및 패키지의 형태로 제공된다.

모듈

모듈은 파이썬 정의와 명령문을 포함하는 단순한 파일이다. 파일 이름은 .py 접미사가 있는 모듈 이름이다. 모듈은 자신의 코드를 재사용 가능하게 만드는 간단한 방법을 제공한다. 함수와 클래스를 파일에 저장하고 모듈로 가져올 수 있다. 책에서는 함수를 작성한 각 장에 대한 모듈 파일이 있으므로 이후 장에서 유용할 경우 해당 함수를 호출할 수 있다.

로컬 모듈을 가져오려면 먼저 해당 모듈의 경로를 파이썬 경로에 추가해야 한다. 이는 sys 서비스를 사용하고 경로를 추가해 수행할 수 있다. 이 경로는 파이썬이 실행되는 경로에 상대적이거나 파일 시스템 루트의 절대 경로일 수 있다.

```
In [76]: import sys
         sys.path.append('/absolute/path/to/module.py')
```

자신의 모듈을 작성할 때 가져오는 방법은 이렇다. 그러나 책의 일부인 모듈의 경우 가장 간단한 방법은 pip를 사용해 설치하는 것이다.

```
In [77]: !pip install python_marketing_research
```

패키지가 설치되면 모듈을 가져오고 해당 정의에 접근할 수 있다.

```
In [78]: from python_marketing_research_functions import chapter2

chapter2.add(3, 4)

Out[78]: 7

In [79]: adder = chapter2.Adder(3, 4)
         adder.add()

Out[79]: 7
```

패키지

파이썬의 많은 함수는 패키지에 있다. math(수학적 함수), re(정규 표현식 기능), os(OS 관련 함수에 대한 접근을 제공) 등과 같은 수많은 내장 패키지가 있다.

종종 대규모 오픈소스 프로젝트에서는 다른 사람이 작성한 많은 제3자 코드가 있다. 데이터 분석과 머신러닝에서 파이썬의 힘은 강력하고 사용하기 쉬운 코드를 생성하는 거대한 기여자 커뮤니티에서 비롯된다.

2.5절에서는 데이터 분석에 가장 중요한 패키지를 자세히 설명한다. 2.2절에서 언급했듯이 대부분의 새로운 패키지는 pip를 사용해 설치할 수 있다.

아나콘다를 설치하지 않고 파이썬을 로컬로 실행하는 경우 이 책에 필요한 패키지는 다음과 같다.

- matplotlib v3.2.1(Hunter 2007)
- numpy v1.18.2(Oliphant 2006 – 2020)
- pandas v1.0.3(McKinney 2010)
- statsmodels v0.10.2(Seabold and Perktold 2010)
- scikit-learn v0.0(Pedregosa et al. 2011)
- seaborn v0.10.0(Waskom et al. 2018).

이러한 패키지를 설치하면 다수의 종속성이 설치된다. 호환성 문제가 있는 경우(예: 최신 버전의 라이브러리가 책의 코드와 더 이상 작동하지 않는 경우) 책 저장소(https://raw.githubusercontent.com/python-marketing-research/python-marketingresearch-1ed/master/requirements.txt)에서 requirements.txt를 다운로드해 책을 만드는 데 사용된 버전과 동일하게 모든 패키지 버전을 설정할 수 있다. 이 책에 사용된 모든 패키지를 볼 수도 있다(책에 사용되지 않은 패키지도 포함된다. 많은 패키지가 기본적으로 코랩에 설치돼 있기 때문이다).

버전을 정렬하려면 해당 파일을 다운로드한 다음 여기에서 pip 설치를 수행할 수 있다. 예를 들어 코랩에서 명령은 다음과 같다.

```
In[80]: !wget https://raw.githubusercontent.com/python-marketing-research/\
            python-marketing-research-1ed/master/requirements.txt
        !pip install -r requirements.txt
```

가져오기

사용하려면 패키지를 가져와야 한다. 패키지를 가져올 수 있는 몇 가지 방법이 있다.

먼저 전체 패키지를 가져올 수 있다. 예를 들면 다음과 같다.

```
import numpy
```

관례적으로 패키지의 루트를 다음과 같이 가져올 때 별칭이 부여되는 경우가 많다.

```
import numpy as np
```

많이 사용하는 몇 가지 다른 패키지와 일반적인 별칭은 다음과 같다.

```
import matplotlib.pyplot as plt
import numpy as np
import pandas as pd
import seaborn as sns
```

전체 패키지를 가져오는 대신 `<package> import <module>`을 사용해 패키지의 하위 집합을 가져올 수도 있다.

```
from scipy import stats
```

책 전체에서 이러한 패키지 가져오기 패턴을 볼 수 있다. 패키지 가져오기는 매우 중요하므로 익숙해질 필요가 있다.

2.4.10 제어 흐름 문

제어 흐름은 프로그램의 명령문이 수행되는 순서이다. 중요한 제어 흐름 표현식에는 조건문과 루프라는 두 가지 부류가 있다.

조건문은 부울 조건을 활용해 코드에서 분기점을 만들고 특정 조건 집합에 대해 명령문을 평가한다.

루프를 사용하면 하나 이상의 매개변수를 체계적으로 변경하면서 동일한 코드 문 집합을 여러 번 실행할 수 있다. while과 for 루프는 가장 일반적인 루프 형태이다.

if 문

if 명령문은 명령형imperative 프로그래밍 언어에서 필수적인 도구로, 이 책 전체에서 데이터 생성 및 처리를 위해 사용된다. if 문은 매우 간단하다. True로 평가되면 다음 코드 블록이 실행되고, 그렇지 않으면 해당 블록을 건너뛴다.

```
In [81]: x = 5
         if x > 2:
           print('x = {}, which is greater than 2'.format(x))
         print('Done!')

x = 5, which is greater than 2
Done!

In [82]: x = 0
         if x > 2:
           print('x = {}, which is greater than 2'.format(x))
         print('Done!')

Done!
```

x가 5이면 if 블록의 print 문이 수행됐지만, 0이면 수행되지 않았다. 조건문과 부울은 밀접하게 연결돼 있다. 조건문은 부울 True 또는 False로 평가돼야 한다. 파이썬은 많은 값을 부울로 변환coerce한다. 예를 들어 빈 리스트는 False로 평가되고 비어 있지 않은 리스트는 True로 평가된다. 이 동작은 유용할 수 있지만, 부주의하게 사용하면 버그 또는 기타 문제가 발생할 수 있다.

if 문은 종종 쌍을 이루는 else 문을 포함하는데, if가 False일 때만 실행되는 명령문을 갖고 있다.

```
In [83]: x = 0
         if x > 2:
           print('x = {}, which is greater than 2'.format(x))
         else:
           print('x = {}, which is less than or equal to 2'.format(x))

x = 0, which is less than or equal to 2
```

이 경우 x가 2보다 크지 않으므로 else 문 아래의 블록이 평가됐다. else if 명령도 있다. 이는 이전 if(또는 elif) 문이 False로 평가된 경우에만 수행된다.

```
In [84]: x = 2
         if x > 2:
           print('x = {}, which is greater than 2'.format(x))
```

```
        elif x == 2:
          print('x = {}, which equals 2!'.format(x))
        else:
          print('x = {}, which is less than 2'.format(x))

x = 2, which equals 2!
```

if ... elif ... else 문은 매우 일반적인 구성인데, if 문만은 반드시 필요하다. 임의의 수의 elif 문이 뒤에 올 수 있으며 else 문은 선택 사항이다.

실제로 if 문을 사용하는 한 가지 사례는 특정 값 또는 값 유형을 포함하는 것과 같이 속성에 따라 데이터를 다르게 처리하는 것이다. 예를 들어 특정 값이 리스트에 있는지 확인할 수 있다. 이로부터 실제 데이터 처리 문제에서 값 집합이 다르게 처리될 수 있다.

```
In [85]: def check_present(value, values):
           if value in values:
             print('{} was found in the values'.format(value))
           else:
             print('{} was NOT found in the values'.format(value))

In [86]: a = set([4, 2, 5, 1, 12, 33])
         check_present(38, a)
         check_present(12, a)

38 was NOT found in the values
12 was found in the values
```

while 루프

루프를 사용하면 특정 변수를 체계적으로 변경하면서 동일한 코드를 반복적으로 실행할 수 있다.

while 루프는 while 문이 True로 평가되는 한 연관된 코드 블록을 반복적으로 실행한다. 즉, while 문은 if 문과 매우 유사하지만, if 문에 의해 묶인 코드 블록은 한 번만 실행되는 반면 while 문에 의해 묶인 코드 블록은 조건이 변경될 때까지 무기한 실행된다. 예를 들어 while 절이 더 이상 True가 아니거나 (break 명령 사용으로) 루프가 끊어진 경우에 멈춘다. while 루프는 쉽게 무한 루프가 될 수 있다. 프로그램이 강제로 종료되지 않는 한 실행을 멈추지 않는 루프이므로 while 문을 작성할 때 주의하라.

while 문을 사용해 임의의 값으로 계산할 수 있다.

```
In [87]: x = 0
         while x < 5:
           print(x)
           x += 1

0
1
2
```

```
3
4
```

루프는 i가 5보다 작은 동안 계속 실행됐다.

배열을 반복하고 각 원소에 대해 작업할 수도 있다.

```
In [88]: a = [4, 2, 5, 1, 12, 33]
         a_squared = []
         i = 0
         while i < len(a):
           a_squared.append(a[i]**2)
           i += 1
         print('a_squared generated: {}'.format(a_squared))

a_squared generated: [16, 4, 25, 1, 144, 1089]
```

여기서는 인덱스 i를 0에서 증가시키고, 이를 사용해 a_squared 리스트에 각 값의 제곱을 저장해 리스트 a를 단계별로 실행했다. i + = 1은 i = i + 1의 약어이다. 각 반복에서 i를 len(a)와 비교해 인덱스가 a 내에 머물러 있는지 확인했다. 인덱스 i가 a의 길이와 같으면(즉, len(a)보다 작지 않음) 루프가 끊어졌다.

사실 이 두 가지 예 모두 실제로 for 루프가 더 낫다.

for 루프

파이썬에서 for 루프는 컬렉션collection 또는 이터레이터iterator를 반복한다.[2] 이는 for 루프가 while 루프처럼 작동하며 단지 인덱스 시작과 종료 기능이 내장된 것에 불과한 다른 많은 언어와는 약간 차이가 난다. 예를 들어 리스트를 반복할 때 리스트를 참조하기 위해 인덱스로 작업하는 대신 리스트를 직접 반복한다는 의미이다.

```
In [89]: a = [4, 2, 5, 1, 12, 33]
         a_squared = []
         for x in a:
           a_squared.append(x**2)
         print('a_squared generated: {}'.format(a_squared))

a_squared generated: [16, 4, 25, 1, 144, 1089]
```

여기서는 a를 반복했고 x는 a의 각 순차 값을 취했다. 인덱스나 a의 길이에 대해 걱정할 필요가 없으며 값을 직접 사용할 수 있다. 따라서 리스트, 딕셔너리 등과 같은 컬렉션 작업이 매우 간단해진다.

그러나 일련의 숫자를 반복하고 싶다면 어떨까? 2.4.4절에서 소개한 range 객체를 사용하면 쉽다.

```
In [90]: for i in range(5):
           print(i)
```

2 컬렉션은 리스트, 딕셔너리, 튜플 등 데이터의 모음을 담을 수 있는 컨테이너를 일컫는다. 이터레이터는 전체 값을 탐색할 수 있게 반복할 수 있는 객체를 의미한다. 기술적으로는 __iter__()와 __next__() 메서드로 이뤄진 iterator 프로토콜을 구현해둔 것이다. – 옮긴이

```
0
1
2
3
4
```

리스트의 원소를 직접 반복하지 않으려면 이러한 숫자를 인덱스로 사용해 리스트에 인덱스를 생성할 수 있다.

```
In [91]: a_squared = []
         for i in range(len(a)):
           a_squared.append(a[i]**2)
         print('a_squared generated: {}'.format(a_squared))

a_squared generated: [16, 4, 25, 1, 144, 1089]
```

range()는 여러 가지 인수를 사용해 다른 종류의 시퀀스를 만들 수 있다는 점을 기억하자. 예컨대 21에서 시작해 12단계씩 100까지 이동하면 다음과 같다.

```
In [92]: for i in range(21, 100, 12):
           print(i)

21
33
45
57
69
81
93
```

zip()은 두 컬렉션을 '압축'하고 한 쌍의 값을 반복하는 함수이다.

```
In [93]: for x, y in zip(range(6), range(6, 18, 2)):
           print(x,y)

0 6
1 8
2 10
3 12
4 14
5 16
```

컬렉션 중 하나가 다른 컬렉션보다 짧으면 더 짧은 컬렉션에 맞춰서 반복이 진행된다.

```
In [94]: for j, k in zip(range(6), range(6, 12, 2)):
           print(j, k)

0 6
1 8
2 10
```

또 다른 유용한 반복 함수는 enumerate로서, 컬렉션의 값뿐만 아니라 인덱스도 반환한다.

```
In [95]: for i, x in enumerate(a):
             print(i, x)

0 4
1 2
2 5
3 1
4 12
5 33
```

이 방법은 반복하면서 매치되는 인덱스에서 다른 배열을 수정해야 할 때 유용하다.

그렇다면 언제 실제로 for 루프가 아니라 while 루프를 사용하고 싶을까? while 루프는 반복 횟수를 미리 예측하기 어려울 때 가장 많이 사용된다. 간단한 예제로 34의 가장 큰 인수를 찾고자 한다고 가정해보자. 또 2에서 위로 반복하는 대신 34에서 아래로 반복하려 한다고 가정하자. while 루프를 사용해 첫 번째 인수를 찾으면 바로 중단할 수 있다. 모듈로modulo(%) 연산을 사용하면 첫 번째 숫자를 두 번째로 나눌 때의 나머지를 반환한다.

```
In [96]: x = 34
         y = x-1
         while True:
           if x % y == 0:
             break
           y -= 1
         print('{y} is the largest factor of {x},\n{f2} times {y} equals {x}'
               .format(y=y, x=x, f2=x/y))

17 is the largest factor of 34,
2.0 times 17 equals 34
```

리스트 컴프리헨션

리스트 컴프리헨션list comprehension은 하나의 리스트에서 다른 리스트를 생성하기 위한 간결한 구문이다. 빈 리스트를 인스턴스화하고 소스 리스트를 반복할 for 문을 만든 뒤 새 리스트에 추가할 문을 작성하는 대신 이러한 모든 작업을 단 한 줄로 수행할 수 있다.

```
In [97]: a = [4, 2, 5, 1, 12, 33]

In [98]: a_plus_one = [x + 1 for x in a]
         a_plus_one

Out[98]: [5, 3, 6, 2, 13, 34]
```

여기에는 각 원시 원소를 1씩 증가시킨 새 리스트를 생성했다.

리스트 컴프리헨션은 if 절을 포함할 수도 있다. if와 for 연산자의 배치 위치는 서로 다른 결과를 초래한다는 점에 유의해야 한다.

if가 for 뒤에 오는 경우 필터 역할을 하며, 이 경우 if 조건을 충족하는 것만 최종 리스트의 값에 포함한다. 이 경우 else 문은 포함될 수 없다.

```
In [99]: a_plus_one_filtered = [x + 1 for x in a if x < 12]
         a_plus_one_filtered

Out[99]: [5, 3, 6, 2]
```

그러나 특정 조건에 따라 다른 동작을 원하면 for 앞에 if를 배치할 수 있으며, 이 경우 else 문이 필요하다.

```
In [100]: a_modified = [x + 1 if x < 12 else x * 100 for x in a]
          a_modified

Out[100]: [5, 3, 6, 2, 1200, 3300]
```

리스트 컴프리헨션은 튜플 리스트를 생성하는 데 사용할 수도 있다(**는 지수 연산자이다).

```
In [101]: a_square_tuples = [(v, v**2) for v in a]
          a_square_tuples

Out[101]: [(4, 16), (2, 4), (5, 25), (1, 1), (12, 144), (33, 1089)]
```

튜플 리스트를 반복한다.

```
In [102]: a_reconstructed = [w/v for v,w in a_square_tuples]
          a_reconstructed

Out[102]: [4.0, 2.0, 5.0, 1.0, 12.0, 33.0]
```

딕셔너리를 생성하려면 다음과 같다.

```
In [103]: a_square_dict = {v: v**2 for v in a}
          a_square_dict

Out[103]: {1: 1, 2: 4, 4: 16, 5: 25, 12: 144, 33: 1089}
```

리스트 컴프리헨션은 for 루프보다 약간 더 빠를 수 있지만, 주된 가치는 그 간결성에 있다. 가장 간단한 경우 세 줄이 필요한 것을 단 한 줄로 작성할 수 있다.

이 책에서는 리스트 컴프리헨션을 광범위하게 사용하지는 않는다. 주로 통계 분석 함수, 예컨대 9장의 pca_summary()에서 결과를 예쁘게 꾸미는 데 사용한다.

2.4.11 도움말! 쉬어가기

책의 코드가 실행되지 않는 문제가 발생하는 경우 가능한 원인 중 하나는 패키지 버전의 비호환성이다. 여기서 사용하는 패키지는 이전 버전용으로 작성된 코드가 더 이상 실행되지 않는 브레이킹 업데이트breaking updates가 발생할 수 있다. 이 경우 문제가 있는 패키지를 다운그레이드할 수 있다. 책에서 사용하는 모든 패키지의 버전을 정렬하는 방법에 대한 자세한 내용은 2.4.9절을 참조하라.

이제 파이썬에서 도움말을 소개하려고 한다. 파이썬과 그 애드온add-on 패키지는 거대한 시스템을 형성하고, 고급 파이썬 사용자조차 정기적으로 설명서를 참조한다.

파이썬에는 내장 help() 함수가 있다. 이 함수는 파이썬 객체와 함께 호출되며 함수와 함께 그 docstring('documentation string'의 약자)을 출력한다. docstring은 삼중 따옴표로 정의되며 함수, 클래스 또는 모듈의 첫 번째 문이다.

range() 함수에 대해 자세히 알아보자.

```
In [104]: help(range)

Help on class range in module builtins:

class range(object)
 |  range(stop) -> range object
 |  range(start, stop[, step]) -> range object
 |
 |  Return an object that produces a sequence of integers from start (inclusive)
 |  to stop (exclusive) by step. range(i, j) produces i, i+1, i+2, ..., j-1.
 |  start defaults to 0, and stop is omitted! range(4) produces 0, 1, 2, 3.
 |  These are exactly the valid indices for a list of 4 elements.
 |  When step is given, it specifies the increment (or decrement).
 |
 |  Methods defined here:
 |
 |  __bool__(self, /)
 |  self != 0
 ...
```

코랩은 docstring뿐만 아니라 정의된 모든 메서드를 표시한다는 점에 주목하자. 파이썬 CLI와 주피터 노트북 같은 기타 환경에서는 docstring만 표시한다.

2.4.8절의 Adder 클래스 정의에 docstring을 작성했으므로 help()를 사용해볼 수도 있다.

```
In [105]: help(Adder)

Help on class Adder in module __main__:

class Adder(builtins.object)
 |  A class that adds its parameters
 |
 |  Methods defined here:
 |
 |  __init__(self, a, b)
 |      Initialize self. See help(type(self)) for accurate signature.
 |
 |  add(self)
 |
```

```
 |  ----------------------------------------------------------------------
 |  Data descriptors defined here:
 |
 |  __dict__
 |      dictionary for instance variables (if defined)
 |
 |  __weakref__
 |      list of weak references to the object (if defined)
```

노트북이나 IDE에서 작업하는 경우 `help()` 함수 대신 ? 연산자가 제공될 수 있다. 예를 들어 코랩 또는 주피터에서 `?range`를 입력하면 docstring이 있는 패널이 나타난다. 이것은 노트북의 흐름을 방해하지 않기 때문에 `help()`를 사용하는 것보다 일반적으로 선호된다.

코랩 노트북은 커서가 함수의 괄호 안에 있을 때도 docstring을 표시한다(주피터에서는 동작이 동일하지만 shift-tab을 눌러야 함). 실시간으로 docstring을 매우 많이 볼 수 있기 때문에 이 기능은 특히 유용하다.

대부분의 노트북 및 IDE는 탭을 눌렀을 때 커서의 현재 위치에 따라 가능한 인수를 표시하는 탭 완성 기능도 제공한다. 탭 기반 기능은 설명하기가 조금 어렵지만 사용법을 살펴보면 찾을 수 있을 것이라고 확신하며, 작업 흐름에서 귀중한 부분이 될 것이다.

그러나 특정 기능의 세부 사항이 아니라 더 광범위한 질문에 갇혀 있다면 어떨까? 이 경우 몇 가지 주요 경로가 있다.

첫 번째는 사용 중인 시스템을 더 잘 이해하기 위해 문서를 보는 것이다. 파이썬과 라이브러리에는 일반적으로 훌륭한 문서가 있다. docs.python.org는 최신 파이썬 문서의 홈이다. 'python documentation' 키워드와 함께 라이브러리에 대한 간단한 웹 검색은 일반적으로 훌륭한 결과를 얻을 수 있다.

또 다른 옵션은 일반적인 파이썬에 대한 스택오버플로우Stackoverflow(stackoverflow.com)나 크로스 밸리데이티드Cross Validated(stats.stackexchange.com)와 같은 커뮤니티 전문가 사이트에 통계 및 데이터 분석 질문에 대해 문의하는 것이다.

일반 웹 검색을 통해 유익한 결과를 얻을 수도 있다. 물론 이 책보다 특정 분야에 대해 훨씬 더 자세히 설명하는 책이 많이 있다. 각 장의 끝에서 더 많은 것을 배울 수 있는 리소스 목록을 제공하지만, 이러한 목록보다 훨씬 더 많은 자료가 있다.

2.5 데이터 과학 패키지

파이썬 내장 유형은 강력하다. 그러나 파이썬의 핵심 속성 중 하나는 유연성과 확장성이다.

파이썬은 많은 강력한 데이터 과학 패키지를 포함해 오픈소스 프로젝트에 적극적으로 기여하는 대규모 커뮤니티를 갖고 있다. 이 절에서는 이러한 패키지 중 몇 가지를 간략하게 소개한다.

2.5.1 NumPy

NumPy는 과학 컴퓨팅과 데이터 분석에 필수적인 매우 강력한 파이썬용 라이브러리이다. 파이썬 내장 유형에는 다차원 배열과 행렬에 대한 수학적 연산 지원이 포함되지 않는다. NumPy는 이 기능을 추가하기 위해 개발됐다.

배열에 대한 NumPy 작업은 동등한 파이썬 코드보다 훨씬 빠르다. 그 이유는 연산이 파이썬 해석 코드가 아닌 미리 컴파일된 C 코드에서 실행되기 때문이다. 이러한 작업을 벡터화된 작업이라고 하며 아래에서 소개한다.

먼저 NumPy를 임포트import한다. 관례적으로 np라는 이름으로 임포트한다.

```
In [106]: import numpy as np
```

NumPy 배열

NumPy 배열은 표면적으로 리스트와 매우 유사하다. 둘 다 값의 벡터를 나타내지만, 몇 가지 차이점이 있다. 한 가지 차이점은 NumPy 배열은 균일한 유형이라는 것이다. 즉, 배열 내의 모든 값은 정의에 따라 동일한 유형을 가진다. dtype 매개변수로 배열의 데이터 유형을 확인할 수 있다.

```
In [107]: x = np.array([1, 3, 4])
          print(x)
          print(x.dtype)

[1 3 4]
int64
```

파이썬 int는 NumPy int64 객체로 변환casting됐다. 혼합 유형 리스트를 배열로 변환하면 모든 값이 단일 유형으로 변환된다.

```
In [108]: x = np.array([1, 3, 4, 'a', 'b'])
          print(x)
          print(x.dtype)

['1' '3' '4' 'a' 'b']
<U21
```

이 경우 정수는 유니코드 문자열로 변환됐다('U21'로 표시). 일반적으로 NumPy 배열로 인덱싱하는 것은 리스트보다 훨씬 유연하고 강력하다. 리스트는 연속 슬라이스slice, 예컨대 리스트의 처음 3개 원소를 선택하지만 NumPy 배열은 임의로 인덱싱될 수 있다.

배열의 일부를 얻는 것은 리스트에서 슬라이스를 얻는 것과 같다.

```
In [109]: a = [7, 4, 2, 22, -12]
          a[:3]

Out[109]: [7, 4, 2]
```

```
In [110]: x = np.array(a)
          x[:3]

Out[110]: array([7, 4, 2])
```

그러나 배열은 관심 있는 인덱스를 포함한 다른 배열이나 리스트로 인덱싱할 수 있다.

```
In [111]: x[[0, 3]]

Out[111]: array([ 7, 22])
```

리스트에서 동일한 작업을 시도하면 TypeError가 발생한다.

```
In [112]: a[[0, 3]]

...
TypeError: list indices must be integers or slices, not list
```

배열의 모양과 일치하는 부울 배열을 사용해 배열을 인덱싱할 수도 있다.

```
In [113]: x[[True, False, False, True, False]]

Out[113]: array([ 7, 22])
```

2.5.3절에서 이 기능의 위력을 볼 수 있다. 또 다른 차이점은 리스트는 중첩돼 여러 차원(예: 행렬)을 나타내지만 NumPy 배열(또는 n-dimensional array의 약어인 ndarrays)은 더 높은 차원의 구조를 나타낼 수 있으며 직접 인덱스화될 수 있다는 것이다.

명심해야 할 차이점은 리스트에 반복적으로 추가하는 것은 효율적이지만 NumPy 배열에 반복적으로 추가하는 것은 그렇지 않다는 사실이다. 각 반복에서 전체 배열을 복사해야만 한다. 이 때문에 배열을 구성할 때 배열을 미리 할당하거나 반복적으로 리스트를 생성한 다음 리스트를 배열로 변환해야 한다.

배열은 값이 초기화되지 않는 empty() 메서드 혹은 (경우에 따라) zeros()나 ones()를 사용해 사전에 할당될 수 있다.

```
In [114]: x = np.empty(shape=5, dtype=np.int32)
          x

Out[114]: array([       0,        0, 16842752, 16843009, 16843009], dtype=int32)

In [115]: x = np.zeros(shape=5)
          x

Out[115]: array([0., 0., 0., 0., 0.])
```

빈 배열의 초기화되지 않은 값으로 예기치 않은 동작이 발생할 수 있으므로 0 또는 1 배열이 더 안전하다.

벡터화 연산

NumPy 배열은 벡터화된 연산을 가능하게 한다. 즉, 리스트의 각 원소에 대해 작업할 필요 없이 전체 배열에 대해 작업할 수 있다.

예를 들어, 이전과 같이 리스트의 각 원소를 제곱하려는 경우 for 루프를 사용할 수 있다.

```
In [116]: a = [7, 4, 2, 22, -12]
          a_squared = []
          for v in a:
            a_squared.append(v**2)
          a_squared

[49, 16, 4, 484, 144]
```

리스트 컴프리헨션을 사용해 훨씬 더 간결하게 만들 수 있다.

```
In [117]: [v**2 for v in a]

Out[117]: [49, 16, 4, 484, 144]
```

그러나 훨씬 더 효율적인 것은 전체 배열에 대한 원소별 연산이다.

```
In [118]: x = np.array(a)
          x**2

Out[118]: array([ 49,  16,   4, 484, 144])
```

이 방법은 동일한 것을 더 간결하게 작성할 수 있을 뿐만 아니라 훨씬 더 빠르게 벡터화된 연산을 할 수 있다. 위에서 언급했듯이, 벡터화된 연산은 미리 컴파일된 C 코드에서 실행되기 때문에 이는 동등한 파이썬 코드보다 훨씬 빠르다(파이썬은 인터프리트interpret돼야 한다. 즉, 바이트 코드로 번역돼야 함).

전체 배열에 대해 원소별로 비교 작업을 수행할 수도 있다. 예를 들어, x 중 어떤 값이 5보다 큰지 확인하려면 다음과 같이 한다.

```
In [119]: x > 5

Out[119]: array([ True, False, False,  True, False])
```

또한 원소 수를 계산하는 수학 연산에서 True 값이 1로 계산된다는 사실을 이용할 수도 있다. 즉, 배열에서 sum() 메서드를 사용해 5보다 큰 개수를 구할 수 있다.

```
In [120]: (x > 5).sum()

Out[120]: 2
```

그리고 이것을 x의 길이로 나누면 x에서 5보다 큰 값의 비율을 얻는다.

```
In [121]: (x > 5).sum()/len(x)

Out[121]: 0.4
```

부울 배열의 또 다른 용도는 인덱스화하는 것이다. 예를 들어 5보다 큰 x 값을 모두 가져온다.

```
In [122]: x[x > 5]

Out[122]: array([ 7, 22])
```

이러한 유형의 접근 방식은 데이터의 예비 분석에 매우 유용하다. 배열을 직접 곱할 수도 있으며, 이는 벡터에 걸쳐 원소별 연산을 수행한다. 다음의 경우 0번째 x 원소는 0번째 y 원소끼리, 네 번째 x 원소는 네 번째 원소끼리 등으로 나눗셈한다.

```
In [123]: y = np.array([34, 2, 9, -5, -18])
          x / y

Out[123]: array([ 0.20588235,  2.        ,  0.22222222, -4.4       ,  0.66666667])
```

NumPy에는 배열과 벡터화된 연산 이상의 것이 포함돼 있다. 이 책에서는 난수 생성 등과 같은 많은 NumPy 함수를 사용할 것이다.

2.5.2 수학적 계산에 파이썬 사용

계산 통계를 위한 프로그래밍 환경으로서의 파이썬은 NumPy와 결합된 강력한 수학 함수를 갖고 있다. 특히 인덱싱 및 반복부터 행렬 반전 및 분해와 같은 복잡한 연산에 이르기까지 모든 것을 포함하는 벡터와 행렬 연산에 대해 고도로 최적화돼 있다. 따라서 파이썬은 계산, 시뮬레이션, 최적화를 위한 매트랩과 같은 소프트웨어의 매력적인 대안이 된다.

여기에서는 여러 이유로 이러한 수학을 자세히 다루지는 않는다. 우선 읽기 지루하고, 또 많은 연산은 명백하거나 찾기 쉬우며, 고급 수학은 일상적 마케팅 분석에 반드시 사용되는 것이 아니다. 대신, 필요에 따라 간단한 설명과 함께 수학 명령과 연산자를 사용하며, 더 많은 것을 배우기 위해 help()를 사용할 수 있다고 믿는다.

2.5.3 pandas

pandas(McKinney 2010)는 또 다른 강력한 파이썬 라이브러리이며, 시리즈와 데이터프레임 등 데이터 구조화 및 분석 관련 작업을 단순화하는 여러 유형과 관련 연산을 소개한다. pandas는 NumPy 유형과 메서드를 기반으로 한다. R로 코딩했다면 이러한 유형에 익숙할 것이다.

pandas는 관행적으로 pd라는 이름으로 임포트한다.

```
In [124]: import pandas as pd
```

시리즈

마지막 절에서 NumPy 배열을 소개했다. pandas의 시리즈Series 객체는 배열과 매우 유사한 속성을 나타내지만, 인덱스가 추가돼 모든 해시 가능한 유형의 값을 포함할 수 있는 또 다른 정렬된 배열이다. 시리즈에는 배열의 속성이 있지만 딕셔너리의 기능을 효과적으로 추가한다.

리스트에서 시리즈를 만들 수 있다.

```
In [125]: a = [7, 4, 2, 22, -12]
          x = pd.Series(a)
          x

Out[125]: 0     7
          1     4
          2     2
          3    22
          4   -12
          dtype: int64
```

이 경우 기본 인덱스는 숫자이다. 실제로 배열의 인덱스와 동일하다. `index` 매개변수로 인덱스에 접근할 수 있다.

```
In [126]: x.index

Out[126]: RangeIndex(start=0, stop=5, step=1)
```

그리고 `values` 매개변수를 사용해 NumPy 배열인 시리즈의 값에 접근할 수 있다.

```
In [127]: x.values

Out[127]: array([  7,   4,   2,  22, -12])
```

그러나 시리즈의 진정한 힘은 숫자가 아닌 인덱스를 사용해 마치 딕셔너리인 것처럼 데이터에 접근할 때이다.

```
In [128]: x = pd.Series(a, index=['a', 'b', 'c', 'd', 'e'])
          x['a']

Out[128]: 7
```

하지만 딕셔너리와 달리, 배열과 비슷하지만 (문자열 등과 같은) 임의의 키를 사용해 한 번에 시리즈의 전체 하위 집합에 접근할 수 있다.

```
In [129]: x[['b', 'd', 'e']]

Out[129]: b     4
          d    22
          e   -12
          dtype: int64
```

그리고 문자열 대신 날짜나 시간을 인덱스로 사용해 시간에 따른 데이터 값을 저장할 수 있다.

```
In [130]: start_time = pd.datetime.strptime('2019-04-09', '%Y-%m-%d')
          x = pd.Series(a,
                        index=pd.date_range(start=start_time,
                                            normalize=True, periods=5)
                       )
          x

Out[130]: 2019-04-09     7
          2019-04-10     4
          2019-04-11     2
          2019-04-12    22
          2019-04-13   -12
          Freq: D, dtype: int64
```

이 책 전체에서는 주로 데이터프레임의 맥락에서 시리즈를 광범위하게 사용한다.

데이터프레임

여기서 분석하는 대부분의 데이터는 다차원이다. 데이터프레임Dataframe은 데이터셋을 보유하고 통계 함수와 모델에 데이터를 제공하는 데 사용되는 파이썬 데이터 분석의 주력 객체이다. 데이터프레임의 일반 구조는 모든 분석가에게 친숙할 것이다. 데이터프레임은 다양한 데이터 유형('변수'라고 함)의 열과 열에 걸쳐 값이 있는 행('관찰')으로 구성된 직사각형 객체이다.

각 열은 실제로 시리즈이며 모든 열이 동일한 인덱스를 공유한다. `DataFrame()` 함수를 사용해 데이터프레임을 구성할 수 있다.

```
In [131]: a = [7, 4, 2, 22, -12]
          b = [34, 2, 9, -5, -18]
          ab_df = pd.DataFrame({'a': a, 'b': b})
          ab_df

Out[131]:     a   b
          0   7  34
          1   4   2
          2   2   9
          3  22  -5
          4 -12 -18
```

딕셔너리는 키가 열 이름이 되는 데이터프레임의 생성자 역할을 한다.

인덱스 인수가 전달되지 않으면 시리즈의 경우 생성자가 순차적 정수 인덱스를 만든다. 그러나 모든 열에서 공유되는 명시적 인수를 전달할 수도 있다. 이 경우 위의 시리즈에서 사용한 것과 동일한 데이터 범위 인덱스를 사용하고 pandas `date_range()` 함수로 다시 구성한다.

```
In [132]: a = [7, 4, 2, 22, -12]
          b = [34, 2, 9, -5, -18]
          ab_df = pd.DataFrame({'a': a, 'b': b},
```

```
                                      index=pd.date_range(start=start_time,
                                                normalize=True, periods=5))
           ab_df

Out[132]:              a    b
           2019-04-09   7   34
           2019-04-10   4    2
           2019-04-11   2    9
           2019-04-12  22   -5
           2019-04-13 -12  -18
```

대괄호를 사용하면 열에 접근할 수 있다.

```
In [133]: ab_df['a']

Out[133]: 2019-04-09     7
          2019-04-10     4
          2019-04-11     2
          2019-04-12    22
          2019-04-13   -12
          Freq: D, Name: a, dtype: int64
```

또는 점 표기법을 사용할 수 있다.

```
In [134]: ab_df.a

Out[134]: 2019-04-09     7
          2019-04-10     4
          2019-04-11     2
          2019-04-12    22
          2019-04-13   -12
          Freq: D, Name: a, dtype: int64
```

행 인덱스와 .loc 연산자를 사용해 행에 접근할 수 있다.

```
In [135]: ab_df.loc['2019-04-10']

Out[135]: a    4
          b    2
          Name: 2019-04-10 00:00:00, dtype: int64
```

또한 .iloc 연산자를 사용해 행 또는 열을 위치별로 인덱싱할 수 있다.

```
In [136]: ab_df.iloc[3]

Out[136]: a    22
          b    -5
          Name: 2019-04-12 00:00:00, dtype: int64

In [137]: ab_df.iloc[:, 1]

Out[137]: 2019-04-09    34
```

```
2019-04-10     2
2019-04-11     9
2019-04-12    -5
2019-04-13   -18
Freq: D, Name: b, dtype: int64
```

열을 얻으려면 : 연산자를 사용해 열을 참조하고 있음을 나타내야 한다. : 기호는 모든 행을 원한다는 것을 나타낸다. 행을 선택할 때도 이를 포함시킬 수 있었지만 이는 선택 사항이다(ab_df.iloc[3, :]).

head()를 사용해 처음 몇 행만 인쇄할 수 있다.

```
In [138]: ab_df.head(3)

Out[138]:             a   b
          2019-04-09  7  34
          2019-04-10  4   2
          2019-04-11  2   9
```

기본 설정은 처음 5개 행을 표시한다. 여기서는 3을 인수로 전달해 처음 세 행만 표시했다. 예제의 경우 head()는 그다지 유용하지 않았지만, 책 전반에서 볼 수 있듯이 이 연산을 광범위하게 사용할 것이다. 일반적으로 다음에 소개하는 describe()와 함께 새 데이터 소스 검사를 시작하는 것이 첫 번째 작업이다.

데이터프레임에 대한 연산

mean()과 같은 일부 통계 함수는 데이터프레임 개체의 메서드로 직접 접근할 수 있다.

```
In [139]: ab_df.mean()

Out[139]: a    4.6
          b    4.4
          dtype: float64
```

기본적으로 이러한 메서드는 열(axis=0)에서 작동한다. 메서드가 행에 대해 작동하도록 하려면 명시적으로 axis 매개변수를 1로 지정해야 한다.

```
In [140]: ab_df.mean(axis=0)

Out[140]: a    4.6
          b    4.4
          dtype: float64

In [141]: ab_df.mean(axis=1)

Out[141]: 2019-04-09    20.5
          2019-04-10     3.0
          2019-04-11     5.5
          2019-04-12     8.5
          2019-04-13   -15.0
          Freq: D, dtype: float64
```

좀 더 현실적인 데이터가 있는 데이터프레임을 만들 수도 있다.

```
In [142]: store_id = pd.Series([3, 14, 21, 32, 54],dtype='category') #store id
          store_rev = [543, 654, 345, 678, 234] # store revenue, $1000
          store_visits = [45, 78, 32, 56, 34] # visits, 1000s
          store_manager = ['Annie', 'Bert', 'Carla', 'Dave', 'Ella']
          store_df = pd.DataFrame({'id': store_id,
                                   'rev': store_rev,
                                   'visits': store_visits,
                                   'manager': store_manager})
          store_df

Out[142]:    id manager  rev  visits
          0   3   Annie  543      45
          1  14    Bert  654      78
          2  21   Carla  345      32
          3  32    Dave  678      56
          4  54    Ella  234      34
```

id는 숫자로 취급되지 않도록 범주형으로 지정했다.

점 표기법을 사용해 매장 관리자 리스트를 가져올 수 있다.

```
In [143]: store_df.manager

Out[143]: 0    Annie
          1     Bert
          2    Carla
          3     Dave
          4     Ella
          Name: manager, dtype: object
```

매장에 따른 평균 수익을 얻을 수도 있다.

```
In [144]: store_df.rev.mean()

Out[144]: 490.8
```

또한 매장별 수익과 방문자를 연관시킬 수도 있다.

```
In [145]: store_df.corr()

Out[145]:              rev    visits
          rev     1.000000  0.829103
          visits  0.829103  1.000000
```

describe() 메서드는 데이터프레임의 숫자 요약을 제공한다.

```
In [146]: store_df.describe()

Out[146]:              rev     visits
          count   5.000000   5.000000
```

```
mean    490.800000  49.000000
std     194.683589  18.841444
min     234.000000  32.000000
25%     345.000000  34.000000
50%     543.000000  45.000000
75%     654.000000  56.000000
max     678.000000  78.000000
```

이 메서드는 숫자 열에 대한 통계량을 표시한다. 숫자가 아닌 열에 대한 통계를 보려면 describe() 메서드에 include='all' 인수를 전달할 수 있다.

2.5.4 결측값

통계에서는 결측값이 중요하며 NumPy와 pandas는 누락된 데이터를 처리하기 위한 몇 가지 도구를 제공한다. 결측 데이터는 일반적으로 numpy.nan 객체로 표시된다. NaN은 'Not a Number'를 나타낸다.

```
In [147]: np.nan

Out[147]: nan
```

사실 np.nan은 실제로는 float이므로 가능하면 결측 데이터가 있는 데이터셋은 float로 변환하는 것이 가장 좋다.

```
In [148]: type(np.nan)

Out[148]: float
```

파이썬에는 None 객체도 포함돼 있지만, 결측 데이터를 나타내는 데 사용하면 비정상적으로 작동할 수 있으므로 그렇게 하면 안 된다.

NaN 값에 대해 수행된 모든 수학은 NaN을 반환한다. 예를 들어 NaN 값으로 배열을 만들고 그 평균을 계산해 보자.

```
In [149]: x = np.array([3., 4., 6., 2., np.nan, 18., np.nan])
          x

Out[149]: array([ 3., 4., 6., 2., nan, 18., nan])

In [150]: np.mean(x)

Out[150]: nan
```

그러나 NumPy에는 NaN 값을 무시하고 숫자 값의 평균을 계산하는 nanmean() 함수가 있다.

```
In [151]: np.nanmean(x)

Out[151]: 6.6
```

nanmax(), nanstd(), nanpercentile() 등의 여러 기술 통계 메서드에는 대부분 'nan' 버전이 있다. 그러나 많은 경우 결측 데이터를 명시적으로 처리해야 한다. np.isnan() 함수는 입력 벡터의 NaN 값 인덱스에서 True가 되는 부울 배열을 반환한다.

```
In [152]: np.isnan(x)

Out[152]: array([False, False, False, False, True, False, True])
```

이 메서드는 NaN 값을 필터링하는 데 사용할 수 있다. 먼저 배열을 보수로 만들어야 한다. 즉, 모두 False를 True 또는 그 반대로, 비트별 보수 연산자를 사용해 변환해야 한다.

```
In [153]: ~np.isnan(x)

Out[153]: array([ True, True, True, True, False, True, False])
```

그런 다음 해당 출력에서 x를 인덱싱하고 평균을 취할 수 있다.

```
In [154]: np.mean(x[~np.isnan(x)])

Out[154]: 6.6
```

파이썬에서 절대 하지 말아야 할 한 가지는 결측 데이터를 나타내기 위해 −999와 같은 실제 숫자 값을 사용하는 것이다. 그러한 값을 쓰면 혼란만 야기될 수 있다. 대신 이러한 데이터를 적재하는 즉시 인덱스를 사용해 해당 값을 NaN으로 바꿔라.

```
In [155]: x = np.array([3., 4., 6., 2., -999, 18., -999])
          x.mean()

Out[155]: -280.7142857142857

In [156]: x[x == -999] = np.nan
          np.nanmean(x)

Out[156]: 6.6
```

무한대 값은 상수 np.inf를 사용해 유사하게 처리된다. 예를 들어 양수와 음수의 자연 로그를 취해보자.

```
In [157]: np.log(np.array([-1, 0, 1]))

/usr/local/lib/python3.6/dist-packages/ipykernel_launcher.py:1:
RuntimeWarning: divide by zero encountered in log

/usr/local/lib/python3.6/dist-packages/ipykernel_launcher.py:1:
RuntimeWarning: invalid value encountered in log

Out[157]: array([ nan, -inf,   0.])
```

이렇게 하면 오류가 발생하는데, log() 값은 음수에서 정의되지 않기 때문이다. 따라서 -inf 값을 얻게 될 것이다.

'Warning message'가 나타나면 데이터나 수학 연산을 정리해야 한다.

2.6 데이터 적재 및 저장

파이썬에서 데이터를 적재하고 저장하는 방법에는 여러 가지가 있다. 이 절에서는 파이썬 객체를 저장하고 읽는 방법과 마이크로소프트 액셀Microsoft Excel 등의 환경에서 데이터를 이동하기 위해 CSV 형식을 읽고 쓰는 방법을 포함해 일반적인 프로젝트에서 통상적인 데이터를 저장하는 방법을 중점적으로 알아보자.

또한 클라우드 기반 노트북으로 작업할 때의 데이터 적재 및 저장에 대해 설명한다.

2.6.1 파이썬 객체 저장: 피클

파이썬 객체를 저장하는 표준 형식은 피클pickle이다. 피클링pickling은 파이썬 객체 구조를 직렬화해 디스크에 기록한다. 언피클링unpickling은 피클 파일을 읽는다.

또한 읽기 또는 쓰기를 위해 파일을 여는 open() 함수와 일단 읽기나 쓰기 작동이 완료되면 모든 파일에서 실행돼야 하는 close() 메서드를 설명할 필요가 있다.

pickle.dump() 및 open()을 사용해 store_df 변수를 디스크에 쓸 수 있다.

```
In [158]: import pickle

          f = open('store_df.pkl', 'wb')
          pickle.dump(store_df, f)
          f.close()
```

'wb'는 파일이 열리는 모드mode이다. help() 함수를 사용해 모든 모드를 볼 수 있다.

```
In [159]: help(open)

Help on built-in function open in module IO:

open(file, mode='r', buffering=-1, encoding=None, errors=None, newline=None,
        closefd=True, opener=None)
Open file and return a stream. Raise IOError upon failure.

file is either a text or byte string giving the name (and the path
if the file isn't in the current working directory) of the file to
be opened or an integer file descriptor of the file to be
wrapped. (If a file descriptor is given, it is closed when the
returned I/O object is closed, unless closefd is set to False.)

mode is an optional string that specifies the mode in which the file
is opened. It defaults to 'r' which means open for reading in text
mode. Other common values are 'w' for writing (truncating the file if
```

```
it already exists), 'x' for creating and writing to a new file, and
'a' for appending (which on some Unix systems, means that all writes
append to the end of the file regardless of the current seek position).
...
```

w는 파일을 쓰기 모드로 열도록 지정한다. 해당 이름의 파일이 해당 경로에 이미 존재하는 경우 덮어 쓴다. b는 텍스트 파일이 아닌 바이너리 파일을 작성하도록 지정한다. 이는 기본값 혹은 t로 명시적으로 지정할 수 있다.

파일을 여는 더 정확한 방법은 사실 with 연산자를 사용하는 것이다. with는 모든 파일 상호 작용이 발생해야 하는 코드 블록을 정의한 다음 코드 블록 끝에서 파일을 자동으로 닫는다. 이렇게 하면 파일이 손상될 수 있는 파일 닫기 실패 위험이 제거된다.

```
In [160]: with open('store_df.pkl', 'wb') as f:
            pickle.dump(store_df, f)
```

방금 작성한 파일을 읽으려면 다시 open() 함수를 사용하지만 pickle.load()와 rb: 모드를 사용해야 한다.

```
In [161]: with open('store_df.pkl', 'rb') as f:
            store_df_reload = pickle.load(f)
          store_df_reload

Out[161]:    id manager  rev  visits
          0   3   Annie  543      45
          1  14    Bert  654      78
          2  21   Carla  345      32
          3  32    Dave  678      56
          4  54    Ella  234      34
```

pandas에는 이러한 작업을 단순화하는 함수인 to_pickle()과 read_pickle()이 있다.

```
In [162]: store_df.to_pickle('store_df.pkl')

In [163]: store_df_reload2 = pd.read_pickle('store_df.pkl')
          store_df_reload2

Out[163]:    id manager  rev  visits
          0   3   Annie  543      45
          1  14    Bert  654      78
          2  21   Carla  345      32
          3  32    Dave  678      56
          4  54    Ella  234      34
```

pandas 객체로 작업할 때 이러한 함수는 객체 저장 및 적재를 단순화한다. 명심해야 할 한 가지는 신뢰할 수 없는 파일에서는 언피클링을 실행하면 안 된다는 것이다. 악성 코드 실행에 악용될 수 있기 때문이다.

2.6.2 데이터 가져오기 및 내보내기

많은 분석가가 데이터를 쉼표로 구분된 값(CSV) 파일과 탭으로 구분된 값(TSV) 파일 같은 구분자 파일에 저장해 파이썬, 데이터베이스나 마이크로소프트 액셀과 같은 도구 간에 데이터를 이동한다. 여기서는 CSV 파일에 중점을 두며, TSV 및 기타 구분 파일은 유사하게 처리된다.

먼저 파일에 `store_df`를 저장해 CSV를 생성해보자. 이는 위의 `to_pickle()` 명령과 유사하게 작동한다. `index=False` 옵션을 추가해 각 행에 대한 레이블을 포함하는 이름 없는 추가 열을 제거하는 것이 좋다. 이러한 열은 CSV 파일을 다른 프로그램과 교환할 때 대부분 방해가 된다.

CSV 파일을 테스트하는 편리한 방법은 파일 이름 없이 명령을 사용해 출력을 콘솔에 그대로 보내는 것이다.

```
In [164]: store_df.to_csv()

Out[164]: ',id,manager,rev,visits\n0,3,Annie,543,45\n1,14,Bert,654,78\n...'
```

이제 실제 파일을 작성한 다음 `pd.read_csv()`를 사용해 읽어보겠다.

```
In [165]: store_df.to_csv('store_df.csv', index=False)

In [166]: store_df_from_csv = pd.read_csv('store_df.csv')
          store_df_from_csv.id = store_df_from_csv.id.astype('category')
          store_df_from_csv

Out[166]:    id manager  rev  visits
          0   3   Annie  543      45
          1  14    Bert  654      78
          2  21   Carla  345      32
          3  32    Dave  678      56
          4  54    Ella  234      34
```

CSV 파일을 읽은 후 `ID`를 요인 변수로 다시 만든다. CSV 파일의 문제점 중 하나는 일반 텍스트로 작성됐기 때문에 이러한 구분이 사라진다는 것이다.

이제 값이 원래 데이터프레임과 동일한지 확인한다.

```
In [167]: store_df == store_df_from_csv

Out[167]:      id  manager   rev  visits
          0  True     True  True    True
          1  True     True  True    True
          2  True     True  True    True
          3  True     True  True    True
          4  True     True  True    True
```

`==` 연산자는 두 데이터프레임이 원소별로 동일한지 테스트한다.

파이썬은 이 책에서 다루지 않은 많은 다른 파일 형식을 처리할 수 있다. 예컨대 마이크로소프트 액셀, 매트랩, SAS, SPSS와 같은 소프트웨어의 고정 형식 파일, 데이터베이스, 바이너리 파일 등이 있다. 이러한 데이터로 작업해야 하는 경우 pandas에는 온라인 페이지(https://pandas.pydata.org/pandas-docs/stable/user_guide/io.html), 'pandas read hdf5', 'pandas read excel' 등에서 찾아볼 수 있는 광범위한 I/O API가 있다.

2.6.3 코랩 사용: 데이터 가져오기 및 내보내기

로컬 런타임이 아닌 클라우드 런타임을 사용해 코랩 노트북에서 작업하면 문제가 발생한다. 노트북이 실행되는 머신에는 직접 접근할 수 없다. 다행히 노트북에서 직접 파일을 업로드하고 다운로드할 수 있는 도구가 있다.

먼저 CSV 파일을 다운로드해보자.

```
In [168]: from google.colab import files

          files.download('store_df.csv')
```

`files.download()` 명령은 파일을 우리 하드디스크의 기본 브라우저 다운로드 디렉터리로 다운로드한다. 그런 다음 `files.upload()`를 사용해 파일을 업로드할 수 있다. 그러면 업로드할 파일을 선택하는 대화 상자가 나타난다. 이를 위해 방금 다운로드한 파일을 선택해야 한다.

```
In [169]: files.upload()

Saving store_df.csv to store_df (1).csv
```

`!ls`를 사용해 노트북에 로컬로 존재하는 파일을 볼 수 있다.

```
In [170]: !ls

 gdrive   'store_df (1).csv'   store_df.pkl
 sample_data    segment_dataframe_Python_intro_Ch5.csv
 store_df.csv
```

방금 다운로드한 파일과 이름이 같은 업로드된 파일뿐만 아니라 작성한 모든 파일을 볼 수 있으며, 당연히 파일 이름이 (1)로 수정됐다. 이제 이전과 마찬가지로 `pd.read_csv()`를 사용해 이 파일을 가져올 수 있다.

```
In [171]: store_df_uploaded = pd.read_csv('store_df (1).csv')
In [172]: store_df_uploaded == store_df
Out[172]:      id  manager  rev  visits
          0  True     True  True    True
          1  True     True  True    True
          2  True     True  True    True
          3  True     True  True    True
          4  True     True  True    True
```

`pd.read_csv()`는 파일 경로뿐만 아니라 URL도 허용한다는 점에 주목하자. 따라서 공개적으로 호스팅되는 데이터를 가져오는 경우 직접 가져올 수 있다.

클라우드 기반 런타임에서 작업하면 추가적으로 한두 단계가 늘어나지만, 시작하기의 단순함과 어떤 장비에서든 노트북에 접근할 수 있는 편리함 등의 이점도 제공한다.

2.7 정리

파이썬은 기본적으로 모든 것을 메모리에 보관하며, 종료하면 모든 변수가 손실된다. 변수는 개별적으로 또는 딕셔너리에 래핑wrapping해 피클로 저장할 수 있다(예: `pickle.dump ({ 'var1': var1, 'var2': var2, ...}, f)`).

특히 탐색적 분석에서는 작업 공간이 복잡해진다. 이 경우 객체가 하나의 값을 갖고 있다고 믿지만, 실제로는 잊혀진 다른 값과 함께 보관돼 있어 분석에서 미묘하고 재현 불가능한 버그로 이어질 수 있다.

`del` 명령을 사용해 개별 변수를 제거할 수 있다.

```
In [173]: del store_df_uploaded, store_df
```

또는 커널을 다시 시작(노트북을 사용하는 경우)하거나 파이썬을 종료(CLI에서 `quit()` 사용)해 전체 작업 공간을 지울 수 있다.

이상한 버그로 어려움을 겪고 있다면 환경을 다시 시작하는 것이 좋다. 그리고 분석을 '완료'하기 전에 커널을 다시 시작하고 실행해보라.

2.8 더 알아보기*

이 장에서는 이 책의 응용프로그램을 시작하기에 충분할 만큼 파이썬 언어를 설명했다. 이어지는 장들에는 문제에 필요한 언어에 대한 추가 지침이 포함돼 있으며, 별도의 '언어 요약' 절로 제공된다.

언어 자체에 대해 더 깊이 탐구하고 싶다면 python.org의 초보자 가이드(https://wiki.python.org/moin/BeginnersGuide)에 링크된 추천 도서와 대화형 코스가 매우 유용할 수 있다.

데이터 과학 중심의 소개(McKinney 2018)의 경우 pandas 제작자가 작성한 훌륭한 리소스이다.

2.9 요점

2장에서 다룬 내용은 대부분 파이썬의 기초에 관한 것이지만, 특히 중요한 몇 가지 사항이 있다.

- 파이썬을 실행하기 위한 여러 환경(CLI, IDE, 스크립트, 노트북)이 있다. 그중 노트북을 사용해볼 것을 권하지만, 가장 중요한 것은 여러분에게 잘 맞는 환경을 찾는 것이다(2.1절).
- 컬렉션 인덱싱은 파이썬, 특히 NumPy에서 매우 강력하다. 슬라이스는 콜론 표기법(예: `list [2 : 5]`)을 사용해 인덱싱할 수 있으며, NumPy 배열과 pandas 데이터프레임은 인덱스 배열과 부울 마스크를 사용해 인덱싱할 수도 있다(2.4.4, 2.5.1, 2.5.3절).

- 코드의 재현성과 신뢰성을 향상시키는 함수를 작성하는 것은 파이썬의 표준 관행이다(2.4.9절).
- 많은 파이썬 기능은 pip를 사용해 설치할 수 있는 패키지에 있다(2.4.9절).
- NumPy와 pandas는 NumPy 배열과 pandas 데이터프레임 형태로 이를 조작하고 분석하는 메서드 및 함수와 함께 중요한 데이터 과학 기능을 제공한다(2.5.1, 2.5.3절).
- 결측값은 명시적으로 처리해야 한다. NumPy는 이러한 목적으로 `np.nan` 상수를 갖고 있다(2.5.4절).
- `help()` 함수를 사용해 유용한 docstrings에 접근할 수 있다(2.4.11절).
- 파이썬 객체는 피클 파일로 저장할 수 있다. pandas는 파일에서 데이터프레임을 읽고 쓰는 기능을 제공한다(2.6.1절).
- 데이터는 CSV로 쉽게 가져오고 내보낼 수 있다(2.6.2절).
- 사용하지 않는 변수로 인한 혼란과 버그를 피하기 위해 정기적으로 작업 공간을 정리하라(2.7절).

2부

데이터 분석의 기초

03 데이터 설명

이 장에서는 첫 번째 마케팅 분석 문제인 새로운 데이터셋을 탐색한다. 이 장의 학습 목표는 다음과 같다.

- 데이터셋 시뮬레이션
- 기술 통계(평균, 표준 편차 등)로 데이터셋 요약 및 탐색
- 간단한 시각화 방법 탐색

이러한 조사는 할 수 있는 가장 간단한 분석이지만 가장 중요한 분석이기도 하다. 더 복잡한 분석으로 옮기기 전에 먼저 데이터셋을 설명하고 탐색하는 것이 중요하다. 이 장에서는 파이썬 기술을 구축하고 자신의 데이터를 탐색할 수 있는 도구 집합을 설명한다.

3.1 데이터 시뮬레이션

먼저 이 장의 뒷부분에서 분석할 데이터를 만든다. 실제 데이터셋으로 작업하지 않고 데이터를 시뮬레이션하는 몇 가지 이유가 있다. 우선 데이터 생성 과정을 통해 2장의 파이썬 기술을 연습하고 심화할 수 있으며, 온라인 데이터셋을 찾고 다운로드하는 데 있어 책이 여러 변화에 종속되지 않게 만든다. 또한 합성 데이터를 조작하고, 분석을 다시 실행하고, 결과가 어떻게 변경되는지 조사할 수 있게 해준다.

아마도 가장 중요한 점은 데이터 시뮬레이션이 파이썬의 강점을 살려준다는 것이다. 데이터를 시뮬레이션하기 쉽기 때문에 파이썬 분석가는 종종 시뮬레이션된 데이터를 사용해 방법이 예상대로 작동하는지 검증해본다. 데이터의 성질을 알면 (데이터를 생성했기 때문에) 실제 데이터에 적용하기 전에 분석을 테스트해보고 제대로 작동하는지 확인할 수 있다. 정기적으로 작업하는 실제 데이터셋이 있는 경우 시뮬레이션된 데이터 예제와 함께 동일한 분석에 이를 사용하는 것이 좋다(데이터 파일을 적재하는 방법에 대한 자세한 내용은 2.6.2절을 참조하라).

파이썬을 가르치는 과정에서는 단계별로 이 절에서 데이터를 생성하는 것이 좋다. 그러나 평균, 표준 편차 및 기

타 요약 통계를 계산하는 방법을 빨리 배우려면 이 절의 명령을 빠르게 실행해 시뮬레이션된 데이터를 생성할 수 있다. 또는 다음 명령을 통해 책의 웹 사이트에서 데이터를 적재한 다음 3.2절로 이동할 수 있다.

```
In [0]: import pandas as pd
        store_sales = pd.read_csv('http://bit.ly/PMR-ch3')
```

하지만 파이썬 데이터 분석이 처음이라면, 그렇게 하는 대신 다음 절을 통해 데이터를 처음부터 생성하라. 위의 명령을 실수로 실행한 경우 계속하기 전에 del store_sales를 사용해 데이터를 제거할 수 있다.

3.1.1 데이터 저장: 구조 설정

첫 번째 데이터셋은 매장 체인에서 2개의 경쟁 제품에 대한 주별 총판매량을 나타낸다. 먼저 2년 동안 20개 매장에서 두 제품의 판매 시뮬레이션인 데이터를 보관할 데이터 구조를 가격과 함께 생성한다. 입력 명령에 초점을 맞추기 위해 여기서는 대부분의 파이썬 출력을 제거한다. 다음 줄을 입력하되 '#' 뒤에 오는 주석은 생략해도 된다.

```
In [0]: # numpy와 pandas 임포트
        import pandas as pd
        import numpy as np

        # 상수
        N_STORES = 20
        N_WEEKS = 104

        # 데이터를 갖고 있을 초기 결측값 데이터프레임 생성
        columns = ('store_num', 'year', 'week', 'p1_sales', 'p2_sales',
                   'p1_price', 'p2_price', 'p1_promo', 'p2_promo', 'country')
        n_rows = N_STORES * N_WEEKS
        store_sales = pd.DataFrame(np.empty(shape=(n_rows, 10)),
                                   columns=columns)
```

먼저 몇 가지 상수, 상점 수와 각 상점에 대한 데이터 주 수를 설정한다. 그런 다음, 이 책 전체에서 광범위하게 사용할 NumPy 및 pandas 라이브러리를 임포트해서 빈 데이터프레임을 만든다. 2.5.3절에서 했던 것처럼 모든 열을 먼저 생성한 다음 마지막에 데이터프레임에 통합할 수도 있다.

shape 매개변수를 보면 데이터프레임의 가장 간단한 요약을 볼 수 있다.

```
In [1]: store_sales.shape

Out[1]: (2080, 10)
```

예상대로 store_sales에는 2,080개의 행과 10개의 열이 있다.

head()를 사용해 store_sales를 검사할 수 있다.

```
In [2]: store_sales.head()

Out[2]:    store_num  year  week  p1_sales  p2_sales  p1_price  p2_price  \
```

```
0       0.0  0.0  0.0      0.0      0.0      0.0      0.0
1       0.0  0.0  0.0      0.0      0.0      0.0      0.0
2       0.0  0.0  0.0      0.0      0.0      0.0      0.0
3       0.0  0.0  0.0      0.0      0.0      0.0      0.0
4       0.0  0.0  0.0      0.0      0.0      0.0      0.0

    p1_promo  p2_promo  country
0       0.0       0.0      0.0
1       0.0       0.0      0.0
2       0.0       0.0      0.0
3       0.0       0.0      0.0
4       0.0       0.0      0.0
```

예상대로 비어 있다. 모든 값은 0으로 설정된다.

먼저 각 상점을 식별하는 데 사용할 상점 '번호' 또는 'ID' 세트를 작성한다.

```
In [3]: store_numbers = range(101, 101 + N_STORES)
        list(store_numbers)

Out[3]: [101,
         102,
         103,
         104,
         105,
         106,
         107,
         108,
         109,
         110,
         111,
         112,
         113,
         114,
         115,
         116,
         117,
         118,
         119,
         120]
```

여기서는 range를 사용해 101에서 120까지의 상점 번호를 만들었다. Range 객체를 출력하기 위해 리스트로 변환했다는 점에 주목하자. Range 객체에 대한 개요는 2.4.4절을 참조하라.

다음으로 각 상점에 국가를 할당한다.

```
In [4]: store_country = dict(zip(store_numbers,
                                 ['USA', 'USA', 'USA', 'DEU', 'DEU', 'DEU',
                                  'DEU', 'DEU', 'GBR', 'GBR', 'GBR', 'BRA',
                                  'BRA', 'JPN', 'JPN', 'JPN', 'JPN', 'AUS',
                                  'CHN', 'CHN']))
        store_country
```

```
Out[4]: {101: 'USA',
         102: 'USA',
         103: 'USA',
         104: 'DEU',
         105: 'DEU',
         106: 'DEU',
         107: 'DEU',
         108: 'DEU',
         109: 'GBR',
         110: 'GBR',
         111: 'GBR',
         112: 'BRA',
         113: 'BRA',
         114: 'JPN',
         115: 'JPN',
         116: 'JPN',
         117: 'JPN',
         118: 'AUS',
         119: 'CHN',
         120: 'CHN'}
```

여기서는 상점 번호에서 해당 상점의 국가로 매핑되는 딕셔너리를 만들었다. 2.4.10절에서 소개한 zip()을 사용해 상점 번호를 국가 목록과 결합했다. store_country 매핑을 만들기 위해 zip 객체를 dict에 전달했다.

이제 store_sales 데이터프레임을 채우기 시작한다.

```
In [5]: i = 0
        for store_num in store_numbers:
          for year in [1, 2]:
            for week in range(1, 53):
              store_sales.loc[i, 'store_num'] = store_num
              store_sales.loc[i, 'year'] = year
              store_sales.loc[i, 'week'] = week
              store_sales.loc[i, 'country'] = store_country[store_num]
              i += 1
```

여기서는 무엇을 했는가? 모든 매장을 각 연도와 각 주별로 살펴보고 매장 번호, 연도, 주, 국가 값을 설정했다. 이를 위해 중첩된 for 루프를 사용했다. i를 사용해 행 수를 추적하고 단일 행에 대한 값을 설정할 때마다 증가시킨다. 연산자 +=은 새로운 것일 수 있다. 이 연산자는 주어진 양만큼 변수를 증가시킨다. 이 경우 i에 1을 더하고 결과를 i에 다시 저장한다. 이것은 i = i + 1을 작성하는 더 짧고 읽기 쉬운 방법이다.

head()로 전체 데이터 구조를 확인할 수 있다.

```
In [6]: store_sales.head()

Out[6]:    store_num  year  week  p1_sales  p2_sales  p1_price  p2_price  \
        0      101.0   1.0   1.0       0.0       0.0       0.0       0.0
        1      101.0   1.0   2.0       0.0       0.0       0.0       0.0
        2      101.0   1.0   3.0       0.0       0.0       0.0       0.0
        3      101.0   1.0   4.0       0.0       0.0       0.0       0.0
```

```
4      101.0   1.0   5.0       0.0       0.0       0.0       0.0

   p1_promo  p2_promo  country
0       0.0       0.0      USA
1       0.0       0.0      USA
2       0.0       0.0      USA
3       0.0       0.0      USA
4       0.0       0.0      USA
```

모든 특정 측정값(판매, 가격, 판촉)은 아직 다른 값을 할당하지 않았기 때문에 결측값(0으로 표시됨)으로 표시되지만 상점 번호, 연도 카운터, 주 카운터, 국가 할당은 괜찮아 보인다.

dtypes 속성에서 각 열의 유형을 확인할 수 있다.

```
In [7]: store_sales.dtypes

Out[7]: store_num     float64
        year          float64
        week          float64
        p1_sales      float64
        p2_sales      float64
        p1_price      float64
        p2_price      float64
        p1_promo      float64
        p2_promo      float64
        country       object
        dtype: object
```

데이터프레임의 모든 변수에 대한 유형은 입력 데이터에 의해 결정됐다. 예를 들어, store_sales.country는 str 유형이었고 pandas는 기본적으로 문자열을 객체 유형으로 저장한다.

```
In [8]: type(store_sales.country[0])

Out[8]: str
```

그러나 국가 레이블은 실제로는 임의의 텍스트가 아닌 이산 값discrete value이다. 따라서 국가를 범주형 변수로 명시적으로 나타내는 것이 좋다. 마찬가지로 store_num은 숫자가 아니라 레이블이다. 이러한 변수를 범주형으로 변환하면 회귀 모델과 같은 후속 분석에서 범주형으로 처리된다. 변수 유형을 만들 때는 올바르게 설정하는 것이 좋다. 그러면 나중에 오류를 방지하는 데 도움이 된다.

astype() 메서드를 사용해 store_sales.store_num과 store_sales.country를 범주형으로 재정의한다.

```
In [9]: store_sales.country = store_sales.country.astype(
            pd.CategoricalDtype())
        store_sales.store_num = store_sales.store_num.astype(
            pd.CategoricalDtype())
        print(store_sales.store_num.head())
        print(store_sales.country.head())
```

```
0    101.0
1    101.0
2    101.0
3    101.0
4    101.0
Name: store_num, dtype: category
Categories (20, float64): [101.0, 102.0, 103.0, ..., 118.0, 119.0, 120.0]
0    USA
1    USA
2    USA
3    USA
4    USA
Name: country, dtype: category
Categories (7, object): [AUS, BRA, CHN, DEU, GBR, JPN, USA]
```

```
In [10]: store_sales.dtypes

Out[10]: store_num    category
         year          float64
         week          float64
         p1_sales      float64
         p2_sales      float64
         p1_price      float64
         p2_price      float64
         p1_promo      float64
         p2_promo      float64
         country      category
         dtype: object
```

store_num 및 country는 이제 각각 20과 7 레벨의 범주로 정의된다.

실수가 종종 발생하기 때문에 첫 번째 행과 마지막 행의 데이터프레임을 검사하는 것이 좋다. head()와 tail() 명령을 사용해 데이터프레임의 시작과 끝을 검사하고 sample()을 사용해 임의의 샘플을 검사할 수 있다(이 명령에서 긴 출력 부분은 생략했음).

```
In [11]: # 생략함
         store_sales.head(60) # 잘리지 않고 60행을 표시할 수 있음
         store_sales.tail(60) # 마지막이 괜찮은지 확인
         store_sales.sample(60) # 랜덤 샘플을 검사해보는 것도 좋음
```

3.1.2 데이터 저장: 데이터 포인트 시뮬레이션

이 두 경쟁 제품의 판매, 가격, 판촉 상태(예: 광고, 엔드캡 디스플레이endcap display 등)에 대한 매장별 관찰을 위한 무작위 데이터로 store_sales를 완료한다.

임의 데이터를 시뮬레이션하기 전에 프로세스를 복제할 수 있도록 난수 생성 시드를 설정하는 것이 중요하다. 시드를 설정한 후 동일한 순서로 무작위 샘플을 다시 그릴 때 정확히 동일한 (의사) 난수를 얻는다. PRNG(의사 난수

생성기)는 복잡한 주제이며 이 책의 범위를 벗어난다.

중요한 일에 PRNG를 사용하려면 문헌을 검토해야 하며, 난수를 잘못 사용하면 논문 전체를 망칠 수 있다. PRNG에 대해 더 많이 배우기 위한 출발점은 Knuth(1997)이다.

PRNG 시드를 설정하지 않으면 numpy.random이 하나를 선택하지만 프로세스를 반복할 때마다 다른 난수를 얻게 된다. 이 책에 표시된 순서대로 seed를 설정하고 명령을 실행하면 동일한 결과를 얻을 수 있다.

```
In [12]: np.random.seed(37204)
```

이제 무작위 데이터를 추출할 수 있다. 매주 각 매장에 대해 각 제품이 홍보됐는지 여부를 무작위로 결정하려고 한다. 이항 분포에서 도출해 이를 수행할 수 있다. 이것은 동전 던지기 모음에서 '앞면'의 수를 계산한다. 코인은 '가중치'를 줄 수 있다. 즉, 50%가 아닌 모든 비율의 앞뒷면 확률을 가질 수 있다.

이 프로세스를 자세히 설명하자면, np.random.binomial(n, p, size) 함수를 사용해 이항 분포에서 추출한다. size=n_rows로 표시된 것처럼 매장 데이터의 모든 행에 대해 제품 1은 확률 p=0.1이고 제품 2는 확률 p=0.15인 동전을 사용해 단일 동전 던지기(n=1)의 앞면 수를 나타내는 분포에서 가져온다.

이 분포를 사용해 판촉 상태를 나타낸다. 즉, 제품 1에 10%, 제품 2에 15%의 판촉 가능성 확률을 무작위로 할당한다.

```
In [13]: # 10% 판촉
         store_sales.p1_promo = np.random.binomial(n=1, p=0.1, size=n_rows)
         # 15% 판촉
         store_sales.p2_promo = np.random.binomial(n=1, p=0.15, size=n_rows)
         store_sales.head(10) # 지금까지 괜찮아 보이는가? (생략함)
```

제품 1에 대한 판촉 수를 살펴보고 값이 현실적인지 확인할 수 있다.

```
In [14]: store_sales.p1_promo.value_counts()

Out[14]: 0    1871
         1     209
         Name: p1_prom, dtype: int64
```

다음으로 데이터의 각 행에서 각 제품의 가격을 설정한다. 각 제품이 전체적으로 $2.19에서 $3.19에 이르는 다섯 가지 개별 가격대 중 하나로 판매된다고 가정한다. 5개의 가격 포인트로 벡터를 정의하고 np.random.choice(a, size, replace)를 사용해 데이터 행(size=n_rows)만큼 여러 번 매주 가격을 무작위로 추출한다. 5개의 가격은 여러 번 샘플링되므로 복원을 동반한 추출이다(replace=True, 기본값이므로 작성하지 않음).

```
In [15]: store_sales.p1_price = np.random.choice([2.19, 2.29, 2.49, 2.79,
                                                   2.99],
                                                  size=n_rows)
         store_sales.p2_price = np.random.choice([2.29, 2.49, 2.59, 2.99,
                                                   3.19],
```

```
                                    size=n_rows)
store_sales.sample(5) # 괜찮아 보이는가?
```

```
Out[15]:      store_num  year  week      p1_sales       p2_sales  p1_price  \
         61       101.0   2.0  10.0  0.000000e+00   0.000000e+00      2.49
         1259     113.0   1.0  12.0  0.000000e+00   0.000000e+00      2.79
         1784     118.0   1.0  17.0 3.326077e-316  3.326077e-316      2.79
         20       101.0   1.0  21.0  0.000000e+00   0.000000e+00      2.49
         1815     118.0   1.0  48.0 3.326128e-316  3.326128e-316      2.79

              p2_price  p1_promo  p2_promo country
         61       2.49         0         0     USA
         1259     2.29         0         0     BRA
         1784     2.49         0         0     AUS
         20       3.19         1         0     USA
         1815     2.99         0         0     AUS
```

아직 설정하지 않은 판매 열을 제외한 모든 열이 올바르게 표시되는 것을 볼 수 있다. 환경에 따라 일부 설정되지 않은 값은 0이 아니라 3.326128e-316(3.32 * 10^{-316} 또는 사실상 0)과 같이 매우 작은 숫자일 수 있다. 이는 값이 초기화되지 않았고 부동 소수점 오류(무한 범위의 실수가 메모리의 변수에 할당된 유한 공간에 저장되는 방식으로 인한 작은 변화)를 나타낼 수 있기 때문이다. 코랩에서 실행하는 경우 이 값은 0으로 표시된다.

질문: 가격이 5개의 개별 수준에서 발생하면 범주형 변수가 되는가? 대답은 분석적 질문에 달려 있지만 일반적으로 그렇지 않을 것이다. 우리는 종종 총마진을 찾기 위해 비용을 빼고 총판매를 찾기 위해 단위를 곱하는 등 가격에 대한 산술을 수행한다. 따라서 고유한 값이 몇 개만 있는 경우라도 가격은 범주형 요인이 아니라 숫자이다.

마지막 단계는 매주 판매 수치를 시뮬레이션하는 것이다. 여기서는 판매를 2개의 제품과 각 제품의 판촉 상태에 대한 상대 가격의 함수로 계산한다.

품목 판매량은 단위 수로 계산되므로 푸아송 분포 np.random.poisson(lam, size)를 사용해 개수 데이터를 생성한다. 여기서 size는 추출 개수이고 lam은 푸아송 분포Poisson distribution를 정의하는 매개변수인 람다lambda를 나타낸다. 람다는 주당 단위의 예상 또는 평균값을 나타낸다.

각 행(size=n_rows)에 대해 랜덤 푸아송 개수를 추출하고 제품 1의 평균 판매량(lam)을 제품 2보다 더 높게 설정한다.

```
In [16]: # 푸아송 (개수) 분포를 사용한 판매 데이터 np.random.poisson()
         # 먼저, 판촉이 없을 경우의 기본 판매량 설정
         sales_p1 = np.random.poisson(lam=120, size=n_rows)
         sales_p2 = np.random.poisson(lam=100, size=n_rows)
```

이제 상대 가격에 따라 그 개수를 늘리거나 줄인다. 가격 효과는 선형보다는 종종 로그 함수를 따른다(Rao 2009). 따라서 여기에서는 np.log(price)를 사용한다.

```
In [17]: # 로그(가격)에 따라 판매량 조절
         log_p1_price = np.log(store_sales.p1_price)
         log_p2_price = np.log(store_sales.p2_price)

         sales_p1 = sales_p1 * log_p2_price/log_p1_price
         sales_p2 = sales_p2 * log_p1_price/log_p2_price
```

여기서는 판매가 가격에 반비례할 것으로 가정했다. 즉, 제품 1의 매출은 제품 1의 로그(가격)가 제품 2의 로그(가격)보다 낮은 비율만큼 더 높을 것이다.

마지막으로 각 제품이 매장에서 홍보될 때 매출이 30~40% 증가한다고 가정한다. 판촉 상태 벡터(모두 {0, 1} 값으로 구성됨)에 각각 0.3 또는 0.4를 곱한 다음 판매 벡터에 이를 곱하기만 하면 된다. `floor()` 함수를 사용해 분수 값을 삭제하고 주간 단위 판매에 대한 정수 개수를 확인한 다음 해당 값을 데이터프레임에 넣는다.

```
In [18]: # 판촉을 하면 최종 판매는 30%나 40% 상승한다
         store_sales.p1_sales = np.floor(sales_p1 *
                                         (1 + store_sales.p1_promo * 0.3))
         store_sales.p2_sales = np.floor(sales_p2 *
                                         (1 + store_sales.p2_promo * 0.4))
         store_sales.sample(10)

Out[18]:      store_num  year  week  p1_sales  p2_sales  p1_price  p2_price  \
         2001     120.0   1.0  26.0     187.0      79.0      2.29      3.19
         1076     111.0   1.0  37.0     114.0     111.0      2.79      2.49
         ...
         233      103.0   1.0  26.0     195.0      66.0      2.19      2.99
         1990     120.0   1.0  15.0     146.0      98.0      2.79      2.99

              p1_promo  p2_promo country
         2001    0         0       CHN
         1076    0         0       GBR
         ...
         233     0         0       USA
         1990    0         0       CHN
```

데이터프레임을 검사하면 데이터가 피상적으로는 그럴듯해 보이는 것을 알 수 있다. 잘린 부분은 '…'으로 표시했다.

파이썬의 힘 덕분에 모두 29개의 할당 명령을 사용해 20,800개의 값(2,080개의 행 × 10개 열)이 있는 시뮬레이션된 데이터셋을 만들었다. 다음 절에서는 생성한 데이터를 살펴본다.

3.2 변수를 요약하는 함수

관측은 특정 수준에서 발생하는 이산 데이터나 가능한 모든 값이 있는 연속 데이터로 구성될 수 있다. 여기서는 각 유형을 차례로 살펴본다. 그러나 먼저 집계를 위한 중요한 도구인 `groupby()` 메서드를 살펴보자.

3.2.1 언어 요약: groupby()

'교차 탭cross-tab' 또는 '피벗 테이블pivot table'로 알려진 프로세스, 즉 요인별로 데이터를 분류하고 요약하려면 어떻게 해야 할까? 예를 들어 매장별 평균 판매량을 어떻게 계산할 수 있을까? 방대한 데이터(각 제품별로 매주 매장마다)가 있지만 많은 마케팅 목적에서는 총계나 평균과 같은 집계 수치만 필요하다. groupby() 명령을 사용해 데이터 자체 내의 요소별로 요약하는 방법을 살펴보자.

groupby()는 pandas 데이터프레임의 메서드이다. by 인수는 그룹화할 열을 지정한다. 예를 들면 다음과 같다.

```
In [19]: store_sales.groupby('store_num')

Out[19]: <pandas.core.groupby.SeriesGroupBy object at 0x7f98df746668>
```

이 함수는 SeriesGroupBy 객체를 반환하며, 변수에 저장하거나 직접 처리할 수 있다. 해당 객체는 데이터프레임 내에 서로 다른 열을 포함하며 점 표기법을 통해 접근할 수 있다. 그런 다음 mean(), sum() 등과 같은 pandas 분석 방법을 해당 그룹에 적용할 수 있다. 또한 apply()를 사용해 그룹화에서 모든 함수를 사용할 수 있다. 이제 매장별 평균을 쉽게 계산할 수 있다.

```
In [20]: store_sales.groupby('store_num').p1_sales.mean()

Out[20]: store_num
         101.0    133.500000
         102.0    138.807692
         103.0    132.682692
         ...
         Name: p1_sales, dtype: float64
```

둘 이상의 요인으로 그룹화하려면 요인 리스트를 사용하라. 예를 들어 매장별로 p1_sales의 연도별 평균을 구할 수도 있다.

```
In [21]: store_sales.groupby(['store_num', 'year']).p1_sales.mean()

Out[21]: store_num  year
         101.0      1.0         132.538462
                    2.0         134.461538
         102.0      1.0         139.692308
                    2.0         137.923077
         103.0      1.0         130.557692
                    2.0         134.807692
         ...
         Name: p1_sales, dtype: float64
```

groupby()의 한계는 결과가 항상 읽기 쉬운 것이 아니며 재사용을 위해 구조화되지 않는다는 것이다. 어떻게 하면 도식화 등의 다른 목적으로 사용할 데이터로 결과를 저장할 수 있을까?

단일 수준 그룹화의 경우 pandas.DataFrame() 함수를 사용해 출력을 데이터프레임으로 변환할 수 있다. 그러나 다단계 그룹화의 경우 한 가지 옵션은 인덱스를 피벗pivot하고 잘 짜인 형식의 데이터프레임을 반환하는 unstack() 메서드를 사용하는 것이다. '피벗'은 새 데이터프레임에서 행이 열이 되는 것처럼 보이는 출력을 의미한다.

```
In [22]: store_sales.groupby(['store_num', 'year']).p1_sales.mean().unstack()

Out[22]: year              1.0         2.0
         store_num
         101.0       132.538462  134.461538
         102.0       139.692308  137.923077
         103.0       130.557692  134.807692
```

또 다른 예는 국가별 P1의 총(sum())판매량을 계산하는 것이다.

```
In [23]: p1_sales_by_country = store_sales.groupby(['country']).p1_sales.sum()
         p1_sales_by_country

Out[23]: country
         AUS    13980.0
         BRA    27857.0
         CHN    27642.0
         DEU    70323.0
         GBR    41915.0
         JPN    54817.0
         USA    42119.0
         Name: p1_sales, dtype: float64
```

3.4.5절에서 지도를 만들 것이므로 결과를 p1_sales_by_country에 저장했다. groupby()는 책 전체에서 사용할 데이터 집계를 위한 기본 도구이다.

3.2.2 이산 변수

이산 데이터를 설명하는 기본 방법은 빈도수이다. value_counts() 메서드는 변수(즉, 데이터프레임의 벡터 또는 열)에서 발생하는 각 값이 관찰된 횟수를 계산한다. store_sales에서 제품 1이 각 가격대에서 판매된 횟수를 계산할 수 있다.

```
In [25]: store_sales.p1_price.value_counts()

Out[25]: 2.29    420
         2.19    417
         2.49    416
         2.99    415
         2.79    412
         Name: p1_price, dtype: int64
```

기본적으로 value_counts()는 내림차순으로 정렬된다. sort=False가 인수로 전달되면 정렬되지 않는다. 또 다른 유용한 인수는 개수가 아닌 비율을 반환하는 normalize=True이다.

개수가 다르다면, 다른 순서로 명령을 실행했거나 다른 난수 시드를 설정했기 때문일 수 있다. 여기에 표시된 개수는 명령들이 이 장에 표시된 정확한 순서로 실행됐다고 가정한다. 데이터가 약간 다르더라도 문제는 없다. 여기와 출력이 일치하지 않을 것이라는 점을 기억하거나 3.1.1절을 다시 시도하라.

파이썬의 가장 유용한 기능 중 하나는 대부분의 함수가 추가 명령에 사용할 수 있도록 저장할 수 있는 객체를 생성한다는 것이다. 예를 들어 value_counts()에 의해 생성된 테이블을 저장하려면 이름이 지정된 객체에 동일한 명령을 할당하면 된다.

```
In [26]: p1_table_0 = store_sales.p1_price.value_counts()
         p1_table_0

Out[26]: 2.29    420
         2.19    417
         2.49    416
         2.99    415
         2.79    412
         Name: p1_price, dtype: int64

In [27]: type(p1_table_0)

Out[27]: pandas.core.series.Series
```

type() 명령은 value_counts()에 의해 생성된 객체가 2.5.3절에서 소개된 대로 pandas 시리즈임을 보여주는데, pandas 벡터[vector] 유형이다. pandas 데이터프레임은 인덱스화된 시리즈 집합으로 구성된다.

p1_table0의 plot() 메서드를 사용하면 빠르게 도면을 생성할 수 있다.

```
In [28]: p1_table_0.plot.bar()
```

그림 3.1의 막대 그래프를 통해 제품이 각 가격대에서 거의 동일한 횟수로 판매됐음을 알 수 있다. 그러나 그것은 보기가 별로 좋지 않고 레이블이 좀 더 명확할 수 있다. 이 장의 뒷부분에서는 더 나은 결과를 얻기 위해 도면을 수정하는 방법을 보여준다.

분석가는 각 제품이 각 가격대에서 얼마나 자주 홍보됐는지 알고 싶을 수 있다. pandas.crosstab() 함수는 두 변수, 즉 양방향 교차 탭에 대해 각 수준에서 관측치 수를 생성한다.

```
In [29]: pd.crosstab(store_sales.p1_promo, store_sales.p1_price)

Out[29]: p1_price  2.19  2.29  2.49  2.79  2.99
         p1_promo
         0          371   380   378   371   371
         1           46    40    38    41    44
```

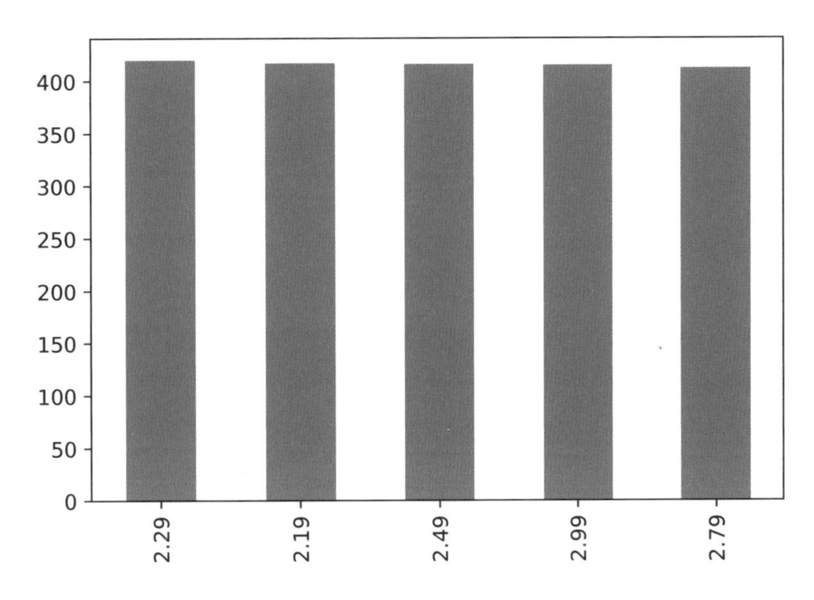

그림 3.1 판매 수를 가진 시리즈에서 plot() 메서드를 사용해 생성한 간단한 막대 그림.
기본 차트는 때로는 매력적이지 않지만, 더 매력적이고 유용하게 만드는 많은 옵션이 있다.

그러나 3.2.1절에서 논의된 것처럼 좀 더 일반적인 접근 방식은 groupby() 메서드를 사용하는 것이다.

```
In [30]: store_sales.groupby('p1_promo').p1_price.value_counts().unstack()

Out[30]: p1_price  2.19  2.29  2.49  2.79  2.99
         p1_promo
         0          371   380   378   371   371
         1           46    40    38    41    44
```

다시 말해, unstack() 명령은 중요하지 않지만 groupby()에서 반환된 다중 인덱스 시리즈를 데이터프레임으로 피벗해 데이터를 좀 더 직관적으로 표시하고 다운 스트림 분석을 단순화한다.

groupby()를 사용하면 개수뿐만 아니라 산술 평균과 같은 다른 함수도 계산할 수 있다. 또한 데이터는 임의의 열 집합으로 그룹화할 수 있다. 예를 들어 제품, 판촉 상태, 국가별로 평균 가격을 계산할 수 있다.

```
In [31]: store_sales.groupby(['p1_promo', 'country']).p1_price.mean().unstack()

Out[31]: country        AUS       BRA       CHN       DEU       GBR    \
         p1_promo
         0         2.515843  2.554398  2.543093  2.553956  2.570212
         1         2.550000  2.454706  2.647143  2.530000  2.586552

         country        JPN       USA
         p1_promo
         0         2.544521  2.533463
         1         2.570000  2.538276
```

초기 교차 탭으로 돌아가면 각 가격 수준에서 제품 1(p1)이 약 10%의 시간 동안 판촉된 것으로 관찰된다(예상대로 3.1.1절에서 데이터를 생성한 방법을 고려할 때). 사실, 변수에 결과를 할당한 다음 `p1_table_0`의 `price`에 있는 총판매량으로 나누면 제품 1이 각 가격 포인트에서 판촉 중인 정확한 비율을 계산할 수 있다.

```
In [32]: p1_table_1 = store_sales.groupby('p1_promo').p1_price.value_counts()
         p1_table_1 = p1_table_1.unstack()
         p1_table_1.div(p1_table_0)

Out[32]:              2.19      2.29      2.49      2.79      2.99
         p1_promo
         0        0.889688  0.904762  0.908654  0.900485  0.893976
         1        0.110312  0.095238  0.091346  0.099515  0.106024
```

`div()` 메서드는 `p1_table_0`에 있는 일련의 카운트와 `p1_table_1`의 각 행(각각이 시리즈임) 사이에 원소별 나누기를 적용한다. pandas는 시리즈 인덱스(이 경우 가격)를 사용해 부문과 일치시킨다.

이러한 방식으로 운영 결과를 결합하면, 필요에 따라 분석을 반복할 수 있는 코드와 함께 원하는 결과를 정확하게 생성할 수 있다. 이는 판매, 웹 트래픽과 유사한 데이터에 대한 주간 또는 월간 보고서를 생성하는 마케팅 분석가에게 매우 유용하다.

3.2.3 연속 변수

개수는 범주 수가 적을 때 유용하지만 연속 데이터의 경우 분포 측면에서 데이터를 요약하는 것이 더 유용하다. 이를 수행하는 가장 일반적인 방법은 데이터의 범위, 중심, 데이터가 집중되거나 분산되는 정도, 관심이 있는 특정 지점(예: 90번째 백분위수)을 설명하는 수학 함수를 사용하는 것이다. 표 3.1에는 데이터프레임의 숫자 열과 같은 숫자형 벡터 데이터에 대한 통계를 계산하는 일부 pandas 함수가 나열돼 있다.

표 3.1 숫자형 벡터에 대해 작동하는 분포 함수

설명	함수	값
극단값	min(x)	최솟값
	max(x)	최댓값
중심 경향	mean(x)	산술평균
	median(x)	중앙값
산포	var(x)	평균 근처의 분산
	std(x)	표준 편차
	mad(x)	절대 편차 중앙값(안정적 분산 추정)
점	quantile(x, q=[...])	분위수(퍼센트)

다음은 이러한 일반적인 함수의 예이다.

```
In [33]: store_sales.p2_sales.min()

Out[33]: 51.0

In [34]: store_sales.p1_sales.max()

Out[34]: 265.0

In [35]: store_sales.p1_promo.mean()

Out[35]: 0.10048076923076923

In [36]: store_sales.p2_sales.median()

Out[36]: 96.0

In [37]: store_sales.p1_sales.var()

Out[37]: 861.7204626392133

In [38]: store_sales.p1_sales.std()

Out[38]: 29.355075585649807

In [39]: store_sales.p1_sales.mad()

Out[39]: 23.253990384615314

In [40]: store_sales.p1_sales.quantile(q=[0.25, 0.5, 0.75])

Out[40]: 0.25    113.0
         0.50    130.0
         0.75    151.0
         Name: p1_sales, dtype: float64
```

quantile()의 경우 인수 q=[0.25, 0.5, 0.75]를 사용해 25번째, 50번째, 75번째 백분위수를 요청했다. 50번째 백분위수는 중앙값이라고도 하고 median() 함수와 동일하다. 그리고 사분위수 범위의 끝은 25번째와 75번째 백분위수다.

quantile()에서 q= 인수를 변경해 다른 분위수를 찾을 수 있다.

```
In [41]: store_sales.p1_sales.quantile(q=[0.05, 0.95])

Out[41]: 0.05     93.0
         0.95    187.0
         Name: p1_sales, dtype: float64

In [42]: store_sales.p1_sales.quantile(q=np.arange(0, 1.1, 0.1))

Out[42]: 0.0     68.0
         0.1    100.0
```

```
0.2    109.0
0.3    116.0
0.4    123.0
0.5    130.0
0.6    138.0
0.7    146.0
0.8    158.0
0.9    174.0
1.0    265.0
Name: p1_sales, dtype: float64
```

두 번째 예제는 파이썬의 여러 위치에서 시퀀스를 사용할 수 있음을 보여준다. 이 경우 numpy.arange(start, stop, step)을 사용해 시퀀스를 생성하고 벡터 0, 0.1, 0.2 ... 1.0을 생성함으로써 모든 열 번째 백분위수를 찾는다. 여기서는 십진수 값을 원하기 때문에 내장 range() 함수 대신 numpy.arange()를 사용한다. range()는 정수 값만 지원한다. 또한 numpy.arange()는 파이썬 반복 규칙을 따른다(start 인수는 포함되지만 stop 인수는 포함하지 않는다. 2.4.4절 참조). 따라서 벡터에 1.0을 포함하려면 stop 인수를 원하는 최댓값과 단계의 합이 되도록 설정해야 한다(이 경우 1.1).

단위 판매 또는 가계 소득과 같이 마케팅에서 일반적으로 발생하는 기울어진 비대칭 분포의 경우 산술 mean()과 표준 편차 std()에 오해의 소지가 있을 수 있다. 이러한 경우 median() 및 사분위수 범위(IQR, 데이터의 중간 50% 범위)가 분포를 요약하는 데 더 유용하다. pandas에는 내장 IQR 함수가 없지만 하나를 만들어 데이터에 적용할 수 있다.

```
In [43]: def iqr(x):
           return x.quantile(0.75) - x.quantile(0.25)
         iqr(store_sales.p1_sales)

Out[43]: 38.0
```

여기서 만든 iqr() 함수를 사용할 때 구문은 iqr(store_sales.p1_sales)이다. mean()과 같은 DataFrame 클래스와 관련된 내장 메서드의 경우 구문은 store_sales.p1_sales.mean()이다.

중앙값과 사분위수 범위를 기반으로 제품 1과 제품 2의 매출 요약을 원한다고 가정해보자. 위와 같이 한 번에 한 줄씩 출력하는 것보다 읽기 쉬운 데이터프레임으로 요약 통계를 조합할 수 있다. 요약 통계를 저장할 데이터프레임을 만든 다음 표 3.1의 함수를 사용해 채운다. 열과 행의 이름을 지정하고 함수 값으로 셀을 채운다.

```
In [44]: pd.DataFrame([[store_sales.p1_sales.median(),
                        store_sales.p2_sales.median()],
                       [iqr(store_sales.p1_sales),
                        iqr(store_sales.p2_sales)]],
                      index=['Median sales', 'IQR'],
                      columns=['p1_sales', 'p2_sales'])

Out[44]:              p1_sales  p2_sales
         Median sales    130.0      96.0
         IQR              38.0      33.0
```

이 사용자 정의 요약을 통해 중앙값 판매가 제품 1(130 대 96)에 대해 더 높고 제품 1의 판매 변동(주별 관찰에 따른 IQR)도 더 심하다는 것을 알 수 있다. 이 코드가 있으면, 다음에 새 판매 데이터가 있을 때 다시 실행해 요약 통계 표의 수정된 버전을 생성할 수 있다. 이는 재사용할 수 있는 사용자 지정 함수의 좋은 예가 될 수 있다(2.4.8, 10.3.1절 참조). 3.3.3절에서 더 짧은 방법을 볼 수 있다.

3.3 데이터프레임 요약

`mean()`과 `quantile()` 같은 함수가 유용하기 때문에 위의 요약표에서 했던 것처럼 한 번에 하나씩 큰 데이터프레임의 열에 적용하는 것은 번거롭다. pandas는 광범위한 코드를 작성하지 않고도 데이터프레임을 요약하는 다양한 방법을 제공한다. 여기서는 두 가지 접근 방식, 즉 기본 `describe()` 명령을 사용하는 방식과 `apply()`를 사용해 변수를 반복하는 pandas 접근 방식을 설명한다.

3.3.1 describe()

2.5.3절에서 봤듯이 `describe()`는 데이터프레임이나 다른 객체의 예비 검사를 수행하는 좋은 방법이다. 데이터프레임에서 `describe()`를 사용하면 모든 변수에 대한 몇 가지 기술 통계량이 출력된다.

```
In [45]: store_sales.describe()

Out[45]:            year        week     p1_sales     p2_sales  \
         count  2080.00000  2080.00000  2080.000000  2080.000000
         mean      1.50000    26.50000   133.967788    99.911058
         std       0.50012    15.01194    29.355076    24.453788
         min       1.00000     1.00000    68.000000    51.000000
         25%       1.00000    13.75000   113.000000    82.000000
         50%       1.50000    26.50000   130.000000    96.000000
         75%       2.00000    39.25000   151.000000   115.000000
         max       2.00000    52.00000   265.000000   210.000000

                   p1_price     p2_price     p1_promo     p2_promo
         count  2080.000000  2080.000000  2080.000000  2080.000000
         mean      2.548654     2.716106     0.100481     0.145673
         std       0.300716     0.333559     0.300712     0.352863
         min       2.190000     2.290000     0.000000     0.000000
         25%       2.290000     2.490000     0.000000     0.000000
         50%       2.490000     2.590000     0.000000     0.000000
         75%       2.790000     2.990000     0.000000     0.000000
         max       2.990000     3.190000     1.000000     1.000000
```

`describe()`는 단일 벡터에 대해서도 유사하게 작동한다.

```
In [46]: store_sales.p1_price.describe()

Out[46]: count    2080.000000
```

```
mean        2.548654
std         0.300716
min         2.190000
25%         2.290000
50%         2.490000
75%         2.790000
max         2.990000
Name: p1_price, dtype: float64
```

describe()의 가장 중요한 용도는 다음과 같다. 데이터를 임포트한 후 describe()를 사용해 빠른 품질 검사를 수행한다. 이상 값 또는 잘못 입력된 데이터에 대한 최솟값과 최댓값을 확인하고 평균과 50%(중앙값)가 합리적이고 서로 유사하다는 것을 확인하라(물론 유사할 것으로 예상되는 경우). 이 간단한 검사는 종종 데이터에서 오류를 나타낸다.

3.3.2 데이터 검사에 대한 권장 접근법

이제 데이터셋을 컴파일하거나 가져온 후 검사하는 일반적인 접근 방식을 추천할 수 있다. 'my_data'와 'DATA'를 객체 이름으로 바꾼다.

1. pandas.read_csv() 또는 다른 적절한 함수로 데이터를 임포트하고 가져오기 프로세스에 오류가 없는지 확인한다.
2. 필요한 경우 데이터프레임으로 변환하고(my_data = pd.DataFrame(DATA)) 필요하면 열 이름을 설정하라(my_data.columns = [...]).
3. 형태를 조사해 데이터프레임에 예상되는 개수의 행과 열이 있는지 확인한다.
4. head() 및 tail()을 사용해 처음 몇 행과 마지막 몇 행을 확인하라. 시작 부분에 헤더 행이 있는지 확인하고, 끝에 빈 행이 실수로 포함되지 않았는지 확인하라. 또한 처음에 건너뛴 유효한 행이 없는지 확인하라.
5. sample()을 사용해 몇 가지 임의의 행 집합을 검사한다.
6. dtypes로 데이터프레임 구조를 확인해 변수 유형이 적절한지 확인하라. 필요에 따라 특히 범주 유형으로 유형을 변경하라.
7. describe()를 실행하고 예기치 않은 값, 특히 예상치 못한 min, max, count를 찾는다.

3.3.3 apply()*

지금까지 살펴봤듯이, 모든 숫자 열(3-8열)에서 평균을 찾는 것처럼 데이터프레임의 각 열에 대한 작업을 사용하면 매우 유용하다.

```
In [47]: store_sales.iloc[:, 3:9].mean()
```

```
Out[47]: p1_sales    133.967788
         p2_sales     99.911058
         p1_price      2.548654
         p2_price      2.716106
         p1_promo      0.100481
         p2_promo      0.145673
         dtype: float64
```

또한 axis 인수를 사용해 열이 아닌 행에서 함수를 실행할 수 있다(기본값은 열이다. axis=0).

```
In [48]: store_sales.iloc[:, 3:9].mean(axis=1).head()
```

```
Out[48]: 0    39.830000
         1    40.780000
         2    42.363333
         3    37.663333
         4    43.846667
         dtype: float64
```

이 데이터셋에서는 그다지 유용하지 않지만 확실히 중요하다.

그러나 iqr() 함수와 같이 기본 pandas 데이터프레임 메서드가 아닌 계산을 수행하려면 어떻게 해야 할까? 앞서 사용했던 구문을 시도해보자.

```
In [49]: store_sales.iloc[:, 3:9].iqr()


        ---------------------------------------------------------------------

        AttributeError                     Traceback (most recent call last)

        <ipython-input-46-1ff1629f4f16> in <module>()
    ----> 1 store_sales.iloc[:, 3:9].iqr()
        ...
        AttributeError: 'DataFrame' object has no attribute 'iqr'
```

iqr()을 메서드처럼 사용하려고 하면 AttributeError가 발생한다. 메서드는 스스로에게 함수로 작동하는 데이터프레임 객체의 속성(자세한 내용은 2.4.8절 참조)이지만, iqr()은 우리가 정의한 함수이다. 그렇다면 데이터프레임 열에는 어떻게 적용될까?

pandas의 강력한 고급 도구는 apply() 메서드이다. apply(function, axis, ...)는 데이터프레임의 각 행(축 = 1일 때) 및(또는) 열(기본값 또는 축 = 0일 때)에 지정한 모든 함수를 실행한다. 이를 통해 데이터프레임의 모든 열 또는 행에 모든 함수를 적용할 수 있다.

```
In [50]: store_sales.iloc[:, 3:9].apply(iqr)
```

```
Out[50]: p1_sales    38.0
         p2_sales    33.0
         p1_price     0.5
```

```
        p2_price     0.5
        p1_promo     0.0
        p2_promo     0.0
        dtype: float64
```

```
In [51]: store_sales.iloc[:, 3:9].apply(iqr, axis=1).head()

Out[51]: 0    81.750
         1    59.425
         2    60.200
         3    76.500
         4    84.775
         dtype: float64
```

더 복잡한 것을 알고 싶다면 어떨까? 파이썬에서는 람다 함수라는 임시 익명 함수를 정의할 수 있다. 데이터를 검사해서 각 변수의 평균과 중앙값의 차이를 알고 싶다고 가정해보자. 이때 람다 함수를 쓸 수 있다. 람다 함수를 사용해 해당 계산을 복수 개 열에 apply()할 수 있다.

```
In [52]: store_sales.iloc[:, 3:9].apply(lambda x: x.mean() - x.median())

Out[52]: p1_sales    3.967788
         p2_sales    3.911058
         p1_price    0.058654
         p2_price    0.126106
         p1_promo    0.100481
         p2_promo    0.145673
         dtype: float64
```

이 분석은 p1_sales의 평균과 p2_sales의 평균이 중앙값보다 주당 약 3회 정도 더 크다는 것을 보여주며, 이는 분포에 오른쪽 꼬리가 있음을 나타낸다. 즉, 평균을 끌어올리는 매우 높은 판매량을 가진 몇 주가 있다(여기서는 익명 함수를 설명하기 위해서만 사용한다. skew() 메서드와 같은 더 좋고 더 전문화된 왜도skew 테스트가 있다).

숙련된 프로그래머: 절차적 프로그래밍 언어에 익숙한 경험을 바탕으로 한 첫 번째 본능은 열 전체에서 계산을 반복하는 for() 루프를 사용해 앞의 문제를 해결하려는 생각일 것이다. 물론 이 방법도 파이썬에서는 가능하지만 덜 효율적이고 덜 파이썬적이다. 대신 여기서처럼 데이터 전반에 적용되는 함수에 대해 생각해보자.

apply()는 시리즈 객체에서도 작동하는데, 이 함수는 시리즈 전체가 아닌 원소별로 적용된다.

```
In [53]: store_sales.p1_sales.apply(lambda x: 'high' if x > 130 else 'low')[:5]
Out[53]: 0     low
         1     high
         2     high
         3     low
         4     low
         Name: p1_sales, dtype: object
```

apply()와 describe()를 포함한 이러한 모든 함수는 객체에 할당할 수 있는 값을 반환한다. 예를 들어 apply를 사용하면 3.2.3절에서 사용자 정의된 요약 데이터프레임을 좀 더 효율적으로 생성할 수 있다.

```
In [54]: pd.DataFrame([store_sales[['p1_sales', 'p2_sales']].median(),
                       store_sales[['p1_sales', 'p2_sales']].apply(iqr)],
                      index=['Median sales', 'IQR'])

Out[54]:              p1_sales  p2_sales
         Median sales    130.0      96.0
         IQR              38.0      33.0
```

단 2개가 아닌 여러 제품이 있는 경우 할당된 행의 수를 변경해도 코드는 계속 작동한다. 그리고 apply()는 그들 모두에서 자동으로 실행된다.

지금까지의 내용으로 통계로 데이터를 요약하는 방법을 알았다. 이제 시각화를 해보자.

3.4 단일 변수 시각화

파이썬의 표준 도식화 라이브러리는 matplotlib이다. NumPy(2.5.1절)와 함께 매트랩과 유사한 도식화 인터페이스를 생성하며 대부분의 다른 도식화 라이브러리(예: seaborn)가 종속돼 있는 라이브러리이다. seaborn, ggplot, Bokeh, Altair 등과 같이 matplotlib 외에도 찾아볼 수 있는 다른 도식화 라이브러리가 많이 있다.

pandas 데이터프레임과 시리즈는 matplotlib 기반 방법을 사용해 도식화할 수 있다. 여기서는 히스토그램, 밀도 도면density plot, 상자 도면box plot을 검토하고 지도를 포함한 좀 더 복잡한 그래픽을 처음으로 살펴본다. 이후 장에서는 이러한 기본 도식화를 기반으로 하고 다른 패키지에서 사용할 수 있는 더 많은 것을 소개한다.

파이썬에서 도식화하는 방법에 대한 간단한 참고 사항은 다음과 같다. 코랩이나 주피터 노트북을 사용하는 경우 도면이 인라인inline으로 표시된다(주피터의 경우 %matplotlib inline 매직magic 명령어가 필요하며 코랩의 경우는 기본 동작이다). 파이썬 명령줄 인터페이스(CLI)를 사용하거나 스크립트로 실행하는 경우 도면 뒤에 반드시 matplotlib.pyplot.show() 명령을 실행해야 화면에 표시된다(일반적으로 matplotlib.pyplot은 plt라는 이름으로 임포트한다. 명령은 plt.show()이다).

이 책 전체에서는 plt.show()를 생략하지만, 노트북 인터페이스를 사용하지 않는 경우 추가해야 한다.

3.4.1 히스토그램

단일 연속 변수에 대한 기본 도면은 히스토그램이다. 이러한 도면은 시리즈의 hist() 메서드를 사용해 생성할 수 있다(예: 열).

```
In [55]: store_sales.p1_sales.hist()
```

결과는 그림 3.2와 같다. 나쁘지 않다. 제품 1의 주간 판매량은 100개 미만에서부터 250개 이상까지 다양하다. 그러나 축 레이블이 없다.

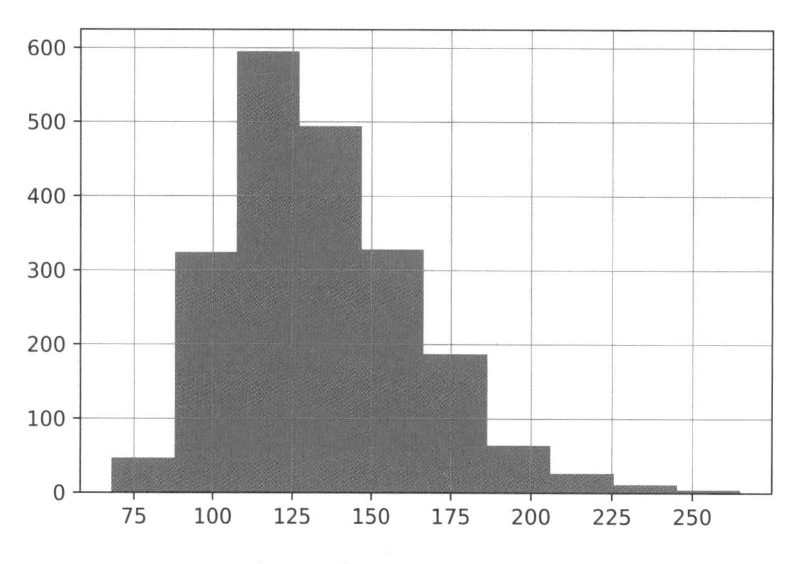

그림 3.2 hist()를 사용한 기본 히스토그램

도면은 만들기 쉬웠지만 시각적 요소가 만족스럽지 않으므로 개선해보자. 향후에는 차트의 경우 기본 차트나 최종 차트만 표시하고, 차트를 작성하는 연속 단계는 생략하도록 한다. 그러나 여기서는 중간 단계를 거치므로 파이썬으로 그래픽을 개선해나가는 과정을 볼 수 있다.

이 단계를 진행하면서 파이썬의 그래픽에 대해 알아둘 네 가지 사항이 있다.

- 파이썬 그래픽은 종종 지루하면서도 시행착오가 필요한 명령들을 통해 생성된다.
- 인라인 도식화가 활성화된 노트북은 빠른 반복이 가능하므로 그림을 개선하는 데 매우 편리하다.
- 여러 가지 어려움에도 불구하고 파이썬 그래픽은 매우 고품질이고 이식 가능하며 심지어 아름답다.
- 유용한 그래픽 코드가 있으면 새 데이터와 함께 재사용할 수 있다. 종종 새로운 도면을 다시 생성하는 대신 이전 도면을 수정하면 도움이 된다.

그림 3.2의 첫 번째 개선 사항은 제목과 축 레이블을 변경하는 것이다. matplotlib.pyplot을 임포트하고 몇 개의 함수를 사용해 그렇게 할 것이다.

```
plt.title('...') : sets the main title
plt.xlabel('...') : sets the x-axis label
plt.ylabel('...') : sets the y-axis label
```

도식화 명령에 제목과 축 레이블을 추가한다.

```
In [56]: import matplotlib.pyplot as plt
         store_sales.p1_sales.hist()
         plt.title('Product 1 weekly sales frequencies, All stores')
         plt.xlabel('Product 1 sales (units)')
         plt.ylabel('Count')
```

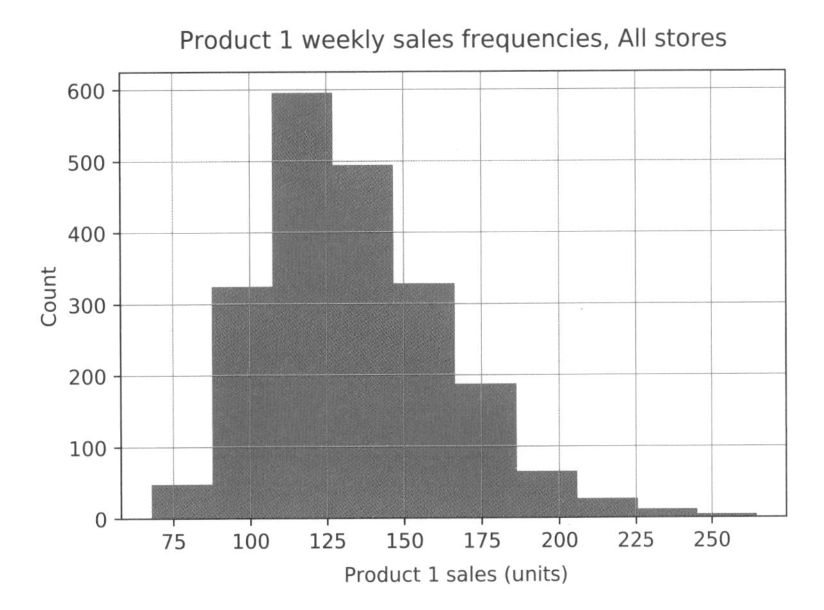

그림 3.3 개선된 레이블이 있는 동일한 히스토그램

결과는 그림 3.3에 나와 있으며, 좋아졌지만 완벽하지는 않다. 히스토그램을 더 많이 세분화(더 많은 막대)하면 좋을 것이다. 배경을 제거하고 색상을 지정하고 막대에 테두리를 추가해 모양을 조정해보자. 다음은 `hist()` 메서드와 함께 사용할 수 있는 몇 가지 추가 인수이다.

```
bins=NUM : 결과에서 NUM개의 막대 호출
facecolor="..." : 막대 색상 지정
edgecolor="..." : 막대 테두리 색상 지정
```

그리고 함수 `plt.box(False)`는 도면 배경을 제거하고 `plt.grid(False)`는 그리드를 제거한다.

또한 글꼴이 약간 작다. `rcParams` 모듈에서 글꼴을 설정할 수 있으며 나머지 노트북에 지속된다.

```
In [57]: plt.rcParams.update({'font.size': 12})
```

matplotlibrc 파일에 정의된 rcParams에서 설정할 수 있는 다양한 매개변수가 있다. 샘플 파일은 온라인 페이지(https://matplotlib.org/3.1.1/tutorials/introductory/customizing.html#matplotlibrc-sample)에서 찾을 수 있다.

색상을 지정할 때 matplotlib는 가장 흔한 영어('red', 'blue', 'green' 등)와 덜 일반적인 단어('coral', 'papayawhip' 등)를 사용해 이름을 지정한다. 이들 중 대부분은 접두사 'light' 또는 'dark'를 추가해 수정할 수 있다(따라서 'lightgray', 'darkred' 등). 기본 제공 색상 이름 목록을 보려면 `matplotlib.colors.get_named_colors_mapping()` 명령을 실행하라.

공통 색상 집합은 검정의 경우 'k', 빨간색의 경우 'r', 녹색의 경우 'g' 등과 같은 단일 문자 표현이 있다.

색상은 RGB 튜플, RGBA 튜플, 16진 RGB 또는 RGBA 문자열과 기타 방법으로 지정할 수도 있다. 좀 더 자세한 내용은 온라인 페이지(https://matplotlib.org/tutorials/colors/colors.html)를 참조하라.

이러한 수정 사항을 코드에 추가하면 그림 3.4와 같은 결과가 나타난다.

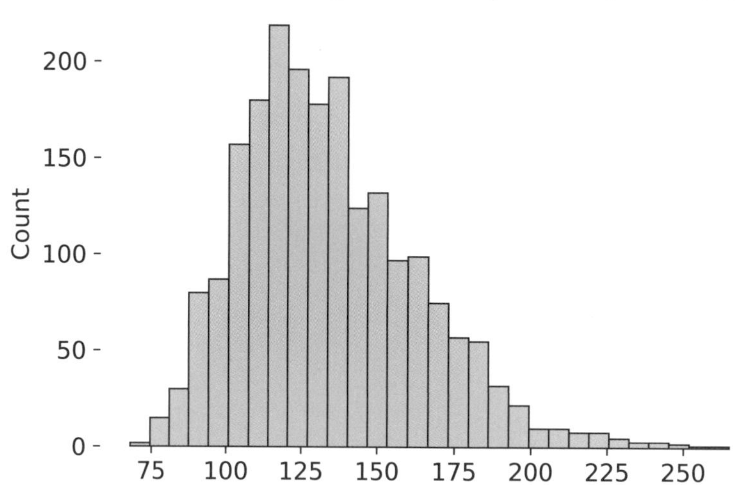

그림 3.4 색상을 조정하고 개수를 더 많은 수의 빈으로 나눈 히스토그램

```
In [58]: store_sales.p1_sales.hist(bins=30,
                                   edgecolor='k',
                                   facecolor='lightblue')
         plt.title('Product 1 weekly sales frequencies, All stores')
         plt.xlabel('Product 1 sales (units)')
         plt.ylabel('Count')
         plt.grid(False)
         plt.box(False)
```

그림 3.4와 그림 3.3을 비교하면 새로운 문제가 있다. 막대의 높이에 대한 y 축 값이 개수에 따라 변경된다. 개수는 빈bin 수와 표본 크기에 따라 다르다. 각 포인트에 대한 개수 대신 상대 빈도(기술적으로 밀도 추정치)를 사용해 절댓값으로 만들 수 있다. 따라서 서로 다른 크기의 샘플에서 y 축을 비교할 수 있다.

그림 3.4에는 적절한 x 축 눈금 표시가 있지만, 더 많거나 혹은 더 적은 것을 원한다고 가정해보자. `hist()`에 기본 눈금(축 번호)을 사용하는 대신 x 축 번호를 명시적으로 지정할 수 있다. 상대 빈도에 대한 인수는 `density=True`이고, x 축 숫자는 `plt.xticks()` 함수를 사용해 지정된다.

```
In [59]: store_sales.p1_sales.hist(bins=30,
                                   edgecolor='k',
                                   facecolor='lightblue',
                                   density=True)
         plt.title('Product 1 weekly sales frequencies, All stores')
         plt.xlabel('Product 1 sales (units)')
         plt.ylabel('Relative frequency')
         plt.xticks(range(60, 300, 20))
```

```
        plt.grid(False)
        plt.box(False)
```

plt.xticks()를 사용해 레이블을 어디에 둘 것인지 지정해야 한다. range() 함수를 사용해 일련의 숫자들을 생성할 수 있다. 각 지점에 숫자 대신 표시할 레이블을 지정할 수도 있다(그림 3.9 참조). 업데이트된 히스토그램은 그림 3.5에 나와 있다. 지금까지는 좋아 보인다.

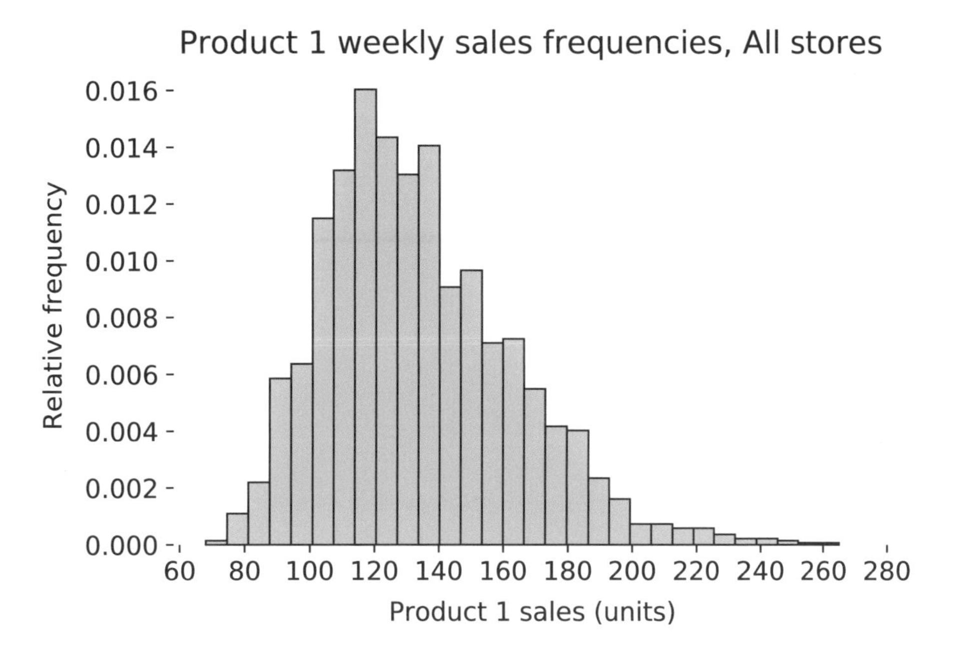

그림 3.5 상대 빈도(밀도 추정치)와 개선된 축 눈금 표시 레이블이 있는 히스토그램

마지막으로 평활화 추정 선smoothed estimation line을 추가한다. 이를 위해 p1_sales 시리즈의 density() 도식화 메서드를 사용한다. 밀도 도면은 축 자동 크기 조정을 방해하므로 plt.xlim()을 사용해 x 축 범위를 지정한다.

```
In [60]: store_sales.p1_sales.hist(bins=30,
                                   edgecolor='k',
                                   facecolor='lightblue',
                                   density=True)
         store_sales.p1_sales.plot.density(color='red')
         plt.title('Product 1 weekly sales frequencies, All stores')
         plt.xlabel('Product 1 sales (units)')
         plt.ylabel('Relative frequency')
         plt.xticks(range(60, 300, 20))
         plt.xlim((60, 290))
         plt.box(False)
```

그림 3.6은 이제 매우 유용하다. 데이터에 익숙하지 않은 사람도 이 도면이 매주 제품 1의 판매량과 일반적인 판매량은 약 80에서 200 사이라는 상황을 잘 설명해주는 것을 알 수 있다.

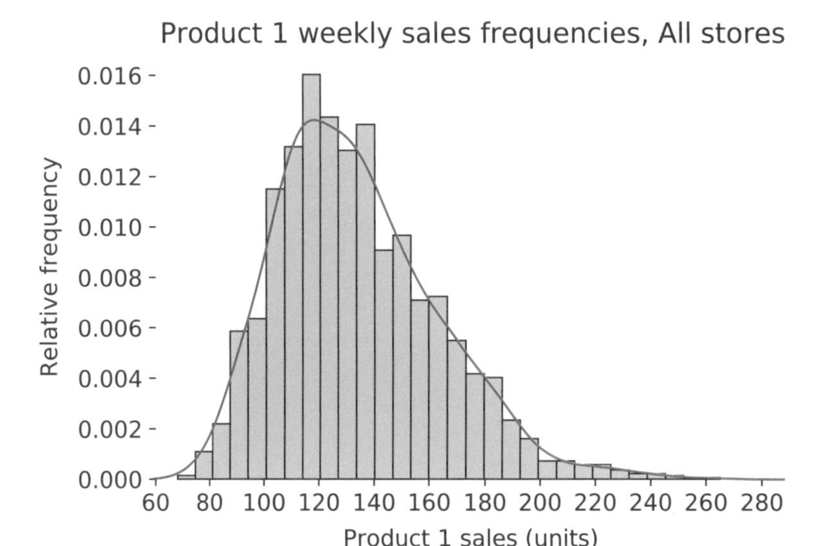

그림 3.6 밀도 곡선이 있는 최종 히스토그램

이 그래픽을 생성하기 위해 보여준 프로세스는 분석가가 시각화를 위해 파이썬을 사용하는 방식을 나타낸다. 기본 도면으로 시작하고, 일부 옵션을 변경하고, `plt.title()`이나 `density()`와 같은 함수를 사용해 완전히 통제함으로써 도면의 특징을 변경한다. 처음에는 드래그 앤 드롭 방식을 사용하는 다른 시각화 도구에 비해 번거롭게 보일 수 있지만, 코드 편집기를 사용하고 도식화 함수의 예제 및 도움말 파일에 익숙해지면 시간이 그다지 많이 걸리지 않는다. 코드를 작성한 후에는 다른 데이터와 함께 재사용할 수 있다는 큰 장점도 있다.

연습 문제: 코드를 수정해 제품 2에 대해 동일한 히스토그램을 생성하라. 코드를 약간만 변경하면 된다. 만약 드래그 앤 드롭 방식의 도구를 사용한다면 처음부터 다시 시작해야 할 것이다. 도면을 자주 생성하는 경우 사용자 지정 함수로 작성할 수도 있다.

3.4.2 상자 그림

상자 그림boxplot은 분포를 나타내는 간결한 방법이다. pandas `box()` 메서드는 사용이 간단하다. 레이블을 추가하고 `vert=False` 인수를 사용해 도면을 90도 회전시켜 보기 좋게 한다. `sym='k.'`를 사용하면 특이값 표식marker을 지정할 수 있다.

```
In [61]: p = store_sales.p2_sales.plot.box(vert=False, sym='k.')
         plt.title('Weekly sales of P2, All stores')
         plt.xlabel('Weekly sales')
         p.set_facecolor('w')
```

그림 3.7은 결과를 보여준다. 상자 그림은 히스토그램보다 더 간결하게 분포를 표시한다. 중앙값은 중심선이고 25번째 및 75번째 백분위수는 상자를 정의한다. 바깥쪽 선은 상자에서 떨어진 상자 너비의 1.5배 이하인 가장 극단적인 값 지점의 '수염whisker'이다. 수염을 벗어난 포인트는 개별 포인트로 그려진 특이값이다. 이를 튜키 상자

그림Tukey boxplot(통계학자 튜키Tukey의 이름을 따름) 또는 상자와 수염 도면box-and-whiskers plot이라고 한다.

Weekly sales of P2, All stores

p2_sales

60 80 100 120 140 160 180 200

Weekly sales

그림 3.7 boxplot()의 간단한 예

상자 그림은 다른 요인으로 분포를 비교할 때 훨씬 더 유용하다. 서로 다른 상점끼리 제품 2의 판매량을 비교하는 방법은 무엇인가? `boxplot()` 메서드를 사용하면 그룹화할 열을 지정하는 `by` 인수를 사용해 쉽게 비교할 수 있다. `column` 인수는 상자 그림 분포(이 경우 `p2_sales`)로 표시되는 열을 나타낸다. 이는 설명 변수 `store_num`과 관련해 표시한 응답 변수 `p2_sales`에 해당한다.

```
In [62]: store_sales.boxplot(column='p2_sales', by='store_num', vert=False,
                             sym='k.')
         plt.suptitle('')
         plt.title('Weekly sales of p2 by store')
         plt.xlabel('Weekly unit sales')
         plt.ylabel('Store')
         plt.box(False)
```

결과는 그림 3.8이며, 매장끼리 제품 2의 매출이 대략 비슷하다(이는 차이에 대한 통계적 테스트가 아니라 단순히 시각화일 뿐이다). `plt.suptitle()`은 `boxplot()` 메서드가 추가하는 기본 제목을 제거한다. 좀 더 많은 정보를 제공해줄 수 있는 제목을 지정하는 것을 선호하기 때문이다.

그림 3.8에서 P2의 단위 판매가 비슷하지만, 매장 내 프로모션과 관련해 P2 판매가 다름을 알 수 있다. 이 경우 설명 변수는 P2의 판촉 변수가 되므로 이제 `boxplot()`을 사용해 `store_num`을 판촉 변수 `p2_promo`로 대체한다.

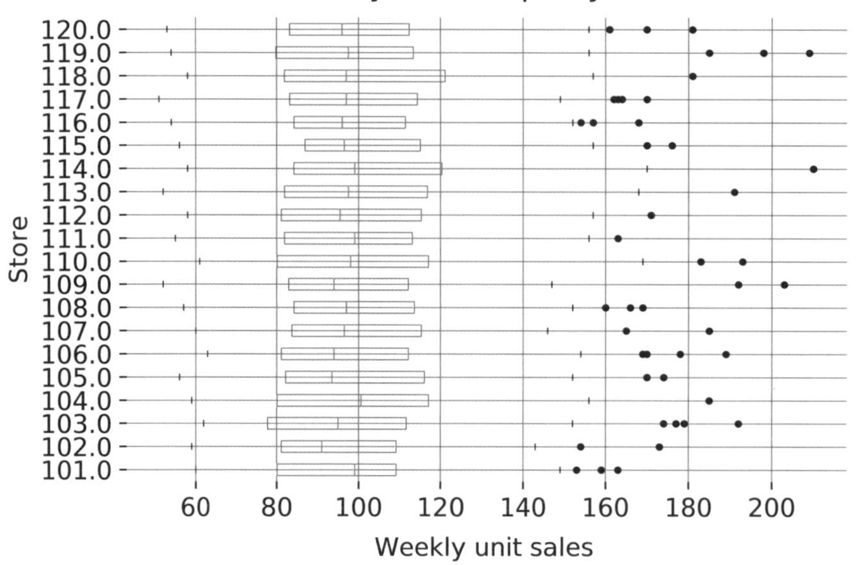

그림 3.8 매장별 매출 boxplot()

```
In [63]: store_sales.boxplot(column='p2_sales', by='p2_promo', vert=False,
                             sym='k.')
         plt.suptitle('')
         plt.title('Weekly sales of p2 with and without promotion')
         plt.xlabel('Weekly unit sales')
         plt.ylabel('P2 promo in store?')
         plt.yticks([1, 2], ['No', 'Yes'])
         plt.box(False)
```

그 결과는 그림 3.9와 같다. 매장 내 판촉을 기준으로 매출에 뚜렷한 시각적 차이가 있다.

요약하자면, 상자 그림은 분포를 시각화하고 결과 변수가 다른 요인과 어떻게 관련돼 있는지 쉽게 탐색할 수 있는 강력한 도구이다. 4장과 5장에서는 데이터 연관성과 관계의 통계적 검정을 조사하는 더 많은 방법을 알아본다.

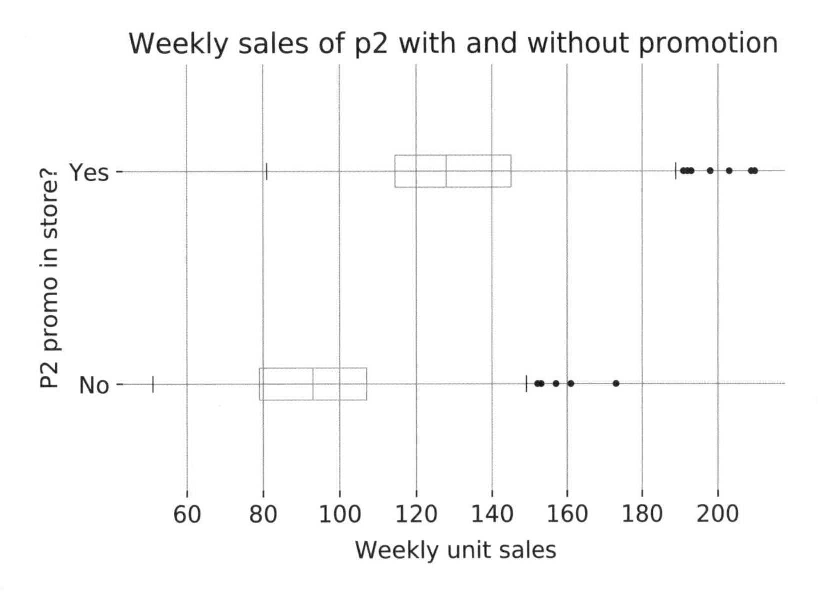

그림 3.9 판촉 상태별 제품 판매 상자 그림

3.4.3 정규성 확인을 위한 QQ 도면*

이 절은 선택적인 내용을 다루는 절로서 좀 더 공식적으로 분포를 평가하기 위한 그래픽 방법에 대한 것이다. 따라서 누적 분포에 대한 3.4.4절이나 파이썬에서 맵을 만드는 방법을 설명하는 3.4.5절로 바로 건너뛰어도 무방하다.

분위수–분위수QQ, Quantile-Quantile 도면은 데이터의 모집단에 대해 추정한 분포가 맞는지 확인해보는 좋은 방법이다. 상관 계수 r(정확히 말하면, 피어슨 적률 상관계수Pearson product-moment)과 같은 일부 일반적인 통계량은 데이터가 정규 분포를 따른다는 가정하에 해석된다. QQ 도면은 데이터의 관측된 분위수를 정규 분포를 따를 경우 예상되는 분위수에 대비해 도식화해봄으로써 분포가 실제로 정규 분포인지 확인할 수 있다.

이를 위해 데이터와 지정된 분포를 비교해주는 scipy.stats 라이브러리의 `probplot()` 함수를 사용할 수 있다. 예를 들어 `p1_sales`를 확인해 정규 분포를 따르는지 알아보자.

```
In [64]: from scipy import stats
         plt.figure(figsize=(7,7))
         stats.probplot(store_sales.p1_sales, dist='norm', plot=plt)
```

QQ 도면은 그림 3.10에 나와 있다. `p1_sales`의 분포는 끝선 부분에서 멀리 떨어져 있어 데이터가 정규 분포를 따르지 않음을 나타낸다. 상향 곡선 모양은 양의 왜도가 큰 데이터에서 일반적이다.

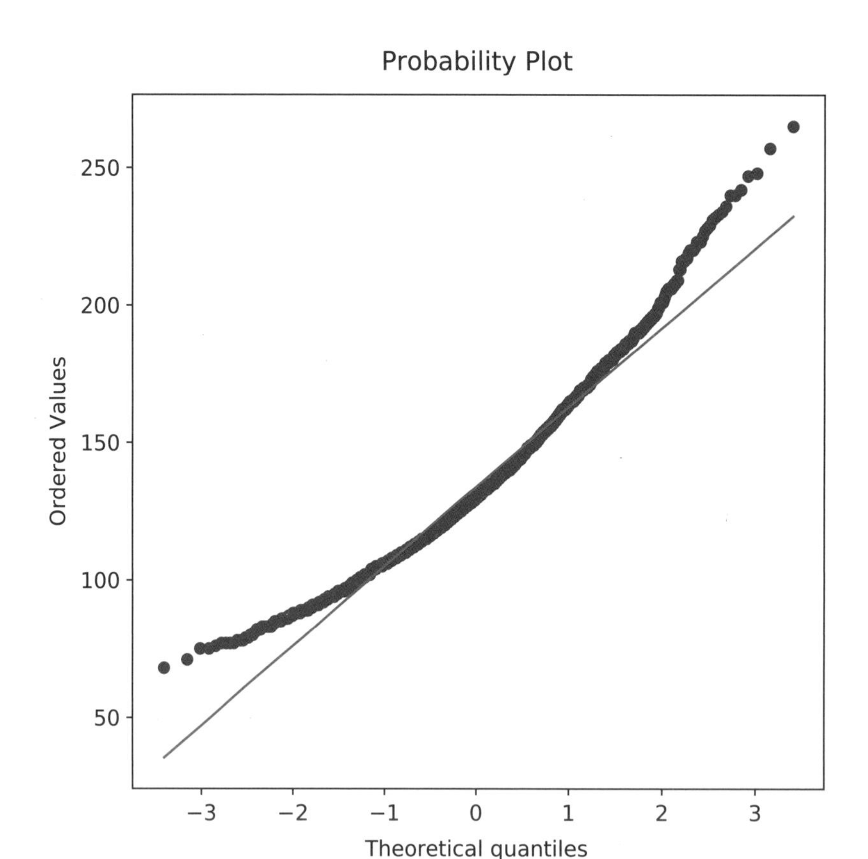

그림 3.10 분포를 확인하기 위한 QQ 도면.
분포의 꼬리는 정확한 정규 분포를 나타내는 선에서 멀어져 p1_sales의 분포가 치우쳐 있음을 보여준다.

이 경우 어떻게 해야 할까? 정규 분포 데이터를 가정하는 모델이나 통계 함수를 사용하는 경우 데이터를 변환할 수 있다. 이미 언급했듯이 마케팅 데이터의 일반적인 패턴은 로그 분포이다. `log()` 변환 후 `p1_sales`가 대략 정규인지 조사한다.

```
In [65]: plt.figure(figsize=(7,7))
         stats.probplot(np.log(store_sales.p1_sales), dist='norm', plot=plt)
```

`log(p1_sales)`에 대한 QQ 도면은 그림 3.11에 나와 있다. 점이 실선에 훨씬 가까워서 `log(store_sales.p1_sales)`의 분포는 변환 전 변수보다는 거의 정규임을 나타낸다.

`scipy.stats.probplot()`을 정기적으로 사용해 데이터 분포에 대한 가정을 검정하는 것이 좋다. 웹 검색은 QQ 도면에 나타나는 일반적인 패턴의 추가 예와 이를 해석하는 방법을 보여준다.

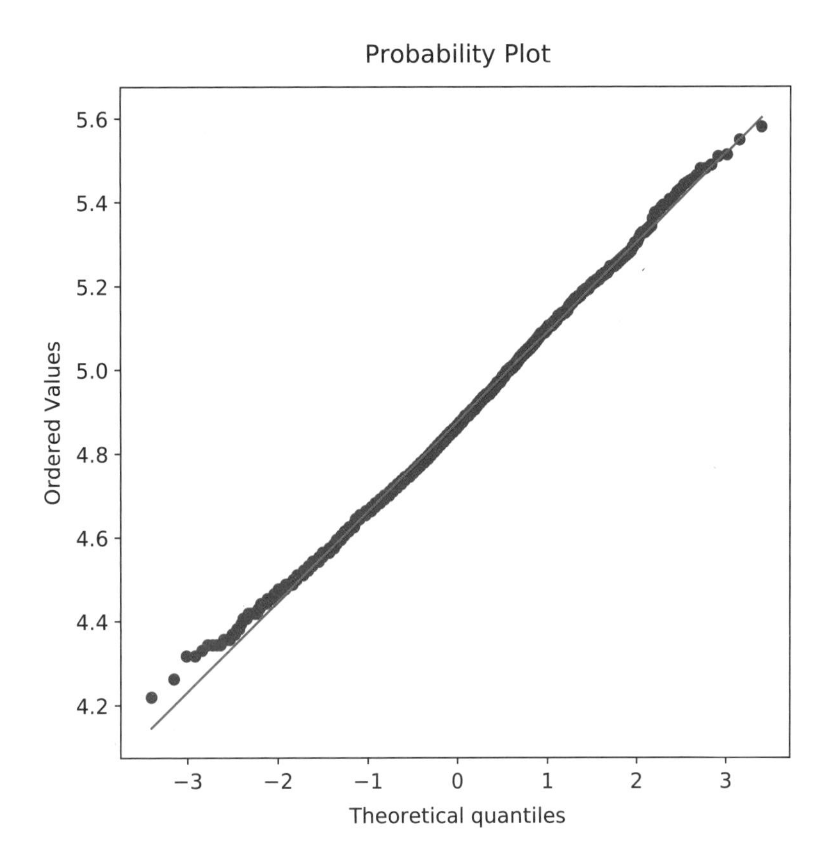

그림 3.11 log() 변환 데이터에 대한 QQ 도면. 이제 판매 수치가 정확한 정규 분포를 나타내는 실선과 훨씬 더 잘 정렬된다.

3.4.4 누적 분포*

이 절 또한 선택적인 내용을 다루지만 매우 유용할 수 있다. 기본 사항만 알고자 한다면 3.4.5절로 건너뛰어도 무방하다.

또 다른 유용한 일변량 도면으로 인상적인 이름을 가진 경험적 누적 분포 함수ECDF라는 것이 있다. 그 이름보다는 덜 복잡하며 샘플에서 데이터 값의 누적 비율을 보여주는 단순한 도면이다. ECDF는 분포를 검사하고 백분위수 값을 읽는 쉬운 방법이다.

몇 단계를 결합해 `p1_sales`의 ECDF를 도식화한다. statsmodels 모델 라이브러리에서 `ECDF()` 함수를 사용해 데이터의 ECDF를 찾을 수 있다. 그런 다음 결과를 `plot()`에 넣고 제목 등의 옵션을 추가한다.

또한 P1의 주간 매출의 90%보다 높은 값, 즉 P1의 주간 매출에 대한 90번째 백분위수를 알고 싶다고 가정한다. `plot()`을 사용해 90번째 백분위수에 수직선과 수평선을 추가할 수 있다. 90번째 백분위수에 대한 선을 그릴 정확한 값을 지정할 필요는 없다. 대신 `quantile( , pr = 0.9)`를 사용해 찾는다. `'k-'` 위치 인수는 선을 검은색과 점선으로 표시하고 `alpha=0.5`는 선의 투명도 수준을 50%로 설정함을 나타낸다.

```
In [66]: from statsmodels.distributions.empirical_distribution import ECDF
         e = ECDF(store_sales.p1_sales)
         plt.subplot(2,1,1)
         plt.plot(e.x, e.y)
         plt.title('Cumulative distribution of p1 weekly sales')
         plt.ylabel('Cumulative proportion')
         plt.plot([60, 270], [0.9, 0.9], 'k--', alpha=0.5)
         plt.plot([store_sales.p1_sales.quantile(.9),
                   store_sales.p1_sales.quantile(.9)],
         [0, 1], 'k--', alpha=0.5)
         plt.box(False)
```

그림 3.12에서 결과 도면을 볼 수 있다.

ECDF() 계산은 매우 간단하며, 수작업 계산을 통해 도면을 복제할 수 있다(그림은 생략).

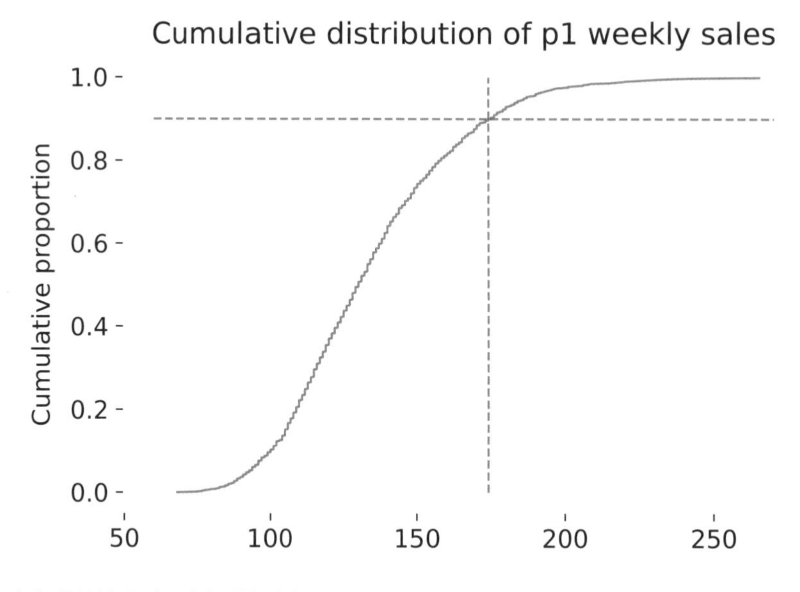

그림 3.12 90번째 백분위수를 강조하기 위한 선이 있는 누적 분포도. 이 차트는 주간 판매의 90%가 171개 이하임을 나타낸다. 다른 값은 차트에서 쉽게 읽을 수 있다. 예를 들어, 약 10%의 주에 100개 미만이 판매되고 상위 5%의 주에는 200개가 넘는 제품이 판매된다.

```
In [67]: ecdf_x = store_sales.p1_sales.sort_values()
         ecdf_y = np.arange(0, 1, 1/len(store_sales.p1_sales))
         plt.subplot(2,1,2)
         plt.plot(ecdf_x, ecdf_y)
         plt.xlabel('P1 weekly sales, all stores')
         plt.ylabel('Cumulative proportion')
         plt.plot([60, 270], [0.9, 0.9], 'k--', alpha=0.5)
         plt.plot([store_sales.p1_sales.quantile(.9),
                   store_sales.p1_sales.quantile(.9)],
         [0, 1], 'k--', alpha=0.5)
         plt.box(False)
```

앞의 코드 블록을 실행하면 그림 3.12와 같은 도면이 표시된다.

종종 데이터를 탐색하거나 타인에게 데이터를 제공하기 위해 누적 분포도를 사용하는데, 이는 데이터의 불연속성, 긴 꼬리, 특정 관심 지점과 같은 데이터 특징을 강조하는 좋은 방법이다.

3.4.5 지도

종종 지도에 마케팅 데이터를 그리고자 할 때가 있다. 흔히 작성해보는 것 중 하나는 소득이나 매출과 같은 변수 값을 나타내기 위해 그래픽이나 색상을 사용하는 등치도choropleth map이다. 여기서는 cartopy 라이브러리(Met Office 2010 – 2015)를 사용하면서 세계 지도에 이 작업을 수행하는 방법을 알아본다.

cartopy는 표준 수치 파이썬 라이브러리가 아니므로 별도로 설치해야 할 수도 있다(2.4.9절 참조). 코랩에서는 ! 연산자로 셀에 접근해 pip로 패키지를 설치할 수 있다(출력은 생략).

```
In [68]: !apt-get -qq install python-cartopy python3-cartopy
         !pip uninstall -y shapely
         !pip install shapely --no-binary shapely
```

다음은 일상적인 예이다. 국가별 총판매량을 차트로 작성한다고 가정한다. 3.2.1절에서와 같이 aggregate()를 사용해 국가별 P1의 총판매량을 찾는다.

그런 다음 cartopy 함수를 사용해 판매 데이터를 지도에 중첩할 수 있다. 여기에는 지금까지 본 것보다 더 고급화된 코드가 필요하다. 자세히 살펴보지는 않겠지만, 복잡한 데이터를 분석하고 시각화하는 파이썬의 위력을 보여주기 위해 알아보기로 하자.

```
In [69]: from cartopy.io import shapereader
         from cartopy import crs

         plt.figure(figsize=(16,6))
         ax = plt.axes(projection=crs.PlateCarree())

         shpfile = shapereader.natural_earth(resolution='110m',
                                             category='cultural',
                                             name='admin_0_countries')
         reader = shapereader.Reader(shpfile)
         countries = reader.records()
         max_sales = p1_sales_by_country.max()
         for country in countries:
           country_name = country.attributes['ADM0_A3']
           if country_name in p1_sales_by_country:
             ax.add_geometries(country.geometry, crs.PlateCarree(),
               facecolor=plt.cm.Greens(p1_sales_by_country[country_name]
                                       /max_sales),
               edgecolor='k')
           else:
             ax.add_geometries(country.geometry, crs.PlateCarree(),
               facecolor='w',
               edgecolor='k')
```

결과는 그림 3.13에 나와 있으며 이른바 등치도로 알려져 있다.

이러한 지도는 인기가 있지만 잘못된 정보를 줄 소지도 있다. 『월스트리트저널 인포그래픽 가이드The Wall Street Journal Guide to Information Graphics』(인사이트, 2014)에서 웡Wong은 등치도가 지리적 영역과 축척된 수량을 혼동시키기 때문에 문제가 된다고 설명했다. 예를 들어 그림 3.13에서 중국은 가치가 높기 때문이 아니라 크기가 더 크기 때문에 일본보다 더 두드러져 보인다. 따라서 지도가 인기는 있으나 주의할 필요가 있음을 알려준다.

그림 3.13 등치도를 사용한 국가별 P1 판매 지도

3.5 더 알아보기*

도식화: 책 전체에서 파이썬으로 도식화를 시연한다. 파이썬에는 도식화를 위한 여러 개의 개별 해법이 있으며, 이 맥락에서 세부 사항에 더 깊이 들어가지 않고 적절하게 도면을 사용한다. 기본 도식화 시스템은 대부분의 다른 도식화 라이브러리에서 활용되며 pandas에 통합돼 있는 matplotlib.pyplot이다.

웡의 『월스트리트저널 인포그래픽 가이드』는 모든 비즈니스 맥락에서 효과적인 그래픽(파이썬에만 국한되지 않음)을 위해 어떤 스타일을 사용하는 것이 좋은지 기초 정보를 제공해준다.

지도: 파이썬으로 지도를 생성하는 것은 특히 복잡한 주제이다. 지도에는 영역의 경계를 정의하는 모양 파일(예: 국가나 도시 경계), 데이터의 공간 번역(예: 데이터의 우편 번호를 지도의 관련 영역과 일치시키는 데이터베이스), 실제 도식화를 수행하기 위한 도식화 소프트웨어라는 세 가지 구성 요소가 반드시 필요하다. cartopy와 같은 파이썬 라이브러리는 일반적으로 이러한 세 가지 요소 모두를 사용할 수 있다.

3.6 요점

다음 지침은 데이터를 정확하고 빠르게 설명하는 데 도움이 된다.

- 가정을 테스트하고 초기 분석 코드를 개발하기 위해 데이터를 수집하기 전에 시뮬레이션을 고려하라(3.1절).
- `dtypes`, `head()`, `describe()`와 기타 기본 방법으로 데이터의 적절한 구조와 품질을 항상 확인하라(3.3.2절).
- `value_counts()`(3.2.2절)를 사용해 이산 (범주) 데이터를 설명하고 `describe()`(3.3절)를 사용해 연속 데이터를 검사한다.
- 히스토그램(3.4.1절)과 상자 그림(3.4.2절)은 초기 데이터 시각화에 적합하다.
- `groupby()`를 사용해 변수를 그룹화함으로써 데이터를 구분한다(3.2.1절).
- 고급 시각화 방법에는 누적 분포(3.4.4절), 정규성 검사(3.4.3절), 매핑(3.4.5절)이 있다.

04 연속 변수 간의 관계

숙련된 분석가는 마케팅 분석에서 가장 중요한 통찰력이 종종 변수 간의 관계를 이해하는 데서 비롯된다는 사실을 잘 알고 있다. 매장에서 판매되는 제품 수처럼 단일 변수를 이해하는 것도 도움이 되지만, '매장에 더 가까이 사는 고객이 멀리 사는 고객보다 더 자주 방문한다.' 혹은 '온라인 상점 고객도 오프라인 고객만큼 소매점에 직접 방문해 구매한다.'와 같은 관계를 이해하면 더 가치 있는 통찰을 얻을 수 있다.

이러한 유형의 관계를 식별하면 마케팅 담당자가 고객에게 좀 더 효과적으로 접근하는 방법을 이해할 수 있다. 예를 들어, 상점 가까이 사는 사람들은 더 자주 방문하고 더 많이 구매한다면 그 지역에 사는 사람들에게 광고를 내는 것이 분명한 전략이 될 것이다.

이 장에서는 다변량 데이터에서 변수 쌍 간의 관계를 이해하는 데 중점을 두고, 관계를 시각화하고 연관성을 설명하는 통계(상관 계수)를 계산하는 방법을 살펴본다. 이는 연속 변수 간의 관계를 평가하는 가장 중요한 방법이다. 회귀 모델을 바로 구축하는 것은 멋있어 보일 수는 있지만(7장 참조) 주의할 점이 있다. 모든 분석의 첫 번째 단계는 데이터와 기본 속성을 탐색하는 것이다. 이 장에서는 3장에서 단일 변수에 대해 검토한 데이터 탐색과 시각화 프로세스를 계속 이어간다. 더 복잡한 모델을 작성하기 전에 변수 쌍 간의 관계를 조사하는 것부터 시작하는 것이 대개 시간과 고통을 덜어준다.

4.1 소매 데이터

여기서는 다채널 소매 업체의 고객과 1년 동안의 거래를 설명하는 데이터셋을 시뮬레이션한다. 이러한 데이터에는 제품 만족도에 대한 설문 조사 데이터가 있는 일부 고객이 포함된다.

3장에서처럼, 파이썬 구문에 대해 더 많이 가르치기 위한 방편으로 이러한 데이터를 생성하는 코드를 제시한다. 그러나 분석으로 바로 이동하려는 경우 4.1.1절의 모든 명령을 빨리 실행한 다음 데이터 도식화를 시작하는 4.2절로 계속 진행해도 된다.

또는 다음과 같이 이 책의 웹 사이트에서 데이터를 적재한 후 4.2절로 계속 진행할 수도 있다.

```
In [2]: import pandas as pd
        cust_df = pd.read_csv('http://bit.ly/PMR-ch4')
```

그러나 데이터를 다운로드하는 대신 시뮬레이션 코드를 통해 작업하면 파이썬에 대해 더 많이 배울 수 있다.

4.1.1 데이터 시뮬레이션

이 절에서는 매장과 온라인에서 제품을 판매하는 다채널 소매 업체의 1,000명 고객에 대한 데이터셋을 만든다. 이러한 데이터는 회사의 CRM(고객 관계 관리) 시스템에서 샘플링할 수 있는 전형적인 데이터이다. 프로세스를 재현할 수 있도록 난수 시드를 설정하고 (3.1.2절에 설명된 대로) 데이터를 저장할 데이터프레임을 만드는 것으로 시작한다.

```
In [3]: # numpy와 pandas 임포트
        import pandas as pd
        import numpy as np

        n_cust = 1000

        np.random.seed(21821)

        cust_df = pd.DataFrame({'cust_id': pd.Categorical(range(n_cust))})
```

합성 데이터셋의 고객 수에 대한 변수 n_cust를 선언하고 고객 수를 참조해야 할 때마다 해당 변수를 사용한다. 이는 코드의 한 위치에서 n_cust를 변경한 다음 코드를 다시 실행해 고객 수를 달리해서 새 데이터셋을 생성할 수 있으므로 좋은 방법이다.

다음으로 고객을 설명하는 여러 변수를 만든 후 해당 변수를 cust_df 데이터프레임에 추가하고 describe()로 살펴보라.

```
In [4]: cust_df['age'] = np.random.normal(loc=35, scale=5, size=n_cust)
        cust_df['credit_score'] = np.random.normal(loc=3 * cust_df.age + 620,
                                                   scale=50,
                                                   size=n_cust)
        cust_df['email'] = pd.Categorical(np.random.choice(a=['yes', 'no'],
                                                           p=[0.8, 0.2],
                                                           size=n_cust))
        cust_df['distance_to_store'] = np.exp(np.random.normal(loc=2,
                                                               scale=1.2,
                                                               size=n_cust))

In [5]: cust_df.describe(include='all')

Out[5]:         cust_id          age  credit_score email  distance_to_store
        count    1000.0  1000.000000   1000.000000  1000        1000.000000
        unique   1000.0          NaN           NaN     2                NaN
```

```
top       999.0        NaN         NaN  yes          NaN
freq        1.0        NaN         NaN  807          NaN
mean        NaN  34.933972  725.224636  NaN    15.765725
...
max         NaN  50.523265  872.288340  NaN   352.723643
```

['COLUMN_NAME'] 표기법을 사용해 이름에 단순 할당(=)을 통해 cust_df 데이터프레임에 새 변수를 추가한다. 데이터프레임의 열은 새 열에 할당하는 벡터의 길이가 적절한 경우 이러한 방식으로 쉽게 만들거나 바꿀 수 있다. 이것은 3.1.1절에서 데이터를 시뮬레이션하는 방법과 약간 다르다. 파이썬에서 동일한 작업을 수행하는 방법은 대개 여러 가지이다. 경험이 많아지면 선호하는 접근 방식에 만족할 것이다.

고객의 연령(age)은 numpy.random.normal(loc, scale, size)를 사용해 평균 35 그리고 표준 편차 5인 정규 분포에서 추출된다. 신용 점수(credit_score)도 정규 분포를 사용해 시뮬레이션되지만, 이 경우 분포의 평균이 고객의 연령과 관련이 있으며 고령 고객이 평균적으로 더 높은 신용 점수를 갖는 것으로 설정한다. 3장에서 다룬 numpy.random.choice() 함수를 사용해 고객의 이메일이 파일에 있는지 여부를 나타내는 변수(email)를 만든다.

기본 CRM 데이터의 최종 변수는 distance_to_store(마일)이며 정규 분포의 지수를 따른다고 가정한다. 이는 최근접 상점과 가까운 거리에 많이 분포하고 상점에서 먼 거리에 분포한 사람은 적으며 거리는 모두 양수라는 의미이다. 분포를 직접 확인하려면 cust_df.distance_to_store.hist()를 사용해보라. 공식적으로 distance_to_store는 로그 정규 분포를 따른다고 말한다(이 가정은 numpy.random.normal()의 지수를 취하는 numpy.random.lognormal(mean, sigma, size)라는 내장 함수가 있을 만큼 충분히 일반적이다).

4.1.2 온라인 및 내점 판매 데이터 시뮬레이션

다음 단계는 온라인 상점에 대한 데이터를 생성하는 것이다. 온라인 방문과 거래에 대한 각 고객의 1년 총액과 총 지출액을 더한다. 시간에 따른 이벤트 수를 모델링하는 데 자주 사용되는 이산 분포인 음이항 분포로 방문 수를 시뮬레이션한다. 로그 정규 분포와 마찬가지로 음이항 분포는 양의 값을 생성하고 오른쪽 꼬리가 길어 데이터에서 대부분의 고객이 비교적 적게 방문하고 소수의 고객이 많이 방문한다는 것을 의미한다. 음이항 분포의 데이터는 numpy.random.negative_binomial(n, p, size)를 사용해 생성할 수 있다.

```
In [6]: mu = 15 + ((cust_df.email == 'yes') * 15 -
                   0.7 * (cust_df.age - cust_df.age.median()))
        n = 0.3
        prob = n / (n + mu)
        cust_df['online_visits'] = np.random.negative_binomial(n=0.3,
                                                               p=prob,
                                                               size=n_cust)
```

음이항은 n과 p를 형상 매개변수로 취한다. 여기서 n은 목표 성공 횟수이며, 표본의 분산 정도를 설정하기 때문에 산포 매개변수라고도 한다. p는 단일 성공 확률이다. 평균을 사용하는 대체 매개변수화는 p = n / (n + mean)과 같이 더 직관적이다. 기준 값 15를 사용해 음이항의 평균(mu)을 모델링한다. 파일에 이메일이 있는 고객에 대해 평균 15회의 온라인 방문을 추가한다((cust_df.email == 'yes') * 15). 마지막으로 표본 중앙값에 상대적인 고객 연령을 기준으로 목표 평균에서 방문 수를 더하거나 뺀다. 어린 고객은 더 많은 온라인 방문으로 시뮬레이션된다. 그런 다음 mu와 n을 사용해 prob를 계산한다. 이것이 어떻게 작동하는지 정확히 보려면 파이썬에서 위의 코드를 실행해보라.

각 온라인 방문마다 주문 확률이 30%라고 가정하고 numpy.random.binomial()을 사용해 online_trans 변수를 만든다. 이 주문에 사용된 금액(online_spend 변수)은 로그 정규 분포를 따른다고 가정한다.

```
In [7]: cust_df['online_trans'] = np.random.binomial(n=cust_df.online_visits,
                                                     p=0.3,
                                                     size=n_cust)
        cust_df['online_spend'] = (np.exp(np.random.normal(loc=3,
                                                           scale=0.1,
                                                           size=n_cust))
                                   * cust_df.online_trans)
```

트랜잭션당 지출 금액을 얻기 위해 numpy.exp(numpy.random.normal())로 샘플링된 임의의 값에 트랜잭션 수 변수를 곱해 총금액을 얻는다. 전체 표현식 외부에 괄호를 사용했다는 점에 주목하자. 이렇게 하면 줄당 문자 제한(2.3.1절) 내에서 부분 표현 '* cust_df.online_trans'를 연속 줄로 나타낼 수 있다.

다음으로 매장 방문 횟수를 생성하지 않는 점을 제외하면 매장 내 판매 데이터도 유사하게 생성한다. 실제 매장을 방문하는 대부분의 고객은 구매를 하며, 고객이 구매하지 않고 방문하더라도 회사는 방문을 추적할 수 없을 수 있다. 여기서는 거래가 음의 이항 분포를 따르고 먼 곳에 사는 고객의 평균 방문 수가 더 낮다고 가정한다. 매장 내 지출은 단순히 트랜잭션 수를 곱한 로그 정규 분포 변수로 모델링한다.

```
In [8]: mu = 3 / np.sqrt(cust_df.distance_to_store)
        n = 5
        prob = n / (n + mu)
        cust_df['store_trans'] = np.random.negative_binomial(n=n,
                                                             p=prob,
                                                             size=n_cust)
        cust_df['store_spend'] = (np.exp(np.random.normal(loc=3.5,
                                                          scale=0.4,
                                                          size=n_cust))
                                  * cust_df.store_trans)
```

늘 그랬듯, 데이터를 검토해보자.

```
In [9]: cust_df.describe()

Out[9]:                 age  credit_score  distance_to_store  online_visits  \
         count  1000.000000   1000.000000        1000.000000    1000.000000
         mean     34.933972    725.224636          15.765725      29.693000
         std       5.070098     50.152653          26.808774      58.749198
         min      16.413932    561.349990           0.082841       0.000000
        ...
```

```
        online_trans  online_spend  store_trans  store_spend
count    1000.000000   1000.000000  1000.000000  1000.000000
mean        8.906000    179.999631     1.274000    44.729630
std        17.693451    363.217007     1.694637    62.723694
min         0.000000      0.000000     0.000000     0.000000
...
```

4.1.3 만족도 조사 응답 시뮬레이션

소매 업체는 고객에 설문한 다음 CRM 시스템에 그 응답을 기록하는 것이 일반적이다. 마지막 시뮬레이션 단계는 일부 고객에 대한 설문 조사 데이터를 만드는 것이다. 설문 조사 응답을 시뮬레이션하기 위해 각 고객의 모든 브랜드에 대한 만족도는 관찰할 수 없다고 가정한다. 여기서는 정규 분포에서 다음과 같은 전반적인 만족도를 생성한다.

```
In [10]: sat_overall = pd.Series(np.random.normal(loc=3.1,
                                                  scale=0.7,
                                                  size=n_cust))
         sat_overall.describe()

Out[10]: count    1000.000000
         mean        3.119406
         std         0.775489
         min         1.079336
         25%         2.589930
         50%         3.138375
         75%         3.638397
         max         5.098524
         dtype: float64
```

전반적인 만족도는 직접적으로 관찰할 수 없는 심리적 구성이라고 가정한다. 대신 설문 조사는 서비스에 대한 만족도와 제품 선택에 대한 만족이라는 두 가지 항목에 대한 정보를 수집한다. 설문 조사 항목에 대한 고객의 응답은 전반적으로 관찰되지 않은 만족도(설문 응답에서 '후광halo'이라고도 함)와 서비스 및 제품 선택에 대한 특정 만족도 수준을 기반으로 한다고 가정한다.

halo 변수에서 이러한 점수를 생성하기 위해 numpy.random.normal()을 사용해 그 추출된 항목에 특정한 임의 값 sat_overall(후광)을 추가한다. 설문 조사 응답은 일반적으로 불연속적인 순서 척도로 제공되기 때문에(예: '매우 불만족', '불만족' 등) numpy.floor() 함수를 사용해 연속 임의 값을 불연속 정수로 변환한다.

```
In [11]: sat_service = np.floor(sat_overall + np.random.normal(loc=0.5,
                                                               scale=0.4,
                                                               size=n_cust))
         sat_selection = np.floor(sat_overall + np.random.normal(loc=-0.2,
                                                                 scale=0.6,
                                                                 size=n_cust))
         sat_service.describe()
```

```
Out[11]: count    1000.000000
         mean        3.113000
         std         1.113315
         min         0.000000
        ...
         max         6.000000
         dtype: float64
```

요약 통계량은 이제 데이터 범위가 0에서 6까지임을 보여준다. 그러나 일반적인 만족 항목은 5점 척도로 주어질 수 있다. 이를 위해 5보다 큰 값을 5로, 1보다 작은 값을 1로 대체한다. 이를 통해 설문 응답 문헌에서 자주 언급되는 올림floor과 내림ceiling 효과를 강제로 적용한다.

sat_service의 각 원소가 5보다 큰지 테스트하는 벡터로 인덱싱해 상한선을 설정했다. sat_service [sat_service >; 5]와 같은 형태이며, 이는 'sat_service, 여기서 sat_service가 5보다 큼'으로 읽을 수 있다. 선택된 원소(표현식이 True로 평가됨)의 경우 현재 값을 상한 값 5로 바꾼다. 올림 효과(< 1, 1로 대체)도 sat_selection의 올림과 내림처럼 동일하게 수행한다. 다소 복잡하게 들리지만 코드는 간단하다.

```
In [12]: sat_service[sat_service > 5] = 5
         sat_service[sat_service < 1] = 1
         sat_selection[sat_selection > 5] = 5
         sat_selection[sat_selection < 1] = 1
         sat_service.describe()
```

```
Out[12]: count    1000.000000
         mean        3.106000
         std         1.065786
         min         1.000000
        ...
         max         5.000000
         dtype: float64
```

pandas에서는 이러한 유형의 구문을 사용해 벡터 또는 행렬의 값을 대체하는 것이 일반적이며 몇 가지 변형을 시도해보는 것이 좋다(물론 cust_df 데이터를 덮어 쓰지 않도록 주의해야 한다). 동일한 목적을 달성하기 위해 numpy.clip()을 사용할 수도 있다.

4.1.4 무응답 데이터 시뮬레이션

일부 고객은 설문 조사에 응답하지 않기 때문에 무응답으로 모델링된 하위 집합에 대해서는 시뮬레이션 답변을 제거한다. no_response라는 일련의 True와 False 값을 만든 다음 no_response가 True인 고객의 설문 응답에 numpy.nan 값을 할당해 이를 수행한다. 앞서 논의했듯이 numpy.nan은 누락된 데이터에 대한 NumPy 상수이다.

여기서는 연령의 함수로 무응답을 모델링하며, 고령 고객은 설문 조사에 응답하지 않을 가능성이 더 높다고 설정된다.

```
In [13]: no_response = np.random.binomial(n=1,
                                         p=cust_df.age/100,
                                         size=n_cust).astype(bool)
         sat_service[no_response] = np.nan
         sat_selection[no_response] = np.nan
         sat_service.describe()

Out[13]: count    612.000000
         mean       3.068627
         std        1.065082
         min        1.000000
         25%        2.000000
         50%        3.000000
         75%        4.000000
         max        5.000000
         dtype: float64
```

describe()에서 이제 612개의 응답만 계산해 NaN 값이 있는 388명의 고객을 인식하고 통계에서 제외한다.

마지막으로 cust_df에 설문 조사 응답을 추가한다.

```
In [14]: cust_df['sat_service'] = sat_service
         cust_df['sat_selection'] = sat_selection
         cust_df.describe()

Out[14]:                age  credit_score  distance_to_store  online_visits  \
         count  1000.000000   1000.000000        1000.000000    1000.000000
         mean     34.933972    725.224636          15.765725      29.693000
        ...
         max      50.523265    872.288340         352.723643     626.000000

                online_trans  online_spend  store_trans  store_spend  sat_service \
         count   1000.000000   1000.000000  1000.000000  1000.000000   612.000000
         mean       8.906000    179.999631     1.274000    44.729630     3.068627
        ...
         max      187.000000   3646.052599    19.000000   547.976139     5.000000

                sat_selection
         count     612.000000
         mean        2.442810
        ...
         max         5.000000
```

이제 데이터셋이 완료됐으며 분석할 준비가 됐다.

4.2 산점도가 있는 변수 간의 연관성 탐색

분석은 3.3절에 설명된 대로 head() 및 dtypes로 데이터프레임을 확인해 구조를 검토하는 것부터 시작한다.

```
In [15]: cust_df.head()

Out[15]:   cust_id        age  credit_score email  distance_to_store  online_visits  \
         0       0  46.719825    735.837331   yes           9.186310              0
         1       1  39.283359    656.599440   yes           0.781894             46
         2       2  33.574168    665.934422   yes           1.204119             64
         3       3  43.564256    718.456166   yes           9.736359             29
         4       4  31.358552    626.323897   yes          33.782715              0

            online_trans  online_spend  store_trans  store_spend  sat_service  \
         0             0      0.000000            1    33.603505          NaN
         1            18    352.735573            0     0.000000          2.0
         2            21    355.833505            6   162.685187          4.0
         3            11    186.594784            1    51.327653          2.0
         4             0      0.000000            0     0.000000          NaN

            sat_selection
         0            NaN
         1            2.0
         2            4.0
         3            3.0
         4            NaN

In [16]: cust_df.dtypes

Out[16]: cust_id              category
         age                   float64
         credit_score          float64
         email                category
         distance_to_store     float64
         online_visits           int64
         online_trans            int64
         online_spend          float64
         store_trans             int64
         store_spend           float64
         sat_service           float64
         sat_selection         float64
         dtype: object
```

앞서 언급했듯이 이 데이터프레임에서 각 행은 서로 다른 고객을 나타낸다. 각각에 대해 고객의 age, credit_score와 최근접 실제 매장까지의 거리(distance_to_store)와 함께 고객이 이메일 주소를 갖고 있는지 여부(email)를 나타내는 플래그가 있다.

추가 변수는 온라인 사이트에 대한 1년 총방문(online_visits), 온라인 및 매장 내 거래 수(online_trans와 store_trans), 온라인 및 매장 내 1년 총지출(online_spend와 store.spend)을 나타낸다. 마지막으로, 데이터에는 소매점의 서비스 및 제품 선택에 대한 만족도 설문 조사 등급(sat_service와 sat_selection)이 포함된다. 일부 설문 조사 값은 설문 조사 응답이 없는 고객의 경우 NaN이다. cust_df.cust_id 및 cust_df.email이 요인(범주)이라는 점을 제외하고 모든 값은 숫자이다. 데이터 구조의 세부 사항이 왜 그렇게 중요한지는 곧 설명한다.

4.2.1 plot()을 사용해 기본 산점도 만들기

먼저 matplotlib(Hunter 2007)를 사용해 다양한 도면 유형에 대한 래퍼 함수인 plot() 데이터프레임 메서드를 사용함으로써 각 고객의 연령과 신용 점수 간의 관계를 탐색하는 것으로 시작한다. 이 경우 kind='scatter'와 x 값을 지정해 연령과 y 값을 credit_score로 나타낸다.

```
In [17]: cust_df.plot(kind='scatter', x='age', y='credit_score')
```

위의 코드는 상당히 일반적인 산점도인 그림 4.1의 왼쪽 패널에 표시된 그림을 생성한다. 도면 중앙에는 35세 정도, 신용 점수는 725점 정도의 고객이 몰려 있으며 주변에는 고객이 더 적다. 신용 점수가 매우 높은 젊은 고객이나 점수가 매우 낮은 노인 고객은 많지 않아 연령과 신용 점수 사이의 연관성을 암시한다.

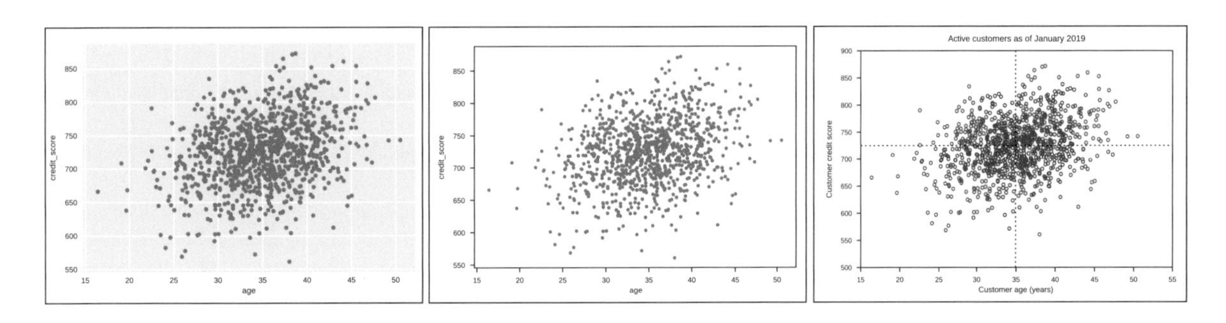

그림 4.1 plot() 함수의 기본 설정으로 그린 고객 연령 대 신용 점수의 기본 산점도(왼쪽)와 동일한 도면의 적절히 레이블된 버전

plot()의 기본 설정은 데이터를 직접 탐색할 때 유용한 빠른 도면을 생성한다. plot()은 x 및 y 축을 조정해 데이터 범위를 수용하고 변수 이름을 사용해 축에 레이블을 지정한다.

matplotlib를 사용하면 기본 설정을 변경할 수 있으며, 자신의 취향에 따라 선택할 수 있는 미리 구성된 스타일이 있다.

```
In [18]: import matplotlib.pyplot as plt


         plt.style.use('seaborn-notebook')
         plt.style.use('seaborn-white')
         plt.style.use('seaborn-ticks')
         cust_df.plot(kind='scatter', x='age', y='credit_score')
```

결과는 그림 4.1의 중앙 패널에서 볼 수 있다. 스타일, 특히 seaborn의 스타일은 여기에서처럼 결합할 수 있다.

또한 이 책을 쓰는 동안 코랩의 기본 matplotlib 설정이 변경됐으므로 기본 설정은 그림 4.1의 왼쪽 패널보다 중앙 패널과 더 유사한 도면을 생성할 수도 있다. 그러나 다른 사람에게 도면을 제공하는 경우라면, 그림 4.1의 오른쪽 패널에서처럼 축과 차트 제목에 대해 더 많은 정보를 제공해야 한다.

```
In [19]: cust_df.plot(kind='scatter',
                      x='age',
                      y='credit_score',
                      c='none',
                      edgecolor='darkblue',
                      xlim=[15, 55],
                      ylim=[500, 900])
         plt.plot([15, 55], [cust_df.credit_score.mean(),
                             cust_df.credit_score.mean()], 'k:')
         plt.plot([cust_df.age.mean(), cust_df.age.mean()],
                  [500, 900],
                  'k:')
         plt.title('Active customers as of January 2019')
         plt.xlabel('Customer age (years)')
         plt.ylabel('Customer credit score')
```

3.4.1절에서 했던 것처럼 그림을 더 쉽게 해석할 수 있도록 수정했다. 그림 중앙 점의 밀도가 높기 때문에 c='none'을 사용해 채우기를 제거하고 edgecolor='darkblue'를 사용해 가장자리의 색상을 지정했다. xlim 및 ylim은 각 축의 범위를 설정한다. plt.title(), plt.xlabel(), plt.ylabel()은 차트에 대한 설명적인 제목 및 축 레이블을 제공한다. 그림 4.1의 오른쪽 패널에 있는 결과는 차트를 보는 사람이 차트가 나타내는 내용을 쉽게 이해할 수 있을 만큼 잘 표시돼 있다.

또한 기본 plt.plot() 함수를 사용해 데이터의 평균 연령과 평균 신용 점수를 나타내는 선을 도면에 추가했다. cust_df.credit_score.mean()에 설정한 x 한도와 일치하도록 x 값을 지정하고 y 값을 평균 신용 점수와 같도록 지정해 수평선을 추가한다. 평균 연령의 수직선에 대해 동일한 작업을 수행하지만, 평균 연령을 x 값으로 설정하고 y 값을 y 한도와 일치하도록 설정한다. 'k :'은 검은색 점선이 되도록 지정한다. 여기서는 x= 및 y=을 지정하지 않았다. 인수 이름이 생략되면 함수는 위치 인수로 가정하며, 이는 도움말 문서에서 볼 수 있다(코랩에서는 함수 중괄호 내에서 탭하거나 . 명령을 사용한다. 예: ?plt.plot).

종종 도면은 이와 같은 일련의 명령으로 작성된다. 첫 번째 단계는 기본 그래픽을 설정하기 위해 plot()을 사용하는 것이다. 그런 다음 다른 그래픽 명령으로 특징을 추가한다.

이제 중요한 마케팅 질문으로 넘어가보자. 여기의 데이터에 따르면 온라인으로 더 많이 구매하는 고객은 매장에서는 더 적게 구매하는가? 온라인 판매를 매장 판매와 비교하는 것부터 시작해보자.

```
In [20]: cust_df.plot(kind='scatter',
                      x='store_spend',
                      y='online_spend',
                      c='none',
                      edgecolor='darkblue',
```

```
          s=8)
plt.title('Customers as of January 2019')
plt.xlabel('Prior 12 months in-store sales ($)')
plt.ylabel('Prior 12 months online sales ($)')
```

그림 4.2의 결과 도면은 판매나 거래 수와 같은 행동 데이터에서 일반적으로 나타나는 치우친 분포의 전형이다. 대부분의 고객은 구매하지 않으므로 데이터가 거의 0에 가깝다. 결과 도면에는 축을 따라 많은 점이 있다. 점을 좀 더 명확하게 볼 수 있도록 도식화된 점을 축소하는 s=8 인수를 사용한다(이 인수는 점 제곱으로 크기를 지정한다). 이 도면은 두 채널 중 하나(축을 따라 있는 점)에서 아무것도 구매하지 않은 많은 고객과 채널 중 하나에서 상당히 많은 양을 구매하는 적은 수의 고객이 있음을 보여준다.

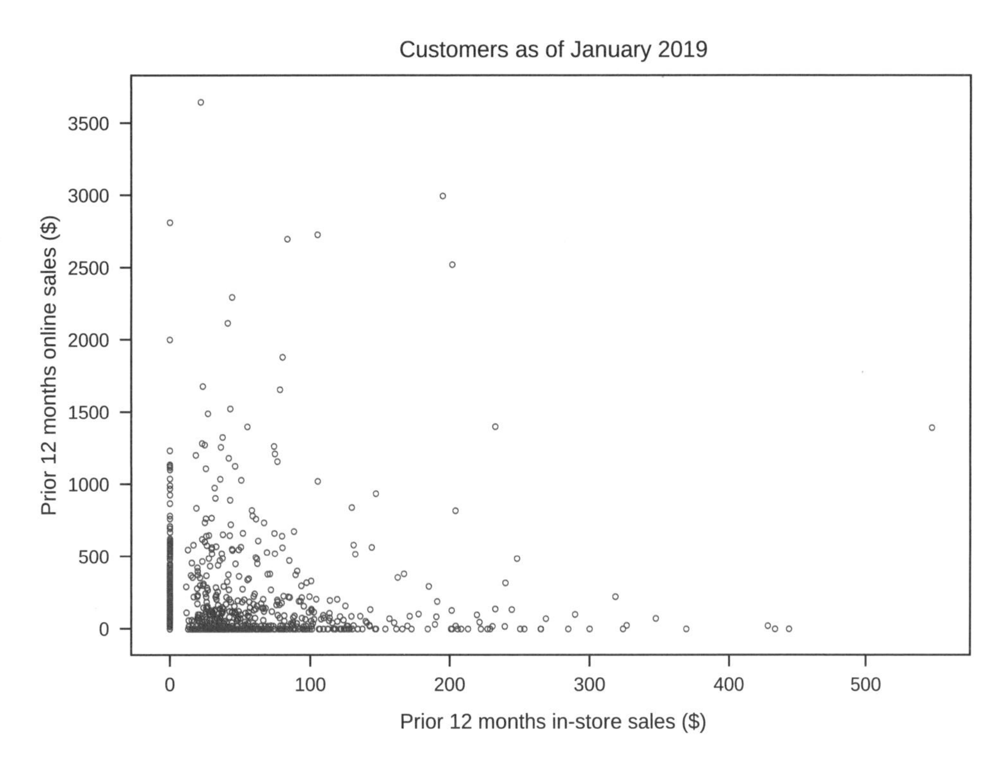

그림 4.2 산점도가 있는 변수 간의 연관성 탐색

치우친 데이터 때문에 그림 4.2는 온라인 간의 관계에 대한 질문에 아직 좋은 답을 주지 못하고 있다. 매장 내 판매만 히스토그램으로 추가 조사해보자(hist()에 대한 3.4절 참조).

```
In [21]: cust_df.store_spend.hist(bins=100,
                                  edgecolor='k',
                                  facecolor='none',
                                  linewidth=1.2)
         plt.title('Customers as of January 2019')
         plt.xlabel('Prior 12 months online sales ($)')
         plt.ylabel('Count of customers')
```

그림 4.3의 히스토그램은 많은 고객이 온라인 상점에서 아무것도 구입하지 않았음을 분명히 보여준다(1,000명 중 약 400명). 구매자 사이의 판매 분포는 최빈값이 약 $20이며 12개월 지출이 높은 일부 고객이 있는 긴 오른쪽 꼬리가 있다. 이러한 분포는 일반적으로 고객 데이터의 지출 및 거래 수이다. 산점도에 대한 절임에도 불구하고 히스토그램을 사용하고 있음에 주목하라. 실제로 이 두 시각화는 상호 보완적이다. 산점도는 두 변수 간의 관계를 나타내지만, 이 경우와 같이 많은 값이 매우 유사하고 서로 겹치는 경우 제대로 수행되지 않는다. 히스토그램을 사용하면 해당 지역의 실제 포인트 밀도를 더 잘 시각화할 수 있다.

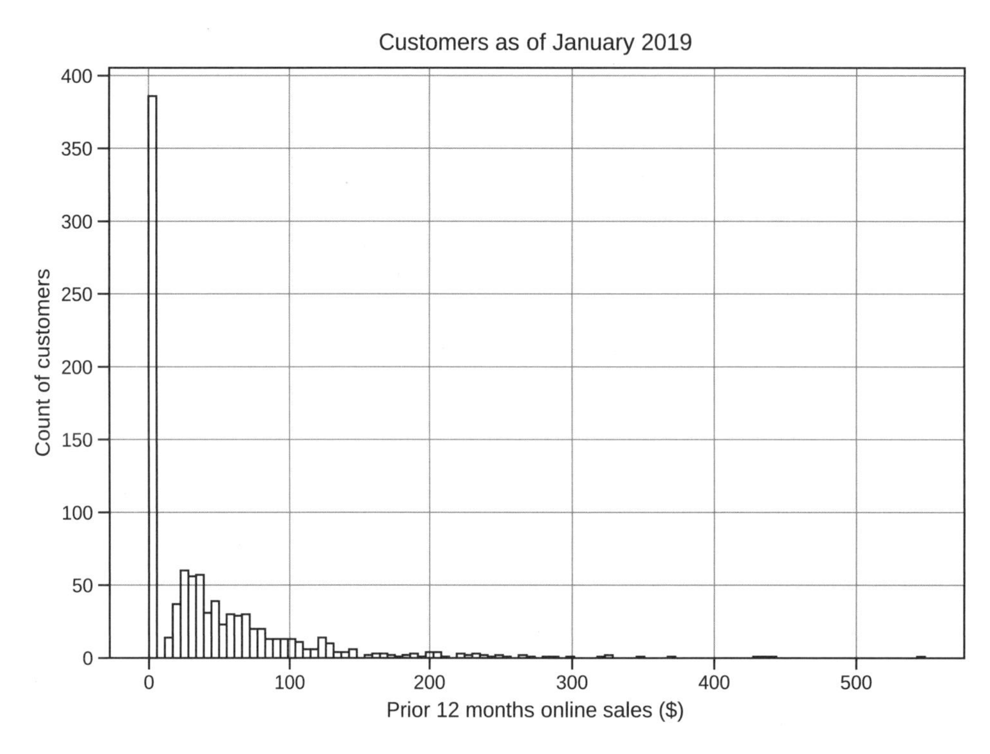

그림 4.3 이전 12개월 온라인 판매의 히스토그램은 아무것도 구매하지 않은 많은 수의 고객과 함께 무언가를 구매한 사람들 사이에 왼쪽으로 치우친 판매 분포를 더 명확하게 보여준다.

4.2.2 산점도의 포인트 색상

또 다른 질문은 온라인 구매 성향과 오프라인 구매 성향이 이메일 활동과 관련이 있는지 여부이다(고객의 이메일 주소가 등록돼 있는지 여부에 따라 반영됨). 이메일 주소를 알고 있는 고객에 대한 포인트를 색칠해 그림 4.2의 도면에 이메일 차원을 추가할 수 있다. 이를 위해 각 이메일 카테고리의 색상을 지정하는 매핑 딕셔너리와 함께 `groupby()`(3.2.1절에 소개)를 사용한다(예: `email == 'yes'`인 경우 가장자리는 `'g'`(녹색)이고 채우기 `'없음'`(비어 있음)). 그룹에 반복적으로 `scatter()` 함수를 사용해 각 하위 집합을 도식화한다. 또한 `plt.legend()`를 사용해 범례를 포함하고 제목을 `email`로 지정한다.

```
In [22]: edge_mapper = {'yes': 'g',
                        'no': 'k'}
         fill_mapper = {'yes': 'none',
                        'no': 'k' }

         fig, ax = plt.subplots()
         for name, group in cust_df.groupby('email'):
           ax.scatter(x=group.store_spend,
                      y=group.online_spend,
                      edgecolor=edge_mapper[name],
                      c=fill_mapper[name],
                      s=8,
                      label=name)
         plt.legend(title='email')
         plt.title('Customers as of January 2019')
         plt.xlabel('Prior 12 months in-store sales ($)')
         plt.ylabel('Prior 12 months online sales ($)')
```

결과 도면은 그림 4.4의 왼쪽 패널에 있다.

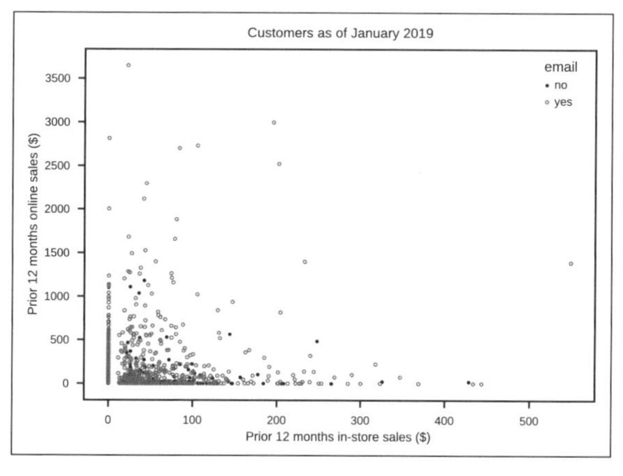

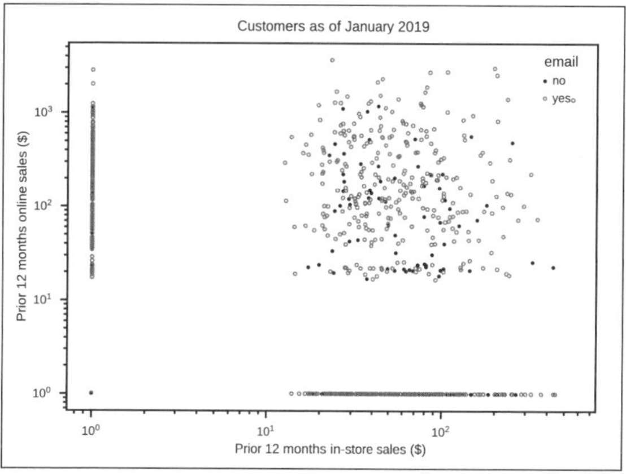

그림 4.4 온라인 판매와 고객별 매장 내 판매의 산점도. 왼쪽에는 원시 판매 값을 사용하는 전형적인 극도로 치우친 도면이 표시된다. 많은 고객이 아무것도 구매하지 않기 때문에 데이터는 x 및 y 축을 따라 그룹화된다. 오른쪽에서 판매 대수를 도식화하면 0과 0이 아닌 값을 좀 더 명확하게 구분하고 두 채널에서 구매한 사람들 간의 연관성을 보여준다(4.2.3절 참조).

plt.subplots() 함수는 부도면subplot으로 구성된 빈 그림(빈 캔버스로 생각할 수 있음)을 생성한다. fig, ax = plot.subplot() 명령은 ax라는 단일 부도면이 있는 fig라는 피규어figure를 생성한다(생성된 빈 그림을 보기 위해 코드를 실행해보라). 그런 다음 ax.scatter() 메서드를 사용해 빈 도면에 포인트를 추가할 수 있다. 여기서 만든 딕셔너리를 사용해 두 그룹의 색상을 변경할 수 있도록 for 루프 내에서 이 작업을 수행한다. 여기서는 cust.df.groupby('email')에 의해 생성된 숫자 쌍을 반복한다(for 루프에 대한 복습은 2.4.10절 참조).

cust_df 데이터프레임에서 plot() 메서드를 사용하는 대신 ax 축 객체에 scatter() 메서드를 사용하고 있다는 점에 주목하자. 어떤 방식으로든 동일한 그림을 만들 수 있지만, 이 접근 방식을 사용하면 데이터프레임에서의 작업을 단순화할 수 있다(다음 절 참조).

4.2.3 로그 스케일로 도식화

그림 4.4의 왼쪽 패널에 표시된 대로 원시 값을 사용하면 판매 수치의 큰 왜도로 인해 파일에 이메일이 있는 경우와 없는 경우의 매장 내 구매와 온라인 구매 간에 다른 관계가 있는지 확인하기가 여전히 어렵다. 왜곡된 데이터가 있는 이러한 산점도에 대한 일반적인 해결책은 데이터를 로그 스케일log scale로 도식화하는 것이다. 이는 `plt.xscale('log')`와 `plt.yscale()` 함수를 사용하면 각각 로그 스케일에 x 축 또는 y 축을 도식화하기 쉽다.

`cust_df`의 경우 온라인 및 매장 내 판매가 모두 치우쳐 있기 때문에 두 축에 대해 로그 척도를 사용한다.

```
In [23]: fig, ax = plt.subplots()
         for name, group in cust_df.groupby('email'):
           ax.scatter(x=group.store_spend+1,
                      y=group.online_spend+1,
                      edgecolor=edge_mapper[name],
                      c=fill_mapper[name],
                      s=8,
                      label=name)
         plt.legend(title='email')
         plt.title('Customers as of January 2019')
         plt.xlabel('Prior 12 months in-store sales ($)')
         plt.ylabel('Prior 12 months online sales ($)')
         plt.xscale('log')
         plt.yscale('log')
```

이 코드에서는 `log(0)`이 정의되지 않았기 때문에 오류를 피하기 위해 *...spend* + 1을 사용한다. 이 변환은 `cust_df` 데이터프레임의 `plot()` 메서드로 수행하기에는 좀 더 어렵다. 이것이 축 객체에 matplotlib `scatter()` 메서드를 사용한 이유이다. 그림 4.4의 오른쪽에서 축은 이제 로그이다. 예를 들어 1–10에서의 거리는 10–100과 동일하다.

그림 4.4의 오른쪽 패널에서는 매출이 없는 고객들을 쉽게 볼 수 있다(x = 1 또는 y = 1의 포인트는 1을 추가했기 때문에 매출이 0에 해당함). 이제 온라인 판매와 매장 내 판매 간에 연관성이 거의 또는 전혀 없는 것으로 보인다. 두 채널에서 구매한 고객의 산점도에는 패턴이 표시되지 않는다. 따라서 여기에는 온라인 판매가 매장 판매를 잠식했다는 증거가 없다(공식 테스트는 복잡할 수 있지만, 현재 데이터는 명백한 방식으로 이러한 효과를 보여주지 않는다).

또한 그림 4.4에서는 파일에 이메일 주소가 없는 고객이 주소가 있는 고객보다 온라인 판매가 약간 낮은 것으로 나타난다. 도면의 아래쪽 절반에 검은색 원이 위쪽 절반보다 약간 더 많다. 고객에게 이메일 프로모션을 보낸 경우에는 프로모션이 작동 중일 수 있음을 나타낸다. 가설이 적절한 다음 단계가 될 수 있음을 확인하는 실험이다.

그림 4.4의 오른쪽에 최종 도면을 만드는 데 힘이 들었는가? 그렇다. 하지만 결과는 잘 만들어진 산점도가 데이터의 관계에 대한 많은 정보를 어떻게 나타낼 수 있는지 보여준다. 그림 4.4의 오른쪽 패널을 보면, 온라인 판매와 오프라인 판매가 서로 어떻게 관련돼 있는지 그리고 각각이 고객의 이메일 상태와 관련이 있는지 여부를 훨씬 더 잘 이해할 수 있다.

4.3 단일 그래픽 객체에서 도면 결합

한 번에 여러 관계를 시각화하고 싶을 때가 있다. 예를 들어 매장과 가까운 곳에 사는 고객이 매장에서 더 많이 지출하는지, 더 멀리 사는 고객이 온라인에서 더 많이 지출하는지 여부를 조사한다고 가정해보자. 여기에는 다양한 지출 변수가 포함되므로 별도의 도면이 필요하다. 이러한 것들을 개별적으로 도식화하면 많은 개별 차트가 생성된다. 다행히 파이썬에서는 여러 도면으로 구성된 단일 그래픽을 쉽게 생성할 수 있다. `subplot()` 함수를 사용해 단일 그래픽 객체에 여러 도면을 원하도록 지정한 다음 평소처럼 `plot()`을 사용해 각 도면을 간단히 도식화한다.

예제를 통해 어떻게 작동하는지 보는 것이 가장 쉽다.

```
In [24]: plt.subplot(221)
         plt.scatter(x=cust_df.distance_to_store,
                     y=cust_df.store_spend,
                     c='none',
                     edgecolor='darkblue',
                     s=8)
         plt.title('store')
         plt.ylabel('Prior 12 months in-store sales ($)')

         plt.subplot(223)
         plt.scatter(x=cust_df.distance_to_store,
                     y=cust_df.online_spend,
                     c='none',
                     edgecolor='darkblue',
                     s=8)
         plt.title('online')
         plt.xlabel('Distance to store')
         plt.ylabel('Prior 12 months online sales ($)')

         plt.subplot(222)
         plt.scatter(x=cust_df.distance_to_store,
                     y=cust_df.store_spend+1,
                     c='none',
                     edgecolor='darkblue',
                     s=8)
         plt.title('store, log')
         plt.xscale('log')
         plt.yscale('log')

         plt.subplot(224)
         plt.scatter(x=cust_df.distance_to_store,
                     y=cust_df.online_spend+1,
                     c='none',
                     edgecolor='darkblue',
                     s=8)
         plt.title('online, log')
         plt.xlabel('Distance to store')
         plt.xscale('log')
         plt.yscale('log')
```

```
plt.tight_layout()
```

개별 plot() 또는 scatter() 명령에서 4개의 개별 도면 대신 이 코드는 그림 4.5와 같이 4개의 패널이 있는 단일 그래픽을 생성한다. 각 도식화 명령에 앞서 해당 도면을 표시할 부도면을 지정한다. 부도면에 대한 인수는 행, 열, 인덱스 형식이다(행 또는 열의 한 자리 수에 대해 쉼표는 선택 사항임). 인덱스는 왼쪽에서 오른쪽으로, 위에서 아래로 번호가 매겨진다. 여기서는 2개의 행과 2개의 열을 원했다. plt.subplot(221) 또는 동등하게 plt.subplot(2, 2, 1)을 사용해 이러한 배열에서 왼쪽 상단 패널을 선택할 수 있다. 오른쪽 상단에는 인덱스 2, 왼쪽 하단에는 3, 오른쪽 하단에는 4가 있다. plt.tight_layout()은 모든 레이블이 표시되도록 간격을 조정한다.

그림 4.5의 도면은 완전히 레이블이 지정되지 않았지만, 오른쪽 상단 패널에서 고객과 가장 가까운 매장까지의 거리와 매장 내 지출 간에 음의 관계가 있을 수 있음을 알 수 있다. 가장 가까운 상점에서 더 멀리 사는 고객은 상점에서 더 적게 소비한다. 그러나 오른쪽 하단에는 거리와 온라인 지출 사이에 명확한 관계가 없다.

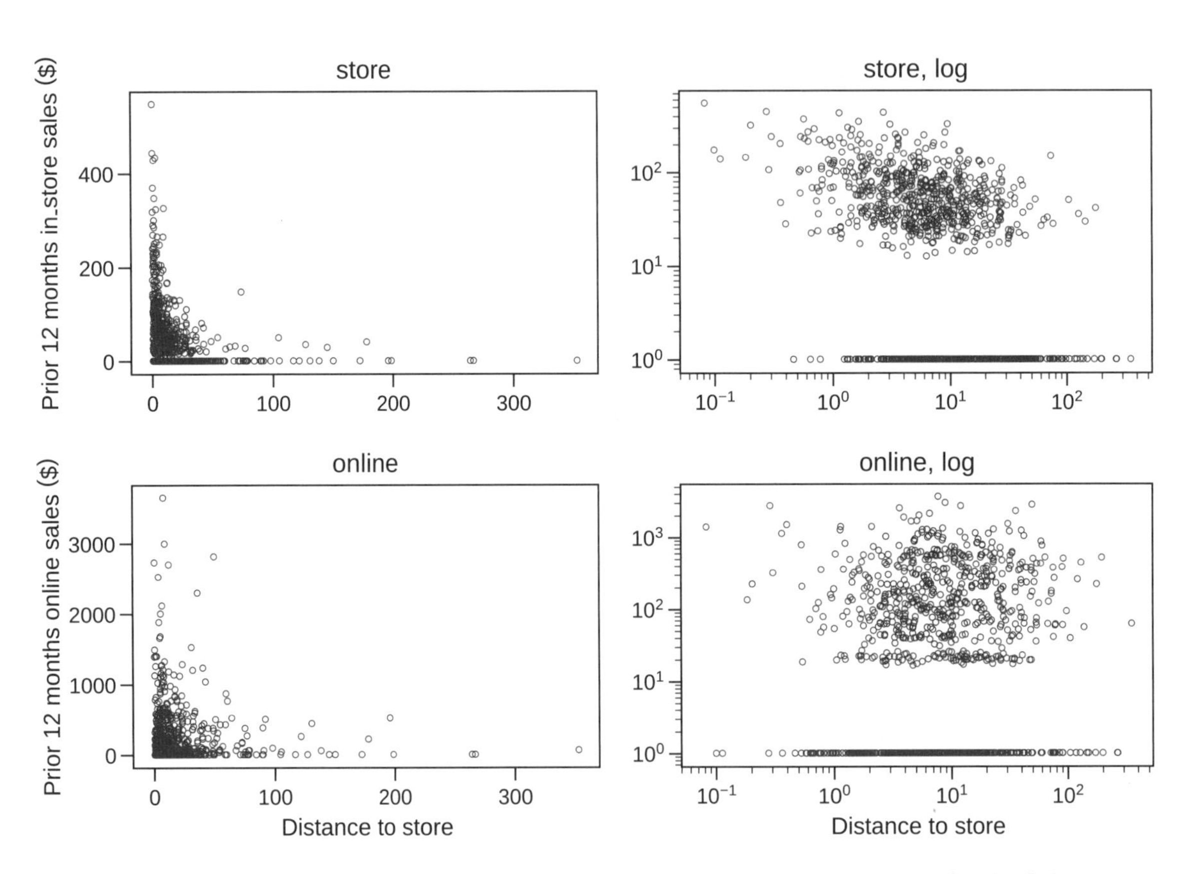

그림 4.5 여러 도면으로 구성된 단일 그래픽 개체는 매장까지의 거리가 매장 내 지출과 관련이 있지만 온라인 지출과는 관련이 없는 것을 보여준다. 지출과 거리를 오른쪽 두 패널에 로그 스케일로 표시하면 관계를 더 쉽게 볼 수 있다.

4.4 산점도 행렬

4.4.1 scatter_matrix()

고객 데이터에는 서로 연관될 수 있는 여러 변수가 있다. 연령, 매장까지의 거리, 이메일은 모두 온라인, 오프라인 거래 및 지출과 관련이 있을 수 있다. 이러한 변수가 여러 개인 경우 더 복잡한 분석으로 이동하기 전에 모든 변수 쌍 사이의 산점도를 조사하는 것이 좋다. 이를 위해 pandas는 편리한 함수 pandas.plotting.scatter_matrix(dataframe)을 제공하는데, 모든 변수 조합에 대해 별도의 산점도를 만든다.

```
In [25]: _ = pd.plotting.scatter_matrix(cust_df, figsize=(12,12),
                                         c='none', edgecolor='darkblue')
```

scatter_matrix()는 숫자 데이터의 데이터프레임만 주어지면 출력을 생성하지만, figsize와 같은 다양한 선택적 인수가 있으며 여기에서 그림의 크기를 설정한다.

또한 matplotlib scatter() 함수가 수행하는 모든 인수를 허용한다. 여기서는 c를 지정했고 edgecolor 매개변수를 사용해 채워지지 않은 진한 파란색 마커를 만든다.

여기서는 출력을 사용하지 않을 것을 알 때 또는 이 경우처럼 반환된 객체의 자동 출력을 억제하기 위해 파이썬에서 자리 표시자placeholder로 사용되는 '_'와 같은 호출을 설정했다. 이것은 함수가 여러 객체를 반환할 때 자주 사용되지만, 여기서는 그중 일부에만 관심이 있다.

사용 가능한 모든 사용자 정의를 보려면 도움말 기능을 사용하라(2.4.11절 참조).

결과 도면은 그림 4.6에 나와 있으며 산점도 행렬이라고 한다. 이 행렬의 각 위치는 각 변수에 대한 히스토그램이 있는 대각선을 제외하고 두 변수 간의 산점도를 보여준다. 예를 들어, 첫 번째 행과 세 번째 열의 도면은 y 축의 cust_df.age와 x 축의 cust_df.distance_to_store의 산점도이다. 그리고 첫 번째 행과 첫 번째 열의 도면은 cust_df.age의 히스토그램이고, 세 번째 행과 세 번째 열의 도면은 cust_df.distance_to_store의 히스토그램이다. 대각 인수는 여기 있는 히스토그램에 대해 'hist'를 선택하거나 대각을 따라 패널에서 커널 밀도 추정 도면에 대해 'kde'를 선택할 수 있다.

산점도 행렬에서 변수 간의 관계를 빨리 볼 수 있다. 네 번째 행과 다섯 번째 열에서 online_visits와 online_trans 사이의 강력한 선형 연관성을 볼 수 있다. 웹 사이트를 더 자주 방문하는 고객은 더 많은 온라인 거래를 한다. 도면을 빠르게 살펴보면, 온라인 거래 수가 더 많은 고객이 전체 온라인 지출이 더 많고(놀랍지 않음) 마찬가지로 매장 내 거래가 더 많은 고객도 매장 내에서 더 많이 지출한다. 이 간단한 명령은 고려해야 할 많은 정보를 생성했다.

예를 들어 age, distance_to_store, store_spend 열만 표시하기 위해 일반 pandas 열 인덱싱을 사용해 열의 하위 집합을 선택할 수 있다.

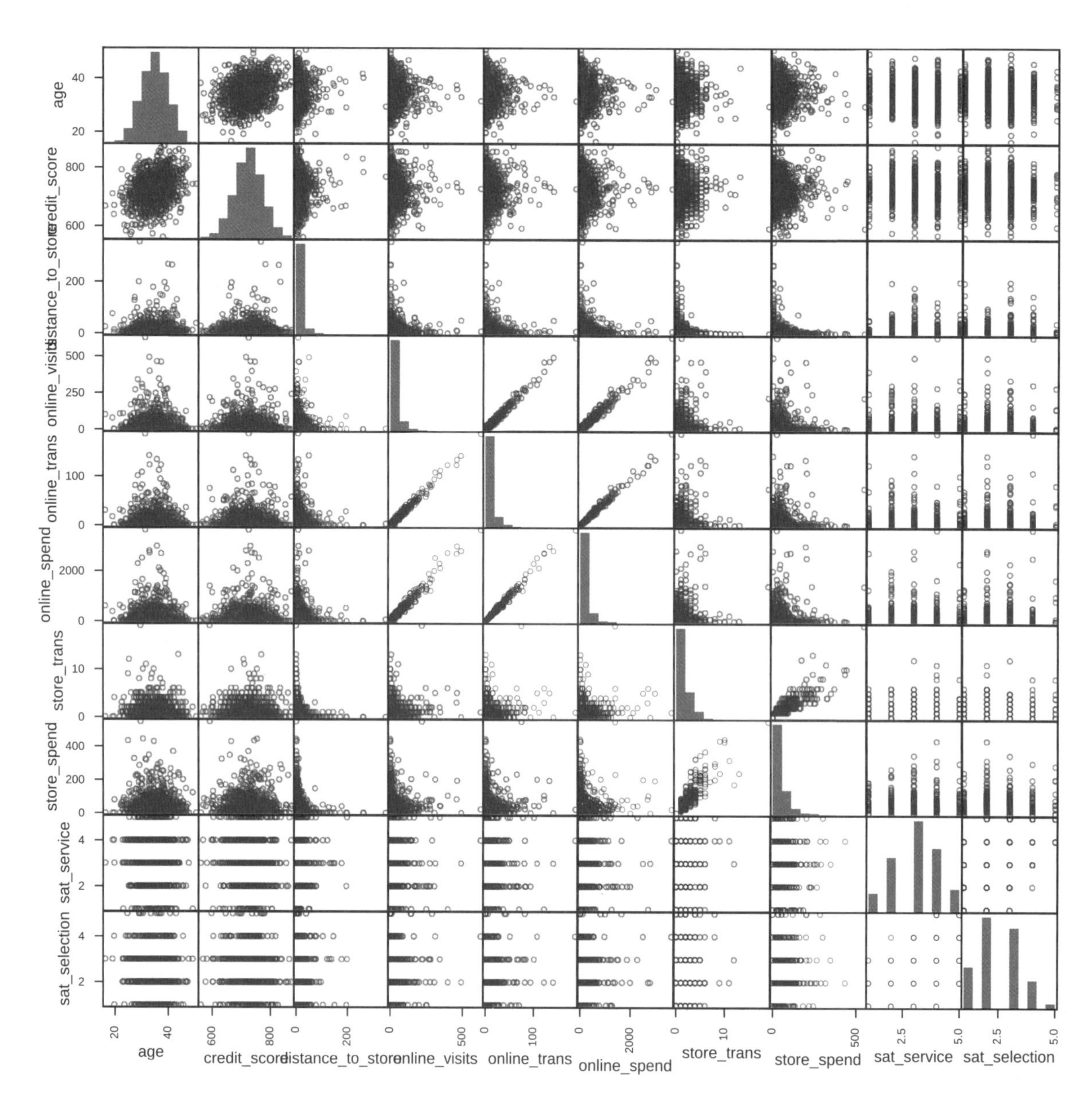

그림 4.6 scatter_matrix()를 사용해 생성된 고객 데이터셋에 대한 산점도 행렬

```
In [26]: _ = pd.plotting.scatter_matrix(cust_df[['age', 'distance_to_store',
                                                  'store_spend']],
                                        c='none', edgecolor='darkblue')
```

4.4.2 PairGrid()

산점도 행렬은 데이터 탐색에 매우 유용하므로 여러 애드온add-on 패키지에서 추가 버전을 제공한다. 뛰어난 도식화 패키지 seaborn(Waskom et al. 2018)은 고도로 맞춤화된 도면 행렬을 가능하게 하는 매우 강력한 함수 PairGrid()를 제공한다. 또한 고객의 이메일이 파일에 있는지 여부와 같은 범주형 변수에 마커 색상을 지정하는 간단한 방법을 제공한다.

PairGrid()를 사용해 도면을 만드는 것은 다단계 프로세스이다. 먼저 PairGrid() 객체를 생성해 데이터프레임을 전달한다(여기서는 색상 설정을 위한 이메일과 함께 age, distance_to_store, store_spend만 살펴본다). size 인수를 사용해 각 패널의 크기를 지정하고 이메일 열의 값을 반영하기 위한 도식화된 원소의 색조를 설정한다. 색상 팔레트를 설정하고 hue_kws 인수에 도식화할 마커 (모양) 목록을 전달해 다양한 이메일 값이 표시되는 방식을 사용자 지정하는 몇 가지 인수를 추가한다. 마커를 지정할 때는 각 범주에 대해 정의된 마커가 있어야 한다. 이 경우 2개의 범주가 있으므로 2개의 마커를 전달하며, 각각 원을 나타내는 'o'와 정방을 나타내는 's'이다.

데이터가 그려지는 방식을 정의하려면 맵map도 정의해야 한다. PairGrid()에는 모든 패널(map(func)), 대각선(map_diag(func)), 대각 패널(map_offdiag(func)), 위쪽 삼각형(map_upper(func)), 아래쪽 삼각형(map_lower(func))을 따라 패널에 대해 동일한 도식화 함수를 설정할 수 있는 다양한 함수가 있다. func 인수는 plt.hist 또는 plt.scatter와 같은 도식화 함수이다. 추가 인수는 해당 도식화 함수에 전달된다.

예를 들면 다음과 같다.

```
In [55]: import seaborn as sns

         g = sns.PairGrid(cust_df[['age', 'distance_to_store',
                                   'store_spend', 'email']],
                          size=2.5,
                          hue='email', palette='Set2',
                          hue_kws={"marker": ['o', 's']})
         _ = g.map_offdiag(plt.scatter, s=20, alpha=0.5)
         _ = g.map_diag(plt.hist, bins=20)
         _ = g.add_legend()
```

그림 4.7은 결과를 보여준다. 각 산점도 패널에서 파일에 이메일이 없는 고객의 값은 녹색 원이고 이메일이 있는 고객의 값은 주황색 사각형이다. 히스토그램도 색상으로 구분돼 있지만, 이메일이 없는 고객이 훨씬 적기 때문에 해석이 다소 어렵다.

PairGrid()는 데이터에서 쌍 관계를 탐색할 수 있는 강력한 도구이며 pandas.plotting.scatter_matrix()의 옵션 이상으로 더 고객 맞춤화할 수 있다.

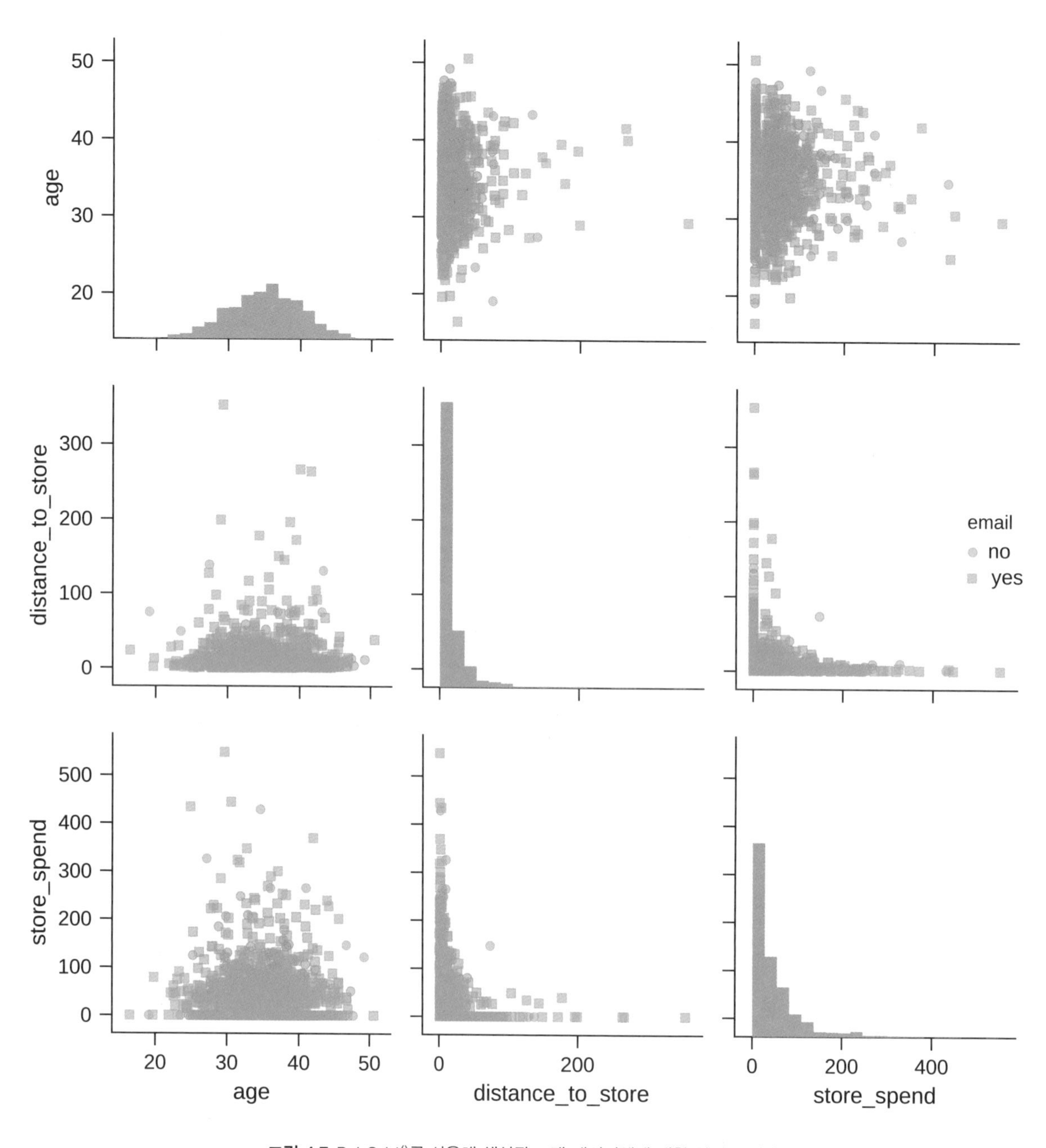

그림 4.7 PairGrid()를 사용해 생성된 고객 데이터셋에 대한 산점도 행렬

4.5 상관 계수

산점도는 많은 시각적 정보를 제공하지만, 변수가 많을 때는 각 쌍 간의 관계를 단일 숫자로 평가하는 것이 유용할 수 있다. 두 변수 간의 관계를 측정하는 한 가지 척도는 공분산이다. 이름에서 알 수 있듯이 공분산은 두 변수가 함께 변하는 정도를 측정한다. 예를 들어 2개의 변수와 각각에 대해 20개의 관측값이 있다고 가정해보자. 각

변수의 평균값을 찾은 다음 각 관측값에 대해 각 변수가 평균값보다 높거나 낮은지 측정할 수 있다. 공분산은 두 변수가 동시에 평균보다 높거나 낮은 정도를 측정한다. 양의 공분산은 패턴이 일치함을 나타내고, 음의 공분산은 패턴이 상쇄됐음을 나타낸다. 즉, 하나가 평균보다 높을 때 다른 것은 평균보다 낮음을 나타낸다.

numpy.cov() 함수를 사용해 두 변수에 대해 공분산을 계산할 수 있다.

```
In [28]: np.cov(cust_df.age, cust_df.credit_score)

Out[28]: array([[ 25.70589016, 74.54758431],
                [ 74.54758431, 2515.28862282]])
```

값 x_i와 y_i가 관측치에서 동일한 방향(둘 다 평균보다 높거나 낮음)으로 이동하는 경향이 있는 경우 양의 공분산을 갖는다. $cov(x, y)$가 0이면 x_i와 y_i 사이에 (선형) 연관성이 없다. 위에서 언급했듯이 음의 공분산은 변수가 평균에 비해 반대 방향으로 이동함을 의미한다. x_i가 낮을 때 y_i는 더 높은 경향이 있다.

이것은 각 변수의 분산이 대각에 있는 분산-공분산 행렬이라는 점에 주목하자. 연령과 신용 점수의 공분산은 비대각인 74.55이다.

척도가 관련된 변수에 따라 달라지기 때문에 공분산의 크기를 해석하기는 어렵다. 변수가 센트 대 달러 또는 인치 대 센티미터로 측정되는 경우 공분산이 달라진다. 이 점은 여기 공분산 함수의 결과에서도 분명하다. 연령 공분산은 25.71이고 신용 점수의 공분산은 2515.29이다. 이는 연령과 신용 점수 74.55 사이의 공분산을 해석하기 매우 어렵게 만든다. 따라서 각 변수에 대한 표준 편차로 공분산을 척도화하면 좋다. 그러면 피어슨 적률 상관 계수(종종 기호 r로 약칭됨)로 알려진 표준화되고 재척도된 상관 계수가 생성된다.

피어슨의 r은 $[-1, +1]$ 범위에 속하는 연속 측도이다. 두 변수 간의 완전한 양의 선형 연관인 경우 +1이고 완전한 음의 선형 연관인 경우 −1이다. 선형 연관성이 거의 없거나 전혀 없는 경우 r은 0에 가까워진다. 산점도에서 $r = 1$ 또는 $r = -1$인 데이터는 직선을 따라 모든 점을 갖는다(각각 위 또는 아래로 기울어짐). 따라서 r은 두 변수가 밀접한 선형 연관성을 갖는지 여부를 평가하기 위해 쉽게 해석되는 측도가 된다.

파이썬에서는 numpy.corrcoef() 함수를 사용해 상관 계수 r의 행렬을 계산할 수 있다.

```
In [29]: np.corrcoef(cust_df.age, cust_df.credit_score)

Out[29]: array([[1.        , 0.29317257],
                [0.29317257, 1.        ]])
```

corrcoef는 결합 표준 분포로 공분산을 크기 조정하는 것과 동일하다(그러나 더 편리하다).

```
In [30]: np.cov(cust_df.age,
                cust_df.credit_score)[0,1]/(cust_df.age.std() *
                                            cust_df.credit_score.std())

Out[30]: 0.29317257253555756
```

마케팅에서는 r의 값이 얼마여야 두 변수 간의 유의한 중요 상관관계가 나타날까? 공학과 물리 과학에서 물리적 측정은 매우 높은 상관관계를 보여줄 수 있다. 예를 들어, 강철 막대 조각의 길이와 무게 사이의 r은 막대의 균일성과 측정 정밀도에 따라 0.9, 0.95 또는 심지어 0.999일 수 있다. 그러나 마케팅과 같은 사회 과학에서는 일관성이 떨어지고 측정하기 더 어려운 인간 행동에 관심이 있다. 이로 인해 상관관계가 낮아지지만 여전히 중요하다.

상관관계가 중요한지 여부를 결정하기 위해 종종 심리학 전통에서 나온 코헨의 경험법칙Cohen's Rules of Thumb을 사용한다(Cohen 1988). 코헨은 사람을 설명하는 변수 간의 상관관계에 대해 $r = 0.1$은 작거나 약한 연관성으로 간주돼야 하고, $r = 0.3$은 강도가 중간으로 간주될 수 있으며, $r = 0.5$ 이상은 크거나 강한 것으로 간주될 수 있다고 제안했다. 큰 효과에 대한 코헨의 해석은 이러한 연관성이 우연한 관찰자들에 의해 쉽게 드러날 수 있다는 것이다. 작은 효과는 감지하기 위해 신중한 측정이 필요하지만 여전히 이해와 통계 모델에는 중요할 수 있다.

중요한 사실은 코헨의 경험 법칙에 따른 r의 해석은 변수가 정규 분포(가우스라고도 함)이거나 대략적으로 분포돼 있다는 가정에 의존한다는 것이다. 변수가 정규 분포를 따르지 않고 왜곡되거나 형태가 강하게 비정규인 로그나 기타 분포를 따르는 경우 이러한 임계 값이 적용되지 않는다. 이러한 경우 아래 4.5.3절에서 논의한 것처럼, 해석하기 전에 변수를 정규 분포로 변환하는 것이 도움이 될 수 있다.

4.5.1 상관관계 검정

위 코드에서 np.corrcoef(age, credit_score)는 코헨의 표준에 따른 중간 크기의 효과인 $r = 0.29$를 보여준다. 이것은 통계적으로 유의미한 것일까? Scipy stats 모듈 scipy.stats.pearsonr()의 함수를 사용하면 다음을 알아낼 수 있다.

```
In [31]: from scipy import stats

         stats.pearsonr(cust_df.age, cust_df.credit_score)

Out[31]: (0.29317257253555756, 2.848458409183363e-21)
```

결과는 $r = 0.29$이고 95% 수준에서 양측 p 값이 0에 매우 가깝다는 것을 알려준다. 이 값은 $r = 0$이라는 귀무가설에서 보고된 r 값보다 크거나 같을 확률이다. 이 경우 합리적인 확신을 갖고 귀무가설을 기각할 수 있다. 중간 크기의 효과와 통계적 유의성을 보여주는 이러한 상관관계는 후속 분석에서 무시하면 안 된다.

이 검정에서는 입력이 이변량 정규 데이터라고 가정한다. 또한 p 값은 근사치이다. 그러나 500개 이상의 데이터셋에는 적절하다.

4.5.2 상관 행렬

2개 이상 변수의 경우 pandas corr() 메서드를 사용해 모든 쌍 x, y 간의 상관관계를 한 번에 상관 행렬로 계산하는 것이 더 편리하다. NumPy 함수와 마찬가지로 이러한 행렬은 $cor(x, x) = 1$이기 때문에 대각선에 $r = 1.0$을 표시한다. 또한 대칭이다. 즉, $cor(x, y) = cor(y, x)$이다. 그러나 numpy.corrcoef()와는 달리 출력을 데이터프레임으로 반환하고 숫자가 아닌 데이터는 무시한다.

```
In [32]: cust_df.corr()

Out[32]:                       age  credit_score  distance_to_store  online_visits  \
         age              1.000000      0.293173           0.018909      -0.050954
         credit_score     0.293173      1.000000           0.053541      -0.015363
         distance_to_store 0.018909     0.053541           1.000000      -0.008321
         online_visits   -0.050954     -0.015363          -0.008321       1.000000
         online_trans    -0.050772     -0.013135          -0.008004       0.992050
         online_spend    -0.050662     -0.008845          -0.010778       0.985861
         store_trans     -0.045477     -0.041787          -0.247095       0.058719
         store_spend     -0.024672     -0.024324          -0.229249       0.024198
         sat_service     -0.026356     -0.018062           0.011372      -0.055680
         sat_selection   -0.063342     -0.013233          -0.002108       0.043876

                           online_trans  online_spend  store_trans  store_spend  \
         age                  -0.050772     -0.050662    -0.045477    -0.024672
         credit_score         -0.013135     -0.008845    -0.041787    -0.024324
         distance_to_store    -0.008004     -0.010778    -0.247095    -0.229249
         online_visits         0.992050      0.985861     0.058719     0.024198
         online_trans          1.000000      0.994954     0.058749     0.025554
         online_spend          0.994954      1.000000     0.060693     0.026421
         store_trans           0.058749      0.060693     1.000000     0.896367
         store_spend           0.025554      0.026421     0.896367     1.000000
         sat_service          -0.049443     -0.051517     0.000464    -0.013511
         sat_selection         0.056386      0.056939     0.065107     0.059270

                           sat_service  sat_selection
         age                 -0.026356      -0.063342
         credit_score        -0.018062      -0.013233
         distance_to_store    0.011372      -0.002108
         online_visits       -0.055680       0.043876
         online_trans        -0.049443       0.056386
         online_spend        -0.051517       0.056939
         store_trans          0.000464       0.065107
         store_spend         -0.013511       0.059270
         sat_service          1.000000       0.535021
         sat_selection        0.535021       1.000000
```

첫 번째 행의 두 번째 열에서 cor(age, credit.store) = 0.29임을 알 수 있다. 또한 다른 큰 상관관계를 찾기 위해 쉽게 스캔해볼 수 있다. 예를 들어, store_trans, distance_to_store = 0.25 사이의 상관관계는 상점에서 더 멀리 사는 사람들이 매장 내 거래가 적은 경향이 있음을 보여준다. sat_selection과 sat_service의 경우 corr() 함수는 NaN 값을 삭제한다.

숫자 행렬을 스캔하는 대신 상관 행렬을 plt.imshow()에 전달해 상관관계를 시각화할 수 있다.

```
In [33]: plt.imshow(cust_df.corr())
         plt.colorbar()
```

결과는 그림 4.8의 왼쪽 패널에 있다. 적절한 축 레이블이 있는 더 멋진 도면은 seaborn `heatmap()` 함수를 사용해 생성할 수 있으며 그림 4.8의 오른쪽 패널에 있다.

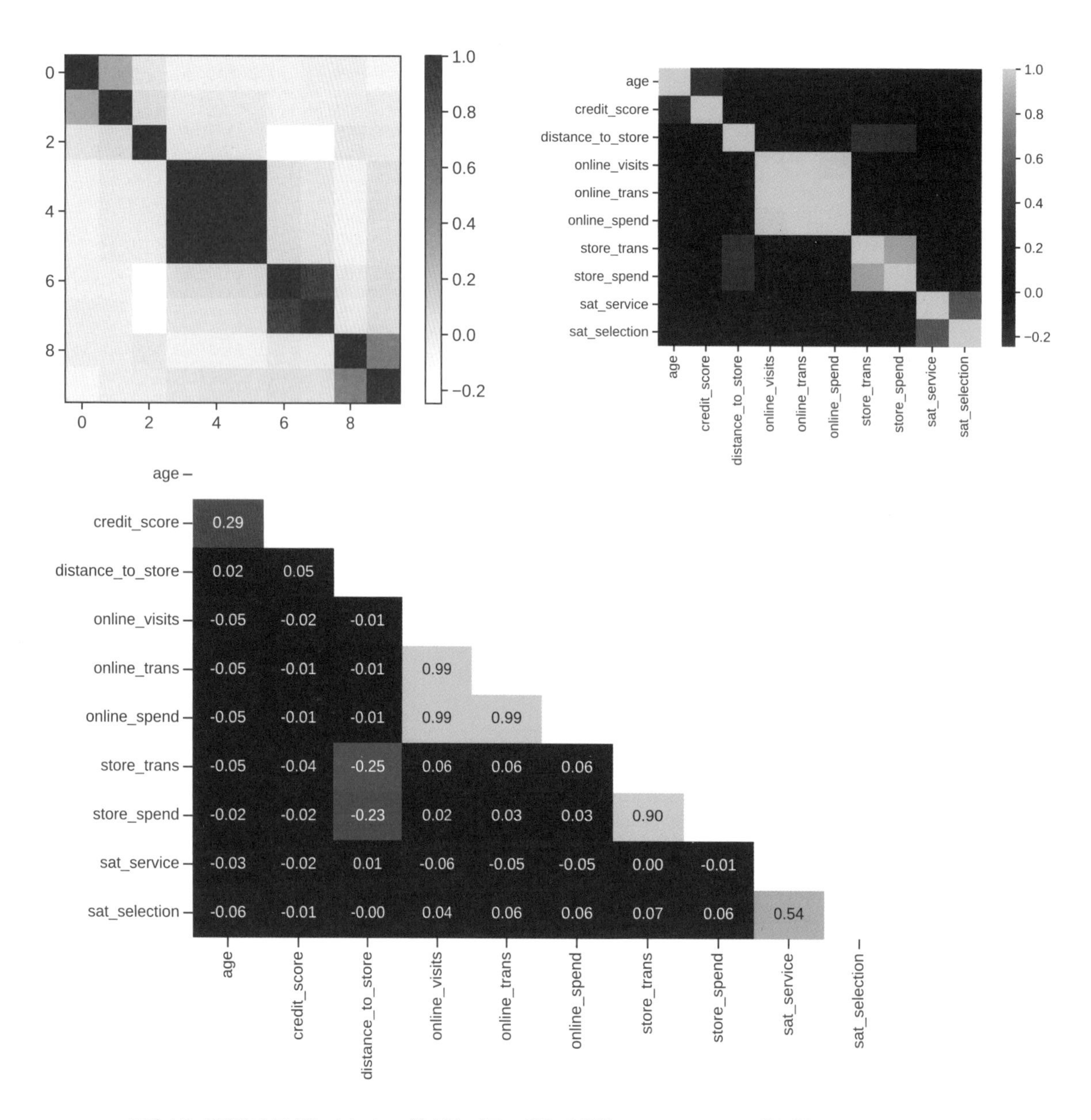

그림 4.8 상관관계 도면은 plt.imshow()(좌측), 디폴트 값을 사용한 seaborn.heatmap()(우측), 또는 설정을 변경한 seaborn.heatmap()(아래쪽) 등의 몇 가지 메서드를 사용해 작성됐다. 이러한 도면은 상관된 변수들을 잘 보여준다.

```
In [34]: sns.heatmap(cust_df.corr(), center=0)
```

더 쉽게 해석할 수 있도록 `heatmap()`의 출력을 사용자 정의할 수도 있다.

```
In [35]: sns.heatmap(cust_df.corr(),
                     vmin=-0.3,
                     vmax=0.6,
                     center=0,
                     annot=True,
                     fmt='.2f',
                     mask=~np.tri(cust_df.corr().shape[1], k=-1, dtype=bool),
                     cbar=False)
```

그림 4.8의 하단 패널에 있는 이 차트에는 해석을 돕는 여러 최적화가 있다. 동적 범위를 개선하기 위해 vmin과 vmax를 설정하고 주석을 추가하고 해당 주석을 소수점 이하 두 자리로 반올림하도록 설정했다(annot=True, fmpt='2f'). 상단 삼각형과 하단 삼각형이 동일하고 대각은 모두 1.0이므로 시각화를 단순화하기 위해 numpy.tri() 함수를 사용해 하단 삼각형만 포함하는 마스크를 추가할 수도 있다. 또한 피규어에 직접 주석을 추가했으므로 색상 막대를 비활성화한다(cbar=False).

그림 4.8의 하단 패널에서 r의 색상 및 숫자 값은 행렬의 하단 삼각형에 표시된다. 이렇게 하면 데이터에서 더 큰 상관관계를 쉽게 찾을 수 있다. 연령은 credit_score와 양의 상관관계가 있다. distance_to_store는 store_trans 및 store_spend와 음의 상관관계가 있다. online_visits, online_trans, online_spend는 모두 store_trans 및 store_spend와 마찬가지로 서로 밀접하게 관련돼 있다. 설문 조사 항목에서 sat_service는 sat_selection과 양의 상관관계가 있다.

그림 4.8과 같은 연관성을 기반으로 강한 결론을 내리는 것은 불가능하지만, 이러한 큰 상관관계를 찾게 되면 후속적으로 더 분석하거나 상응한 가설을 수립해야 한다.

4.5.3 상관관계를 계산하기 전에 변수 변환

상관 계수 r은 두 변수 간의 선형 연관성을 측정한다. 두 변수 간의 관계가 선형이 아닌 경우 r을 해석하려 시도하는 것은 잘못된 것이다.

예를 들어 numpy.random.uniform()을 사용해 −10에서 10 사이에 있는 임의의 균일 값을 샘플링해 랜덤 수를 생성하고 해당 변수와 그 제곱(정의상 비선형 관계) 간의 상관관계를 계산하면 0에 가까운 상관관계를 얻는다.

```
In [36]: x = np.random.uniform(low=-10, high=10, size=1000)
         np.corrcoef(x, x**2)

Out[36]: array([[1.        , 0.0333763],
                [0.0333763, 1.        ]])
```

x와 x^2 사이에 완벽한 비선형 관계가 있음에도 불구하고 r은 0에 가깝다. 따라서 두 변수 간의 상관관계를 평가하기 전에 변환을 고려하는 것이 중요하다(관계를 볼 수 있도록 plt.scatter(x, x ** 2)를 입력해 x와 x^2을 도식화하면 도움이 될 수 있다).

마케팅 데이터에서 많은 관계는 비선형적이다. 예를 들어, cust_df 데이터에서 볼 수 있듯이 고객이 상점으로 이동하는 횟수는 상점으로부터의 거리와 반비례할 수 있다. distance_to_store와 store_spend의 원시 값 간의 상관관계를 계산할 때 적당한 음의 상관관계를 얻는다.

```
In [37]: np.corrcoef(cust_df.distance_to_store, cust_df.store_spend)

Out[37]: array([[ 1.        , -0.22924927],
               [-0.22924927,  1.        ]])
```

그러나 distance_to_store를 그 역인 (1/*distance*)로 변환하면 훨씬 더 강력한 선형관계를 찾을 수 있다.

```
In [38]: np.corrcoef(1/cust_df.distance_to_store, cust_df.store_spend)

Out[38]: array([[1.        , 0.43516955],
               [0.43516955, 1.        ]])
```

사실, 거리의 역제곱근은 훨씬 더 큰 선형 연관성을 보여준다.

```
In [39]: np.corrcoef(1/np.sqrt(cust_df.distance_to_store),
                     cust_df.store_spend)

Out[39]: array([[1.        , 0.50263393],
               [0.50263393, 1.        ]])
```

이것을 어떻게 해석해야 할까? 역제곱근 관계로 거리가 멀어질수록 마일당 거리 효과가 더 줄어든다. 가장 가까운 상점에서 1마일 떨어진 곳에 사는 사람은 5마일 떨어진 곳에 사는 사람보다 훨씬 더 많은 돈을 쓸 것이지만, 20마일 떨어진 곳에 사는 사람은 30마일 떨어진 곳에 사는 사람보다 좀 더 구매할 것이다.

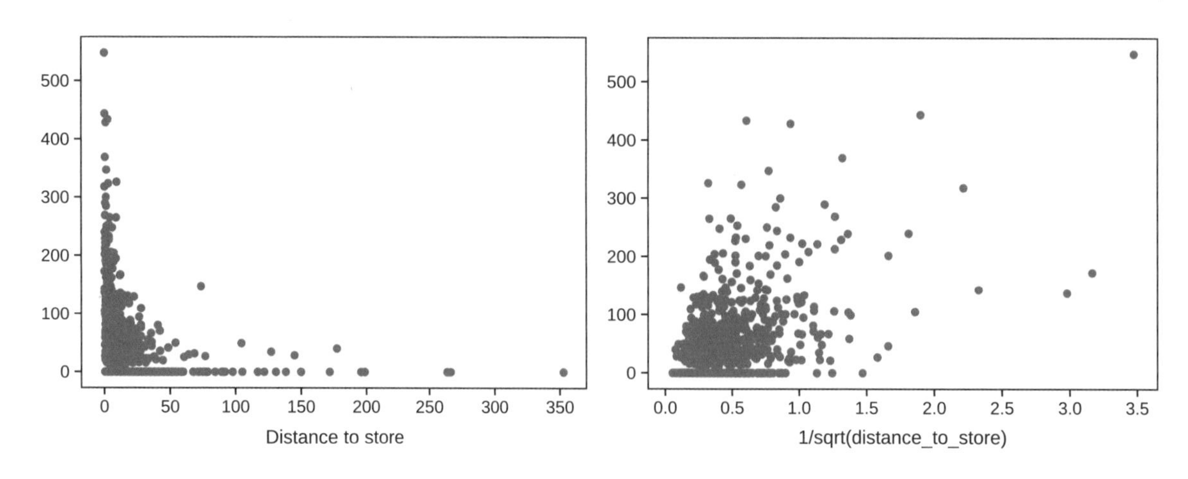

그림 4.9 distance_to_store를 역제곱근으로 변환하면 왼쪽의 원래 값에 비해 오른쪽 차트에서 store_trans와의 연관성이 더 분명해진다.

이러한 변환은 변수 간에 산점도를 만들 때도 중요하다. 예를 들어, distance.to.store 대 store.spend의 역제곱근과 비교해 raw distance_to_store 대 store_spend에 대해 그림 4.9의 산점도를 조사해보자. 이 두 차트를 다음과 같이 만든다.

```
In [40]: plt.scatter(cust_df.distance_to_store, cust_df.store_spend)
         plt.xlabel('Distance to store')
In [41]: plt.scatter(1/np.sqrt(cust_df.distance_to_store), cust_df.store_spend)
         plt.xlabel('1/sqrt(distance_to_store)')
```

거리와 지출 사이의 연관성은 오른쪽 패널에 표시된 대로 변환된 데이터를 통해 훨씬 더 명확해진다. 즉, 오른쪽으로 갈수록 거리가 더 짧아지고 있는 것을 볼 수 있다.

검토하려면, 상관관계를 계산하거나 산점도를 만들기 전에 변수를 정규성을 근사화하도록 변환하는 것을 고려해 보는 것이 중요하다. 적절한 변환은 연관성을 더 명확하게 보는 데 도움이 될 수 있다. 4.5절에서 언급했듯이 경험 법칙으로 r을 해석하려면 데이터가 거의 정규 분포여야 한다.

4.5.4 일반적인 마케팅 데이터 변환

가능한 모든 변환을 고려하는 것은 불가능해 보일 수 있지만, 마케팅 데이터는 개수, 매출, 수익 등 다른 데이터셋에 있는 동일한 종류의 데이터와 관련된 경우가 많기 때문에 자주 적용되는 몇 가지 일반적인 변환이 있다. 예를 들어, 3장의 데이터를 시뮬레이션할 때 논의했듯이 판매 단위는 종종 가격의 로그와 관련이 있다.

표 4.1에는 다양한 유형의 마케팅 변수에 도움이 되는 일반적인 변환이 나열돼 있다. 대부분의 경우 이러한 표준 변환은 적절하고 이론적으로 탄탄하다. 그러나 이러한 변환이 작동하지 않거나 최상의 변환을 결정하려는 경우 대신 사용할 수 있는 범용 변환 함수가 있는데, 이는 다음에 설명한다.

표 4.1 마케팅 변수의 일반적인 변환

변수	일반적 변환
단위 판매, 수익, 가계 수입, 가격	log(x)
거리	1/x, $1/x^2$, log(x)
단위 값에 기반한 시장 또는 선호(8.2.1절)	$\frac{e^x}{1+e^x}$
우측 꼬리 또는 양의 치우친 분포(일반적)	$\sqrt{x}$ or log(x)(x는 양수여야 한다.)
좌측 꼬리 또는 음의 치우친 분포(일반적)	x^2

4.5.5 박스-콕스 변환*

이 장의 나머지 절에서 다루는 내용은 중요하지만 선택 사항이다. 따라서 이 분야를 처음 접하는 경우 이 장 끝에 있는 요점(4.8절)으로 건너뛰어도 무방하며, 나중에 이 절로 돌아와 상관 분석에 대해 자세히 알아보길 권한다. 표 4.1의 많은 변환은 x의 거듭제곱과 관련된다(x^2, $1/x = x^{-1}$ 및 $\sqrt{x} = x^{-0.5}$).

박스-콕스 변환Box-Cox transformation은 이러한 멱 함수 사용을 일반화하며 다음과 같이 정의된다.

$$y_i^{(lambda)} \begin{cases} = \frac{y_i^{lambda}-1}{lambda} & lambda \neq 0 \text{인 경우} \\ = log(y_i) & lambda = 0 \text{인 경우} \end{cases} \tag{4.1}$$

여기서 람다는 임의의 값을 취할 수 있고 *log*는 자연 로그이다. 다른 람다 값을 시도해 분포가 정규 분포에 가장 잘 맞는 변환을 확인할 수 있다(7장에서 선형 회귀의 잔차가 정규 분포하도록 변환된 데이터를 사용하는 것도 일반적이라는 것을 알 수 있다). 변환된 데이터는 더 정규에 근사할 수 있으므로 *r*에 대한 경험 규칙을 사용해 연관 강도를 평가하는 것이 더 적합하다(4.5절).

람다 값을 수작업으로 시도하는 대신 `scipy.stats.boxcox()` 함수는 입력 데이터에 대한 최적의 람다를 계산한 다음 해당 람다를 사용해 데이터를 변환한다. 다음과 같이 `boxcox()`를 사용해 `distance_to_store`에 대한 최상의 박스-콕스 변환을 찾는다.

```
In [42]: dts_bc, lmda = stats.boxcox(cust_df.distance_to_store)
         lmda

Out[42]: 0.018447910668186362
```

이는 거리를 정규 분포와 최대한 비슷하게 만들기 위한 람다의 값이 0.01844라는 것을 알려준다. `boxcox()`는 또한 `dts_bc` 변수에 저장된 변환 데이터를 반환했다.

이것이 `cust_df.distance_to_store`를 어떻게 변경하는지 보기 위해 변환된 것과 아닌 것을 비교하는 2개의 히스토그램을 도식화해본다.

```
In [43]: plt.figure(figsize=(8,4))
         plt.subplot(1,2,1)
         plt.hist(cust_df.distance_to_store,
                  bins=20,
                  edgecolor='k',
                  facecolor='none',
                  linewidth=1.2)
         plt.xlabel('Distance to nearest store')
         plt.ylabel('Count of customers')
         plt.box(False)
         plt.subplot(1,2,2)
         plt.hist(dts_bc,
                  bins=20,
                  edgecolor='k',
                  facecolor='none',
                  linewidth=1.2)
         plt.xlabel('Box-Cox transform of distance')
         plt.ylabel('Count of customers')
         plt.box(False)
```

그림 4.10의 결과 그래프는 왼쪽으로 고도로 치우친 원래 분포와 변환된 분포를 오른쪽에 보여주며, 더 정규 분포를 근사하고 있음을 알 수 있다.

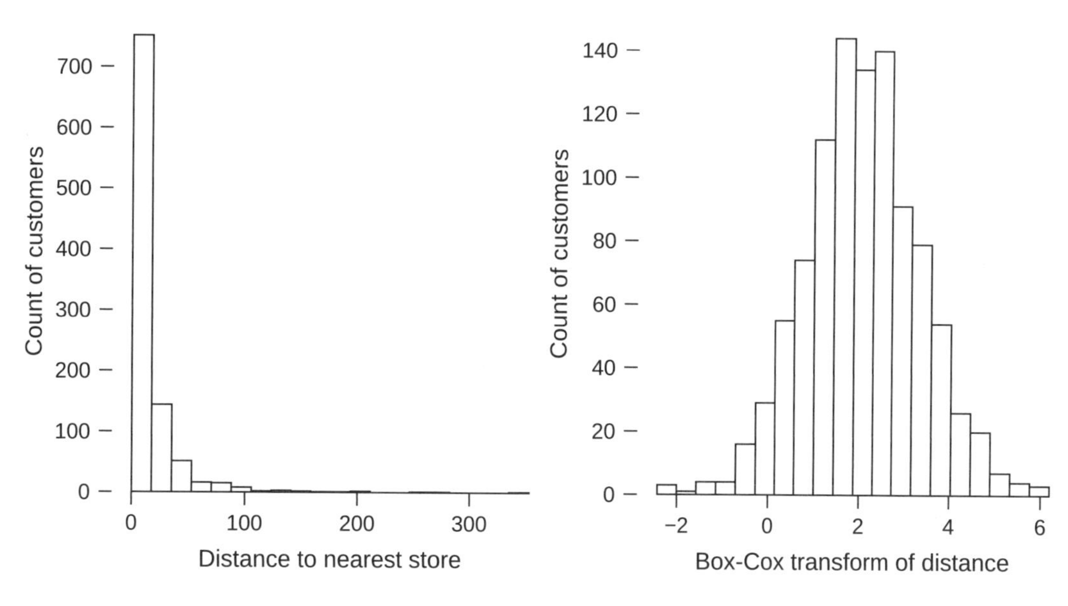

그림 4.10 distance_to_store의 박스-콕스 변환은 정규 분포를 더 근사한다.

이미 정규 분포에 가까운 변수를 변환하려고 하면 boxcox()는 1에 가까운 람다 값을 찾는다. 예를 들어, 나이에 대한 박스-콕스 변환을 찾으면 1에 가까운 람다를 얻는다. 이는 변환이 필요하지 않음을 나타낸다.

```
In [44]: sspend_bc, lmda_age = stats.boxcox(cust_df.age)
         lmda_age

Out[44]: 1.2309735168227953
```

마지막으로, 변환된 변수에 대한 상관관계를 계산할 수 있다. 이러한 상관관계는 종종 변환되지 않은 원시 데이터 포인트 간의 상관관계보다 크기가 더 크다. 거리와 매장 내 지출 사이의 r을 확인한다. 여기서는 이미 distance_to_store를 변환해 dts_bc에 저장했다. 이제 store_spend를 변환하고 변환된 값과 변환되지 않은 값의 상관관계를 살펴보자.

```
In [45]: sspend_bc, lmda_sspend = stats.boxcox(cust_df.store_spend+.001)
         lmda_sspend

Out[45]: 0.10663101100109183

In [46]: np.corrcoef(cust_df.distance_to_store, cust_df.store_spend)

Out[46]: array([[ 1.        , -0.22924927],
                [-0.22924927,  1.        ]])

In [47]: np.corrcoef(dts_bc, sspend_bc)

Out[47]: array([[ 1.        , -0.42182049],
                [-0.42182049, 1.        ]])
```

상점까지의 거리와 지출 사이의 관계는 강한 음의 관계로 해석될 수 있다.

실제로 상관관계를 계산하거나 산점도를 생성하기 전에 치우친 분포가 있는 모든 변수에 대해 박스-콕스 변환을 고려할 수 있다. 이렇게 하면 변수 간의 중요한 연관성을 찾고 해석할 가능성이 높아진다.

4.6 설문 응답에서 연관성 탐색*

많은 마케팅 데이터셋에는 고객이 5점 또는 7점 등급 척도와 같은 이산 척도로 등급을 제공하는 변수가 포함돼 있다. 이들은 순서(순위) 변수이며, 이들 간의 연관성을 평가하는 것은 약간 까다로울 수 있다. 예를 들어, cust_df 데이터에서 우리는 두 가지 만족 항목, 즉 소매 업체의 서비스에 대한 만족도와 소매 업체의 제품 선택에 대해 5점 척도로 응답했다.

무엇이 문제인가? 2개의 5점 항목에 대한 간단한 plot()을 고려해보자.

```
In [48]: plt.scatter(x=cust_df.sat_service,
                     y=cust_df.sat_selection,
                     c='none',
                     edgecolor='darkblue')
         plt.xlabel('Customer satisfaction with service')
         plt.ylabel('Customer satisfaction with selection')
```

그림 4.11의 왼쪽 패널에 표시된 결과 도면은 그다지 유익하지 않다. cust_df.sat_service와 cust_df.sat_selection은 1에서 5까지의 정수값만 사용하므로 동일한 응답을 한 고객에 대한 점수가 서로 겹쳐진다. 이 도면에서 배울 수 있는 주 내용은 평점이 3점 이상인 두 항목 간에 차이가 거의 나타나지 않았다는 점을 제외하면 고객이 가능한 값 쌍 대부분을 보고했다는 것뿐이다((1, 4), (1, 5), (5, 1)에 대한 쌍은 없거나 몇 가지 다른 조합이 있다).

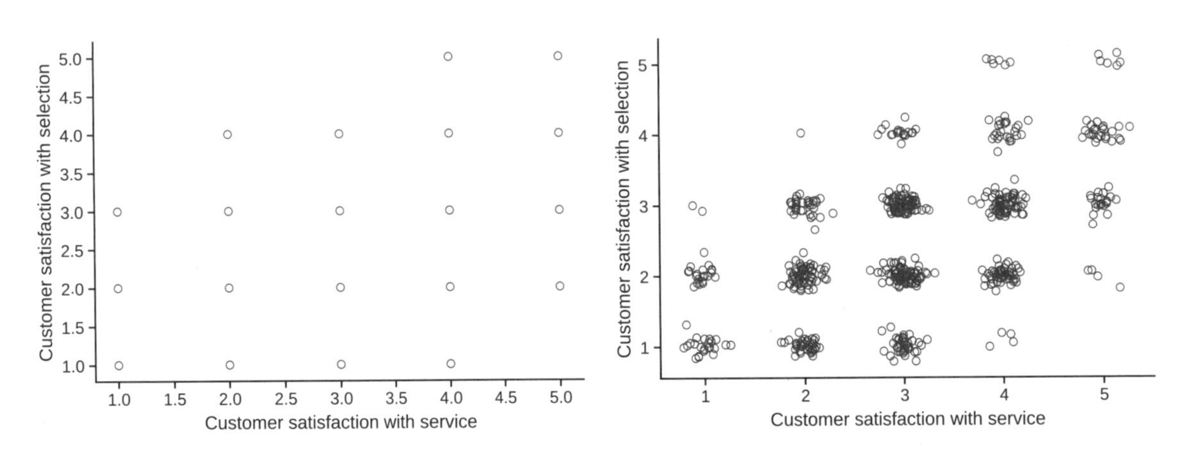

그림 4.11 설문 조사 척도(왼쪽)에 대한 응답의 산점도는 그다지 유익하지 않다.
랜덤 지터(오른쪽)를 추가하면 도면이 더 많은 정보를 얻고 각 응답 값 쌍에 대한 관측치 수가 표시된다.

이것은 시각화뿐만 아니라 연관의 강도를 평가하는 데 문제가 된다. 다음 절에서는 시각화를 개선한다.

4.6.1 지터: 서수 도면을 더 유익하게 만들기*

서수 값의 도면을 좀 더 유용하게 만드는 한 가지 방법은 각 변수를 조금 흔들어 각 응답에 소량의 랜덤 노이즈를 추가하는 것이다. 이렇게 하면 점이 서로 멀어지고 (*x*, *y*) 값의 각 조합에서 발생하는 응답 수가 표시된다.

이를 위해 `np.random.normal()`을 사용할 수 있다.

```
In [49]: plt.scatter(x=cust_df.sat_service + np.random.normal(scale=0.1,
                                                               size=n_cust),
                     y=cust_df.sat_selection + np.random.normal(scale=0.1,
                                                                 size=n_cust),
                     c='none',
                     edgecolor='darkblue')
         plt.xlabel('Customer satisfaction with service')
         plt.ylabel('Customer satisfaction with selection')
```

결과는 그림 4.11의 오른쪽 패널에 표시되며, 평점 (3, 2) 및 (3, 3)이 가장 일반적인 응답이라는 것을 더 쉽게 알 수 있다. 이제 두 만족도 변수 사이에 양의 관계가 있음이 분명해졌다. 선택에 더 만족하는 사람들은 서비스에 더 만족하는 경향이 있다.

4.7 더 알아보기*

도식화: 3장 끝부분에서 언급했듯이 파이썬으로 도식화하는 것은 복잡한 주제이다. 여기서는 많은 분석에서 작동하는 기본적인 도식화 방법을 시연했다. 도식화를 많이 하거나 프레젠테이션을 위한 고품질 그래픽을 생성해야 하는 사람들은 matplotlib, seaborn(Waskom et al. 2018)은 물론 bokeh, plotly 등의 기타 파이썬 시각화 라이브러리를 더 깊이 알아보는 것도 고려할 수 있다.

상관관계 분석: 변수 연관성 분석은 여러 가지 이유로 중요하다. 종종 흥미로운 패턴이 나타나고 해석하기가 비교적 간단하며 가장 간단한 다변량 분석이다. 명백한 단순성에도 불구하고 고려해야 할 많은 문제가 있으며, 그중 일부를 여기서 고려했다. 상관관계 분석에 대해 심도 있게 배우고 함정을 피하면서 잘 수행하는 방법을 배우기 위한 고전적인 문헌은 Cohen, Cohen and West(2003), Applied Multiple Regression/Correlation Analysis for the Behavioral Sciences(Cohen et al. 2003)이며, 파이썬에만 국한되지 않는다.

4.8 요점

다음은 변수 간의 관계를 분석할 때 고려해야 할 몇 가지 중요한 사항이다.

시각화

- `dataframe.plot(kind = 'scatter', x, y)`는 x와 y 열을 산점도로 도식화한다. `plt.scatter(x, y)`를 사

용해 동일한 도면을 생성할 수 있다. 여기서 x는 도식화할 *x* 값의 벡터이고 y는 *y* 값이 있는 동일한 길이의 벡터이다(4.2.1절).

- 다른 사람을 위해 도면을 준비할 때 독자가 그래픽을 쉽게 이해할 수 있도록 도면은 xlabel, ylabel과 제목을 잘 붙여야 한다(4.2.1절).
- groupby와 컬러 맵을 사용해 도면을 컬러 코딩할 수 있다(4.2.2절).
- legend() 명령을 사용해 범례를 추가하면 독자가 색상 코딩의 의미를 알 수 있다(4.2.2절).
- s= 인수는 산점도에서 포인트 크기를 조정하는 데 유용하다(4.2.1절).
- 산점도 행렬은 여러 변수 간의 연관성을 한 번에 시각화하는 좋은 방법이다. 옵션에는 pandas.plotting.scatter_matrix()(4.4.2절)와 seaborn.PairGrid()(4.4.1절)가 포함된다.
- 변수가 많이 치우친 경우 plt.xscale() 및 plt.yscale() 함수를 사용해 축을 로그 스케일로 설정하고 그리면 도움이 된다(예: plt.xscale('log')(4.2.3절)). 또는 변수를 좀 더 해석 가능한 분포로 변환할 수도 있다(4.5.3절).

통계량

- np.corrcoef(x, y), scipy.stats.pearsonr(x, y), dataframe.corr() 각각은 변수 x와 y 사이의 피어슨 상관 계수 *r*을 계산한다(데이터프레임 메서드의 경우 모든 열). 이는 변수 간 선형 관계의 강도를 측정한다(4.5절).
- dataframe.corr()은 상관 행렬을 생성한다. 이를 시각화하는 편리한 방법은 seaborn.heatmap() 함수(4.5.2절)를 사용하는 것이다.
- scipy.stats.pearsonr()을 사용하면 *r*과 함께 통계적 유의성을 반환한다(4.5.1절).
- 많은 마케팅 데이터에서 *r*의 크기는 코헨의 경험 법칙에 의해 해석될 수 있다($r = 0.1$은 약한 연관, $r = 0.3$은 중간 수준의 연관, $r = 0.5$는 강한 연관). 단, 데이터의 분포가 거의 정규 분포임을 가정해야 한다(4.5절).
- 두 변수 간의 관계가 비선형인 경우 *r*은 연관성에 대한 정확한 평가를 제공하지 못한다. 변환된 변수 간의 *r*을 계산하면 연관성이 더 분명해질 수 있다(4.5.3절).
- 판매량은 *log*(*가격*)과 관련되는 등 마케팅에서 자주 발생하는 공통 분포가 있다. 연결을 모델링하기 전에 변수의 히스토그램을 도식화하고, 변수의 잠재적 변환을 평가하라(4.5.4절).
- 최적의 변환을 선택하는 자동화된 방법은 박스-콕스 변환을 사용하는 것이다(4.5.5절).

05
그룹 비교: 테이블 및 시각화

마케팅 분석가는 종종 사람의 부류별 차이점을 조사한다. 남성이나 여성 중 누가 더 높은 금액으로 서비스에 가입하는가? 우리 제품에 가장 적합한 인구 통계학적 세그먼트는? 제품이 주택 소유자와 임차인 중 누구에게 더 매력적인가? 이 답변들은 시장을 이해하고, 고객을 효과적으로 타기팅하고, 프로모션과 같은 마케팅 활동의 결과를 평가하는 데 도움이 된다.

이러한 질문은 사람들 사이의 차이에만 국한되지 않는다. 다른 많은 종류의 그룹에서도 비슷한 질문을 할 수 있다. 또한 지리적으로 데이터를 그룹화하는 데 관심이 있을 수도 있다. 지역 A가 지역 B보다 실적이 더 좋은가? 또는 특정 기간에 우편물 또는 판매와 같은 판촉 후 동일 매장의 판매량이 증가했는가? 이러한 모든 경우에 대해 여기서는 효과를 확인하고자 한 데이터 그룹을 다른 데이터 그룹과 비교하고 있다.

이 장에서는 소비자 세분화 프로젝트를 설명하는 데이터와 함께 마케팅에서 자주 발생하는 그룹 간의 비교 유형을 살펴본다. 파이썬 절차를 검토해 그룹별 설명 요약을 찾은 다음 여러 방법으로 데이터를 시각화한다.

5.1 소비자 세그먼트 데이터 시뮬레이션

먼저 소비자 세그먼트 프로젝트의 예제로 사용할 데이터셋부터 만들자. 이 예제에서는 구독 기반 서비스(예: 케이블 TV나 창고 클럽 회원)를 제공하고 있으며 $N = 300$명의 응답자로부터 연령, 성별, 소득, 자녀 수, 주택 소유 혹은 임대 여부, 현재 제공되는 서비스 가입 여부에 대한 데이터를 수집했다. 이 데이터는 이후 장에서도 사용된다.

고객 세그먼트에 대한 질문은 마케팅 조사에서 일반적이다. 이러한 세그먼트는 클러스터링 알고리듬(10장에서 살펴보기)을 통해 생성되거나 연령과 결합된 지리적 위치와 같은 다른 휴리스틱heuristic에 의해 생성될 수 있다. 이 데이터에서는 각 응답자를 'Suburb mix', 'Urban hip', 'Travelers', 또는 'Moving up'이라는 네 가지 소비자 세그먼트 중 하나에 할당했다. 이 장에서는 이러한 세그먼트를 식별하는 방법을 별도로 다루지는 않는다. 여기서는 그저 그러한 그룹이 있다는 사실을 알고 있다고 가정한다. 그런 다음 연령, 성별 또는 구독 상태와 같은 다른 요소를 기반으로 이러한 그룹을 구성하는 방법을 결정하는 것을 살펴본다. 여기서 가정하듯이, 그룹 할당을 알고 있다면 세그먼트 자체는 임의의 것으로 간주할 수 있다. 지역이나 다른 요인을 기준으로 그룹을 비교하는 데 동일한 방법을 사용할 수도 있다.

분할 데이터는 상당히 복잡하며 여기서는 코드를 세 부분으로 분리한다.

1. 데이터 구조의 정의: 인구 통계학적 변수(연령, 성별 등)와 세그먼트 이름 및 크기
2. 각각의 평균 및 분산과 같은 인구 통계학적 변수의 분포에 대한 매개변수
3. 세그먼트와 변수를 반복해 해당 정의와 매개변수에 따라 임의의 값을 추출하는 코드

이러한 방식으로 코드를 구성하면 시뮬레이션의 일부 측면을 변경해 데이터를 다시 그리는 것이 쉬워진다. 예를 들어, 세그먼트를 추가하거나 인구 통계학적 변수 중 하나의 평균을 변경하려는 경우 코드를 약간만 수정하면 된다. 또한 이 구조를 사용해 데이터를 생성하는 세 번째 단계에서 새로운 파이썬 명령을 배울 수 있다.

데이터를 직접 적재하려면 책에서 제공하는 웹 사이트를 이용할 수 있다.

```
In [1]: import pandas as pd
        segment_data = pd.read_csv('http://bit.ly/PMR-ch5')
        segment_data.head()

Out[1]:
          Segment        age  gender         income  kids  own_home  \
        0 travelers  60.794945    male   57014.537526     0      True
        1 travelers  61.764535  female   43796.941252     0     False
        ...
        4 travelers  60.594199  female  103020.070798     0      True
          subscribe
        0     False
        1     False
        ...
        4     False

In [2]: segment_data.describe()

Out[2]:
               age        income        kids
        count  300.000000    300.000000 300.000000
        mean   40.923350  50669.454237    1.273333
        ...
        max    79.650722 108830.388732    7.000000
```

그러나 최소한 데이터 생성을 다룬 절들을 읽어보는 것이 좋다. 데이터셋으로 표현하고자 하는 몇 가지 기본 통계를 사용해 데이터셋을 시뮬레이션하는 방법에 대한 중요한 파이썬 언어 기술을 설명해주기 때문이다.

5.1.1 세그먼트 데이터 정의

첫 번째 단계는 데이터셋의 일반적인 특성을 정의하는 것이다. 변수 이름과 추출하려는 분포 유형을 정의한다.

```
In [3]: segment_variables = ['age', 'gender', 'income', 'kids', 'own_home',
                             'subscribe']
        segment_variables_distribution = dict(zip(segment_variables,
                                              ['normal', 'binomial',
                                               'normal', 'poisson',
                                               'binomial', 'binomial']))

        segment_variables_distribution['age']

Out[3]: 'normal'
```

여기서는 segment_variables에 정의된 age, gender, income, kids, own_home, subscribe라는 여섯 가지 변수를 정의했다. segment_variables_distribution은 각 변수에 어떤 종류의 데이터가 존재하는지 정의한다. 예컨대 정규(연속), 이항(예/아니오), 푸아송(개수) 등이 있다. segment_variables_distribution은 변수 이름으로 키가 지정된 딕셔너리이다. 예를 들어 'age'를 segment_variables_distribution에 전달하면 'normal'이 표시돼 정규 분포에서 연령을 도출해야 함을 나타낸다.

다음으로 각 세그먼트의 각 변수에 대한 통계를 정의하기 시작한다.

```
In [4]: segment_means = {'suburb_mix': [40, 0.5, 55000, 2, 0.5, 0.1],
                         'urban_hip':  [24, 0.7, 21000, 1, 0.2, 0.2],
                         'travelers':  [58, 0.5, 64000, 0, 0.7, 0.05],
                         'moving_up':  [36, 0.3, 52000, 2, 0.3, 0.2]}
```

segment_means는 세그먼트 이름으로 키가 지정된 딕셔너리이다. 각 세그먼트 이름은 리스트에 관련된 평균값을 갖고 있다. 리스트는 이전에 정의한 segment_variables 리스트를 기반으로 정렬된다. 따라서 첫 번째 값은 세그먼트의 평균 age, 두 번째 값은 평균 gender(즉, gender 비율)이고 세 번째 값은 평균 income이다. 여기서는 평균을 서로 쉽게 비교할 수 있도록 리스트를 사용했다. 'suburb_mix'의 평균 연령이 40세인 반면 'travelers'의 경우 58세라는 것을 바로 알 수 있다. 이 절의 뒷부분에서 무작위 데이터를 추출할 때 루틴은 이 행렬의 값을 조회하고 해당 매개변수가 있는 분포에서 데이터를 샘플링한다.

이항이나 푸아송 변수의 경우 평균만 지정하면 된다. 이 데이터에서 age, own_home, subscribe는 각 추출에 대한 확률을 지정해야 하는 이항(예/아니오) 변수로 시뮬레이션된다. kids는 평균으로 분포가 지정되는 푸아송(개수) 변수로 표시된다. 이러한 분포는 편의상 사용하는 것뿐이며, 이 분포가 이러한 변수의 실제 관측치에 꼭 맞는 최상의 것임을 의미하지는 않는다. 예를 들어, 소득에 대한 실제 관찰은 치우친 분포로 더 잘 표현된다.

그러나 정규 변수(이 경우에는 age와 income, 첫 번째 및 세 번째 변수)의 경우 분포의 분산, 평균 주위의 분산 정도를 추가로 지정해야 한다. 따라서 필요한 변수에 대한 표준 편차를 정의하는 또 다른 딕셔너리를 만든다.

```
In [5]: # 각 세그먼트에 대한 표준 편차
        # None = 적용 불가
        segment_stddev = {'suburb_mix': [5, None, 12000, None, None, None],
                          'urban_hip':  [2, None, 5000, None, None, None],
                          'travelers':  [8, None, 21000, None, None, None],
                          'moving_up':  [4, None, 10000, None, None, None]}
```

다음 단계는 선택 사항이지만 좋은 방법이다. 이제 시뮬레이션된 데이터셋을 생성하는 데 필요한 거의 모든 것이 준비됐다. 그러나 여기서는 모든 값이 정확히 무엇인지에 따라 키 값을 입력함으로써 프로세스를 더 깔끔하게 만들 수 있다. 그게 무슨 뜻일까? 위 리스트에서 평균과 표준 편차 값을 설정했지만 숫자로 키가 지정돼 있으므로 변수의 순서를 변경하면 잘못된 값을 사용하게 된다. 대신 변수 이름으로 키를 지정하는 것이 가장 좋다. 따라서 이제 다른 변수를 참조하지 않고 전체 데이터셋을 생성할 수 있는 탄력적인 구조의 각 세그먼트에 대한 모든 통계가 포함된 딕셔너리를 생성할 수 있다.

설정할 통계가 하나 더 남아 있는데, 바로 세그먼트 크기이다. 여기서는 설정한 다음, 세그먼트와 모든 변수를 포함하고 모든 단계를 반복하고 전체를 저장할 딕셔너리를 만든다.

```
In [6]: segment_names = ['suburb_mix', 'urban_hip', 'travelers', 'moving_up']
        segment_sizes = dict(zip(segment_names,[100, 50, 80, 70]))

        segment_statistics = {}
        for name in segment_names:
          segment_statistics[name] = {'size': segment_sizes[name]}
          for i, variable in enumerate(segment_variables):
            segment_statistics[name][variable] = {
                'mean': segment_means[name][i],
                'stddev': segment_stddev[name][i]
            }
```

이제 moving_up 세그먼트에 대해 얻은 값을 확인할 수 있다.

```
In [7]: segment_statistics['moving_up']

Out[7]: {'age': {'mean': 36, 'stddev': 4},
         'gender': {'mean': 0.3, 'stddev': None},
         'income': {'mean': 52000, 'stddev': 10000},
         'kids': {'mean': 2, 'stddev': None},
         'own_home': {'mean': 0.3, 'stddev': None},
         'size': 70,
         'subscribe': {'mean': 0.2, 'stddev': None}}
```

명시적으로 정의된 각 변수의 모든 통계를 볼 수 있다. moving_up의 평균 수입이 $52,000이고 표준 편차가 $10,000임을 알 수 있다. 평균 연령은 36세이고 세그먼트는 남성의 30%이다. 각 세그먼트에 대한 유사한 딕셔너리가 있으며, 이 딕셔너리(룩업lookup 테이블이라고 함)를 사용해 시뮬레이션된 데이터셋을 생성할 수 있다.

5.1.2 최종 세그먼트 데이터 생성

세그먼트 데이터를 생성하기 위해 따르는 로직은 중첩된 for 루프를 사용하는 것이다. 하나는 세그먼트용이고 다른 하나는 변수들의 집합용이다.

그 작동 방법을 설명하려면 다음 유사 코드(코드처럼 구성된 문장)를 참고하라.

```
Set up dictionary "segment_constructor" and pseudorandom number sequence
For each SEGMENT i in "segment_names" {
  Set up a temporary dictionary "segment_data_subset" for this SEGMENT's data
  For each VARIABLE in "seg_variables" {

    Check "segment_variable_distribution[variable]" to find distribution type for VARIABLE
    Look up the segment size and variable mean and standard deviation in segment_statistics for
    that SEGMENT and VARIABLE to
    ... Draw random data for VARIABLE (within SEGMENT) with
    ... "size" observations
  }
  Add this SEGMENT's data ("segment_data_subset") to the overall data ("segment_constructor")

  Create a DataFrame "segment_data" from "segment_constructor"
}
```

의사 코드는 실제 프로그램을 작성하기 전에 개념적으로 코드를 요약하고 디버그하는 좋은 방법이다. 이 경우 의사 코드를 실제 파이썬 코드와 비교해 각 단계를 수행하는 방법을 확인할 수 있다. 이 개요를 파이썬으로 번역하면 다음과 같이 된다.

```
In [8]: import numpy as np

        np.random.seed(seed=2554)
        segment_constructor = {}

        # 세그먼트를 반복하며 데이터 생성
        for name in segment_names:
          segment_data_subset = {}
          print('segment: {0}'.format(name))
          # 각 세그먼트 내에서 변수를 반복하며 데이터 생성
          for variable in segment_variables:
            print('\tvariable: {0}'.format(variable))
            if segment_variables_distribution[variable] == 'normal':
              # 랜덤 정규 추출
              segment_data_subset[variable] = np.random.normal(
                  loc=segment_statistics[name][variable]['mean'],
                  scale=segment_statistics[name][variable]['stddev'],
                  size=segment_statistics[name]['size']
              )
            elif segment_variables_distribution[variable] == 'poisson':
              # 추출 개수
              segment_data_subset[variable] = np.random.poisson(
```

```
                lam=segment_statistics[name][variable]['mean'],
                size=segment_statistics[name]['size']
            )
        elif segment_variables_distribution[variable] == 'binomial':
            # 추출 이항
            segment_data_subset[variable] = np.random.binomial(
                n=1,
                p=segment_statistics[name][variable]['mean'],
                size=segment_statistics[name]['size']
            )
        else:
            # 알 수 없는 데이터 형식
            print('Bad segment data type: {0}'.format(
                segment_variables_distribution[j])
                 )
            raise StopIteration
    segment_data_subset['Segment'] = np.repeat(
        name,
        repeats=segment_statistics[name]['size']
    )
    segment_constructor[name] = pd.DataFrame(segment_data_subset)
segment_data = pd.concat(segment_constructor.values())
```

핵심 명령은 if 문 내에 있다. 원하는 데이터 유형('normal', 'poisson', 'binomial')에 따라 적절한 유사 난수 함수를 사용해 데이터를 추출한다(함수 np.random.normal(loc, scale, size), np.random.poisson(lam, size), np.random.binomial(n, size, p)). 또한 단일 명령으로 주어진 세그먼트 내의 주어진 변수에 대한 모든 값을 추출한다(segment_statistics[name]['size']에 지정된 길이로 모든 관측치를 한 번에 추출).

name = 'suburb_mix'와 variable = 'age'를 설정하고 실행해 루프에서 작동하는 방식의 예를 볼 수 있다.

여기서는 너무 많은 값을 얻지 않도록 size=10으로 설정했다.

```
In [9]:name = 'suburb_mix'
       variable = 'age'
       print(segment_statistics[name][variable]['mean'])
       print(segment_statistics[name][variable]['stddev'])
       np.random.normal(
           loc=segment_statistics[name][variable]['mean'],
           scale=segment_statistics[name][variable]['stddev'],
           size=10
       )

40
5

Out[9]: array([37.16950666, 45.23743976, 44.23421807, 41.62070249, 30.66891058,
               44.86711234, 34.48936766, 42.63618686, 45.16799349, 42.61294136])
```

입력 코드는)로 끝난다는 점에 주목하자. 숫자 40과 5는 print 문의 결과이며, 코랩 노트북의 출력 블록 또는 여기 주피터 노트북에 출력된 대로 표시된다.

출력의 마지막 두 줄에서 이 출력에 10개의 값이 있음을 알 수 있다. 이러한 값은 약 40 부근에 있고 표준 편차 5는 믿을 만해 보이지만, 이렇게 작은 표본으로는 평가하기가 어렵다.

세그먼트 변수의 경우 세그먼트 이름만 반복하면 된다. 이를 위해 np.repeat(a, repeats)를 사용해 입력을 repeats번 반복한다.

```
In [10]: np.repeat(name, repeats=10)

Out[10]: array(['suburb_mix', 'suburb_mix', 'suburb_mix', 'suburb_mix',
                'suburb_mix', 'suburb_mix', 'suburb_mix', 'suburb_mix',
                'suburb_mix', 'suburb_mix'], dtype='|S10')
```

주 시뮬레이션 코드로 돌아가서 몇 가지 유의해야 할 사항이 있다. 코드가 작동하는지 확인하고 진행 상황을 표시하기 위해 print()를 사용해 루프가 반복될 때 세그먼트와 변수 이름을 출력한다. 그러면 코드가 실행될 때 다음과 같은 출력이 나타난다.

```
segment: suburb_mix
        variable: age
        variable: gender
        variable: income
        variable: kids
        variable: own_home
        variable: subscribe
segment: urban_hip
        variable: age
        variable: gender
        variable: income
        variable: kids
        variable: own_home
        variable: subscribe
segment: travelers
        variable: age
        variable: gender
        variable: income
        variable: kids
        variable: own_home
        variable: subscribe
segment: moving_up
        variable: age
        variable: gender
        variable: income
        variable: kids
        variable: own_home
        variable: subscribe
```

첫 번째 루프(이름 루프) 내에서 segment_data_subset을 딕셔너리로 정의한다. R이나 매트랩과 같은 벡터화된 프로그래밍 언어에서는 객체가 메모리에서 증가할 때마다(예: 행 추가) 그리고 객체의 복사본이 만들어질 때마다 데이터 구조를 미리 할당하는 것이 좋다. 이는 두 배의 메모리를 사용하고 작업을 느리게 한다. 사전 할당은 이러한 문제를 방지한다.

그러나 파이썬은 메모리에서 리스트나 딕셔너리와 같은 반복 가능한 기본 유형을 늘리는 데 매우 효율적이다. 이 때문에 dict에 데이터를 생성한 다음 분석을 위해 pandas 데이터프레임으로 변환한다.

이 사전 할당 규칙에 대한 예외는 NumPy 배열과 pandas 데이터프레임 같은 기본이 아닌 벡터화된 객체를 사용하는 경우이다. 기본 유형에서 데이터를 변환하는 대신 이러한 유형의 데이터를 반복적으로 생성해야 할 때마다 데이터 배열을 미리 할당하는 것이 좋다. 사전 할당의 또 다른 이점은 약간의 오류 검사를 추가해준다는 것이다. 결과가 적합한 데이터프레임에 맞지 않으면 경고 또는 오류가 발생한다.

제안된 데이터 유형이 예상과 일치하지 않는 경우에 발생하는 StopIteration 오류로 코드의 if 블록을 완료한다. 예상 데이터 유형에 대한 세 가지 if 테스트가 있고, if들이 일치하지 않는 경우 마지막 else 블록이 있다. 이렇게 하면 데이터 유형을 잘못 입력하거나 감마 분포와 같이 무작위 그리기 코드에 정의되지 않은 분포를 사용하려는 경우 보호된다. 이 오류 조건으로 인해 코드가 즉시 종료되고 오류 문자열이 출력된다.

무언가 잘못됐을 때 경고를 받을 수 있도록 코드가 어떻게 변경되고 잠재적으로 중단될 수 있는지에 대해 미리 많은 고려를 하고 있다는 점에 주목하라. 여기 코드는 당장 눈치채지 못할 수도 있는 또 다른 장점이 있다. 즉, 정확히 한 곳에서 np.random.normal과 같은 각 임의 데이터 함수를 호출한다. 해당 호출에 문제가 있음을 발견하면(예: 호출의 매개변수 중 하나를 변경하려는 경우) 한 곳에서만 수정하면 된다. 이런 종류의 계획은 파이썬 또는 다른 언어로 작성된 좋은 프로그래밍의 특징이다. 처음에는 지나치게 복잡해 보일 수 있지만, 더 많은 프로그램을 작성할수록 이러한 아이디어 중 많은 부분이 습관화된다.

데이터셋을 완성하기 위해 몇 가지 작업을 수행해 각 이항 변수를 더 명확한 값, 부울이나 문자열로 변환한다.

```
In [11]: segment_data['gender'] = segment_data['gender'].apply(
             lambda x: 'male' if x else 'female'
         )
         segment_data['own_home'] = segment_data['own_home'].apply(
             lambda x: True if x else False
         )
         segment_data['subscribe'] = segment_data['subscribe'].apply(
             lambda x: True if x else False
         )
```

이제 데이터를 검사할 수 있다. 항상 그렇듯이 3.6절에 언급된 데이터 검사 계획을 권장하지만, 여기서는 이러한 단계 중 하나만 표시했다.

```
In [12]: segment_data.describe(include='all')

Out[12]:          Segment         age gender        income        kids  \
         count        300  300.000000    300    300.000000  300.000000
         unique         4         NaN      2           NaN         NaN
         top   suburb_mix         NaN   male           NaN         NaN
         freq         100         NaN    156           NaN         NaN
```

```
mean           NaN   40.923350    NaN   50669.454237    1.273333
std            NaN   12.827494    NaN   19336.497748    1.413725
min            NaN   18.388730    NaN   11297.309231    0.000000
25%            NaN   32.870035    NaN   41075.804389    0.000000
50%            NaN   38.896711    NaN   51560.344807    1.000000
75%            NaN   47.987569    NaN   62172.668698    2.000000
max            NaN   79.650722    NaN  108830.388732    7.000000

       own_home subscribe
count       300       300
unique        2         2
top       False     False
freq        167       265
mean        NaN       NaN
std         NaN       NaN
min         NaN       NaN
25%         NaN       NaN
50%         NaN       NaN
75%         NaN       NaN
max         NaN       NaN
```

이제 데이터프레임이 탐색에 적합하게 됐다. 그리고 재사용 가능한 코드가 있다. 세그먼트를 정의하는 행렬을 조정하고 코드를 다시 실행하기만 하면 더 많은 관측치, 다른 세그먼트 크기나 다른 분포 또는 수단을 가진 세그먼트가 있는 데이터를 만들 수 있다.

마지막 단계로 데이터프레임을 백업으로 저장하고 이후 장에서 다시 사용한다(10.2, 11.1.2절). 이 책의 폴더를 만들었거나 다른 위치를 선호하는 경우 변경하라.

```
In [13]: from google.colab import files
         with open('segment_dataframe_Python_intro_Ch5.csv', 'w') as f:
           segment_data.to_csv(f)

         files.download('segment_dataframe_Python_intro_Ch5.csv')
```

파이썬을 로컬에서 실행하는 경우 `files` 모듈(코랩 전용)에서 임포트하는 등 `files.download()` 명령을 사용할 필요가 없다.

5.2 그룹별 설명 찾기

소비자 세그먼트 데이터의 경우 가구 소득 및 성별과 같은 측정값이 세그먼트별로 어떻게 다른지에 관심이 있다. 이러한 통찰을 바탕으로 기업은 해당 부문에 맞는 맞춤형 제품을 개발하거나 다양한 방식으로 접근할 수 있다.

이를 수행하는 임시 방법은 데이터프레임 인덱싱을 사용하는 것이다. 일부 기준과 일치하는 행을 찾은 다음 관심 있는 변수와 일치하는 관찰에 대한 평균(또는 다른 통계)을 가져온다. 예를 들어 'moving_up' 세그먼트의 평균 수입을 찾으려면 다음을 수행하라.

```
In [14]: segment_data.loc[segment_data.Segment == 'moving_up']['income'].mean()

Out[14]: 51763.55266630597
```

이 명령은 '소득 관찰에서 세그먼트 열이 'moving_up'인 모든 경우를 취해 평균을 계산한다.'이다. 부울 논리를 사용해 구독하지 않는 'moving_up' 응답자로 경우를 더욱 좁힐 수 있다.

```
In [15]: segment_data.loc[
             (segment_data['Segment'] == 'moving_up') &
             (segment_data['subscribe'] == False)
         ]['income'].mean()

Out[15]: 52495.6820839035
```

여러 그룹에 대한 값을 찾고자 할 때 이것은 금방 힘들어진다.

3.2.1절에서 간략하게 살펴봤듯, 이를 수행하는 좀 더 일반적인 방법은 data.groupby(INDICES)[COLUMN].FUNCTION을 사용하는 것이다. groupby()의 결과는 INDICES의 각 고유값에 대해 데이터를 그룹으로 나눈 다음 각 그룹의 COLUMN에 있는 데이터에 FUNCTION 함수를 적용하는 것이다.

```
In [16]: segment_data.groupby('Segment')['income'].mean()

Out[16]: Segment
         moving_up     51763.552666
         suburb_mix    55552.282925
         travelers     62609.655328
         urban_hip     20267.737317
         Name: income, dtype: float64
```

groupby()를 사용하면 데이터에 대한 메서드이고 분할 요소 INDICES가 인수라는 점을 명심하라. 이 경우 FUNCTION, mean()은 단일 COLUMN, 즉 이 경우 'income'에 적용된다. mean() 및 sum()과 같이 열에 적용할 수 있는 정의된 메서드의 하위 집합이 있지만, 3.3.3절에 설명된 대로 apply 메서드를 사용해 모든 메서드를 적용할 수 있다.

리스트에 요인을 제공하면 결과를 여러 요인으로 나눌 수 있다. 예를 들어 여기서는 세그먼트 및 구독 상태로 나눈다.

```
In [17]: segment_data.groupby(['Segment', 'subscribe'])['income'].mean()

Out[17]: Segment     subscribe
         moving_up   False        52495.682084
                     True         49079.078135
         suburb_mix  False        55332.038973
                     True         58478.381142
         travelers   False        62940.429960
                     True         49709.444658
         urban_hip   False        20496.375001
                     True         19457.112800
         Name: income, dtype: float64
```

여기에서 출력에 대한 unstack() 메서드를 사용해 더 좋은 출력 형식을 얻을 수 있다.

```
In [18]: segment_data.groupby(
             ['Segment', 'subscribe']
         )['income'].mean().unstack()

Out[18]: subscribe          False          True
         Segment
         moving_up    52495.682084  49079.078135
         suburb_mix   55332.038973  58478.381142
         travelers    62940.429960  49709.444658
         urban_hip    20496.375001  19457.112800
```

unstack()의 역할은 무엇인가? 여기서는 2개의 다른 열로 그룹화했으므로 계층적 인덱스가 형성됐다. 여기에 unstack()을 사용하면, 한 차원은 열로 만들고 다른 차원은 행으로 만드는 작업인 '언스택unstack' 또는 피벗pivot을 할 수 있다. 이렇게 하면 출력을 더 쉽게 읽고 작업할 수 있다.

데이터셋에 '세그먼트 평균segment mean' 열을 추가한다고 가정해보자. 각 응답자에 대한 새로운 관측치에는 각 세그먼트의 평균 소득이 포함돼 있어 응답자의 소득을 해당 세그먼트의 일반적인 소득과 비교할 수 있다. groupby()를 사용해 세그먼트 평균을 얻은 다음 join()을 사용해 평균 세그먼트 수입을 열 소득세로 추가하면 된다. 데이터를 후속 계산에서 분리하길 원하기 때문에 일반적으로 파생 열을 기본 데이터에 추가하는 것을 좋아하지 않지만, 여기에서는 설명을 위해 이렇게 한다.

```
In [19]: np.random.seed(4532)
         segment_income = segment_data.groupby('Segment')['income'].mean()
         segment_data = segment_data.join(segment_income,
                                          on='Segment',
                                          rsuffix='_segment')
         segment_data.head(5)

Out[19]:        age  gender        income  kids  own_home  subscribe  \
         0  44.057078  female  54312.575694     3     False      False
         1  34.284213  female  67057.192182     1     False      False
         2  45.159484  female  56306.492991     3      True      False
         3  41.032557    male  66329.337521     1     False       True
         4  41.781819  female  56500.410372     2     False      False

               Segment  income_segment
         0  suburb_mix    55552.282925
         1  suburb_mix    55552.282925
         2  suburb_mix    55552.282925
         3  suburb_mix    55552.282925
         4  suburb_mix    55552.282925
```

데이터를 확인하면 각 행에 세그먼트 평균과 일치하는 관측치가 있음을 알 수 있다.

이것이 어떻게 작동하는지 생각해볼 필요가 있다. join() 함수를 사용하면 2개의 DataFrame이나 2개의 Series 혹은 하나의 DataFrame과 Series는 공통 열을 인덱스를 사용해 결합할 수 있다(예시의 경우 Segment). segment_income

에는 각 세그먼트에 대해 하나씩 4개의 행만 있었지만, 세그먼트 열의 공유 값을 기반으로 seg의 모든 행에 값이 추가됐다. 결과는 segment_mean의 각 행이 요청된 순서대로 여러 번 발생하는 데이터프레임이다.

다시 말하지만, 기본 데이터에는 파생된 열이 필요하지 않으므로 이제 drop() 메서드를 사용해 해당 열을 제거한다.

```
In [20]: segment_data.drop(labels='income_segment', axis=1, inplace=True)
         segment_data.head(5)

Out[20]:       age      gender    income        kids  own_home  subscribe  \
         0  44.057078  female  54312.575694     3     False      False
         ...
         4  41.781819  female  56500.410372     2     False      False

               Segment
         0  suburb_mix
         ...
         4  suburb_mix
```

부연 설명하면, drop()은 데이터프레임에서 전체 행이나 열을 제거한다. axis 인수를 사용해 행인지, 열인지를 지정한다. 행은 0, 열은 1이다. 제거할 열이나 행은 단일 레이블을 지정하거나 제거할 레이블 목록이 될 수 있는 label 인수로 지정된다. inplace=True 인수는 이 작업이 개체 자체에서 수행돼야 함을 지정한다. inplace의 기본값은 False이다. 이 경우 drop()은 입력 데이터프레임을 수정하지 않고 복사본을 반환한다.

개별 응답을 세그먼트 평균과 빠르게 비교할 수 있었던 요점으로 돌아가면, groupby()가 간단하고 간결한 명령으로 데이터를 추출하고 조작하는 파이썬과 pandas의 위력을 보여준다.

5.2.1 양방향 그룹에 대한 설명

마케팅에서 일반적인 작업은 교차표를 작성해 두 가지 이상의 요소에 따라 고객을 그룹으로 분리하는 것이다. groupby()를 사용하면 여러 요소를 집계할 수 있다. 예를 들면 다음과 같다.

```
In [21]: segment_data.groupby(['Segment', 'own_home'])['income'].mean()

Out[21]: Segment     own_home
         moving_up   False       51430.222115
                     True        52363.547659
         suburb_mix  False       56764.508540
                     True        54239.038508
         travelers   False       62923.233941
                     True        62449.907732
         urban_hip   False       20139.092369
                     True        21057.984851
         Name: income, dtype: float64
```

이제 Segment 및 own_home의 각 조합에 대해 별도의 그룹이 있으며 income이 Segment와 own_home 변수 모두와 어떻게 관련돼 있는지 확인할 수 있다.

그룹화는 필요한 만큼 그룹화 변수를 포함하도록 확장할 수 있다.

```
In [22]: segment_data.groupby(
             ['Segment', 'own_home', 'subscribe']
         )['income'].mean()

Out[22]: Segment     own_home  subscribe
         moving_up   False     False        52380.092911
                               True         47630.738931
                     True      False        52714.693149
                               True         51251.586942
         suburb_mix  False     False        56478.645027
                               True         59451.625569
                     True      False        54160.506701
                               True         56045.270075
         travelers   False     False        62923.233941
                     True      False        62949.533735
                               True         49709.444658
         urban_hip   False     False        20171.798013
                               True         20031.163747
                     True      False        22281.548438
                               True         13716.603325
         Name: income, dtype: float64
```

그리고 이번에도 unstack()을 사용해 더 읽기 쉽게 만들 수 있다.

```
In [23]: segment_data.groupby(
             ['Segment', 'own_home', 'subscribe']
         )['income'].mean().unstack()

Out[23]: subscribe                   False         True
         Segment     own_home
         moving_up   False     52380.092911  47630.738931
                     True      52714.693149  51251.586942
         suburb_mix  False     56478.645027  59451.625569
                     True      54160.506701  56045.270075
         travelers   False     62923.233941           NaN
                     True      62949.533735  49709.444658
         urban_hip   False     20171.798013  20031.163747
                     True      22281.548438  13716.603325
```

groupby 메소드를 사용하면 모든 요소 조합(Segment, own_home 등)에 대해 income이나 age의 평균과 같은 연속 변수의 함수를 계산할 수 있다. 이것은 마케팅 조사에서 일반적인 작업으로, 모든 회사가 교차표를 전문으로 생성했다. 방금 본 것처럼 이제 파이썬에서는 어렵지 않게 계산할 수 있다.

Segment와 own_home의 다른 조합이 발생하는 빈도를 알고 싶을 수도 있다. count() 메서드와 함께 groupby()를 사용해 빈도를 계산하면 단방향이나 다방향 개수를 얻을 수 있다.

```
In [24]: segment_data.groupby(
             ['Segment', 'own_home']
         )['subscribe'].count().unstack()

Out[24]: own_home    False  True
         Segment
         moving_up      45    25
         suburb_mix     52    48
         travelers      27    53
         urban_hip      43     7
```

자신의 집을 소유하고 있는 'Urban hip' 세그먼트에는 7명의 관찰 고객이 있고 'Travelers' 세그먼트에는 53명의 고객이 있다.

각 가구의 아동 수(kids)를 세그먼트별로 분류하고 싶다고 가정해보자.

```
In [25]: segment_data.groupby(
             ['kids', 'Segment']
         ).subscribe.count().unstack(level=1)

Out[25]: Segment  moving_up  suburb_mix  travelers  urban_hip
         kids
         0             13.0        15.0       80.0       14.0
         1             18.0        27.0        NaN       21.0
         2             21.0        21.0        NaN       12.0
         3              9.0        29.0        NaN        1.0
         4              5.0         3.0        NaN        1.0
         5              2.0         3.0        NaN        1.0
         6              1.0         2.0        NaN        NaN
         7              1.0         NaN        NaN        NaN
```

결과는 0명의 아이들이 있는 14명의 'Urban hip' 응답자, 2명의 아이들이 있는 21명의 'Suburb mix' 응답자 등을 알려준다. 이는 순전히 두 요소인 `kids`와 `Segment` 사이의 각 교차점에 대한 발생 횟수를 나타낸다. 여기서는 `kids`를 숫자가 아닌 요소로 취급한다. `NaN`은 해당 요인 조합에 대한 값이 없음을 나타낸다. 즉, 개수가 0이다.

`crosstabs()` 함수를 사용해 동일한 결과를 얻을 수도 있다.

```
In [26]: pd.crosstab(segment_data['kids'], segment_data['Segment'])

Out[26]: Segment  moving_up  suburb_mix  travelers  urban_hip
         kids
         0               13          15         80         14
         1               18          27          0         21
         2               21          21          0         12
         3                9          29          0          1
         4                5           3          0          1
         5                2           3          0          1
         6                1           2          0          0
         7                1           0          0          0
```

그러나 kids는 실제로 개수 변수이다. 응답자가 3명의 어린이를 보고한 경우, 이는 개수 3이며 각 세그먼트에 보고된 총어린이 수를 얻기 위해 개수를 합산할 수 있다.

```
In [27]: segment_data.groupby('Segment')['kids'].sum()

Out[27]: Segment
         moving_up     130
         suburb_mix    195
         travelers       0
         urban_hip      57
         Name: kids, dtype: int64
```

파이썬에서는 보통 동일한 결과를 얻을 수 있는 여러 방법이 있다. 이는 지나치게 복잡해 보이지만 사실 좋은 것이다. 한 가지 이유는 스타일과 상황에 맞는 여러 옵션이 있기 때문이다. 각 방법은 다른 형식으로 결과를 생성하며 한 형식은 다른 것보다 상황에 따라 더 잘 작동할 수 있다. 또 다른 이유는 두 가지 다른 방법으로 동일한 작업을 수행하고 답변을 비교해 분석을 테스트하고 잠재적인 오류를 발견할 수 있기 때문이다.

5.2.2 그룹별 시각화: 빈도와 비율

표는 다양한 요인 간의 데이터와 상호 작용을 탐색하는 데 매우 유용하다. 그러나 시각화는 표로 관찰할 때는 덜 명확할 수 있는 연관성을 더 빠르게 나타낼 수 있다.

파이썬에서 가장 일반적으로 사용되는 도식화 라이브러리와 기본 pandas 도식화 라이브러리는 matplotlib (Hunter 2007)이다. 이는 pandas와 통합돼 있어 데이터프레임을 간단하게 도식화할 수 있다.

구독 서비스를 사용하는 세그먼트를 더 잘 이해하기 위해 각 세그먼트의 구독자 수를 그림 5.1과 같이 도식화한다고 가정하자.

```
In [28]: import matplotlib.pyplot as plt

         segments_groupby_segments = segment_data.groupby(['Segment'])
         segments_groupby_segments['subscribe'].value_counts().unstack().plot(
             kind='barh',
             figsize=(8, 8)
         )
         plt.xlabel('counts')
```

여기서는 3.2.2절에서 도입된 value_counts() 함수를 사용했다. unstack()은 인덱스를 언스택해 시리즈 객체를 쉽게 그릴 수 있는 데이터프레임으로 바꾼다.

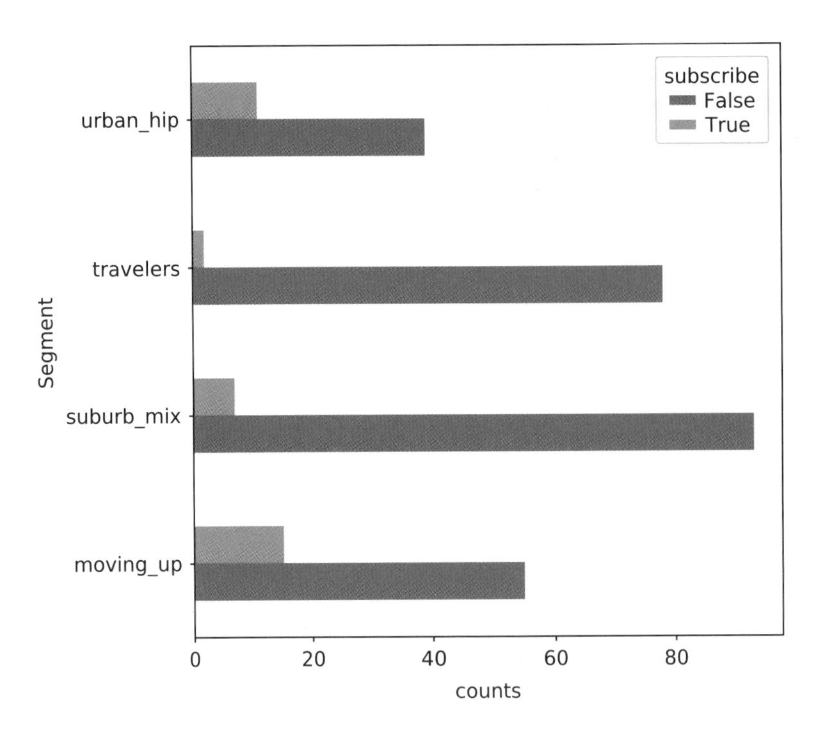

그림 5.1 각 세그먼트 내 구독자 수에 대한 조건부 히스토그램

`normalize=True`를 `value_counts()`에 전달하면 구독하는 각 세그먼트 내에서 그림 5.2와 같은 비율을 얻을 수 있다.

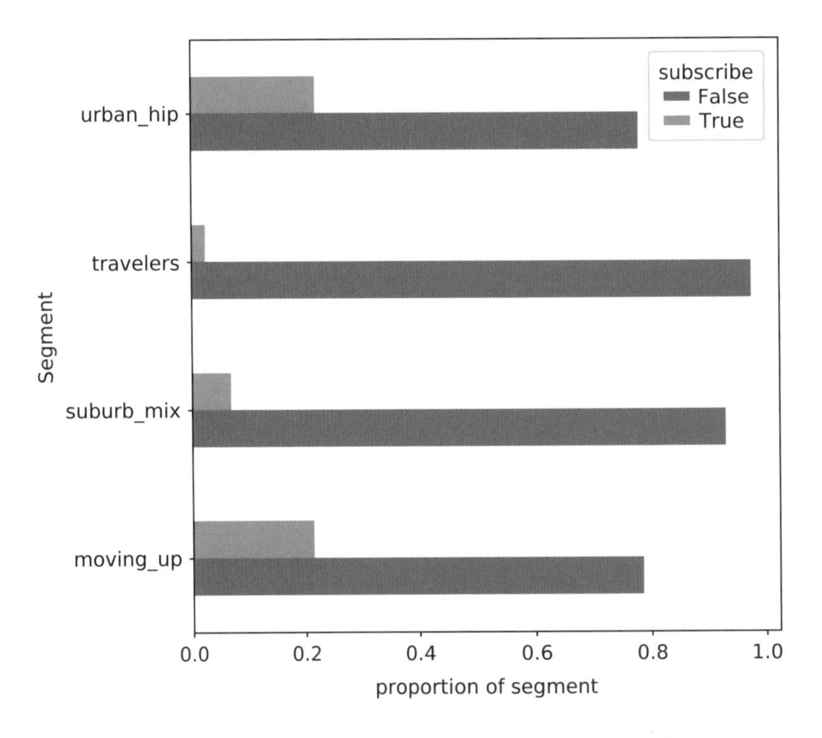

그림 5.2 각 세그먼트 내 가입자 비율에 대한 조건부 히스토그램

```
In [29]: segments_groupby_segments['subscribe'].value_counts(
             normalize=True
         ).unstack().plot(
             kind='barh',
             figsize=(8, 8)
         )
         plt.xlabel('proportion of segment')
```

subscribe로 집계하고 Segment에서 value_count()를 실행하면 구독자와 비구독자의 세그먼트별 분석을 볼 수 있다(그림 5.3).

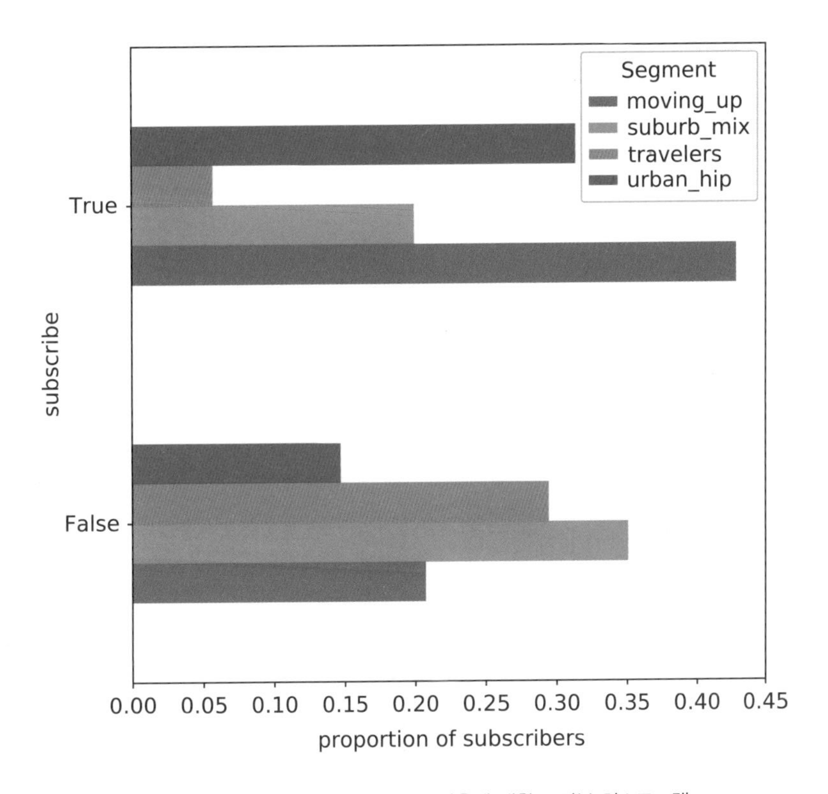

그림 5.3 각 구독 상태 내 세그먼트 비율에 대한 조건부 히스토그램

```
In [30]: segment_data.groupby(['subscribe'])['Segment'].value_counts(
             normalize=True
         ).unstack().plot(kind='barh', figsize=(8, 8))
         plt.xlabel('proportion of subscribers')
```

또 다른 인기 있는 패키지는 seaborn으로서, 일부 집계 단계를 단순화하고 기본 설정으로도 매력적인 그림을 만든다. 그림 5.2(표시되지 않음)와 유사한 것을 쉽게 만들 수 있다.

```
In [31]: import seaborn as sns
         sns.barplot(y='Segment', x='subscribe', data=segment_data,
                     orient='h', ci=None)
```

seaborn에는 그림 5.4와 같이 다중 패널 그림을 만들 수 있는 `facetgrid()` 함수도 포함돼 있다.

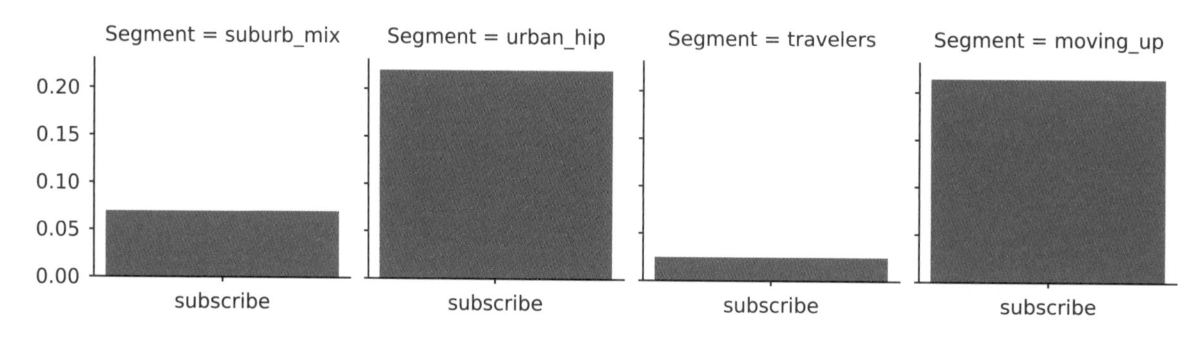

그림 5.4 seaborn facetgrid()를 사용해 생성되는 각 구독 상태 내의 세그먼트 비율에 대한 조건부 히스토그램

```
In [32]: g = sns.FacetGrid(segment_data, col='Segment')
         g.map(sns.barplot, 'subscribe', orient='v', ci=None)
```

이 특정 용도는 그다지 흥미롭지는 않지만, 이제 주택 소유와 같은 요인을 별도로 분리했으며 별도의 행에 각 막대가 있다(그림 5.5).

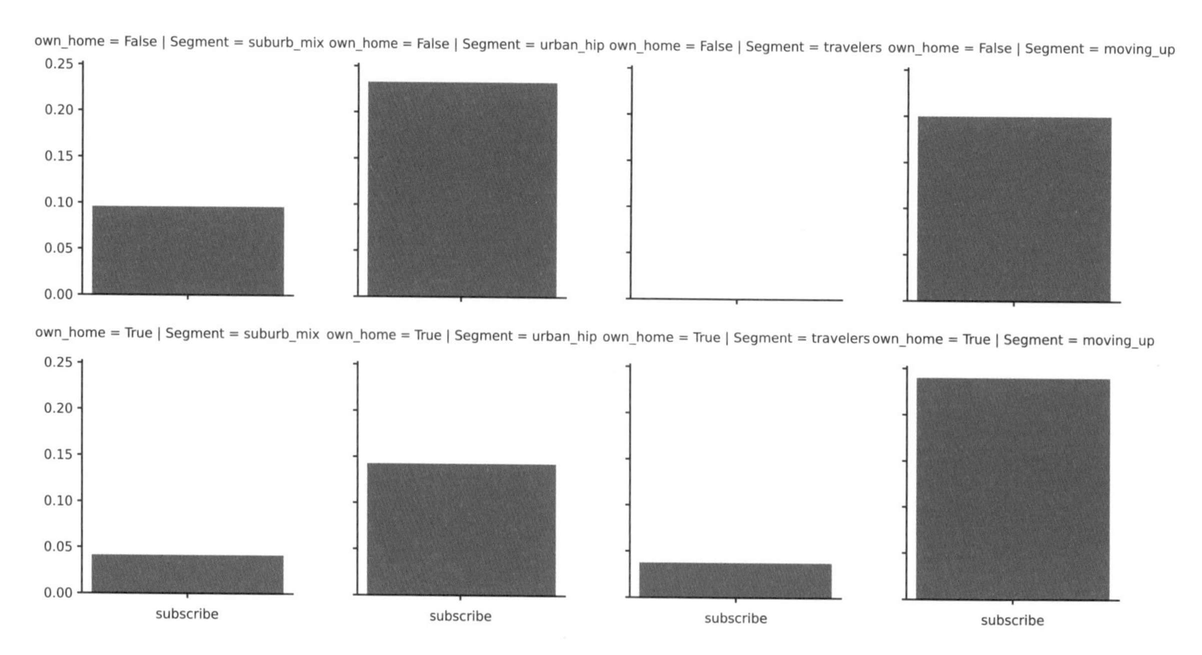

그림 5.5 seaborn facetgrid()를 사용해 생성되는 각 구독 상태 내의 세그먼트 비율에 대한 조건부 히스토그램

```
In [33]: g = sns.FacetGrid(segment_data, col='Segment', row='own_home')
         g.map(sns.barplot, 'subscribe', orient='v', ci=None)
```

5.2.3 그룹별 시각화: 연속 데이터

이전 절에서는 개수와 비율을 그리는 방법을 살펴봤다. 연속 데이터는 어떨까? 데이터에서 세그먼트별로 소득을 어떻게 표시할까? 간단한 방법은 groupby()를 사용해 평균 수입을 찾은 다음 plot(kind='bar') 메서드를 사용해 계산된 값을 도식화하는 것이다.

```
In [34]: segment_data.groupby(['Segment'])['income'].mean().plot.bar()
```

결과는 그림 5.6의 왼쪽 패널에 있다. seaborn barplot()을 사용해 비슷한 도면을 생성할 수도 있다.

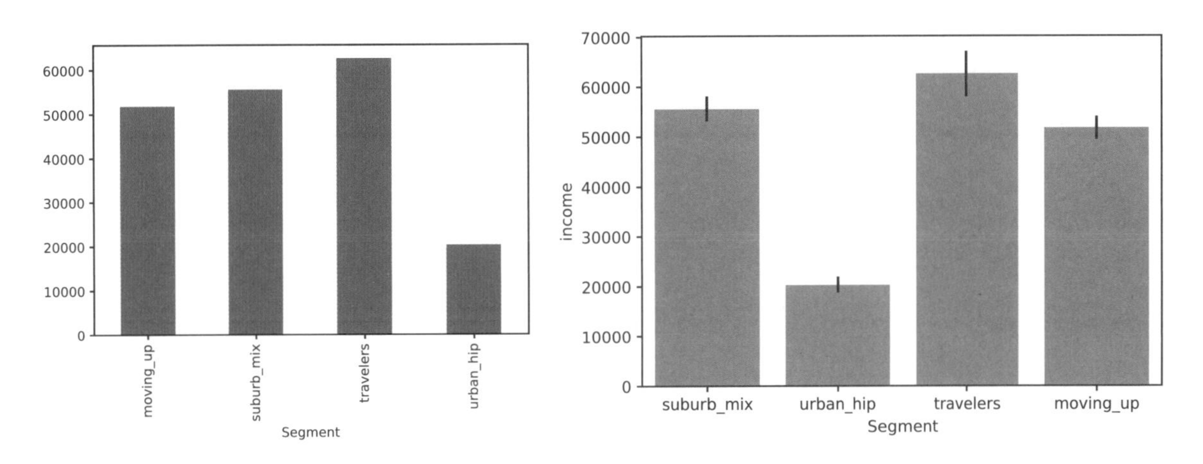

그림 5.6 왼쪽 패널의 groupby()와 plot(), 오른쪽 패널의 seaborn barplot()을 사용한 세그먼트별 평균 수입

```
In [35]: sns.barplot(x='Segment', y='income', data=segment_data, color='.6',
                     estimator=np.mean, ci=95)
```

2개의 도식화 함수는 세그먼트를 다르게 정렬한다는 점에 유의하자. seaborn은 데이터를 더 많이 처리하고 열 정렬과 같은 작업을 수행한다. 일반적으로 seaborn 그림은 기본적으로 더 잘 작동하지만 사용자 정의하기가 더 어려울 수 있다.

다른 요소 추가

주택 소유를 기준으로 어떻게 더 나눌 수 있을까? matplotlib를 사용해 그림 5.7 왼쪽 패널에 표시된 다른 groupby 요소인 own_home을 추가할 수 있다.

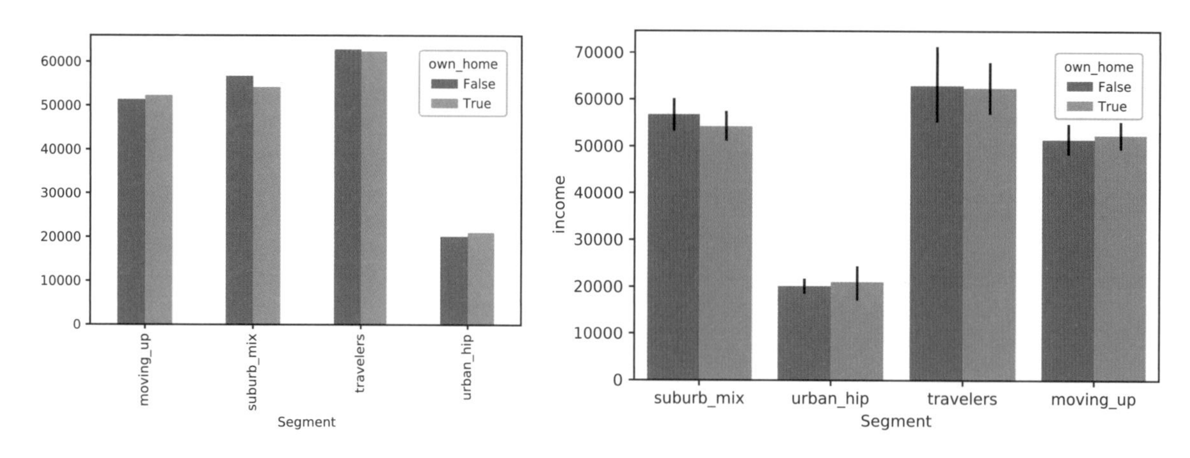

그림 5.7 plot()(왼쪽) 또는 seaborn barplot()(오른쪽)을 사용한 세그먼트 및 주택 소유별 평균 소득

```
In [36]: segment_data.groupby(
             ['Segment', 'own_home']
         )['income'].mean().unstack().plot.bar()
```

seaborn을 사용하면 그림 5.6과 같이 패싯facet 그리드의 형태로 추가 요소를 더하거나 그림 5.7의 오른쪽 패널에 표시된 것처럼 hue 매개변수를 설정해 추가할 수 있다.

```
In [37]: sns.barplot(x='Segment', y='income', hue='own_home',
                     data=segment_data, estimator=np.mean, ci=95)
```

상자 그림

다른 그룹의 income과 같은 연속 데이터 값을 비교하기 위한 좀 더 유익한 도면은 3.4.2절에서 처음 만난 상자–수염 그림box-and-whiskers plot(간단히 '상자 그림boxplot'이라고도 함)이다. 상자 그림은 값의 분포를 더 많이 보여주기 때문에 막대 차트보다 낫다.

matplotib boxplot() 함수를 사용해 상자 그림을 만들 수 있다.

```
In [38]: x = segment_data.groupby('Segment')['income'].apply(list)
         _ = plt.boxplot(x=x.values, labels=x.index)
```

seaborn boxplot()은 데이터프레임 및 두 가지 요소(최소 하나는 숫자여야 함)와 함께 작동한다.

```
In [39]: sns.boxplot(x='Segment', y='income', data=segment_data,
                     color='0.7', orient='v')
```

그림 5.8은 'Travelers'의 소득이 더 높고 범위가 더 넓다는 것을 보여준다. 'Travelers' 중 소수는 매우 낮은 소득을 보여준다. 'Urban hip'의 소득 범위는 훨씬 낮고 좁다. 상자–수염 그림은 비즈니스 보고에서 일반적이지 않지만 많이 사용해야 한다고 생각한다. 이는 그림 5.6에 표시된 평균보다 훨씬 많은 정보를 인코딩한다.

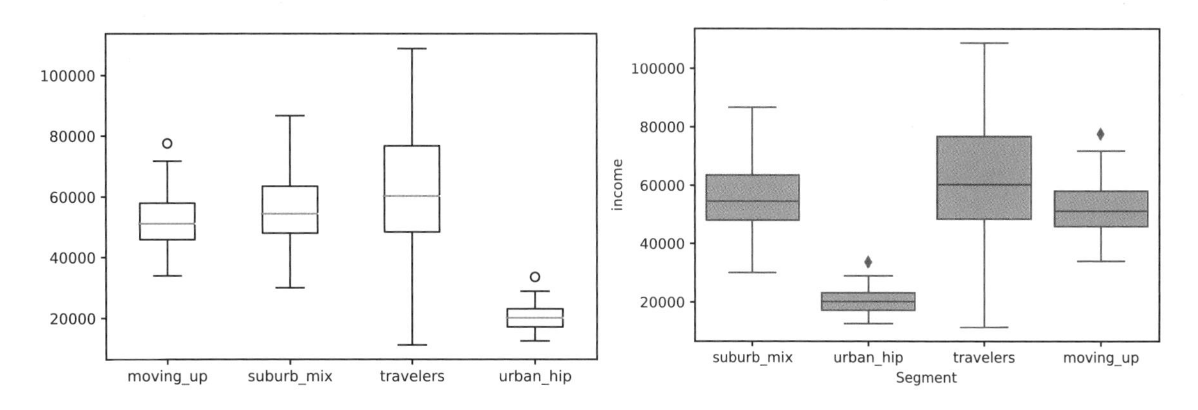

그림 5.8 matplotlib(왼쪽) seaborn(오른쪽) boxplot() 함수를 사용한 세그먼트별 소득에 대한 상자-수염 도면

이를 더 많은 요인으로 분류하기 위해 hue 인수를 추가할 수 있다. seaborn facetgrid() 메서드를 사용하면 더 많은 요인을 조정할 수 있다. 그러나 세그먼트별 소득과 주택 소유권 비교 같은 두 가지 요소의 경우 hue를 사용할 수 있다.

```
In [40]: sns.boxplot(y='Segment', x='income', hue='own_home',
                     data=segment_data, color='0.7', orient='h')
```

그림 5.9에서는 세그먼트 내에서 소득과 주택 소유 간에 일관된 관계가 없음이 분명하다.

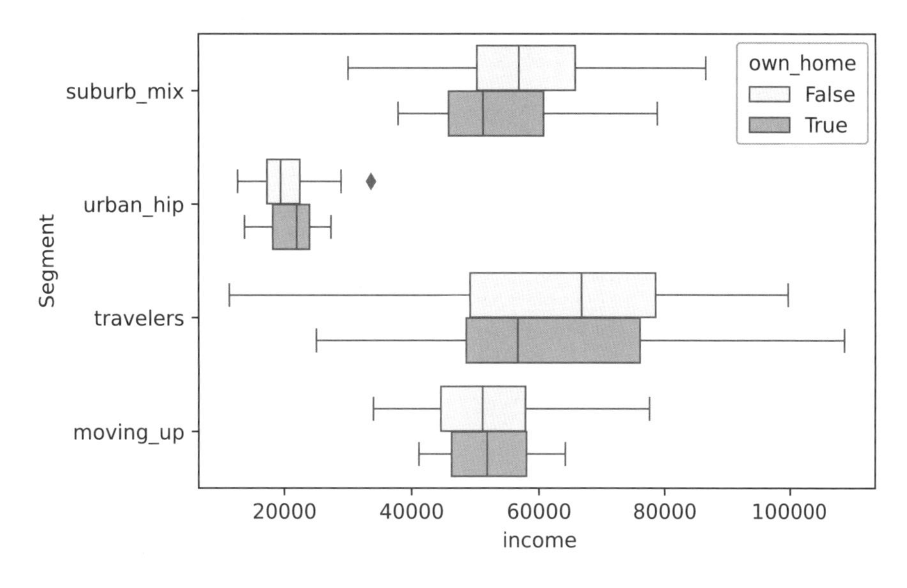

그림 5.9 boxplot을 사용한 세그먼트별 소득과 주택 소유에 대한 상자-수염 그림

5.2.4 통합하기

지금까지 그룹 비교 방법을 배웠다. 그럼 이것을 어떻게 사용할 수 있을까? 분석가는 공유할 수 있는 새로운 정

보를 배우고 마케팅과 제품 결정을 알리기 위해 데이터를 탐색한다. 그렇다면 지금까지 본 것을 어떻게 해석할 수 있을까?

여기서는 6장에서 소개할 통계 분석을 아직 수행하지 않았으므로 모든 결론은 조정돼야 한다. 그러나 방향적으로 구독 제품을 마케팅하는 방법에 영향을 미칠 수 있는 여러 가지 측면에서 세그먼트가 다르다는 것을 관찰했다. 구독이 비싸고 고급스러운 제품이라면, 더 부유한 세그먼트만을 목표로 삼고 싶을 것이다. 아마도 자녀가 없는 사람들은 가처분 소득을 가질 가능성이 더 높고 구독률이 매우 낮은 'travelers 세그먼트'의 구성원일 수 있다. 반면에 제품이 높은 구독률을 보이는 젊은 도시인(즉, 'Urban hip')을 대상으로 하는 경우 해당 그룹의 평균 소득이 낮기 때문에 가격에 더 주의를 기울일 수 있다.

정확한 해석은 해결하려는 문제에 따라 다르다. 여기서는 현재 고객을 이해하려고 노력하면 더 많은 유사 고객을 확보하고 더 넓은 세그먼트로 확장할 수 있다.

분석에 접근하는 방식은 갖고 있는 데이터가 아니라 답변하려는 질문에 의해 결정된다. 때때로 사용 가능한 데이터로 인해 이러한 질문에 답할 수 있는 능력이 방해를 받는다. 이 경우 새로운 데이터 소스에 대해 생각하거나 신중한 해석을 적용할 수 있다.

5.3 더 알아보기*

이 장의 주제는 파이썬 프로그래밍 기술과 응용 통계 기초이다.

범주형 데이터 분석의 경우 가장 좋은 출발점은(파이썬에만 국한된 얘기는 아니지만) 아그레스티Agresti의 『An Introduction to Categorical Data Analysis』(Agresti 2012)이다.

6장에서는 그룹 비교를 공식화하고 그룹 간 차이의 강도를 추정하는 통계 방법으로 조사를 계속한다.

5.4 요점

이 장은 파이썬을 사용해 일상적인 분석을 수행하는 데 중요한 장이었다. 다음은 몇 가지 핵심 사항이다.

- 여기서는 매우 복잡한 데이터셋을 생성했다. 이를 위해 각 세그먼트 변수, 분포 유형과 그 분포의 모수를 정의했으며, 일련의 `for` 루프를 사용해 초기화 데이터셋을 생성했다(5.1절).
- `groupby()` 명령은 데이터를 분할하고 `mean()` 및 `count()`와 같은 함수를 자동으로 적용할 수 있다(5.2절).
- 발생 빈도는 `groupby()`와 `count()` 함수를 사용하거나 pandas `crosstabs()` 함수를 사용해 찾을 수 있다(5.2.1절).
- matplotlib와 seaborn은 모두 유용한 도식화 함수를 제공한다. seaborn 도면은 기본 설정에서 더 잘 보

이는 경향이 있지만 matplotlib 플롯보다 사용자 정의가 더 복잡하다(5.2.2절).

- `plot()` 메서드와 함께 `groupby()`를 사용하고 seaborn `barplot()` 함수를 사용하면 비율과 요인별 발생 차트를 생성할 수 있다(5.2.2절).
- seaborn `FacetGrid()` 클래스는 이러한 도면을 여러 요인으로 확장한다(5.2.2절).
- 요인별 연속 데이터에 대한 플롯은 `plot()` 또는 seaborn `barplot()`과 함께 `groupby()`를 사용할 수도 있고, matplotlib 또는 seaborn에서 `boxplot()`을 사용해 더 나은 상자-수염 그림을 얻을 수 있다(5.2.3절).

06

그룹 비교: 통계 검정

5장에서는 그룹별로 데이터를 나누고 테이블과 차트로 검사하는 방법을 살펴봤다. 이 장에서는 토론을 이어가면서 "달라 보이지만 정말 다른가?"라는 질문을 던져본다. 여기서는 카이제곱chi-square, t-검정t-test, 분산 분석ANOVA과 같은 추론 통계 절차를 처음으로 다룬다.

6.1 그룹 비교를 위한 데이터

이 장에서는 5장의 데이터를 계속 사용한다. 앞서 데이터를 저장한 경우라면 다음과 같은 명령을 사용해 다시 적재할 수 있다.

```
In [0]: from google.colab import files
        import pandas as pd

        uploaded = files.upload()
        seg_df = pd.read_csv('segment_dataframe_Python_intro_Ch5.csv',
                             index_col=0)
        seg_df.head()

Saving segment_data_Ch5.csv to segment_data_Ch5.csv

Out[0]:      Segment        age  gender         income  kids  own_home  \
        0  travelers  60.794945    male   57014.537526     0      True
        1  travelers  61.764535  female   43796.941252     0     False
        2  travelers  47.493356    male   51095.344683     0      True
        3  travelers  60.963694    male   56457.722237     0      True
        4  travelers  60.594199  female  103020.070798     0      True

           subscribe
        0      False
        1      False
        2      False
```

```
3       True
4      False
```

파일 선택기 인터페이스는 업로드할 파일을 선택하는 데 사용되며, 업로드에 전달된 키(예: segment_dataframe_Python_intro_Ch5.csv)는 업로드된 파일의 이름과 일치해야 한다.

또는 5.1절의 절차에 따라 데이터를 생성할 수도 있다. 다른 방법으로는 이 책의 웹 사이트에서 다운로드하라.

```
In [1]: import pandas as pd
        seg_df = pd.read_csv('http://bit.ly/PMR-ch5')
        seg_df.head()

Out[1]:       Segment        age  gender         income  kids  own_home  \
        0  travelers  60.794945    male   57014.537526     0      True
        ...
        4  travelers  60.594199  female  103020.070798     0      True

          subscribe
        0     False
        ...
        4     False
```

6.2 그룹 빈도 검정: scipy.stats.chisquare()

마케팅 분석과 조사에서 수행하는 대부분의 작업에는 5.2절에서 설명한 대로 그룹 평균과 교차 탭을 사용해 그룹 간의 차이점을 요약하는 작업이 포함된다. 그러나 좋은 분석가는 통계 검정을 사용해 차이가 실제인지 아니면 데이터의 사소한 변동('노이즈') 때문인지 확인할 수 있다. 이 책의 나머지 부분에서는 실제 차이를 식별하는 데 도움이 되는 통계 검정에 중점을 둔다.

가장 간단한 통계 검정 중 하나는 빈도수와 함께 사용되는 카이제곱 검정이다. 카이제곱 검정은 셀의 빈도가 총 개수를 기준으로 예상되는 것과 크게 다른지 여부를 결정한다.

세그먼트 데이터에서 N=300개 관측치를 고려할 때 각 세그먼트에 동일한 수의 응답자가 있는지 물어볼 수 있다. 파이썬에서는 Scipy stats에서 chisquare() 명령을 사용할 수 있다. 기억해야 할 한 가지는 일반적으로 카이제곱이 빈도수(예: NumPy unique() 또는 pandas value_counts()에 의해 생성됨)와 작동한다는 것이다. 그 작동법을 알아보기 위해 세그먼트에 대한 질문을 해결하기 전에 간단한 데이터를 사용하는 프로세스를 살펴보자. 간단한 데이터로 실험하는 것은 새 명령을 시도할 때 항상 좋은 생각이다.

첫 번째 예에서는 데이터가 0에서 3까지의 숫자에 대한 95개의 관측치를 포함하고 각각의 개수는 거의 같지만 완전히 동일하지는 않다. 그런 다음 scipy.stats.chisquare()로 이를 검정한다.

먼저 데이터를 생성해보자.

```
In [2]: import numpy as np
        tmp = np.repeat(range(4), [25, 25, 25, 20])
        tmp

Out[2]: array([0, 0, 0, 0, 0, 0, 0, 0, 0, 0, 0, 0, 0, 0, 0, 0, 0, 0, 0, 0, 0, 0,
               0, 0, 0, 1, 1, 1, 1, 1, 1, 1, 1, 1, 1, 1, 1, 1, 1, 1, 1, 1, 1, 1,
               1, 1, 1, 1, 1, 1, 2, 2, 2, 2, 2, 2, 2, 2, 2, 2, 2, 2, 2, 2, 2, 2,
               2, 2, 2, 2, 2, 2, 2, 2, 3, 3, 3, 3, 3, 3, 3, 3, 3, 3, 3, 3, 3, 3,
               3, 3, 3, 3, 3, 3, 3])
```

그런 다음 NumPy의 `unique()` 메서드를 사용해 각 값의 개수를 얻는다.

```
In [3]: tmp_values, tmp_counts = np.unique(tmp, return_counts=True)
        tmp_counts

Out[3]: array([25, 25, 25, 20])
```

Scipy에서 `stats`를 임포트하고 `stats.chisquare()` 메서드를 사용한다.

```
In [4]: from scipy import stats
        stats.chisquare(tmp_counts)

Out[4]: Power_divergenceResult(statistic=0.78947, pvalue=0.85198)
```

이 코드에서는 0에서 3까지의 95개 관측치를 생성하고, 이를 테이블로 구성한 다음 해당 테이블에서 카이제곱 독립성을 검정한다. 이 검정은 N=95 관측치 개수가 주어졌을 때 0, 1, 2 , 3 값이 균등하게 분포된 대규모 모집단에서 데이터가 무작위로 샘플링됐다는 귀무가설하에 이러한 결과가 나타날 가능성을 평가해본다. 0.852의 p 값은 귀무가설이 참인 경우 테이블에 있는 것과 유사하거나 더 큰 차이가 있는 데이터셋을 볼 확률이 85%로 추정됨을 나타낸다. 여기서는 카이제곱의 검정하에서 표는 네 숫자의 실제 빈도 차이가 있지 않음을 뜻한다. 다시 말해, 이 데이터는 무작위 표본 추출을 가정할 때 모집단의 그룹 크기가 동일하지 않다는 증거를 보여주지 못했다.

위의 코드와 단 한 글자가 다른 다음 코드와 비교해보라. 관측치 개수 '3'을 `20`부터 `10`까지 변경했다.

```
In [5]: tmp_values, tmp_counts = np.unique(np.repeat(range(4),
                                                     [25, 25, 25, 10]),
                                           return_counts=True)
        print(tmp_counts)
        print(stats.chisquare(tmp_counts))
        print('Expected values: {}'.format(np.ones(4)*tmp_counts.sum()/4))

[25 25 25 10]
Power_divergenceResult(statistic=7.9411764705882355, pvalue=0.04724318343092867)
Expected values: [21.25 21.25 21.25 21.25]
```

이 경우 p 값은 0.047이므로 '95% 신뢰도'로 숫자 간에 차이가 없다는 귀무가설을 기각할 수 있다고 결론 내릴 수 있다. 즉, 이 표본 데이터는 N=85개 관측치의 무작위 표본이라고 가정할 때 현재의 0부터 3 사이의 값 분포는 더 큰 모집단에서는 같지 않을 가능성이 있음을 시사한다. 일반적으로 p 값이 0.10 또는 0.05보다 작으면 그룹 간에 차이가 있음을 나타낸다.

여담으로, 귀무가설의 의미와 전통적인 유의성 검정의 가치에 대해 통계학자들 사이에도 의견 차이가 있다. 여기서 특별히 고전적 유의성 검정을 옹호하지는 않지만, 데이터셋에서 증거의 강도를 측정하기 위해 마케팅에 널리 사용되기 때문에 여기서 그 방법을 소개한다. 고전적인 방법이 불완전함에도 불구하고 유용하므로 알아두는 것이 중요하다고 믿는다. 논란과 대안에 대한 검토와 논의는 Cohen 1994, Kruschke 2010, Hubbard and Armstrong 2006을 참조하라.

앞의 결과에서 표본이 더 작으면 각 그룹의 고객 비율이 동일하더라도 유의성 검정에서 동일한 결과를 얻지 못할 것이다. 유의성 검정은 관찰된 차이와 표본 크기 모두에 민감하다. 이를 확인하기 위해 `tmp_counts`를 5로 나눠 동일한 비율로 관측치의 1/5 수준의 데이터를 생성할 수 있다.

```
In [6]: tmp_counts_small = tmp_counts/5
        print(tmp_counts_small)
        print(stats.chisquare(tmp_counts_small))
        print('Expected values: {}'.format(np.ones(4)*tmp_counts_small.sum()/4))

[5. 5. 5. 2.]
Power_divergenceResult(statistic=1.5882352941176472, pvalue=0.6620603202525777)
Expected values: [4.25 4.25 4.25 4.25]
```

이는 '3' 그룹의 사람들 비율은 결과가 유의한 것으로 나왔던 앞서의 더 큰 표본과 동일하지만 여기서는 유의하지 않다는 결과를 보여준다. 즉, 그룹 크기의 실제 차이에 대한 증거가 없다. 이는 통계적 유의성 검정에 대해 주의해야 할 사항 중 하나를 보여준다. 결과는 실제 효과뿐 아니라 표본 크기에 따라서도 달라질 수 있다.

일반적으로 카이제곱 검정에 필요한 표본 크기는 전체적으로 20보다 크고 각 카테고리는 5보다 커야 한다.

문제가 될 수 있는 부분은 샘플이 작을 때만이 아니라 샘플이 클 때도 마찬가지이다. 원시 데이터를 수정해 샘플 크기를 1/5로 줄이는 대신에 반대로 늘려보자.

```
In [7]: tmp_counts_large = tmp_counts*10 + 1900
        print(tmp_counts_large)
        print(stats.chisquare(tmp_counts_large))
        print('Expected values: {}'.format(np.ones(4)*tmp_counts_large.sum()/4))

[2150 2150 2150 2000]
Power_divergenceResult(statistic=7.988165680473372, pvalue=0.04625691960442831)
Expected values: [2112.5 2112.5 2112.5 2112.5]
```

여기서도 p 값은 0.05보다 작으며 이전 예(`0.047` 대 `0.046`)와 매우 유사하다. 그러나 표본 크기가 크면, 그룹 간의 비례 차이가 상대적으로 작더라도 그렇다. 이 경우 비즈니스 문맥이 중요하다. '3' 그룹은 예상보다 약 100명의 회원이 적다. 그것은 통계적으로 유의미함에도 불구하고 중요한 것인가? 이는 단위가 무엇이며 이 분석을 기반으로 어떤 결정을 내릴 수 있는지에 따라 다르다.

종종 큰 숫자의 경우 통계적 유의성은 그다지 유용하지 않으며, 차이의 크기를 추정하는 효과 크기^effect size^를 사용하는 것이 더 유용할 수 있다. 이 경우 '3' 범주에 대한 관측값과 기댓값 간의 편차는 약 5%이다(2000 대 2112.5). 반면, 거의 동일한 p 값을 가진 이전 예제에서는 차이가 200% 이상이다(10 대 21.25).

N=300 관측치가 있는 시뮬레이션된 세그먼트 데이터로 돌아가서 세그먼트 크기가 서로 크게 다른지 알아보자(300명의 고객은 더 큰 모집단으로부터의 무작위 표본이라고 가정). 위와 동일한 절차를 사용한다.

```
In [7]: segment_values, segment_counts = np.unique(seg_df.Segment,
                                                   return_counts=True)
        print(segment_counts)
        stats.chisquare(segment_counts)

[ 70 100 80 50]


Out[7]: Power_divergenceResult(statistic=17.33333, pvalue=0.00060)
```

질문에 대한 대답은 '세그먼트 크기에 차이가 있다.'이다. 즉, $p = 0.0006$인 경우 샘플은 각 세그먼트에 동일한 수의 고객이 있다는 가설을 지지하지 않는다.

여기서는 이전과 같이 NumPy `unique()` 메서드를 사용했다. 그러나 `seg_df`는 데이터프레임이므로 pandas의 `value_counts()` 메서드도 사용할 수 있다.

```
In [8]: seg_df.Segment.value_counts()

Out[8]: suburb_mix    100
        travelers      80
        moving up      70
        urban_hip      50
        Name: Segment, dtype: int64
```

이는 `chisquare()` 메서드에 직접 전달할 수 있다.

```
In [9]: stats.chisquare(seg_df.Segment.value_counts())

Out[9]: Power_divergenceResult(statistic=17.33333, pvalue=0.00060)
```

5.2절에서 데이터를 추출할 때 가정한 것처럼 구독 상태는 주택 소유와 무관하다. 즉, 시뮬레이션된 데이터에서 응답자는 주택 소유 상태와 관계없이 구독할 가능성이 동일하다(반대로 구독 상태와 무관하게 주택을 소유할 가능성이 동일한가?). pandas `crosstab()` 메서드를 사용해 양방향 테이블을 생성하고 `chisquare_contingency()`를 사용해 검정해본다.

```
In [10]: pd.crosstab(seg_df.subscribe, columns=seg_df.own_home)

Out[10]: own_home   False  True
         subscribe
         False        143   122
         True          24    11
```

```
In [11]: stats.chi2_contingency(pd.crosstab(seg_df.subscribe,
                                            columns=seg_df.own_home))

Out[11]: (2.114527405072716,
          0.14590708913184341,
          1,
          array([[147.51666667, 117.48333333],
                 [ 19.48333333,  15.51666667]]))
```

chi2_contingency()의 출력은 레이블이 지정되지 않는다. 문서를 살펴보면, 출력을 이해하기 쉽게 만들기 위해 print 문으로 함수를 래핑할 수 있다.

```
In [12]: sub_by_home = pd.crosstab(seg_df.subscribe,
                                   columns=seg_df.own_home)
         print('chisq_stat: {0}\np_value: {1}\ndof: {2}\nexpected_values: {3}'
               .format(*stats.chi2_contingency(sub_by_home)))

chisq_stat: 2.114527405072716
p_value: 0.14590708913184341
dof: 1
expected_values: [[147.51666667 117.48333333]
 [ 19.48333333  15.51666667]]
```

이 경우 귀무가설은 요인이 무관하다는 것이다. 즉, 숫자의 개수가 한계 비율에서 예상할 수 있는 것과 같다는 것이다. 높은 p 값을 고려하면 귀무가설을 기각할 수 없다. 대신 요인이 관련돼 있음을 보여주는 증거가 없다는 결론을 내려야 한다. 즉, 주택 소유가 데이터에서 구독 상태와 무관하다는 증거가 없다는 것이다. 일반적으로 사람들은 구독률이 낮기 때문에 두 그룹의 구독자보다 비구독자가 더 많지만, 구독률과 주택 소유 간의 관계를 나타내는 증거는 충분하지 않다.

chi2_contingency()는 데이터가 들쭉날쭉한 이항 분포에서 나올 때 연속 데이터의 가정이 불완전하다는 사실에 비춰 카이제곱 통계를 조정하는 예이츠Yates 보정을 사용하도록 기본 설정된다. 결과가 수작업이나 스프레드시트 계산과 같은 기존 값과 일치하도록 하려면 correction=False로 설정하라.

```
In [13]: print('chisq_stat: {0}\np_value: {1}\ndof: {2}\nexpected_values: {3}'
               .format(*stats.chi2_contingency(sub_by_home,
                                               correction=False)))

chisq_stat: 2.6737316360934784
p_value: 0.10201657409843726
dof: 1
expected_values: [[147.51666667 117.48333333]
 [ 19.48333333  15.51666667]]
```

검정 통계량과 p 값은 이러한 명령들 간에 살짝 변경되지만 전체 결론은 동일하다. 즉, 요인이 관련돼 있다는 증거가 없다는 것이다.

6.3 관찰된 비율 검정: binom_test()

값이 2개뿐인 관측치를 다룰 때는 이항(두 값) 변수로 간주할 수 있다. 마케팅 데이터에 대한 이야기를 잠시 중단하고 이를 설명한다. 2014년 슈퍼볼Superbowl XLVIII 경기일에 크리스Chris는 뉴욕 지역에서 맨해튼을 산책하며 12개의 시애틀 팬 그룹과 8개의 덴버 팬 그룹을 관찰했다. 관측값은 이항 값(시애틀 팬 또는 덴버 팬)의 무작위 표본이라고 가정한다. 관찰된 시애틀 팬이 60%였다면, 이는 팬들이 서로 동일하다(각각 50%)는 가정으로부터 유의하게 다른 것인가? 이를 위해 statsmodels라는 새 패키지를 소개한다. statsmodels는 많은 통계 모델과 검정을 위한 클래스와 함수를 제공한다.

여기서는 statsmodels.proportion.binom_test()를 사용해 참 가능성이 50%라면 20개 중 12개를 무작위로 관찰할 가능성을 단방향으로 검정한다.

```
In [14]: from statsmodels.stats import proportion as sms_proportion
In [15]: sms_proportion.binom_test(count=12, nobs=20, prop=0.5)

Out[15]: 0.5034446716308595
```

p 값(p=0.5034)은 유의하지 않은 것으로 해석할 수 있다. 즉, 결과가 귀무가설과 다르다는 생각을 뒷받침하지 못하는 것으로 해석할 수 있다. 95% 신뢰 구간을 살펴보는 것도 도움이 될 것이다.

```
In [16]: sms_proportion.proportion_confint(count=12, nobs=20, alpha=0.05)

Out[16]: (0.38529670275394107, 0.8147032972460588)
```

데이터에 따르면, 95% 신뢰 구간은 36~81%이며 이는 귀무가설 값인 50%를 포함한다. 따라서 20명의 표본에서 60%의 시애틀 팬을 관찰했다는 사실은 뉴욕을 걸어다니는 더 큰 그룹에는 시애틀 팬이 더 많이 포함됐다는 사실을 확실히 증명하지 못한다.

6.3.1 신뢰 구간 정보

신뢰 구간에 대해 여러 번 언급했지만, 이 개념은 크게 오해를 받고 있어 잠시 설명할 필요가 있다. 95% 신뢰 구간의 정의는 다음과 같다. 무한하거나 매우 큰 모집단에서의 참 값이 현재 추정치와 동일하다는 가정하에서 동일한 크기의 무작위 샘플을 사용해 통계를 반복적으로 추정할 경우 95% 이상 그렇다고 예상할 수 있는 가능한 추정 범위이다. 즉, 반복되는 무작위 샘플에서 기대할 수 있는 가능한 답변 범위를 가장 잘 추측한다. 신뢰 구간에서 귀무가설(예: 같은 기회에 대해 0.5의 확률, 또는 그룹 간에 차이가 없는 경우 평균의 차이가 0)이 제외되면 결과는 통계적으로 유의하다고 한다.

신뢰 구간CI과 통계적 유의성에 대한 많은 오해가 있다. CI는 가정에 대한 신뢰 정도를 반영하지 않기 때문에 '대답에 얼마나 확신하는지'를 표현하지 않는다. 예를 들어, 진정한 무작위 샘플링은 드물기 때문에 무작위 샘플링의 추정은 일반적으로 완전히 정당화되지 않는다. 그러나 그 추가적인 불확실성은 CI에 반영되지 않는다. CI는 종종 '참 값이 CI 범위에 있다.'는 의미로 오해를 받는다. 실제로는 그 반대이다. 실제 값이 우리가 얻은 값이라면, 무작위 샘플링의 추가 라운드에서 추가 추정치가 이 CI 95% 내에 속할 것으로 예상한다. CI는 참 값이 아니라 추정치에 관한 것이다. 또한 통계적 유의성은 결과의 실질적인 중요성이나 의미를 나타내지 않는다. 작은 차이라도 실행 가능하지 않거나 비즈니스 문제로 해석할 수 없는 경우에도 큰 표본에서 통계적으로 유의할 수 있다.

실제로 결과를 해석하기 전에 일정 수준의 신뢰 구간(문제가 얼마나 민감한지에 따라 95% 또는 가능하면 90%나 99%)에 대해 통계적으로 유의한지 확인하는 것이 좋다. 유의하지 않은 경우라면 결과에 대한 증거가 약한 것이므로 해석해서는 안 된다. 이 경우에는 결과를 무시하거나 더 많은 데이터를 수집하라. 결과가 유의한 경우 해석과 보고를 진행하라('신뢰'를 설명하는 방법에 주의). 결과를 (설정된) 통계적 유의성이 아닌 중요성에 비춰 해석한다. 단일 포인트 추정치를 보고하는 것보다는 가능할 때마다 신뢰 구간을 보고하고 적절한 경우 차트로 작성하는 것이 좋다. CI를 보고함으로써 이해관계자에게 좀 더 완전하고 정확한 설명을 제공해줄 수 있다. 이 논지는 고전적 통계(이 책의 대부분을 다루며 실무자들이 주로 사용하는 것)의 유의성 해석에 적용된다.

파이썬에는 통계 모델에 대한 신뢰 구간을 결정하는 몇 가지 방법이 있다(적절한 경우). `statsmodel.proportion.proportion_confint()`는 그중 하나이다. Scipy `stats`는 또한 대부분의 분포 유형에 대해 `interval()` 메서드를 갖고 있다. 예를 들어 `stats.t.interval()`은 6.4절에서 소개한다.

6.3.2 binom_test()와 이항 분포에 대한 추가 정보

이제 신뢰 구간을 이해했으므로 `binom_test()`와 `proportion_confint()`를 다시 살펴보자. 200명 중 120명이 시애틀 팬이라고 관찰됐다면, 이전과 같은 비율이지만 더 큰 샘플에서는 어떨까?

```
In [17]: sms_proportion.binom_test(count=120, nobs=200, prop=0.5)

Out[17]: 0.0056851559967502265

In [18]: sms_proportion.proportion_confint(count=120, nobs=200, alpha=0.05)

Out[18]: (0.5321048559554297, 0.6678951440445703)
```

120/200의 경우 신뢰 구간에 더 이상 50%가 포함되지 않는다. 따라서 이 관찰은 시애틀 팬들이 우세하다는 증거가 될 것이다. 이에 따라 p 값은 0.05보다 작으며 통계적으로 유의한 차이를 나타낸다.

파이썬을 사용하면 분포에 대해 훨씬 더 많은 질문을 할 수 있다. 예를 들어 실제 비율이 50%인 경우 20명 중 8~12명의 시애틀 팬을 관찰할 확률은 얼마일까? Scipy `stats.binom`을 사용해 관심 범위에 걸친 이항 분포에 대한 밀도 추정값을 사용하고 포인트 확률을 합산한다.

```
In [19]: stats.binom.pmf([8, 9, 10, 11, 12], p=0.5, n=20).sum()

Out[19]: 0.7368240356445304

In [20]: stats.binom.pmf(range(8,13), p=0.5, n=20).sum()
```

```
Out[20]: 0.7368240356445304
```

20명의 팬을 관찰한 경우 만약 참 분할이 50%였다면 8~12명의 팬을 관찰할 확률은 73.7%이다(따라서 8명 미만이나 12명 이상을 관찰할 확률은 1 − p 또는 27.3%). 여기서는 두 가지 접근 방식을 사용했다. 첫 번째 경우에는 리스트에 각 예상 숫자를 지정했다. 두 번째 경우에는 `range()` 메서드를 사용해 프로그래밍 방식으로 리스트를 생성했다. 결과는 동일하다.

'정확한' 이항 검정(고전적 방법)은 신뢰 구간을 추정하는 데 지나치게 보수적일 수 있다(Agresti and Coull 1998). 한 가지 대체 방법은 `proportion_confint(count, nobs, method = "agresti-coull")`을 사용하는 것이다.

```
In [21]: sms_proportion.proportion_confint(12, 20, method='agresti_coull')

Out[21]: (0.3860303790620197, 0.7817445893274164)
```

아그레스티-쿨Agresti-Coull 방법을 사용하면 신뢰 구간이 약간 더 작지만 여전히 50%를 포함한다.

마지막으로, 크리스는 또한 20개 그룹 중 시애틀과 덴버 팬이 혼합된 그룹은 단 하나도 관찰하지 못했다. 즉, 혼합 그룹은 0개였다(팀 의상으로 추론). 그 관찰을 바탕으로, 우리가 결론을 내려야 하는 것은 팬이 혼합된 그룹이 구성될 가장 가능성 있는 비율이다. 정확한 검정에는 0 또는 100% 관측치에 대한 신뢰 구간이 없기 때문에 아그레스티-쿨 방법을 사용한다.

```
In [22]: sms_proportion.proportion_confint(0, 20, method='agresti_coull')

Out[22]: (0.0, 0.18980956054248888)
```

크리스는 0건의 사례를 관찰했지만, 혼합된 팬 그룹의 발생은 0~19% 사이에 있을 가능성이 높다.

6.4 그룹 평균 검정: t-검정

t-검정t-test은 한 표본의 평균을 다른 표본의 평균(또는 0과 같은 특정 값)과 비교한다. 중요한 점은 정확히 두 집합의 데이터 평균을 비교한다는 것이다. 예를 들어, 세그먼트 데이터에서는 주택을 소유한 사람들과 그렇지 않은 사람들 사이에서 가구 소득이 다른지 알아볼 수 있다.

통계 검정이나 모델을 적용하기 전에 데이터를 조사하고 왜도, 불연속성, 특이값을 확인하는 것이 중요하다. 많은 통계 검정에서는 데이터가 정규 분포나 다른 부드러운 연속 분포를 따른다고 가정한다. 왜도나 특이값은 이러한 가정을 위반하고 부정확한 검정으로 이어질 수 있다. 예를 들어, 소득이 극도로 높은 한 사람은 평균값을 왜곡할 수 있다.

비정규 분포를 확인하는 한 가지 방법은 상자 그림, 히스토그램 또는 QQ 그림으로 데이터를 그려보는 것이다(3장 참조). 이미 위에서 소득을 그렸으므로(그림 5.8과 5.9) 이 단계를 건너뛴다. 또한 주택 소유뿐만 아니라 전체 소득에 대한 히스토그램을 확인할 수 있다.

```
In [23]: from scipy import stats
         import matplotlib.pyplot as plt

         income_own_home = seg_df.income[seg_df.own_home]
         income_dont_own_home = seg_df.income[~seg_df.own_home]

         seg_df.income.hist() # 출력 생략
         income_own_home.own_home.hist(alpha=0.5) # 출력 생략
         income_dont_own_home.hist(alpha=0.5) # 출력 생략
         seg_df.boxplot(column='income', by='own_home') # 출력 생략
         plt.figure()
         _ = stats.probplot(seg_df.income, dist='norm', plot=plt) # 출력 생략
```

편의상 그림은 생략한다. 전반적으로 이러한 히스토그램과 위의 상자 그림에서 소득은 대략 정규 분포를 따른다(5.1절의 데이터 생성 절차를 고려해보면 그래야만 한다).

응답 변수인 income을 설명 변수인 own_home으로 설명할 수 있는지 측정하고자 한다.

먼저 데이터에 대한 표본 평균과 표준 편차를 볼 수 있다.

```
In [24]: income_dont_own_home.mean(), income_dont_own_home.std()

Out[24]: (46892.35166, 20335.071081)

In [25]: income_own_home.mean(), income_own_home.std()

Out[25]: (55412.13191, 16917.48248)
```

평균 소득은 임대(own_home은 False)의 경우 $46,892이고 소유인 경우 $55,412이다.

이제 주택 소유가 전체 부문에서 소득 차이와 관련이 있는지 여부를 검정할 준비가 됐다.

```
In [26]: stats.ttest_ind(income_dont_own_home, income_own_home,
                         equal_var=False)

Out[26]: Ttest_indResult(statistic=-3.96032, pvalue=9.37281e-05)
```

출력에는 몇 가지 중요한 정보가 있다. 먼저 t 통계가 −3.96이고 p 값이 0.00009임을 알 수 있다. 이는 주택 소유에 따른 소득 차이가 없다는 귀무가설이 기각된다는 것을 의미한다. 데이터에 따르면 집을 소유한 사람들의 소득이 더 높다.

또한 주택 소유자와 주택 비소유자 간 평균 소득 차이의 95% 신뢰 구간을 살펴보는 것도 중요하다. 이를 위해 stats.t.interval(alpha, df, loc, scale)을 사용할 수 있다. 여기서 alpha는 간격 너비(예: 0.95)를 지정하고 df는 자유도이다(예: 그룹 a 샘플 수 + 그룹 b 샘플 수 − 2). loc는 그룹 a와 그룹 b 사이의 평균 차이이고 척도는 각 그룹에 대한 표준 오차의 기하 평균이다.

```
In [27]: count_dont_own_home = income_dont_own_home.shape[0]
         count_own_home = income_own_home.shape[0]
         dof = count_dont_own_home + count_own_home - 2
         geometric_mean_sem = np.sqrt(((count_dont_own_home - 1)
                                       * stats.sem(income_dont_own_home)**2
                                       + (count_own_home - 1)
                                       * stats.sem(income_own_home)**2)/dof)
         stats.t.interval(alpha=0.95,
                          df=dof,
                          loc=income_dont_own_home.mean()\
                              - income_own_home.mean(),
                          scale=geometric_mean_sem)

Out[27]: (-11525.353750453647, -5514.206739896753)
```

다음으로 차이에 대한 95% 신뢰 구간이 −11525에서 −5514까지임을 알 수 있다. 이 표본이 더 큰 모집단의 대표적인 데이터였다면 반복 샘플링에서 그룹 차이가 해당 값 사이에 있을 것임을 95% 신뢰할 수 있다.

Travelers 세그먼트의 차이점은 어떨까? 그림 5.9에서 가계 소득이 집을 소유하지 않은 사람들보다 집을 소유한 Travelers 세그먼트 구성원들 사이에서 더 넓은 분포를 갖는 것으로 나타났다. 그 점 또한 두 그룹의 평균 소득 차이를 반영하는가?

위의 모든 코드를 다시 작성하는 대신 반복 분석을 단순화하는 함수를 작성할 수 있다.

```
In [28]: def ttest(a, b):
             # 이 함수는 t-검정을 수행해 두 그룹의 통계량을 표시한다
             # 또한 두 그룹 사이의 95% 신뢰 구간을 찾고 평균 차이를 찾는다
             # 각 그룹의 평균과 표준 편차 구하기
             mean_a = a.mean()
             mean_b = b.mean()

             std_a = a.std()
             std_b = b.std()

             print('Group a - mean: {0} standard deviation: {1}'
                   .format(mean_a, std_a))
             print('Group b - mean: {0} standard deviation: {1}\n'
                   .format(mean_b, std_b))

             # 두 그룹 사이에 웰치(Welch)의 t-검정 수행
             ttest_out = stats.ttest_ind(a, b, equal_var=False)
             print("Welch's t-test statistic: {0}\np-value: {1}\n"
                   .format(ttest_out.statistic, ttest_out.pvalue))

             # scipy.statst.interval 함수로 95% 신뢰 구간 찾기
             # 평균의 차이는 분포에서의 위치이다(loc parameter)
             # 두 그룹 표준 오차의 기하 평균은 크기이다
             count_a = a.shape[0]
             count_b = b.shape[0]
             dof = count_a + count_b - 2
```

```
    geometric_mean_sem = np.sqrt(((count_a - 1) * stats.sem(a)**2
                                 + (count_b -1) * stats.sem(b)**2)/dof)
    print('95% confidence interval of the mean difference between a and'
          ' b:\n{0}'
          .format(stats.t.interval(alpha=0.95, df=dof,
                                   loc=mean_a - mean_b,
                                   scale=geometric_mean_sem)))
```

복잡하거나 반복되는 분석을 단순화해주는 함수를 작성하면 하위 시퀀스 분석이 간단해지고 반복성도 향상된다. 여기서는 이 함수를 사용해 이전 분석을 반복할 수 있다.

```
In [29]: ttest(income_dont_own_home, income_own_home)

Group a - mean: 46892.35166 standard deviation: 20335.07108
Group b - mean: 55412.131907 standard deviation: 16917.48248

Welch's t-test statistic: -3.96032
p-value: 9.37281e-05

95% confidence interval of the mean difference between a and b:
(-11525.35375, -5514.20673)
```

입력할 것이 많다는 점에 주목하자. 오류가 발생하지 않았다는 것을 어떻게 확신할 수 있을까? 이를 알아보는 가장 좋은 방법은 단위 검정을 사용하는 것이지만, 이는 책의 범위를 벗어난다. 이 경우 좋은 검정은 실행해 볼 수 있는 함수이다. 그러나 함수를 분할하지 않으면 미묘한 오류가 분명히 존재할 수 있다. 더 나은 검정은 몇 가지 분포를 통과하고 결과가 의미 있는지 확인해보는 것이다. 예를 들어 `np.random.normal(100000, 15000, 300)`을 `np.random.normal(101000, 15000, 300)`과 비교할 수 있는데, 이는 크게 다르지 않을 것이며 `np.random.normal(80000 , 15000, 300)`과는 상당히 다를 것으로 예상된다.

원래 질문으로 돌아가서, 여행자 세그먼트 내에서 주택 소유 여부에 따른 소득 차이가 있는가?

`seg_df.Segment == 'travelers'`를 사용해 간단히 필터링함으로써 Travelers만 선택하고 검정을 반복한다.

```
In [30]: traveler_subset = seg_df.loc[seg_df.Segment == 'travelers']
         ttest(traveler_subset.income[~traveler_subset.own_home],
               traveler_subset.income[traveler_subset.own_home])

Group a - mean: 62923.23394 standard deviation: 22233.49398
Group b - mean: 62449.90773 standard deviation: 19580.36094

Welch's t-test statistic: 0.09366
p-value: 0.92578

95% confidence interval of the mean difference between a and b:
(-6107.12069, 7053.77310)
```

−6107에서 7054의 신뢰 구간은 0을 포함하므로 p 값 0.93에서 제시된 바와 같이 집을 소유한 여행자와 그렇지 않은 여행자 간의 평균 소득에 유의한 차이가 없다는 결론을 내린다.

아마 당황했을 수도 있다. 처음의 t-검정에서는 주택 소유에 따라 소득에 상당한 차이가 있음을 보여줬지만, 두 번째 검정에서는 Travelers 내에 큰 차이가 없음을 확인했다. 따라서 차이점은 대부분 Travelers 그룹 외부에 있어야 한다.

차이가 있는 곳을 어떻게 찾을 수 있을까? t-검정은 두 그룹만 비교하는데, 4개의 세그먼트가 있기 때문에 모든 세그먼트에 대한 t-검정은 작동하지 않는다. 각 세그먼트 내에서 한 번에 하나씩 수입을 검정할 수도 있지만, 여러 검정을 수행하면 가짜spurious 차이('제1종 오류')를 찾을 가능성이 높아지므로 그다지 좋은 생각이 아니다. 차이를 추적하려면 여러 그룹을 처리하는 좀 더 강력한 절차가 필요하다. 이제 다음 단계로 넘어가보자.

6.5 다중 그룹 평균 검정: 분산 분석(ANOVA)

6.5.1 수식 구문에 대한 간략한 소개

S 프로그래밍 언어(이후 R)(Chambers et al. 1990)는 수식 사양을 통해 변수 간의 관계를 설명하는 공통 구문을 제공했다. 수식은 물결(~) 연산자를 사용해 왼쪽의 응답 변수를 오른쪽의 설명 변수와 구분한다. 기본 형식은 다음과 같다.

$$y \sim x \qquad \text{(간단한 공식)}$$

이것은 상당수 R 문맥에서 사용된다. 여러 파이썬 패키지, 특히 statsmodels 패키지와 같은 통계 모델링 관련 패키지에서 유사한 구문이 매우 유용한 것으로 입증됐다. 선형 회귀에서 위의 공식은 y를 x의 선형 함수로 간단히 모델링한다.

6.5.2 분산 분석

분산 분석ANOVA은 여러 그룹의 평균을 비교한다. 기술적으로는 각 그룹 평균의 분산을 각 주변 그룹의 관측값의 평균 분산과 비교해 그룹들이 서로 다른 정도를 알아본다. 따라서 이름에서 분산의 중요성이 드러나고 있다. 좀 더 간단히 설명하자면, 각 그룹의 분산이 비슷하다고 가정한 상태에서 여러 평균 간의 차이를 검정하는 것으로 생각할 수 있다.

ANOVA는 단일 요인(일원 분산 분석one-way ANOVA이라고 함), 2요인(양방향) 그리고 다요인 간의 상호 작용을 포함한 고차원을 처리할 수 있다. ANOVA에 대한 완전한 설명은 훨씬 더 많지만, 여기서는 이전 절의 질문인 세그먼트 데이터의 평균 소득 차이와 관련된 요인을 해결하는 데만 사용한다. 특히 주택 소유나 세그먼트 멤버십 또는 둘 다와 관련된 소득에 관해 알아본다.

Scipy `stats`에는 일원 분산 분석 메서드인 `f_oneway()`가 있으며, 다수의 배열이 주어지면 F 값F-value과 연계된 p 값을 반환한다.

```
In [31]: stats.f_oneway(income_dont_own_home, income_own_home)

Out[31]: F_onewayResult(statistic=15.04833, pvalue=0.00013)
```

좀 더 완전한 기능을 갖춘 ANOVA 메서드 집합은 statsmodels stats.anova 모듈에서 찾을 수 있다. 이는 위에서 소개한 공식 표기법을 이용해 statsmodels.formula.api.smf.ols(formula, data)를 사용함으로써 모델과 statsmodels.stats를 설정하고 표준 ANOVA 요약을 표시한다. 여기서는 먼저 주택 소유에 따른 소득을 보고 ols() 모델을 객체에 할당해 anova_lm()과 함께 사용할 수 있도록 한다. ols() 함수는 표준 공식 인터페이스를 사용해 income을 own_home에 대한 응답으로 모델링한다.

```
In [32]: import statsmodels.formula.api as smf
         from statsmodels.stats import anova as sms_anova

In [33]: income_home_lm = smf.ols('income ~ own_home', data=seg_df).fit()
In [34]: sms_anova.anova_lm(income_home_lm)

Out[34]:              df        sum_sq       mean_sq          F    PR(>F)
         own_home    1.0  5.374074e+09  5.374074e+09  15.048327  0.000129
         Residual  298.0  1.064221e+11  3.571210e+08        NaN       NaN
```

own_home에 대한 Pr(>F)의 값은 p 값이며, 자신의 주택을 소유한 사람과 소유하지 않은 사람 사이에 유의한 소득 차이가 있음을 반영한다(이것은 약간 다른 검정이지만 6.4절의 t-검정에서 얻은 것과 동일한 결론이다).

부문별 소득은 어떨까? 이를 모델링하고 ols 객체를 저장하자.

```
In [35]: income_segment_lm = smf.ols('income ~ Segment', data=seg_df).fit()
         sms_anova.anova_lm(income_segment_lm)

Out[35]:              df        sum_sq       mean_sq           F        PR(>F)
         Segment     3.0  6.008669e+10  2.002890e+10  114.651236  2.794439e-49
         Residual  296.0  5.170946e+10  1.746941e+08         NaN           NaN
```

Pr(>F)의 값은 0에 매우 가까워 소득이 부문별로 유의하게 다르다는 것을 확인한다.

소득이 주택 소유와 세그먼트에 따라 다르다면 더 완전한 모델에는 둘 다 포함돼야 함을 의미하는 것일까? 이를 검정하기 위해 ANOVA 모델에 두 요소를 모두 추가할 수 있다.

```
In [36]: income_home_segment_lm = smf.ols('income ~ Segment + own_home',
                                          data=seg_df).fit()
         sms_anova.anova_lm(income_home_segment_lm)

Out[36]:              df        sum_sq       mean_sq           F        PR(>F)
         Segment     3.0  6.008669e+10  2.002890e+10  114.352374  3.858516e-49
         own_home    1.0  4.000708e+07  4.000708e+07    0.228415  6.330554e-01
         Residual  295.0  5.166945e+10  1.751507e+08         NaN           NaN
```

결과는 Segment와 own_home 둘 다에서의 소득 차이를 설명하려고 할 때 세그먼트는 유의한 예측 변수($p << .01$)이

지만 주택 소유는 유의한 예측 변수가 아님을 나타낸다. 그러나 이전 결과에서는 그것이 유의한 것으로 나타났다. 차이점이 뭘까? 현재로서는 세그먼트와 주택 소유권이 독립적이지 않고 세그먼트 멤버십만으로도 효과가 충분히 포착된다는 것이다. 주택 소유는 세그먼트가 설명할 수 있는 것보다 좀 더 많은 것을 설명한다.

주택 소유가 일부 세그먼트에서는 소득과 관련이 있지만 다른 곳에서는 관련이 없을 수 있다. 이것은 모델에서 상호 작용 효과로 표현된다. 모델 공식에서 '+'는 변수가 주 효과에 대해서만 모델링돼야 함을 나타낸다. 대신 상호 작용에는 ':'을, 주 효과와 상호 작용에는 '*'를 쓸 수 있다. 주택 소유와 세그먼트의 주 효과 및 상호 작용을 검정해보자.

```
In [37]: income_home_segment_lm = smf.ols('income ~ Segment * own_home',
                                          data=seg_df).fit()
         sms_anova.anova_lm(income_home_segment_lm)

Out[37]:                      df        sum_sq       mean_sq           F  \
         Segment             3.0  6.008669e+10  2.002890e+10  113.502010
         own_home            1.0  4.000708e+07  4.000708e+07    0.226717
         Segment:own_home    3.0  1.422781e+08  4.742603e+07    0.268759
         Residual          292.0  5.152717e+10  1.764629e+08         NaN

                                PR(>F)
         Segment          9.839888e-49
         own_home         6.343252e-01
         Segment:own_home 8.479014e-01
         Residual                  NaN
```

다시 말해, 세그먼트는 중요한 예측 변수이지만 주택 소유권과 세그먼트의 상호 작용은 유의하지 않다. 즉, 세그먼트 멤버십은 그 자체로도 최고의 예측 변수이다. 상호 작용 효과는 7장에서 자세히 설명한다.

6.5.3 ANOVA에서 모델 비교*

`anova_lm()` 명령의 또 다른 기능은 `anova_lm(model1, model2, ...)` 구문을 사용해 2개 이상의 모델을 비교하는 것이며, 세그먼트만 있는 `ols()` 모델과 세그먼트와 수입이 모두 있는 모델을 비교할 수 있다.

```
In [38]: sms_anova.anova_lm(smf.ols('income ~ Segment', data=seg_df).fit(),
                            smf.ols('income ~ Segment + own_home',
                                    data=seg_df).fit(),
                            typ=1)

Out[38]:    df_resid           ssr  df_diff       ss_diff         F    Pr(>F)
         0     296.0  5.170946e+10      0.0           NaN       NaN       NaN
         1     295.0  5.166945e+10      1.0  4.000708e+07  0.228415  0.633055
```

이는 세그먼트와 주택 소유권을 모두 포함하는 모델 1이 모델 0과 전체적으로 크게 다르지 않다는 것을 의미한다. 더 나았다면, p 값('Pr(>F)') 0.05보다 작은 것으로 표시된 것처럼 차이가 없다는 귀무가설이 기각됐을 것이다. 일부 `RuntimeWarning`이 표시될 수 있으며, 이 경우에는 중요하지 않지만 특정 비교에서 null 값과 관련이 있다(이러한 경고는 statsmodels 문서의 예제에서도 찾을 수 있다!).

anova_lm() 명령으로 수행되는 모델 비교는 중첩된 모델의 경우에만 의미가 있다는 점에 유의해야 한다. 이 맥락에서, 모델 *A*를 산출하기 위해 하나 이상의 *B* 매개변수를 고정하거나 제거할 수 있는 경우 모델 *A*는 다른 모델 *B* 내에 중첩된다. 현재 경우에는 income ~ Segment가 income ~ Segment + own_home 내에 중첩된다. own_home만 제거하면 이전 모델과 같기 때문이다. 두 모델은 중첩되기 때문에 anova_lm()이나 우도 비교를 수행하는 다른 함수로 비교할 수 있다.

모델 income ~ Segment는 income ~ subscribe + own_home 내에 중첩되지 않는다. 후자의 모델에서 매개변수를 제거하거나 수정해도 전자가 생성되지 않기 때문이다. 따라서 이 두 모델은 anova_lm()으로 의미 있는 방식으로 비교할 수 없다. 이들을 비교하려고 하면 메소드가 일부 출력을 생성하겠지만 일반적으로 해석할 수는 없다.

중첩되지 않은 모델을 비교하는 방법에 대한 질문은 이 책에서 자세히 다루지 않는다. 일반 모델 비교의 문제와 방법에 대해 자세히 알아보려면 아카이케 정보 기준AIC, Akaike information criterion 및 베이즈 정보 기준BIC, Bayesian information criterion에 대한 문헌을 검토하는 것이 좋다. 10.3.5절에서 BIC를 간략히 알아본다.

6.5.4 그룹 신뢰 구간 시각화

분산 분석 결과를 시각화하는 좋은 방법은 그룹 평균에 대한 신뢰 구간을 그리는 것이다. 이 방법은 차이가 큰지 아닌지를 더 많이 드러낼 것이다. 적합화된 ols() 객체는 직접 검사해볼 수 있다.

```
In [39]: income_segment_lm = smf.ols('income ~ Segment', data=seg_df).fit()
         income_segment_lm.summary()

Out[39]: <class 'statsmodels.iolib.summary.Summary'>
                            OLS Regression Results
==============================================================================
Dep. Variable:                 income   R-squared:                       0.537
Model:                            OLS   Adj. R-squared:                  0.533
Method:                 Least Squares   F-statistic:                     114.7
Date:                W ed, 19 Jun 2019   Prob (F-statistic):           2.79e-49
Time:                        16:18:49   Log-Likelihood:                -3270.5
No. Observations:                 300   AIC:                             6549.
Df Residuals:                     296   BIC:                             6564.
Df Model:                           3
Covariance Type:            nonrobust
==============================================================================
                           coef    std err          t      P>|t|      [0.025      0.975]
------------------------------------------------------------------------------
Intercept             5.176e+04   1579.756     32.767      0.000    4.87e+04    5.49e+04
Segment[T.suburb_mix] 3788.7303   2059.750      1.839      0.067    -264.880    7842.341
Segment[T.travelers]  1.085e+04   2163.170      5.014      0.000    6588.960    1.51e+04
Segment[T.urban_hip]  -3.15e+04   2447.348    -12.869      0.000   -3.63e+04   -2.67e+04
==============================================================================
Omnibus:                       14.628   Durbin-Watson:                   2.046
Prob(Omnibus):                  0.001   Jarque-Bera (JB):               35.432
```

```
Skew:                           0.089   Prob(JB):                     2.02e-08
Kurtosis:                       4.674   Cond. No.                         5.02
==============================================================================
```

문제가 있다. 기본 ols() 모델에는 절편 항intercept term('Moving up' 세그먼트에 해당)이 있고, 다른 모든 세그먼트는 이에 상대적이다. 이 점은 매개변수만 보면 더 명확하다.

```
In [40]: income_segment_lm.params

Out[40]: Intercept                  51763.552666
         Segment[T.suburb_mix]       3788.730259
         Segment[T.travelers]       10846.102661
         Segment[T.urban_hip]      -31495.815349
         dtype: float64
```

그리고 신뢰 구간은 다음과 같다.

```
In [41]: income_segment_lm.conf_int()

Out[41]:                                   0             1
         Intercept               48654.575215  54872.530118
         Segment[T.suburb_mix]    -264.880397   7842.340915
         Segment[T.travelers]     6588.959959  15103.245364
         Segment[T.urban_hip]   -36312.222507 -26679.408192
```

의사 결정자나 고객이 이해하기 어려울 수 있으므로 모델 공식에 '–1'을 추가해 절편을 제거하는 것이 좋다.

```
In [42]: income_segment_lm_adjusted = smf.ols('income ~ -1 + Segment',
                                              data=seg_df).fit()
         income_segment_lm_adjusted.summary()

Out[42]: <class 'statsmodels.iolib.summary.Summary'>
                            OLS Regression Results
==============================================================================
Dep. Variable:                 income   R-squared:                       0.537
Model:                            OLS   Adj. R-squared:                  0.533
Method:                 Least Squares   F-statistic:                     114.7
Date:                Thu, 31 May 2018   Prob (F-statistic):           2.79e-49
Time:                        16:42:50   Log-Likelihood:                -3270.5
No. Observations:                 300   AIC:                             6549.
Df Residuals:                     296   BIC:                             6564.
Df Model:                           3
Covariance Type:            nonrobust
==============================================================================
                         coef    std err          t      P>|t|     [0.025      0.975]
------------------------------------------------------------------------------
Segment[moving up]  5.176e+04   1579.756   32.767      0.000    4.87e+04   5.49e+04
Segment[suburb_mix] 5.555e+04   1321.719   42.030      0.000     5.3e+04   5.82e+04
Segment[travelers]  6.261e+04   1477.727   42.369      0.000    5.97e+04   6.55e+04
Segment[urban_hip]  2.027e+04   1869.193   10.843      0.000    1.66e+04   2.39e+04
==============================================================================
```

```
Omnibus:                       14.628   Durbin-Watson:                   2.046
Prob(Omnibus):                  0.001   Jarque-Bera (JB):               35.432
Skew:                           0.089   Prob(JB):                     2.02e-08
Kurtosis:                       4.674   Cond. No.                         1.41
==============================================================================
```

절편이 제거되면 각 계수는 각 세그먼트의 평균 수입에 해당한다.

```
In [43]: means = income_segment_lm_adjusted.params
         means

Out[43]: Segment[moving up]     51763.552666
         Segment[suburb_mix]    55552.282925
         Segment[travelers]     62609.655328
         Segment[urban_hip]     20267.737317
         dtype: float64
```

그림 6.1과 같이 모델의 평균과 신뢰 구간을 그릴 수 있다.

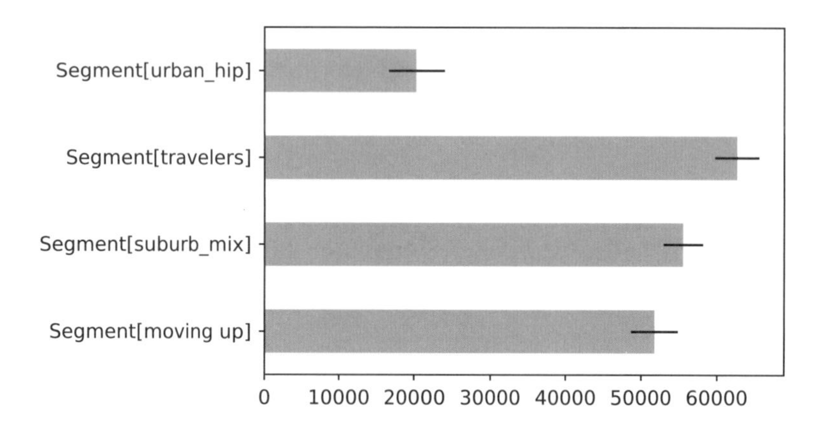

그림 6.1 statsmodels.formula.api.ols()를 사용한 분산 모델 분석에서 세그먼트별 소득에 대한 신뢰 구간

```
In [44]: ci = income_segment_lm_adjusted.conf_int()
         means.plot(kind='bar', yerr=ci[1]-means, color='0.7')
```

또는 더 세련된 그림을 만들 수 있다.

```
In [45]: import matplotlib.pyplot as plt
         plt.figure(figsize=(8,4))
         plt.barh(y=range(4), left=ci[0], width=ci[1]-ci[0],
                  height=0.2, color='0.4')
         plt.xlabel('income ($)')
         plt.yticks(range(len(means)), ci.index)
         plt.plot(means, range(4), 'ro')
         plt.xlim((0, 68000))
```

그림 6.2에서는 각 세그먼트의 평균 수입에 대한 신뢰 구간을 볼 수 있다. 'Urban hip' 세그먼트의 평균 소득은

다른 세 그룹보다 상당히 낮다.

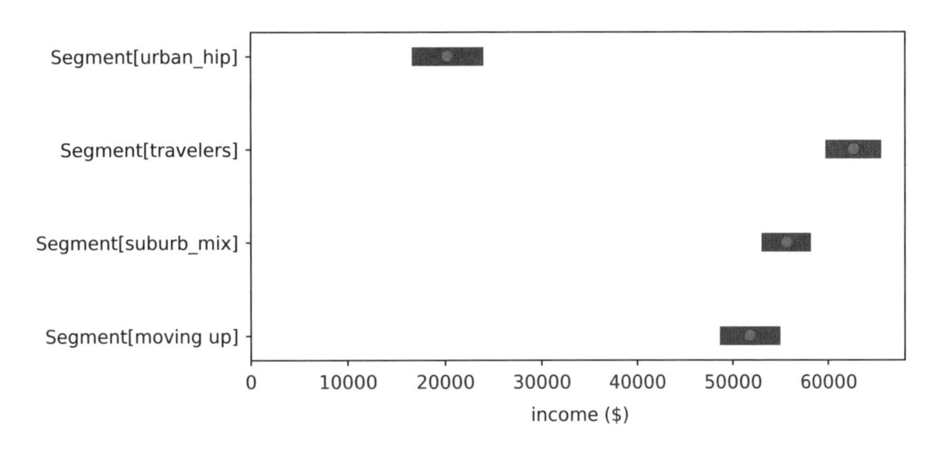

그림 6.2 세그먼트별로 임금에 대한 신뢰 구간을 나타낸 또 다른 도면. statsmodels.formula.api.ols()로 분산 모델 분석을 사용했다.

이 신뢰 구간 시각화를 함수로 전환해두면 나중에 사용할 수 있다.

```
In [46]: def plot_confidence_intervals(centers, conf_ints, zero_line=False):
             ''' 중심과 신뢰 구간 도식화
             plt.figure(figsize=(8,4))
             sort_index = np.argsort(centers.values)
             centers = centers[sort_index]
             conf_ints = conf_ints.iloc[sort_index]
             plt.barh(y=range(len(centers)), left=conf_ints[0],
                      width=conf_ints[1]-conf_ints[0],
                      height=0.2, color='0.4')
             plt.yticks(range(len(centers)), conf_ints.index)
             plt.plot(centers, range(len(centers)), 'ro')
             if zero_line:
               plt.plot([0,0],[-.5, len(centers) - 0.5], 'gray',
                        linestyle='dashed')
             plt.xlim((-.05, 1.1 * conf_ints.iloc[:,1].max()))
             plt.ylim((-.5, len(centers) - 0.5))
```

6.6 더 알아보기*

선형 모델: t-검정과 ANOVA는 일반 선형 모델의 특정 기호에 불과하며 7장에서 더 자세히 다룬다. 더 배우기 위해 권장되는 문헌으로 우선 『Introduction to Mathematical Statistics』(Pearson, 2012)가 있다. 또한 추론 검정에 대한 좀 더 자세한 논의를 위해서는 『Statistical Inference: Vol. 2』(Cengage Learning, 2002)를 참고하라.

모수 및 비모수 모델: 이 장에서는 해당 데이터의 기본 분포에 대한 가정을 기반으로 하는 검정인 모수 검정을 설명했다. 비모수 분포를 가진 데이터를 분석하는 데 사용할 수 있는 비모수 검정이 많이 있다. 예를 들어 중앙값 검정(예: 만-휘트니Mann-Whitney U, 크루스칼-왈리스Kruskal-Wallis), 순위 검정(예: 윌콕슨Wilcoxon 부호 있는 순위 검정, 스피어만Spearman의 순위 상관관계 등), 부트스트랩 방법, 순열 검정 등이 있다. 작업에 비모수 데이터셋 분석이 수반되는 경우 이러한 대체 접근 방식을 탐색하는 것이 좋다.

변수 선택: 데이터가 몇 개 이상의 변수를 포함하는 경우 모든 종류의 통계 모델에서의 일반적인 질문은 모델에서 사용할 변수를 선택하는 방법이다. 다음 절에서는 과적합의 위험성을 설명하고(7.5.2절), 선형 회귀에서 점진적 모델링(7.4절)을 시연하고, 변수 선택이 랜덤 포레스트 모델(11.1.3절)에서 작동하는 방식을 보여준다. 전통적으로 일부 분석가는 모델이 변경되는지 확인하기 위해 변수가 연속적으로 추가되거나 제거되는 단계적 선택을 사용했다. 여기서는 일반적으로 단계적 절차를 권장하지 않는다. 왜냐하면 과적합과 '결과가 알려진 후 가설화'될 위험이 있기 때문이다(HARKing; Kerr 1998). 단계별 절차는 Chapman and Feit(Springer, 2019)에서 자세히 설명한다.

6.7 요점

이 장에서는 파이썬의 공식 통계 검정을 소개했다. 다음은 몇 가지 중요한 교훈이다.

그룹별 차이에 대한 통계 검정을 수행하려면 다음을 기억하자.

- Scipy `stats` 모듈의 `chisquare()`는 빈도표(6.2절)에 대한 가설 검정을 수행한다.
- statsmodels `stats.proportion` 모듈의 `binom_test()`와 `proportion_confint()`는 각각 가설 검정을 수행하고 비율 데이터에서 신뢰 구간을 찾는다. 아그레스티-쿨 버전의 이항 검정과 같은 옵션을 제공하며 표준의 정확한 이항 검정보다 더 많은 정보를 제공하고 안정적일 수 있다. 또한 Scipy `stats`의 `binom` 모듈은 확률 질량 함수 `pmf()`(6.3절)와 같은 이항 분포에 대한 작업이 가능하다.
- Scipy `stats`의 `ttest_ind()` 모듈은 두 그룹의 평균 차이를 검정하는 일반적인 방법이다(또는 한 그룹과 고정 값 사이)(6.4절).
- 분산 분석ANOVA은 하나 이상의 요인으로 식별되는 여러 그룹 간의 평균 차이를 검정하는 좀 더 일반적인 방법이다. statsmodels 패키지를 사용하면 기본 모델이 `statsmodels.formula.api`에 적합화한다. `ols()` 및 공통 요약 통계는 `statsmodels.stats.anova.anova_lm()`(6.5절)으로 보고된다.
- `anova_lm()` 명령은 2개 이상의 ANOVA 또는 다른 선형 모델을 비교하는 데도 유용하며 중첩 모델이다(6.5.3절).

07 결과의 동인 식별: 선형 모델

이 장에서는 관심 결과와 다른 변수 간의 관계를 탐색하기 위해 마케팅에서 자주 사용되는 선형 모델을 조사한다. 설문 조사 분석의 일반적인 적용은 제품의 특정 요소 및 그 제공과 관련해 제품에 대한 만족도를 모델링하는 것이다. 이것을 '만족 동인 분석satisfaction drivers analysis'이라고 한다. 선형 모델은 또한 가격과 광고가 판매와 어떻게 관련돼 있는지 이해하는 데 사용되며, 이를 '마케팅 믹스 모델링'이라고 한다. 공식적으로 반응이나 종속 변수로 알려진 결과를 설명이나 독립 변수로 알려진 예측 변수의 함수로 모델링하는 것이 유용한 상황이 많이 있다. 관계가 추정되면 모델을 사용해 예측 변수의 다른 값에 대한 결과를 예측할 수 있다. 예를 들어 코스에서 중간고사 점수를 기준으로 기말고사 점수를 예측할 수 있다.

$$Score_{\text{final}} = 1.1 \cdot Score_{\text{midterm}} + 10 \tag{7.1}$$

이 경우, 누군가가 중간고사에서 70%를 받았다면 기말고사에서는 87%의 점수를 받을 것으로 예상할 수 있다.

이 장에서는 놀이공원을 방문한 고객에 대한 설문 조사 데이터를 사용해 만족도 동인 분석을 통해 선형 모델링을 설명한다. 설문 조사에서 응답자들은 경험의 다양한 측면에 대한 만족도와 전반적인 만족도를 기록했다. 마케터는 이러한 유형의 데이터를 자주 사용해 어떤 고객 경험 측면이 전반적인 만족도를 높이는지 파악하고 "놀이기구에 더 만족하는 사람들이 전반적인 경험에 더 만족하는가?"와 같은 질문을 던진다. 이 질문에 대한 대답이 "아니오."인 경우 회사는 고객 경험의 다른 측면을 개선하는 데 투자하기로 결정할 수 있다.

이해해야 할 중요한 점은 명칭과 달리 동인은 인과 관계를 암시하지 않는다는 것이다. 모델은 변수 간의 연관성을 나타낸다. 만족도와 지불 가격 사이에 양의 연관성을 발견할 수 있는 자동차 구매자를 대상으로 한 설문 조사를 생각해보라. 이 의미는 브랜드 매니저가 고객이 더 만족하길 원한다면 가격을 더 인상해야 한다는 것일까? 아마 아닐 것이다. 가격이 더 높은 품질과 연관돼 더 높은 만족도를 얻었을 가능성이 더 크다. 결과는 신중하게 해석돼야 하며 산업 지식의 맥락에서 고려돼야 한다.

선형 모델은 통계의 핵심 도구이며 statsmodels 패키지는 이를 추정하기 위한 우수한 함수 집합을 제공한다. 다른 장에서와 마찬가지로 기본 사항을 검토하고 파이썬에서 선형 모델링을 수행하는 방법을 보여준다. 이 장은 실제로 알고 싶은 모든 것을 설명하지는 않는다. 선형 모델링에 익숙하지 않은 독자는 회귀 분석, 선형 회귀, 최소 제곱 적합화 같은 통계 명칭이나 마케팅 연구 교과서의 선형 모델링 검토로 이 장을 보완할 것을 권장한다.

7.1 놀이공원 데이터

이 절에서는 놀이공원 방문자에 대한 가설 조사 데이터를 시뮬레이션한다. 이 데이터셋은 몇 가지 객관적인 측정값으로 구성된다.

- 응답자가 주말에 방문했는지 여부(데이터프레임에서 변수 weekend)
- 데려온 자녀 수(num_child)
- 공원까지 이동한 거리(distance)

만족도라는 주관적인 척도도 있다. 전반적인 만족도(overall)와 놀이기구, 게임, 대기 시간, 청결에 대한 만족도(각각 rides, games, wait, clean)를 나타낸다.

이전 장과 달리 이 장에서는 시뮬레이션 절을 건너뛰고 데이터를 다운로드하는 것이 좋다. 새로운 파이썬 구문이 없으며, 이를 통해 결과를 미리 알지 않고도 모델을 검토할 수 있다. 다운로드 및 확인 방법은 다음과 같다.

```
In [1]: import pandas as pd
        sat_df = pd.read_csv('http://bit.ly/PMR-ch7')
        sat_df.head()

Out[1]:   is_weekend  num_child   distance  rides  games   wait  clean
        0       True          0   9.844503   82.0   64.0   82.0   88.0 ...
        1      False          1   2.720221   85.0   83.0  100.0   90.0 ...
        2      False          3   1.878189   88.0   81.0   80.0   91.0 ...
        3      False          0  14.211682   73.0   52.0   68.0   74.0 ...
        4      False          1   9.362776   78.0   93.0   56.0   82.0 ...
```

데이터를 적재할 수 있었다면, 지금 7.2절로 건너뛴 다음 나중에 돌아와서 시뮬레이션 코드를 리뷰해도 된다.

7.1.1 놀이공원 데이터 시뮬레이션

데이터 시뮬레이션을 시작하기 위해 랜덤 시드를 설정해 프로세스를 재현 가능하게 만들고 관측치에 대한 변수를 선언한다.

```
In [2]: import numpy as np
        import pandas as pd
        np.random.seed(8266)
        n_resp = 500 # 설문 응답 개수
```

여기 가상의 설문에는 놀이공원 방문의 다양한 차원에서 네 가지 고객 만족도 질문이 주어진다. 이를 통해 놀이기구 만족도(rides), 게임(games), 대기 시간(wait), 청결도(clean)와 전반적인 만족도(overall)를 알아낸다. 이러한 설문 조사에서 응답자들은 전체 만족도 질문에 대해 모두 유사하게 답변하는 경향이 많다. 이는 후광halo 효과로 알려져 있다.

최종 데이터에는 나타나지 않지만 각 만족도 점수에 영향을 끼치는 고객의 무작위 변수인 halo로 만족도 후광을 시뮬레이션한다.

```
In [3]: halo = np.random.normal(loc=0, scale=5, size=n_resp)
```

설문 조사 항목(승차감, 청결도 등)에 각 응답자의 후광 점수를 추가해 만족도 평가에 대한 응답을 생성한다.

여기서는 floor()를 사용해 연속 값을 정수로 변환한다. 그런 다음 해당 범위를 벗어난 값을 대체해 값을 0–100 범위로 제한한다(값 잘라내기). 이를 통해 100점 척도에서 각 만족 항목에 대한 최종 값을 얻을 수 있다. 이러한 거의 연속적인 값은 응답자가 종이에 선을 따라 만족도를 표시하는 위치를 측정하거나 화면을 터치해 얻을 수 있다. 1–5, 1–7 또는 1–11 등급의 척도가 실제로는 더 일반적일 수 있지만, 이러한 개별 척도는 7.6절에서 논의할 복잡한 문제를 야기한다. 이들은 결과 표현을 손상시킬 것이다. 따라서 여기서는 데이터가 100점 척도에서 나온다고 가정한다.

데이터를 생성하는 함수를 작성한다.

```
In [4]: def generate_satisfaction_scores(mean, std, halo,
                                         score_range=(0, 100)):
            """정규 분포로부터 만족도 설문 점수 시뮬레이션
            """
            # 정규 분포로부터 추출
            scores = np.random.normal(loc=mean, scale=std, size=len(halo))
            # 후광 효과 추가
            scores = scores + halo
            # 하단을 자르고 모두 정수가 되도록 올림
            scores = np.floor(scores)
            scores = np.clip(scores, score_range[0], score_range[1])

            return scores
```

n_resp 응답 생성은 변수당 하나의 명령으로 수행할 수 있다.

```
In [5]: rides = generate_satisfaction_scores(mean=81, std=3, halo=halo)
        games = generate_satisfaction_scores(mean=75, std=7, halo=halo)
        wait = generate_satisfaction_scores(mean=74, std=10, halo=halo)
        clean = generate_satisfaction_scores(mean=86, std=2, halo=halo)
```

만족도 설문 조사에는 종종 고객 경험과 관련된 다른 질문이 포함된다. 놀이공원 데이터의 경우 방문일이 주말인지 여부, 고객이 공원까지 이동한 거리(마일), 그룹에 참여한 어린이 수를 포함한다. 거리에 대한 로그 정규 분포를 샘플링하는 np.random.lognormal(mean, sigma, size)를 사용해 distance를, 이산 분포를 샘플링하는 np.random.

choice(a, size, replace, p)를 사용해 weekend와 자녀 수(num_child)를 생성한다.

```
In [6]: np.random.seed(82667)
        distance = np.random.lognormal(mean=3, sigma=1, size=n_resp)
        num_child = np.random.choice(a=range(6),
                                     size=n_resp,
                                     replace=True,
                                     p=[0.3, 0.15, 0.25, 0.15, 0.1, 0.05])
        weekend = np.random.choice(a=[True, False],
                                   size=n_resp,
                                   replace=True,
                                   p=[0.5, 0.5])
```

고객 방문의 다양한 측면(승차감, 청결도 등), 이동 거리와 어린이 수에 대한 등급의 함수로 전반적인 만족도 등급을 생성한다.

```
In [7]: overall = np.floor(0.7*(halo + 0.5*rides + 0.15*games + 0.3*wait
                  + 0.2*clean + 0.07*distance + 5*(num_child == 0)
                  + 0.3*wait*(num_child > 0)
                  + np.random.normal(loc=0, scale=7, size=n_resp)))
        overall = np.clip(overall, 0, 100)
```

공식은 길지만, 다섯 부분으로 이뤄진 비교적 간단한 공식이다.

1. 후광으로 시작해 잠재 만족도를 포착한다(rides 및 기타 등급에도 포함).
2. 만족도 변수(rides, games, wait, clean)를 각각 가중치와 함께 추가
3. 다른 영향에 대한 가중치 기여도 추가 예: distance
4. random.normal()을 사용해 임의의 정규 변형을 추가한다.
5. floor()를 사용해 정수를 생성한다.
6. np.clip()을 사용해 값을 0과 100 사이로 제한

overall과 같은 변수가 다른 변수와 랜덤 노이즈의 선형 조합인 경우 선형 모델을 따른다고 말한다. 변수의 선형 조합이란 무엇을 의미하는가? 이는 전체 출력 변수를 형성하기 위해 각 변수가 배율 인수와 함께 더해짐을 의미한다. 어떤 변수도 곱하거나 제곱하지 않으므로 비선형 조합이 되지 않는다.

이러한 등급은 실제 놀이공원의 모델이 아니지만, 이 구조는 가능한 선형 모델의 한 종류를 예시한다. 실제 데이터를 사용하면 다양한 예측 변수와 관련된 가중치인 다양한 요소의 기여도를 알아내고 싶을 것이다. 다음 절에서는 이러한 선형 모델을 맞추는 방법을 살펴본다.

계속하기 전에 데이터 포인트를 데이터프레임으로 결합한다.

```
In [8]: sat_df = pd.DataFrame({'is_weekend': weekend,
                               'num_child': num_child,
                               'distance': distance,
                               'rides': rides,
```

```
                                   'games': games,
                                   'wait': wait,
                                   'clean': clean,
                                   'overall': overall})
    sat_df.is_weekend = sat_df.is_weekend.astype(pd.api.types.
                                                 CategoricalDtype())
```

```
In [9]: sat_df.head()
```

```
Out[9]:    is_weekend  num_child   distance  rides  games   wait  clean  overall
        0        True          0   9.844503   82.0   64.0   82.0   88.0     88.0
        1       False          1   2.720221   85.0   83.0  100.0   90.0     90.0
        2       False          3   1.878189   88.0   81.0   80.0   91.0     91.0
        3       False          0  14.211682   73.0   52.0   68.0   74.0     74.0
        4       False          1   9.362776   78.0   93.0   56.0   82.0     82.0
```

7.2 ols()로 선형 모델 적합화하기

모든 모델링 작업은 데이터 검사부터 시작해야 하므로 describe()부터 살펴본다.

```
In [10]: sat_df.describe().round(2)
```

```
Out[10]:       num_child  distance   rides   games    wait   clean  overall
         count    500.00    500.00  500.00  500.00  500.00  500.00   500.00
         mean       1.75     31.58   80.18   73.96   73.32   85.25    75.34
         std        1.53     35.77    6.02    8.74   10.70    5.73    12.16
         min        0.00      0.64   64.00   44.00   46.00   65.00    42.00
         25%        0.00      9.07   76.00   68.00   66.00   82.00    67.00
         50%        2.00     19.26   80.00   74.00   73.00   85.00    76.00
         75%        3.00     39.01   84.00   80.00   80.00   89.00    85.00
         max        5.00    233.30   99.00  100.00  100.00  100.00   100.00
```

데이터는 최근 놀이공원 방문에 대한 만족도 조사에서 얻은 8개의 변수로 구성된다. 처음 세 변수는 방문의 특징을 설명한다. is_weekend는 부울로서 True 또는 False이다. num_child는 자식 수이며 0-5이다. distance는 공원까지 이동한 거리이다. 나머지 5개 변수는 고객의 놀이기구 체험, 게임, 대기 시간, 청결도, 공원 전체 체험에 대한 만족도로 100점 만점 척도이다. is_weekend는 범주형이기 때문에 describe() 출력에서 제외되지만(하지만 include='all' 명령으로 포함할 수 있음) head()의 출력에는 존재한다.

7.2.1 예비 데이터 검사

모델링하기 전에 확인해야 할 두 가지 중요한 사항이 있다. 각 개별 변수가 합리적인 분포를 갖고 있는지, 변수 간의 공동 관계가 모델링에 적합한지 확인한다.

4.4.2절에 설명된 대로 seaborn.PairGrid()를 사용해 sat_df의 변수 분포 및 관계에 대한 초기 검사를 수행한다.

is_weekend 열의 False 및 True 값을 각각 0과 1로 변환해 숫자로 처리한다.

```
In [11]: import seaborn as sns
         sns.set_context('paper')
         import matplotlib.pyplot as plt
         g = sns.PairGrid(sat_df.replace({False: 0, True: 1}))
         g.map_upper(sns.scatterplot, linewidths=1, edgecolor="w", s=10,
            alpha=0.5)
         g.map_diag(plt.hist)
         g.map_lower(sns.kdeplot)
```

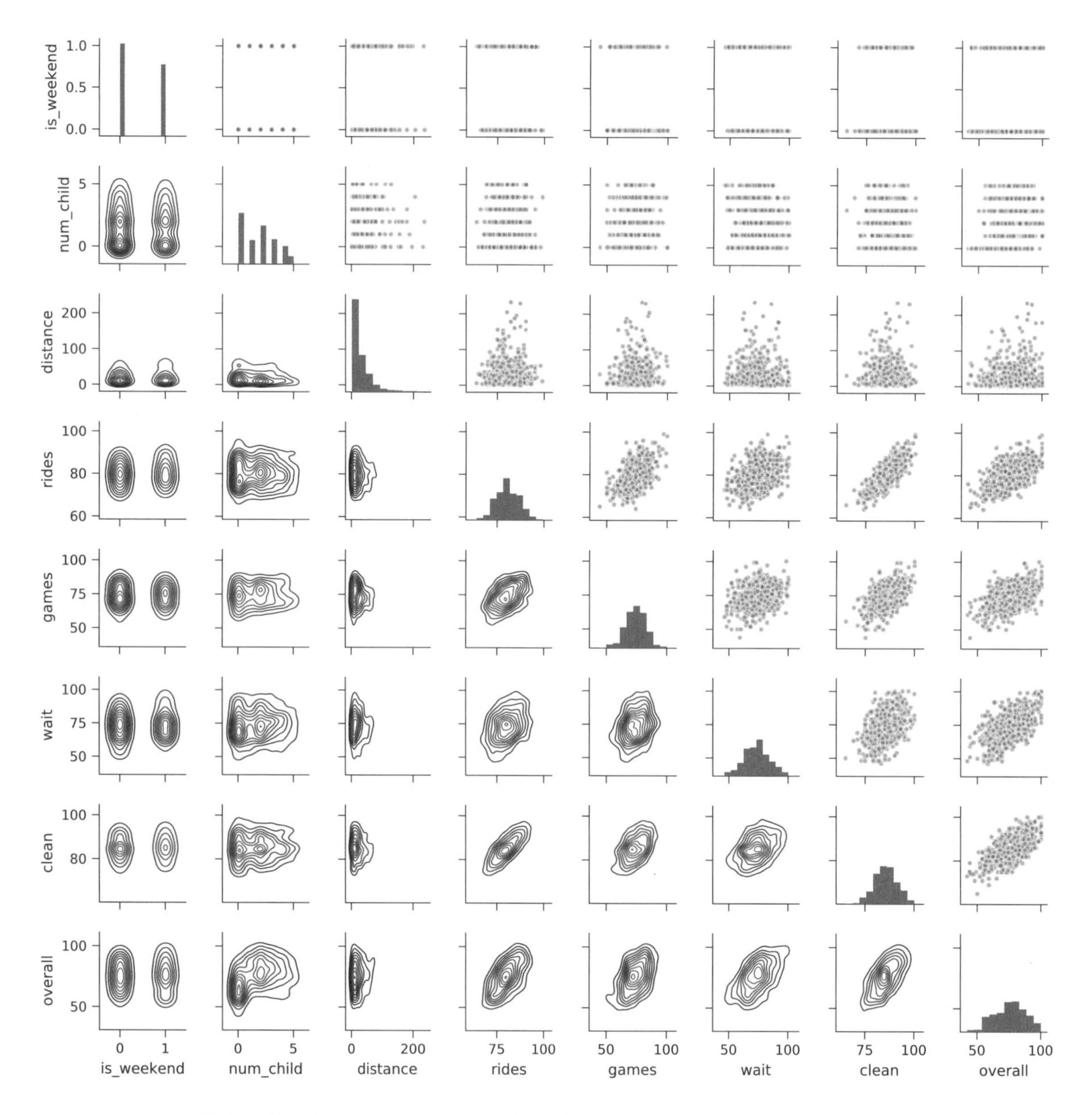

그림 7.1 추가 모델링을 수행하기 전에 seaborn.PairGrid()를 사용한 데이터 검사. distance는 매우 치우친 분포를 갖고 있으므로 모델링 전에 변환돼야 함을 나타낸다. 또한 여러 변수가 양으로 연관돼 있으며 연관 강도에 대해 추가로 조사해야 한다.

결과는 그림 7.1과 같으며, 대각선의 히스토그램에서 보는 것처럼 예상대로 이항인 weekend와 고도로 치우친 분포를 갖는 distance를 제외하고 모든 만족도 등급이 정규 분포에 가깝다는 것을 알 수 있다. 대부분의 경우 이러한 변수를 좀 더 정규 분포로 변환하는 것이 좋다. 4.5.4절에서 논의했듯이 이러한 데이터에 대한 일반적인 변환은 로그 변환이다. distance의 log()를 가져와서 데이터프레임에 추가한다.

```
In [12]: sat_df['log_dist'] = sat_df.distance.apply(np.log)
```

그런 다음 히스토그램을 사용해 새 변수 log_dist가 더 정규 분포를 따르는지 확인할 수 있다(그림 7.2 참조).

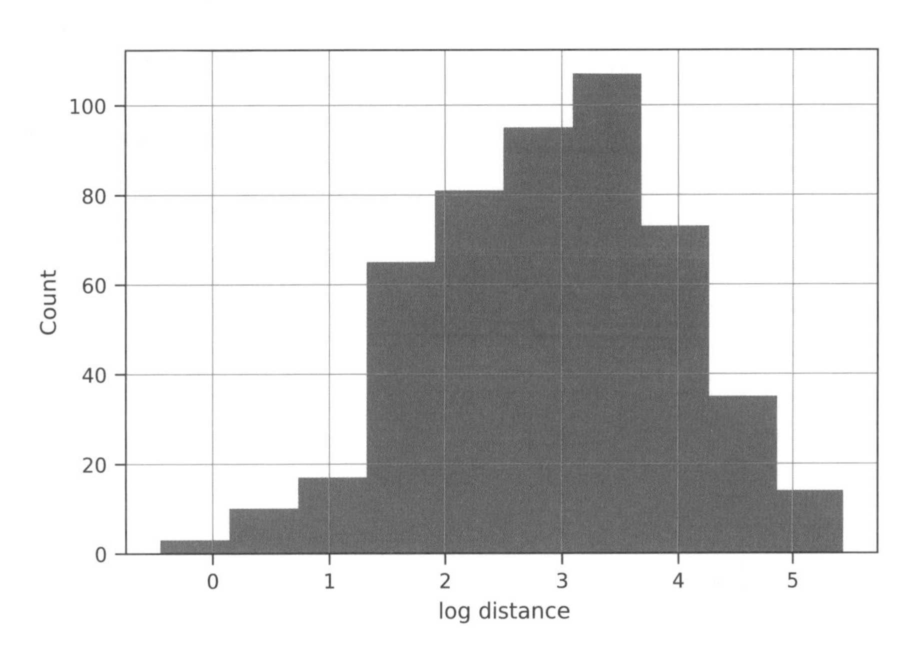

그림 7.2 로그 변환된 거리 데이터의 검사는 거리가 로그 정규 분포를 따른다는 것을 보여준다.

```
In [13]: sat_df.log_dist.hist()
         plt.xlabel('log distance')
         plt.ylabel('Count')
```

pandas의 hist() 메서드 대신 plt.hist(sat_df.log_dist)를 사용하거나 seaborn.PairGrid()를 사용해 전체 산점도 행렬을 다시 만들 수 있다.

변수 간의 관계를 확인하기 위해 그림 7.1의 상단 삼각의 이변량 산점도와 하단 삼각의 커널 밀도 추정치를 조사한다. 그들은 distance를 변화시킬 필요성을 제외하고는 거의 괜찮아 보인다. 예를 들어 연속 측정값의 쌍별 산점도는 일반적으로 모양이 타원형이며, 이는 선형 모델에서 사용하기에 적합하다는 좋은 표시이다. 그러나 여기서 한 가지 질문이 있는데, 그림 7.1의 우중앙에 있는 변수가 양의 상관관계가 있는 것으로 보인다는 사실에 관한 것이다(예: rides 대 clean).

이것이 무슨 문제인가? 마케팅 데이터와 특히 만족도 조사에서의 일반적인 문제는 변수가 서로 높은 상관관계를 가질 수 있다는 것이다. 마케터라면 놀이기구와 게임에 대한 놀이공원 경험 등과 같은 고객 경험의 각 개별 원소에 관심이 있겠지만, 설문 조사를 완료할 때 응답자들은 각 항목에 대해 독립적으로 평가하지 않았을 수 있다. 대신 그들은 전반적인 후광 등급을 형성하고 그 전체적인 느낌에 비춰 각 개별 원소 경험을 평가했을 수 있다.

이러한 방식으로 변수가 강하게 연관돼 있으면 통계 모델로 개별 효과를 평가하기가 어렵다. 8.1절에서 볼 수 있듯이, 영향이 너무 심해서 높은 상관관계를 처리하기 위한 조치를 취하지 않으면 관계를 해석할 수 없게 될 수도 있다.

그림 7.1에 표시된 양의 연관성을 고려할 때 5.2절에서 설명한 pandas `corr()`과 `sns.heatmap()`을 사용해 상관관계 구조를 추가로 조사한다.

```
In [14]: sat_df_corr = sat_df.corr()
         sns.heatmap(sat_df_corr, annot=True, fmt=".2f",
                     mask=~np.tri(sat_df_corr.shape[1], k=-1, dtype=bool),
                     cbar=False)
```

결과는 그림 7.3에 표시된 상관관계 도면이다. 만족도 항목은 서로 중간 정도에서 강하게 연관돼 있음을 알 수 있다. 그러나 여러 항목에 대해 상관관계가 매우 강해 $r > 0.8$을 초과하거나 특정 쌍에 대해 $r > 0.9$를 초과하는 등의 경우는 없으므로 항목 중 어느 것도 거의 동일한 것으로 보이지 않는다. 따라서 초기 검사에서 이러한 변수 간의 관계 모델링을 진행하는 것이 가능해 보인다.

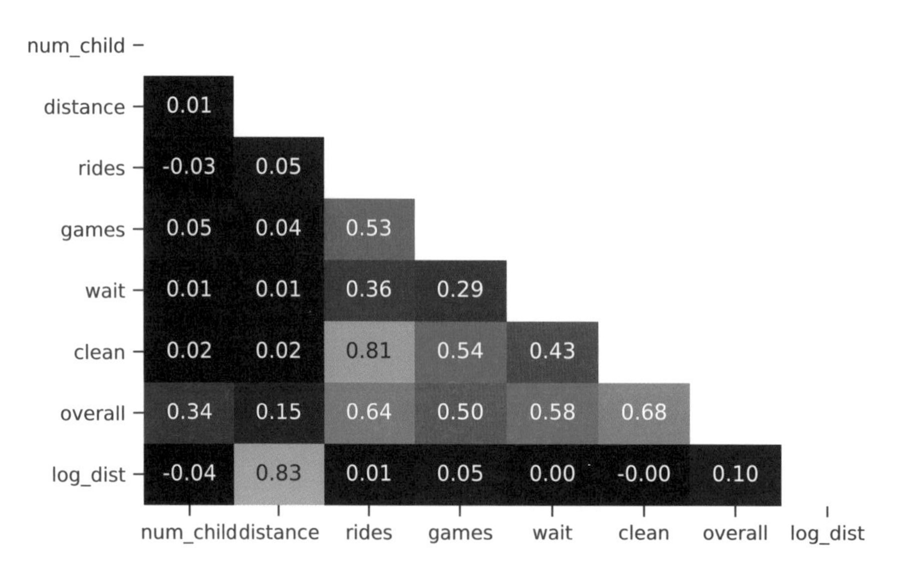

그림 7.3 놀이공원 데이터에 대한 상관관계 도면. 항목 간의 매우 높은 상관관계(예: $r > 0.9$)를 확인하기 위해 항상 선형 모델링 전에 항목 연결을 검사하는 것이 좋다. 현재 데이터에서 놀이기구와 청결도는 관련성이 높지만($r = 0.81$) 개선이 엄격하게 요구될 정도로 강력하지는 않다.

8장에서는 이 질문을 더 자세히 평가하는 방법과 높은 상관관계가 심각한 문제를 일으킬 때 해야 할 일에 대해 알아본다. 9장에서는 상관관계가 높은 데이터에 나타나는 기본 차원을 찾는 전략을 설명한다.

7.2.2 요약: 이변량 연관성

만족도 동인 분석의 목표는 서비스(또는 제품)의 특징에 대한 고객 만족도와 전반적인 경험 간의 관계를 발견하는 것이다. 예를 들어, 전반적인 경험과 관련된 공원의 놀이기구에 대한 만족도는 어느 정도인가 하는 식이다. 상관관계가 강한가, 약한가? 이것을 평가하는 한 가지 방법은 4장에서 했던 것처럼 두 변수를 서로에 대해 도식화하는 것이다.

```
In [15]: sat_df.plot(kind='scatter', x='rides', y='overall')
         plt.xlabel('Satisfaction with rides')
         plt.ylabel('Satisfaction overall')
```

그림 7.4에서 도면의 핵심은 놀이기구에 대한 만족도가 높은 사람들의 전반적인 만족도도 역시 더 높은 경향이 있음을 보여준다. 이것은 그림 7.1에서도 분명하지만, 이러한 변수의 별도 도표를 통해 면밀한 검사가 가능하다.

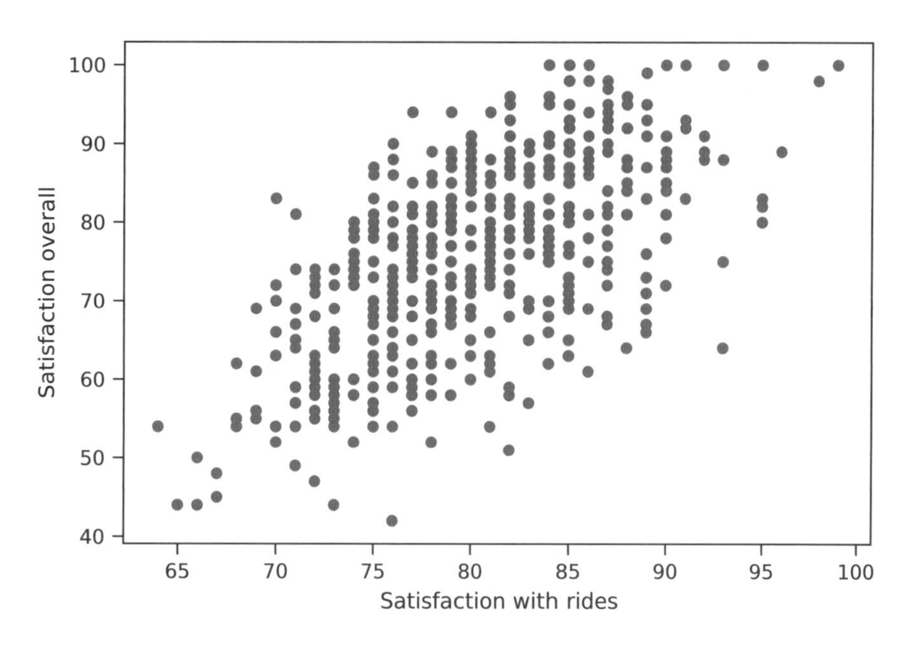

그림 7.4 놀이공원을 최근 방문한 사람들의 전반적인 만족도와 놀이기구 만족도를 비교한 산점도

7.2.3 단일 예측자가 있는 선형 모델

선형 모델은 점들을 통해 최적의 선을 추정한다. 선형 모델을 추정하는 함수는 `statsmodels.formula.api(formula, data)`이다. 여기 데이터는 데이터프레임에 들어 있는 것이고, 공식은 ANOVA(6.5절)에서 본 수식이다. 전체적인 만족도와 놀이기구 만족도에 관련된 선형 모델을 추정하기 위해 `overall ~ rides` 공식을 사용하며, 이는 'overall은 rides에 따라 변함'으로 읽을 수 있다. `ols().fit()`을 호출하면 파이썬은 `sat_df.rides`와 `sat_df.overall`의 관계에 가장 잘 맞는 선을 찾는다.

```
In [16]: import statsmodels.formula.api as smf
         smf.ols('overall ~ rides', data=sat_df).fit().summary()
```

```
Out[16]:
                            OLS Regression Results
==============================================================================
Dep. Variable:                overall   R-squared:                       0.407
Model:                            OLS   Adj. R-squared:                  0.405
Method:                 Least Squares   F-statistic:                     341.3
Date:                Thu, 30 Jan 2020   Prob (F-statistic):           2.02e-58
Time:                        04:41:55   Log-Likelihood:                -1827.7
No. Observations:                 500   AIC:                             3659.
Df Residuals:                     498   BIC:                             3668.
Df Model:                           1
Covariance Type:            nonrobust
==============================================================================
                 coef    std err          t      P>|t|      [0.025      0.975]
------------------------------------------------------------------------------
Intercept    -27.9869      5.609     -4.990      0.000     -39.007     -16.967
rides          1.2887      0.070     18.474      0.000       1.152       1.426
==============================================================================
Omnibus:                        5.897   Durbin-Watson:                   1.890
Prob(Omnibus):                  0.052   Jarque-Bera (JB):                5.361
Skew:                          -0.194   Prob(JB):                       0.0685
Kurtosis:                       2.674   Cond. No.                     1.08e+03
```

모델의 세부 사항을 보기 위해 summary() 메서드를 사용한다. 이 메서드는 절편 값과 모든 적합 계수를 비롯한 다양한 값과 적합도에 관련된 많은 값을 표시한다.

이는 선형 모델에 대해 검토할 주요 정보를 요약한다. 더 고급화된 모델도 비슷하게 나타나므로 이 형식에 익숙해지면 유용하다. 추정된 모델을 나열하는 것 외에도 계수, 잔차와 전체 적합도에 대한 정보를 얻을 수 있다.

가장 중요한 부분은 coef 열의 모델 계수를 보여주는 중간 부분이다. rides 계수는 1.2887이므로 rides에 대한 각 추가 평가 점수는 overall 점수를 1.2887점 증가시키는 것으로 추정된다(Intercept의 계수는 선형 모델 선이 y 축을 가로지르는 위치를 보여주지만, 이는 일반적으로 만족도 동인 분석에서 해석할 수 없다. 예를 들어 음의 평가는 불가능하다. 따라서 일반적으로 마케팅 분석가는 무시한다).

std err 열은 데이터가 더 큰 모집단의 무작위 표본이라는 가정하에 계수 추정치의 불확실성을 나타낸다. 't 값', p 값('Pr>|t|')과 신뢰 구간은 계수가 0과 유의하게 다른지 여부를 나타낸다. 계수 추정치에 대한 95% 신뢰 구간의 전통적인 추정치는 $\pm 1.96 \times std.error$ 내에 속한다는 것이다. 이 경우 $1.2887 \pm 1.96 \times 0.07 = (1.152, 1.426)$이다. 따라서 우리는 모델이 적절하고 데이터가 대표적이라고 가정하면 실제 rides 계수가 1.152 ~ 1.426 범위에 있다고 신뢰한다.

절편과 계수는 rides 값에 기반해 응답자의 overall 보고서에 대한 최상의 추정치를 결정하는 데 사용할 수 있다. 예를 들어, 이 모델은 rides 만족도에 대해 95점을 부여한 고객이 다음과 같은 전반적인 등급을 부여할 것으로 기대한다.

```
In [17]: -27.9869 + 1.2887*95

Out[17]: 94.43959999999998
```

계수를 수동으로 사용하는 것은 그다지 효율적이지 않다. 이제 다음 주제인 ols 객체를 살펴보자.

7.2.4 ols 객체

ols()는 여러 목적으로 저장하고 사용할 수 있는 객체를 반환한다. 일반적으로 ols().fit()의 결과를 후속 코드 줄에서 사용되는 객체에 할당한다. 예를 들어 ols().fit()의 결과를 새 객체 m1에 할당할 수 있다.

```
In [18]: m1 = smf.ols('overall ~ rides', data=sat_df).fit()
```

그런 다음 m1에 접근해 모델을 재사용할 수 있다. 이제 m1 객체를 검사할 수 있다. 예를 들어 .params 접미사를 사용해 계수에 접근할 수 있다.

```
In [19]: m1.params

Out[19]: Intercept   -27.986876
         rides         1.288694
         dtype: float64
```

모델에 기반해 overall을 추정하려면 예측을 위해 계수를 수작업으로 접근하는 대신 ols 객체의 predict() 메서드를 사용할 수 있다. 이 메서드는 공식에 있는 이름과 동일한 이름으로 인덱싱해야 하는 구조화된 데이터 인수로 취한다(이 경우 'ride'). 이는 데이터프레임 또는 dict 형식일 수 있다.

```
In [20]: m1.predict({'rides': [95]})

Out[20]: 0    94.439017
         dtype: float64
```

overall ~ rides에 대한 산점도를 다시 그리면 모델 예측을 사용해 선형 적합선을 추가할 수 있다.

```
In [21]: sat_df.plot(kind='scatter', x='rides', y='overall')
         plt.plot(sat_df.rides, m1.predict(sat_df.rides))
```

결과는 그림 7.5에 나와 있다. 이것은 모델 적합을 나타내는 선을 포함한다는 점을 제외하고는 그림 7.4와 유사한 도면을 생성한다.

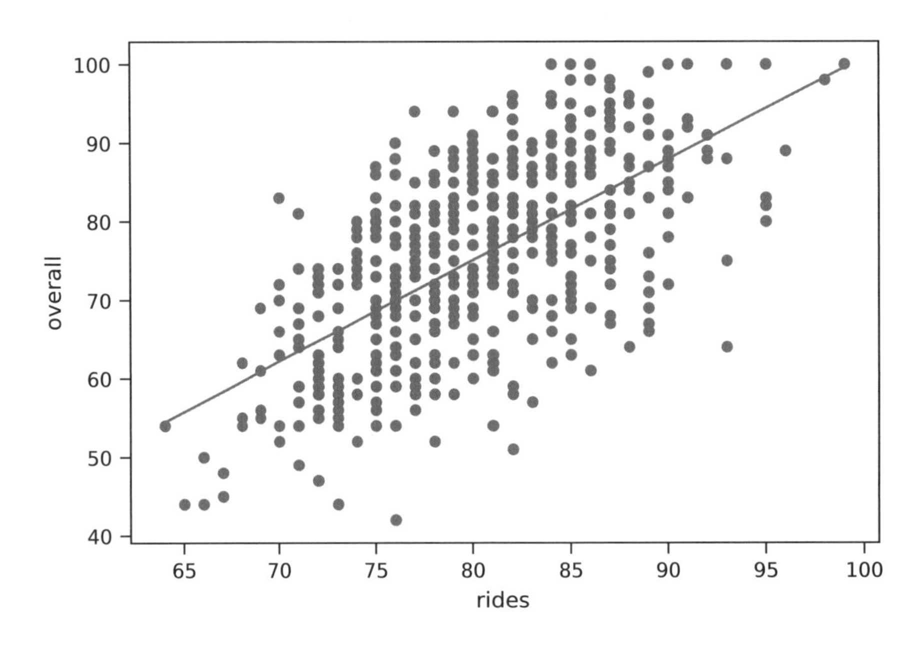

그림 7.5 적합선이 있는 놀이공원을 최근 방문한 방문자의 전반적인 만족도와 놀이기구 만족도를 비교한 산점도

위와 같이 ols 객체의 summary() 메서드는 적합화된 모델의 모든 특징을 요약해준다.

```
In [22]: m1.summary() #  # 출력 생략
```

신뢰 구간은 어떨까? 여기서도 파이썬을 쓰면 수작업이 필요 없다. 신뢰 구간은 confint() 메서드를 사용해 얻을 수 있다.

```
In [23]: m1.conf_int()

Out[23]:                  0          1
         Intercept -39.006778 -16.966974
         rides       1.151636   1.425752
```

이는 7.2.3절에서 수작업으로 계산한 결과인 overall ~ rides 상관관계의 최적 추정치가 1.1516 – 1.4258(반올림으로 인해 약간의 차이가 있음)이라는 점을 확인해준다. 단일 최적점이 아닌 추정 범위를 보고하는 것이 가장 좋다.

출력의 첫 번째 절에서 m1.summary()는 모델이 데이터에 얼마나 잘 적합화하는지 측정한다. 첫 번째 줄은 모델이 종속 변수의 변동량을 측정하는 R-제곱 추정치를 보고한다. 이 경우 R-제곱은 0.407로서 전체 만족도 변동의 약 41%가 놀이기구 만족도 변동으로 설명됨을 나타낸다. 모델에 단일 예측 변수만 포함된 경우 R-제곱은 예측 변수와 결과 간의 상관 계수 r의 제곱과 같다.

```
In [24]: np.corrcoef(sat_df.rides, sat_df.overall)**2

Out[24]: array([[1.        , 0.40662807],
       [0.40662807, 1.        ]])
```

마지막으로, F-통계량으로 표시된 줄은 모든 관측치에 대해 단일 예측을 사용하는 것보다 단순히 결과 변수의 평균을 취하고, 모델이 데이터를 더 잘 예측하는지 여부에 대한 통계 검정을 제공한다. 본질적으로 이 검정은 예측 변수를 전혀 사용하지 않고 전체 만족도를 예측하는 모델보다 이 모델이 더 나은지 여부를 알려준다. 자세히 설명하지 않았지만, 이는 5장에서 본 `statsmodels.stats.anova.anova_lm()` 함수에서 얻은 것과 동일한 검정이다. `anova_lm(m1)`으로 동일한 값을 찾을 수 있다. F-검정에 대한 자세한 설명은 통계 책을 참고하라. 예제의 경우 F-통계량은 p 값 <<.05를 나타내므로 예측 변수가 없는 모델이 모델 `m1`만큼 성능을 발휘한다는 귀무가설을 기각한다.

또한 잔차를 검사할 수 있다. 잔차는 모델에서 예측한 포인트 값과 실제 값 간의 차이이다. 그림 7.5에서 잔차는 표시된 점(실제 값)과 파란색 선(예측 값) 사이의 수직 거리이다.

잔차의 범위를 관찰할 수 있다.

```
In [25]: m1.resid.max(), m1.resid.min()

Out[25]: (22.75746829230569, -27.953838097780633)
```

범위는 −27.954에서 22.757까지 매우 넓다. 이는 주어진 데이터 포인트에 대해 예측이 다소 틀릴 수 있음을 의미한다(평가 척도에서 27점 이상). 잔차의 사분위수는 최소한 사분위수 범위에서 0을 중심으로 상당히 대칭임을 나타낸다.

```
In [26]: np.percentile(m1.resid, q=range(0,120,25))

Out[26]: array([-27.9538381 ,  -6.56470511,  -0.04165295,   7.18008107,
                22.75746829])
```

잔차의 대칭을 확인하는 또 다른 방법은 히스토그램을 사용하는 것이다. 히스토그램은 그림 7.6과 같이 스프레드spread를 표시한다.

```
In [27]: plt.hist(m1.resid)
         plt.xlabel('m1 residual value')
         plt.ylabel('Count')
```

7.2.5절에서 논의했듯, 이는 모델이 편향되지 않았다는 좋은 신호이다(부정확할 수도 있음). 또한 잔차의 표준 편차를 볼 수도 있다

```
In [28]: np.std(m1.resid)

Out[28]: 9.360403552873873
```

이 값은 그 자체로는 별로 유용하지 않지만 7.3절에서 볼 수 있듯이 모델을 비교하는 데 유용할 수 있다.

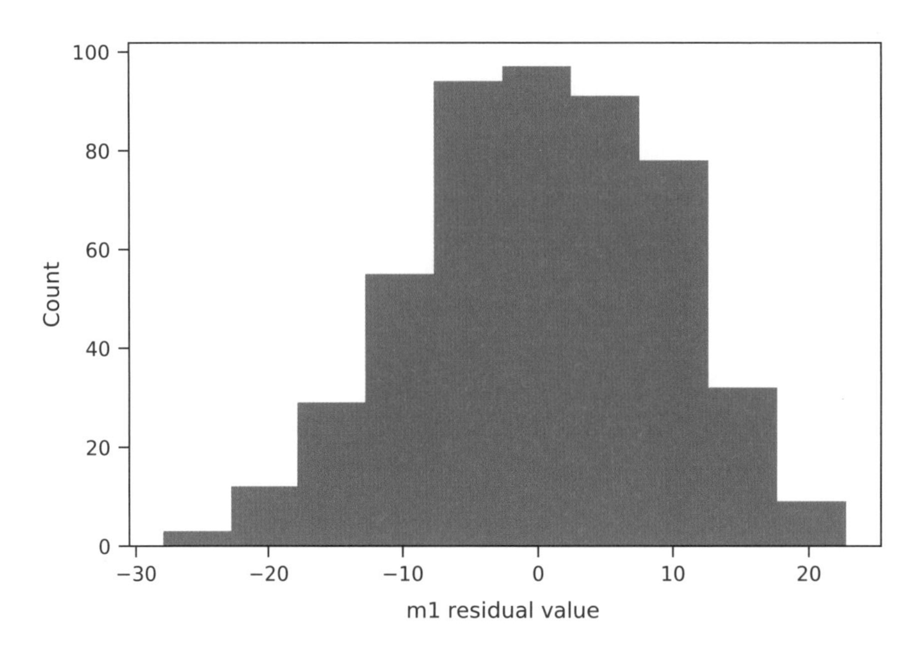

그림 7.6 m1의 잔차 분포. 잔차는 0을 중심으로 대칭이며 대다수는 7 미만이다.

7.2.5 모델 적합 확인

선형 모형은 적합화가 쉽기 때문에 수많은 분석가가 모형이 합리적인지 고려조차 하지 않고 모형을 적합화하고 결과를 보고한다. 파이썬에서 쉽게 수행할 수 있는 모델 적합과 적절성 평가 방법은 다양하다. 관련 내용을 포괄적으로 다룰 수는 없지만, 모델 적절성을 평가하는 데 도움이 되는 몇 가지 지침을 제공하고자 한다.

선형 모델을 데이터에 적합화할 때는 몇 가지 가정이 있어야 한다. 첫 번째 가정은 예측 변수와 결과 간의 관계가 선형이라는 것이다. 관계가 선형이 아닌 경우 모델은 체계적인 오류를 만든다. 예를 들어 y가 x^2의 함수인 데이터를 생성한 다음 선형 모델 y ~ x에 적합화하면 곡선인 점 구름들 사이를 통과하는 직선이 그려진다.

```
In [29]: x = np.random.normal(size=500)
         y = x**2 + np.random.normal(size=500)
         toy_model = smf.ols('y ~ x', data={'x': x, 'y': y}).fit()
         toy_model.summary()

Out[29]:
                            OLS Regression Results
==============================================================================
Dep. Variable:                      y   R-squared:                       0.004
Model:                            OLS   Adj. R-squared:                  0.002
Method:                 Least Squares   F-statistic:                     1.999
Date:                Thu, 30 Jan 2020   Prob (F-statistic):              0.158
...
==============================================================================
                 coef    std err          t      P>|t|      [0.025      0.975]
------------------------------------------------------------------------------
```

```
Intercept      1.1192     0.085     13.184     0.000      0.952      1.286
x             -0.1129     0.080     -1.414     0.158     -0.270      0.044
...
```

요약에서 x에 대한 적합 계수가 −0.1129이고 t−검정은 계수가 0과 유의하게 다르지 않다는 것을 보여준다. 조잡한 분석가는 모델 검사도 하지 않고 x가 y와 관련이 없다고 결론을 내릴 수 있다. 그러나 x 대 y를 도식화한 다음 도면에 적합선을 그리면 무슨 일이 일어나고 있는지 더 명확하게 볼 수 있다. 이 요약과 후속 요약에서는 당면한 논의와 관련이 없는 행을 제거한다.

```
In [30]: plt.scatter(x,y)
         plt.plot(x, toy_model.predict({'x': x}))
         plt.xlabel('x')
         plt.ylabel('y')
         plt.title('x vs y with fit line')
```

결과 도면은 그림 7.7에 나와 있다. 도면은 적합화된 선형 모델(파란색 선으로 표시됨)이 x와 y 사이의 관계에서 곡률을 완전히 놓치고 있다는 것을 보여준다.

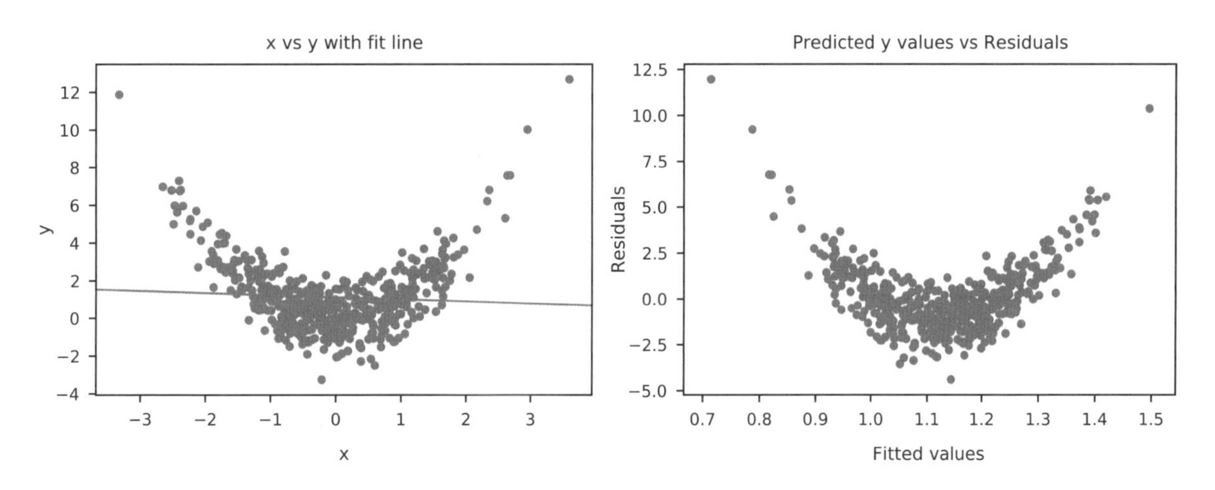

그림 7.7 실제 관계가 비선형일 때 선형 모델을 적합화하면(왼쪽 그림에 표시된 데이터 및 선형 적합선에서와 같이) 비정상적인 잔차 패턴(선형 적합선을 제거한 후의 잔차. 오른손 도면)이 나타난다.

선형 모델의 또 다른 가정은 예측 오차(모델에 정확히 적합화하지 않은 데이터 부분)가 정규 분포를 따르고 패턴이 없는 랜덤 노이즈처럼 보인다는 것이다. 이를 조사하는 한 가지 방법은 모델의 적합화 값(예측) 대 잔차(예측 오차)를 그리는 것이다.

```
In [31]: plt.scatter(x=toy_model.fittedvalues, y=toy_model.resid)
         plt.xlabel('Fitted values')
         plt.ylabel('Residuals')
         plt.title('Predicted y values vs Residuals')
```

결과적으로 그림 7.7의 우측 도면이며 잔차에 명확한 패턴이 있음을 볼 수 있다. 여기 모델은 0에 가까운 y의 값을 과소 예측하고 0에서 멀리 떨어진 것은 과도하게 예측한다. 실제 데이터에서 이 문제에 맞닥뜨리면 그 해결책은 일반적으로 x를 변환하는 것이다. 4.5.4절에 설명된 방법을 사용해 적합한 변환을 찾을 수 있다. 7.2.1절에서 권장하는 대로 산점도를 검사하는 것부터 시작하면 이러한 간단한 오류는 범하지 않을 것이다. 그렇지만 나중에라도 확인해서 오류를 방지하는 데 도움이 된다면 여전히 좋다.

만족도 동인 데이터에 대해 유사한 적합화 도면을 생성할 수 있다. 합리적인 1차 진단 도면 집합은 적합치 대 잔차 그림과 기타 몇 가지를 포함하는 함수를 사용해 생성할 수 있다.

```
In [32]: from statsmodels.graphics import gofplots
         from statsmodels.graphics import regressionplots

         def plot_gof_figures(model):
             '''적합화 도면의 적절성을 보여주는 다중 패널 도면'''
             sns.residplot(model.fittedvalues, model.resid, lowess=True)
             plt.xlabel('Fitted values')
             plt.ylabel('Residuals')
             plt.title('Residuals vs Fitted')
             plt.show()

             _ = gofplots.qqplot(model.resid, fit=True, line='45')
             plt.title('Normal Q-Q')
             plt.show()

             plt.scatter(model.fittedvalues, np.abs(model.resid)**.5)
             plt.xlabel('Fitted values')
             plt.ylabel('Square root of the standardized residuals')
             plt.title('Scale-Location')
             plt.show()

             regressionplots.plot_leverage_resid2(model)
```

그리고 그림 7.8의 toy_model에 적용한 것을 볼 수 있다.

```
In [33]: plot_gof_figures(toy_model)
```

그리고 우리 모델, m1에 적용한 것은 그림 7.9에 있다.

```
In [34]: plot_gof_figures(m1)
```

그림 7.8과 7.9에서 첫 번째 그림(왼쪽 상단 모서리)은 적합치 대 잔차를 보여준다. 그림 7.8과 달리 그림 7.9의 왼쪽 상단 패널에는 전체 만족도에 대한 적합치와 잔차 사이에 명확한 패턴이 없다. 이는 잔차가 무작위 오차에 기인한 것이라는 생각과 일치하며, 모델이 합리적이고 명백한 비선형성을 무시하지 않는다는 개념을 뒷받침한다.

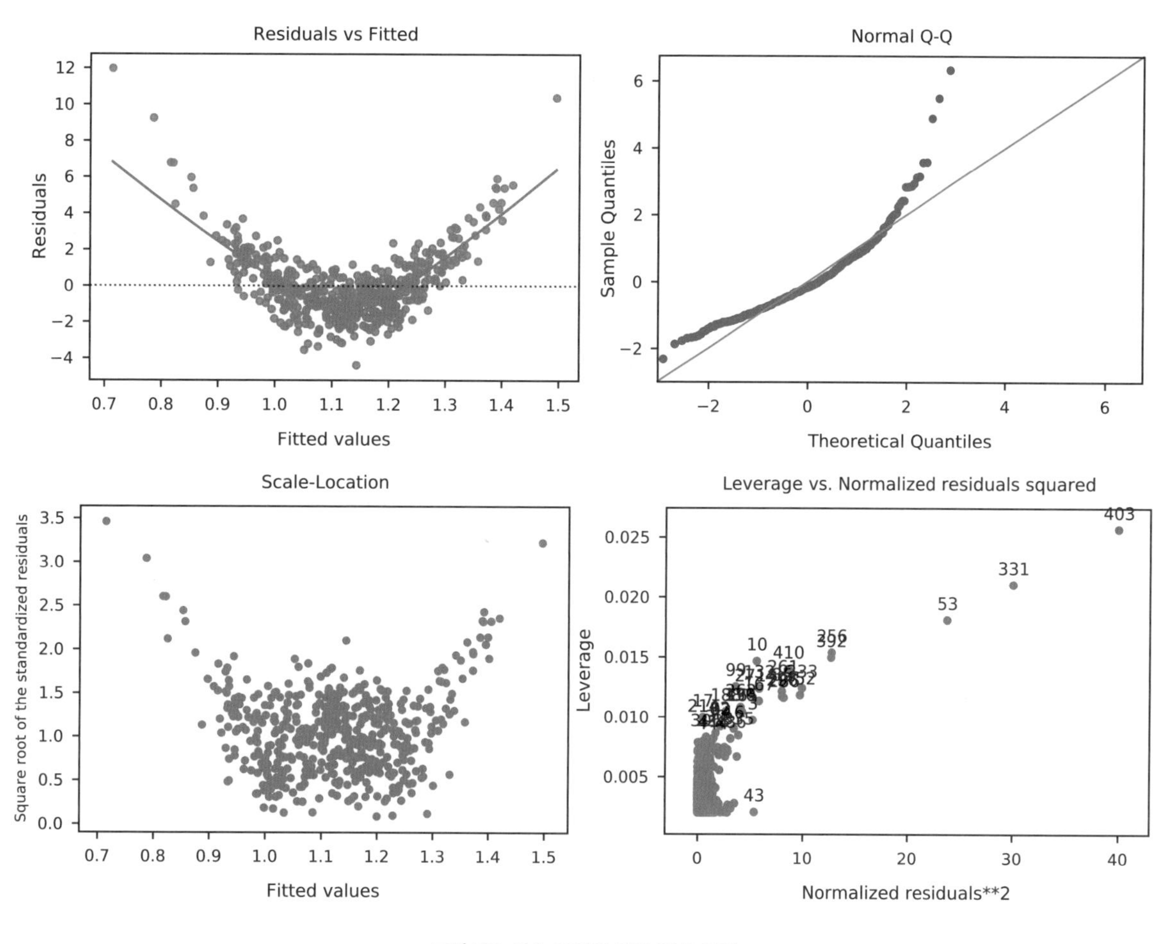

그림 7.8 단순 모델에 대한 진단 도면

각 그림의 왼쪽 아래에 있는 두 번째 그림은 원시 잔차 값을 그리는 대신 잔차 절댓값의 제곱근(표준화 잔차라고 함)을 그린다는 점을 제외하고는 첫 번째 그림과 유사하다. 다시 말하지만 명확한 패턴이 없어야 한다. 만약 있다면, 그림 7.8에서 볼 수 있듯이 비선형 관계를 나타낼 수 있다.

잔차 그림의 일반적인 패턴은 원뿔이나 깔때기이다. 여기서 오차 범위는 적합치가 클수록 점차 커진다. 이는 이분산성heteroskedasticity이라고 하며, 선형 모델 가정을 위반하는 것이다. 선형 모델은 선에 대한 적합화를 최대화하려고 한다. 범위의 한 부분에 있는 값이 다른 영역에 있는 값보다 훨씬 더 큰 산포를 가지면 선 추정에 과도한 영향을 미친다. 때로는 예측 변수나 결과 변수의 변환이 이분산성을 해결한다(4.5.3절 참조).

오른쪽 상단의 세 번째 패널은 정규 QQ 도면이다. QQ 도면은 잔차가 또 다른 주요 가정인 정규 분포를 따르는지 여부를 확인하는 데 도움을 준다(3.4.3절 참조). 잔차가 정규 분포를 따르는 경우의 예상 잔차 값과 실제 값을 비교한다. 모델이 적절할 때 이러한 점들은 유사하고 대각에 가깝다. 변수 간의 관계가 비선형이거나 가정과 일치하지 않으면 점이 대각에서 벗어난다. 이 경우 QQ 도면은 데이터가 그림 7.9의 모델 가정에 적합화되지만 그림 7.8에는 그렇지 않음을 나타낸다.

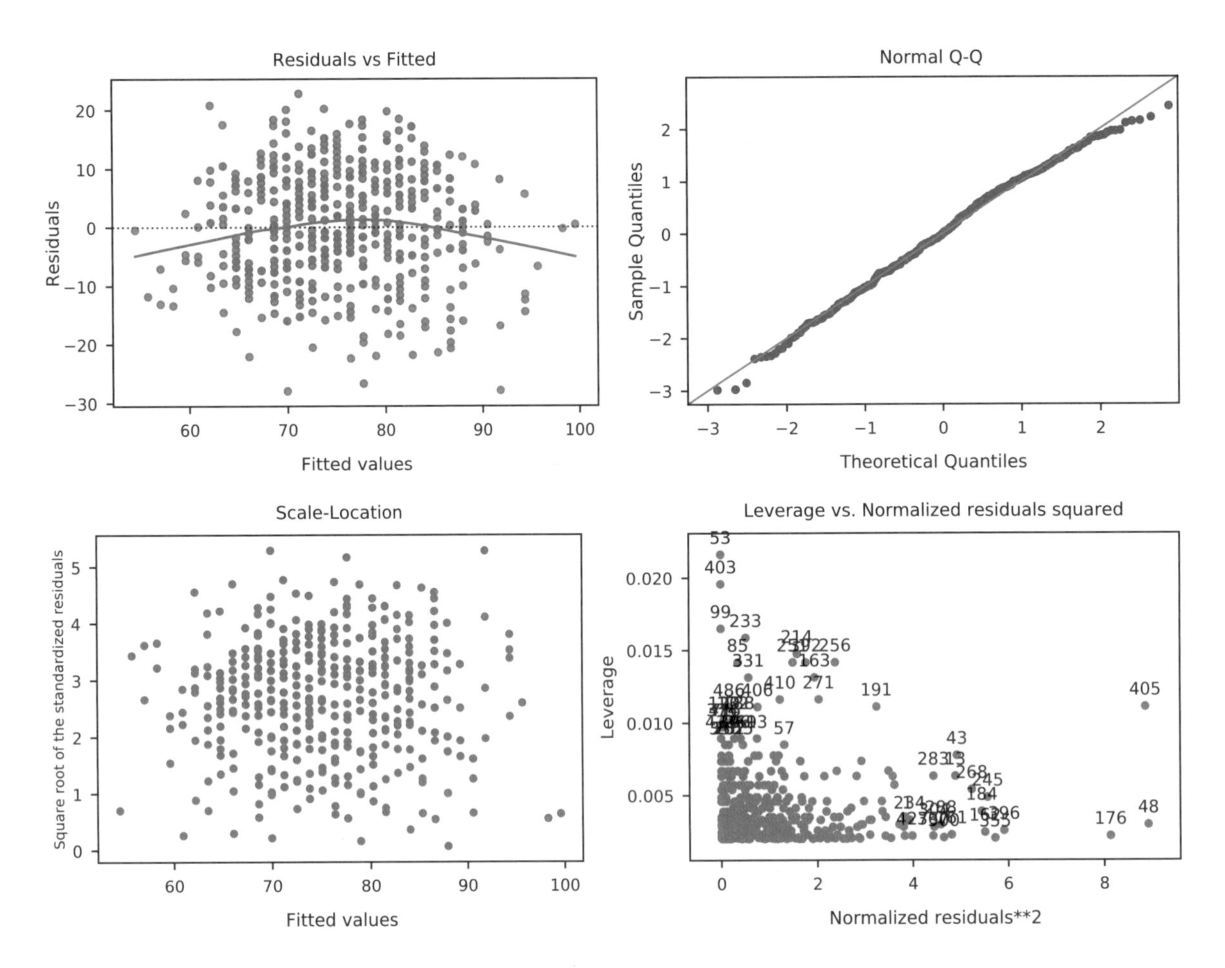

그림 7.9 전반적인 만족도와 놀이기구 만족도에 관련된 모델의 진단 도면

각 그림의 오른쪽 하단 패널에 있는 최종 도면은 잠재적 특이치, 즉 다른 분포에서 나올 수 있는 관측치를 식별하는 데 다시 도움을 준다. 특이치는 다른 점에서 멀리 떨어져 있으면 적합선에 과도하게 영향을 미치기 때문에 문제가 된다. 작은 관측 집합이 계수에 큰 영향을 미치는 것을 바라지는 않을 것이다. 오른쪽 아래 그림은 각 포인트의 레버리지leverage, 즉 포인트가 모델 계수에 미치는 영향의 정도를 보여준다. 포인트의 잔차와 레버리지가 높으면 포인트가 다른 패턴(잔차)과 과도한 영향(레버리지) 모두를 갖고 있음을 나타낸다. 데이터 포인트의 레버리지를 측정하는 한 가지 척도는 쿡의 거리Cook's distance이다. 이는 데이터에서 해당 포인트를 제거해 모델을 재추정할 경우 예측 값(y)이 얼마나 변경될지에 대한 추정치이다.

그림 7.9의 오른쪽 하단 패널에서 포인트가 고표준화된 잔차 거리와 모델 레버리지를 기반으로 잠재적으로 문제가 되는 특이치인 경우 자동으로 행 번호로 레이블이 지정된다. 이상치를 정기적으로 제거하는 것은 권장하지 않지만, 이를 검사하고 데이터에 문제가 있는지 확인하는 것이 좋다. 그림 7.9에서 이러한 행을 선택해 식별된 여러 지점을 검사한다.

```
In [35]: sat_df.loc[[405, 48, 176]]

Out[35]: is_weekend  num_child    distance  rides  games  wait  clean  \
    405        True          0  11.445116   93.0   77.0  75.0   89.0
    48        False          0   8.434066   76.0   61.0  48.0   73.0
    176        True          0  18.318936   82.0   61.0  74.0   84.0

        overall  log_dist
    405    64.0  2.437563
    48     42.0  2.132279
    176    51.0  2.907935
```

이 경우 어떤 데이터 포인트도 명백히 무효인 것은 아니다(예: 값이 1보다 작거나 100보다 큰 경우). 데이터에서 명백한 오류를 나타내는 경우를 제외하고는 일반적으로 특이치를 생략하지는 않는다. 현재의 경우, 모든 관측치를 유지한다.

전반적으로 그림 7.9는 좋아 보이며 전반적인 만족도와 놀이기구 만족도를 연관시키는 모델이 합리적임을 시사한다. 하지만 지금까지 하나의 변수만 조사했다. 다음 절에서는 여러 예측 변수를 고려한다. 편의상 다음 절에서는 이 절에 표시된 모델 적합성 검사를 생략하지만, 모델에 대한 이러한 진단 도면을 확인하고 해석하는 것이 좋다.

7.3 다중 예측자가 있는 선형 모델 적합화

하나의 예측 변수를 사용하는 선형 모델의 기본 사항은 다뤘으므로 이제 복수의 만족 동인을 평가하는 문제로 넘어간다. 여기서의 목표는 놀이기구, 게임, 대기 시간, 청결 등 공원의 모든 특징을 분류해 전반적인 만족도와 가장 밀접한 관련이 있는 특징을 결정하는 것이다.

첫 번째 다중 변수 모델을 추정하기 위해 모델을 설명하는 공식을 사용해 ols()를 호출한다.

```
In [36]: m2 = smf.ols('overall ~ rides + games + wait + clean',
                      data=sat_df).fit()
         m2.summary()

Out[36]:
                            OLS Regression Results
==============================================================================
Dep. Variable:                overall   R-squared:                       0.595
Model:                            OLS   Adj. R-squared:                  0.592
Method:                 Least Squares   F-statistic:                     181.9
Date:                Thu, 30 Jan 2020   Prob (F-statistic):           9.91e-96
...
==============================================================================
                 coef    std err          t      P>|t|      [0.025      0.975]
------------------------------------------------------------------------------
Intercept    -53.6088      5.246    -10.219      0.000     -63.916     -43.302
```

```
rides          0.4256      0.099      4.279      0.000        0.230        0.621
games          0.1861      0.048      3.843      0.000        0.091        0.281
wait           0.3842      0.036     10.647      0.000        0.313        0.455
clean          0.6205      0.108      5.725      0.000        0.408        0.834
...
```

먼저 출력 하단의 모델 적합 통계를 살펴보면, 모델은 모든 만족도 항목을 포함해 예측이 향상됐음을 알 수 있다. R-제곱은 0.595로 증가했다. 이는 전체 등급 변동의 약 60%가 특정 특징에 대한 등급으로 설명된다는 것을 의미한다.

```
In [37]: np.std(m2.resid)

Out[37]: 7.732470220113991
```

잔차 표준 오차는 이제 7.732인 반면, 더 단순한 모델의 경우 9.360으로 예측이 더 정확하다.

```
In [38]: np.percentile(m2.resid, q=range(0,101,25))

Out[38]: array([-26.0408112 ,  -4.89848961,   0.88100141,   5.56376647,
        18.2162639 ])
```

여기 잔차는 또한 적어도 사분위수 범위에서 상대적으로 대칭으로 보인다. 위에서 언급했듯, 진단 도면(예: plot_gof_figures() 함수)을 사용해 모델을 검사함으로써 비선형성이나 특이치를 나타내는 잔차 패턴이 없는지 확인하는 것이 좋다.

다음으로 모델 계수를 조사한다. 각 계수는 다른 예측 변수의 값을 조건으로 해당 특징에 대한 만족도와 전체 만족도 간의 관계 강도를 나타낸다. 네 가지 특징은 모두 통계적으로 유의한 것으로 식별된다(p 값, P>|t| <0.05로 표시). 출력 숫자를 비교하는 것보다 계수를 시각화하는 것이 더 도움이 될 수 있으며, 6.5.4절에서 만든 함수를 가져와서 신뢰 구간을 표시할 수 있다. 점선은 0으로 표시돼 유의하지 않음을 나타낸다(패키지 설치에 대한 것은 2.4.9절 참조).

```
In [39]: !pip install python_marketing_research
         from python_marketing_research_functions import chapter6
```

그런 다음 계수와 신뢰 구간을 해당 함수에 전달해 그림 7.10과 같이 도면을 생성할 수 있다.

```
In [40]: chapter6.plot_confidence_intervals(m2.params[1:],
                                            m2.conf_int().iloc[1:,:],
                                            zero_line=True)
```

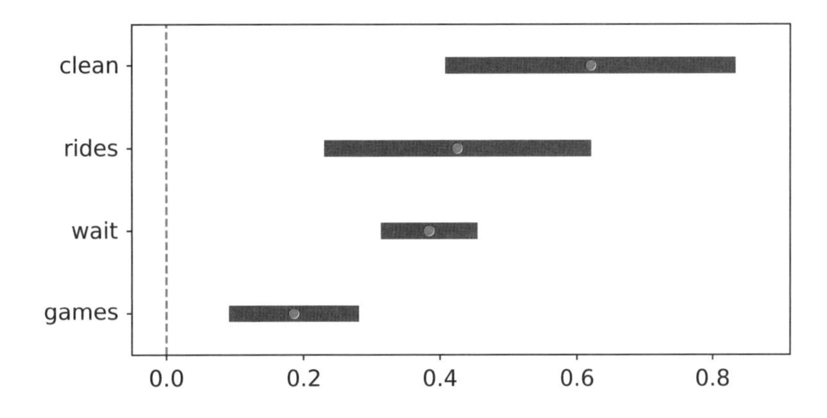

그림 7.10 놀이공원 데이터에서 만족도의 초기 다변량 ols() 모델에 대해 생성된 계수 도면.
모델에서 청결에 대한 만족도는 전반적인 만족도와 가장 밀접한 관련이 있으며 놀이기구와 대기 시간도 관련이 있다.

그림 7.10에서 청결에 대한 만족도가 전반적인 만족도와 관련된 가장 중요한 특징으로 추정되고, 그다음으로 놀이기구와 대기 시간에 대한 만족도를 볼 수 있다. 게임에 대한 만족도는 상대적으로 덜 중요한 것으로 추정되며, 여러 계수에 대한 신뢰 구간이 겹치므로 해당 계수가 실제로 다르지 않을 수 있음을 나타낸다. 예를 들어 전체적인 만족도에서 청결 만족도가 게임 만족도보다 분명히 더 중요하지만, 놀이기구 계수가 대기 시간 계수보다 높다는 사실에도 불구하고 대기 시간 대 놀이기구의 상대적 중요성은 덜 명확하다. 신뢰 구간과 그 해석에 대한 설명은 6.3.1절을 참조하라.

계수 도면은 종종 만족도 동인 분석의 핵심 결과이다. 예측 계수를 기반으로 계수가 순서대로 정렬되도록 도면을 정렬하면 예측 변수가 많을 경우 전체 만족도와 가장 밀접하게 관련된 특징을 더 쉽게 식별할 수 있다.

7.3.1 모델 비교

이제 2개의 모델 객체, `m1`과 `m2`를 갖고 있으므로 어느 것이 더 나은지 알아볼 수 있다. 모델을 평가하는 한 가지 방법은 R-제곱 값을 비교하는 것이다.

```
In [41]: print(m1.rsquared)
         print(m2.rsquared)

0.4066280681606046
0.5950752098970709
```

R-제곱 값을 기반으로 `m2`가 `m1`보다 만족도의 변동을 더 많이 설명한다고 말할 수 있다. 그러나 예측 변수가 더 많은 모델은 일반적으로 R^2가 더 높으므로 대신 모델의 예측 변수 수를 제어하는 수정 R-제곱 값을 비교해볼 수 있다.

```
In [42]: print(m1.rsquared_adj)
         print(m2.rsquared_adj)

0.4054365582573126
```

```
0.5918030903810876
```

수정 R-제곱은 m2가 더 많은 예측 변수를 사용한다는 사실을 고려하더라도 여전히 m2가 전체 만족도의 변동을 더 많이 설명한다는 것을 암시한다.

모델의 예측을 시각적으로 비교하기 위해 각각에 대한 적합 값과 실제 값을 도식화한다.

```
In [43]: plt.figure(figsize=(12,8))
         plt.scatter(sat_df.overall, m1.fittedvalues, c='r', marker='x',
                     alpha=0.75, label='m1')
         plt.scatter(sat_df.overall, m2.fittedvalues, c='b', marker='x',
                     alpha=0.75, label='m2')
         satisfaction_range = [sat_df.overall.min(), sat_df.overall.max()]
         plt.plot(satisfaction_range, satisfaction_range, '--k', label = 'x=y')
         plt.xlabel('Observed value')
         plt.ylabel('Predicted value')
         plt.legend()
```

모델이 데이터를 완벽하게 적합화하면 그림에서 y = x 선을 따르겠지만, 당연히 고객 만족도 데이터를 완벽하게 적합화하는 것은 거의 불가능하다. 그림 7.11의 결과 도면에서 빨간색과 파란색 점을 비교하면 파란색 점 구름이 대각선을 따라 더 밀집돼 있음을 알 수 있다. 이는 그림에서 그 효과의 크기를 알아보기는 어렵지만 m2가 m1보다 데이터의 변동을 더 많이 설명한다는 것을 보여준다.

여기에 모델이 중첩돼 있기 때문에 좀 더 공식적인 가능한 검정을 위해(6.5.3절 참조) anova_lm()을 사용해 m2가 m1보다 더 많은 변동을 설명하는지 여부를 알아볼 수 있다.

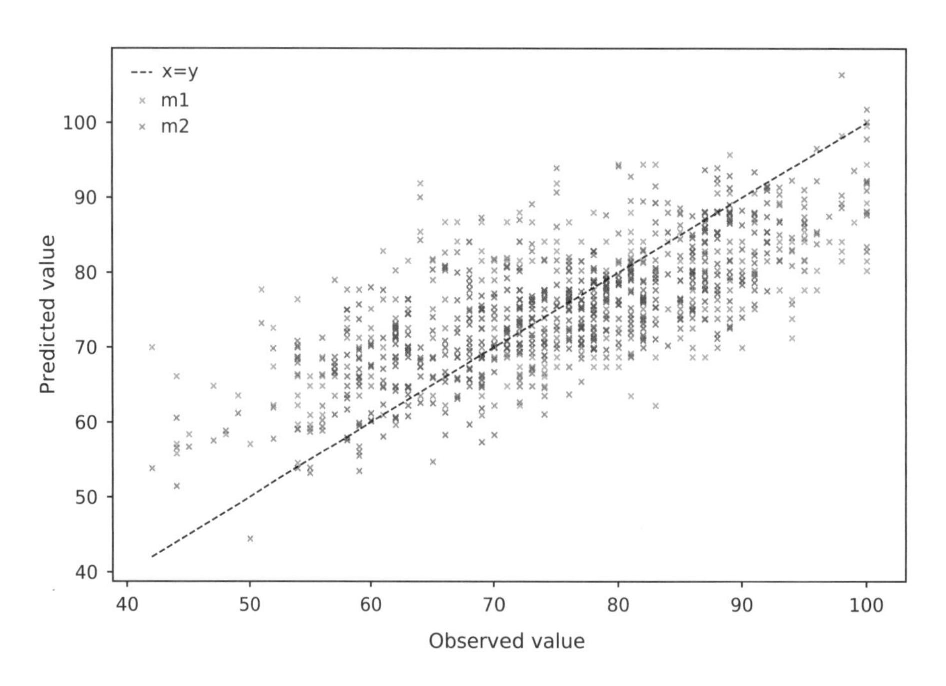

그림 7.11 선형 모델 m1과 m2에 대한 적합 값과 실제 값 비교

```
In [44]: from statsmodels.stats import anova as sms_anova
         sms_anova.anova_lm(m1,m2)

Out[44]:    df_resid           ssr  df_diff       ss_diff          F        Pr(>F)
         0     498.0  43808.577336      0.0           NaN        NaN           NaN
         1     495.0  29895.547852      3.0  13913.029484  76.789021  8.500020e-41
```

p 값이 낮으면 m2의 추가 예측 변수가 모형의 적합도를 크게 향상시킨다는 것을 나타낸다. 이 두 모델이 고려 중인 유일한 모델이라면 m1이 아닌 m2로 진행한다.

rides 계수가 m1에서 m2로 변경됐음을 알 수 있다. m1의 값은 1.2887 × rides, m2의 값은 0.4256 × rides이다. 왜 이런 일이 발생할까? 그 이유는 놀이기구가 다른 모든 변수와 독립적이지 않기 때문이다. 그림 7.1은 놀이기구에 더 만족하는 고객이 대기 시간과 게임에 더 만족하는 경향이 있음을 보여준다. 이러한 변수가 모델 m2에서 예측 변수로 추가되면 이제 전체 등급을 예측하는 작업 중 일부를 수행하고, 승차의 기여도는 전체 모델에서 차지하는 비중이 더 적다.

계수는 옳고 그름이 아니라 그저 더 큰 모델의 일부이기 때문에 놀이기구에 대한 계수 자체들이 더 정확한 것은 아니다. 어떤 모델이 더 바람직한가? 모델 m2가 전체적으로 더 잘 적합화하기 때문에 놀이기구에 대한 계수를 잘 해석하지만 전체 모델의 맥락에서만 해석한다. 다음 절에서 모델의 구조가 변경되면 계수도 일반적으로 변경된다는 것을 볼 수 있다(변수가 완전히 상관되지 않는 경우).

7.3.2 모델을 사용해 예측하기

단일 변수 사례에 대해 살펴본 것처럼 모델 계수를 사용해 설명 변수의 다양한 조합에 대한 overall 결과를 예측할 수 있다. m2.params는 pandas 시리즈이며, 여기서는 이름을 사용해 개별 계수에 접근한다. 4개의 개별 측면을 각각 100점으로 평가한 고객의 전체 평가를 예측하려면 해당 평가에 계수를 곱하고 절편을 추가할 수 있다.

```
In [45]: m2.params.Intercept + m2.params.rides*100 + m2.params.games*100\
           + m2.params.wait*100 + m2.params.clean*100

Out[45]: 108.02382449445317
```

최적 추정치는 모델 m2를 사용한 108.024이다. 이는 최고 점수보다 더 높다. 그러나 선형 모델에는 제약이 없으며, 최대 점수를 나타내지 않는다. 그러나 이것은 직관적으로 의미가 있다. 모든 것을 100점으로 평가하는 사람은 또한 전체적으로 100점을 줄 가능성이 있다.

위의 예측 방정식은 입력이 어려우며, 모델 예측을 계산하는 데는 더 효율적인 방법이 있다. ols.predict(newdata)를 사용할 수 있는데, newdata는 모델 추정에 사용된 데이터와 동일한 열 이름을 가진 데이터프레임이다. 예를 들어 데이터셋에서 처음 10명의 고객에 대한 예측을 얻으려면 sat_df의 처음 10개 행을 predict()에 전달한다.

```
In [46]: m2.predict(sat_df.head(10))
])
```

```
Out[46]: 0    79.303964
         1    92.271882
         2    86.113782
         3    59.175321
         4    69.286346
         5    72.019136
         6    79.708122
         7    75.172110
         8    75.774821
         9    80.446600
         dtype: float64
```

이는 처음 10명의 고객에 대한 만족도를 예측한다. 모델 추정에 사용되는 관측치에 대한 예측도 모델 객체에 저장되며 `fittedvalues` 접미사를 사용해 접근할 수 있다.

```
In [47]: m2.fittedvalues[:10]

Out[47]: 0    79.303964
         1    92.271882
         2    86.113782
         3    59.175321
         4    69.286346
         5    72.019136
         6    79.708122
         7    75.172110
         8    75.774821
         9    80.446600
         dtype: float64
```

`predict()` 메서드는 `dict` 객체도 허용한다.

```
In [48]: m2.predict({'rides': 100,
                     'games': 100,
                     'wait': 100,
                     'clean': 100})

Out[48]: 0    108.023824
         dtype: float64
```

7.3.3 예측자 표준화

지금까지 놀이공원에 대한 전반적인 만족도를 얻기 위해 방문 시의 다양한 측면(각각 100점 척도로 평가됨)의 기여도를 원시 계수로 해석했다(각 100점 척도로 평가). 그러나 `rides`가 1~10 등급으로 평가되고 청결도는 1~5 등급으로 평가되는 등 변수의 척도가 다른 설문 조사의 경우 계수 값을 직접 비교할 수 없다. 현 데이터에는 `distance` 및 `log_dist` 변수에서 100점 척도가 아닌 현상이 발생한다.

계수를 비교하려는 경우 모델을 적합화하기 전(그리고 변수를 정규 분포 척도로 변환한 후)에 공통 척도로 데이터를 표준화하면 좋다. 가장 일반적인 표준화는 값을 0 중심의 표준 편차 단위로 변환한다. 이는 각 관측치에서 변수의 평균을 뺀 다음 표준 편차(std())로 나누며 Z 점수라고도 한다.

```
In [49]: ((sat_df.rides - sat_df.rides.mean())/sat_df.rides.std()).head(10)

Out[49]: 0    0.302715
         1    0.801147
         2    1.299580
         3   -1.192583
         4   -0.361862
         5    0.468859
         6    0.136571
         7   -0.361862
         8   -0.029574
         9   -0.528006
         Name: rides, dtype: float64
```

변수의 크기에 대해 걱정하지 않고 상대적인 기여도만 고려한다면, 크기 조정된 버전의 sat_df를 만들 수 있다.

```
In [50]: sat_df_scaled = sat_df.copy()
         idx = ['clean', 'games', 'rides', 'wait', 'log_dist', 'overall']
         sat_df_scaled[idx] = (sat_df[idx] - sat_df[idx].mean(axis=0))\
           /sat_df[idx].std(axis=0)

In [51]: sat_df_scaled.head()

Out[51]:   is_weekend  num_child   distance     rides     games      wait  \
        0       True          0   9.844503  0.302715 -1.139289  0.811454
        1      False          1   2.720221  0.801147  1.034490  2.494194
        2      False          3   1.878189  1.299580  0.805671  0.624483
        3      False          0  14.211682 -1.192583 -2.512202 -0.497343
        4      False          1   9.362776 -0.361862  2.178584 -1.619169

              clean   overall  log_dist
        0  0.480319 -0.603270 -0.598161
        1  0.829134  2.027508 -1.801954
        2  1.003542  1.616449 -2.148627
        3 -1.961389 -1.672024 -0.254534
        4 -0.566127 -1.014329 -0.645118
```

이 코드에서 먼저 sat_df를 새 데이터프레임 sat_df_scaled에 복사했다. 그런 다음, log_dist를 대신 사용할 것이므로 거리를 제외하고 각 숫자 열을 표준화했다. weekend는 숫자가 아닌 요인 변수이기 때문에 표준화하지 않는다. 또한 아직 분석하지 않았으므로 num_child를 그대로 둔다.

표준화할 때 원래 데이터프레임 sat_df는 변경하지 않는다. 대신 새 데이터프레임에 복사하고 새 데이터프레임을 변경한다. 이 프로세스를 사용하면 오류에서 쉽게 복구할 수 있다. sat_df_scaled에 문제가 발생하면 몇 가지 명령을 실행해 다시 만들 수 있다.

값 표준화 문제는 주로 모델 계수를 사용하는 방법에 따라 다르다. 원 척도의 관점에서 계수를 해석하려는 경우 데이터를 먼저 표준화하지는 않는다. 그러나 만족도 동인 분석에서는 일반적으로 서로 다른 예측 변수의 상대적 기여에 더 관심이 있고 이를 비교하고자 표준화로 지원한다. 또한 분석 전에 더 이상 원 크기에 있지 않도록 변수를 변환하는 경우가 많다.

표준화 후에는 결과를 확인해야 한다. 표준화된 변수는 평균이 0이고 값은 평균으로부터 몇 단위 이내에 있어야 한다. describe()로 확인해볼 수 있다.

```
In [52]: sat_df_scaled[idx].describe().round(2)

Out[52]:         clean   games   rides    wait  log_dist  overall
         count  500.00  500.00  500.00  500.00    500.00   500.00
         mean     0.00    0.00    0.00    0.00     -0.00     0.00
         std      1.00    1.00    1.00    1.00      1.00     1.00
         min     -3.53   -3.43   -2.69   -2.55     -3.16    -2.74
         25%     -0.57   -0.68   -0.69   -0.68     -0.68    -0.69
         50%     -0.04    0.00   -0.03   -0.03      0.03     0.05
         75%      0.65    0.69    0.64    0.62      0.69     0.79
         max      2.57    2.98    3.13    2.49      2.36     2.03
```

sat_df_scaled가 예상과 일치함을 알 수 있다.

변수를 표준화할 때 언급해야 할 기술적 부분이 있다. 결과와 예측 변수가 모두 표준화되면 평균이 0이 되고 절편은 0이 된다. 그러나 이것이 절편이 모델에서 제거될 수 있음을 의미하지는 않는다. 모형은 절편의 오류까지 포함해서 전체 적합치의 오류를 최소화하도록 추정된다. 따라서 절편은 표준화 후에도 모델에 계속 남아 있어야 함을 의미한다(7.5.1절 참조).

7.4 요인을 예측자로 사용

앞의 m2는 합리적이지만 좀 더 개선할 수 있다. 최종 모델에 도달하기 전에 많은 모델을 시도하는 것은 일반적이다. 다음 단계에서는 주말에 오거나 먼 곳을 여행하는 고객, 혹은 다자녀의 경우 만족도가 서로 다른지 확인해본다. 표준화된 데이터를 사용해 다음 예측 변수를 모델에 추가한다.

```
In [53]: m3 = smf.ols('overall ~ rides + games + wait + clean + is_weekend'
                      ' + log_dist + num_child', data=sat_df_scaled).fit()
         m3.summary()

Out[53]:
                            OLS Regression Results
==============================================================================
Dep. Variable:                overall   R-squared:                       0.715
Model:                            OLS   Adj. R-squared:                  0.711
Method:                 Least Squares   F-statistic:                     176.3
Date:                Thu, 30 Jan 2020   Prob (F-statistic):          1.01e-129
...
==============================================================================
                 coef    std err          t      P>|t|      [0.025      0.975]
```

```
-------------------------------------------------------------------------------
Intercept            -0.3516    0.042     -8.423    0.000    -0.434    -0.270
is_weekend[T.True]   -0.0724    0.049     -1.485    0.138    -0.168     0.023
rides                 0.2558    0.042      6.147    0.000     0.174     0.338
games                 0.0992    0.029      3.371    0.001     0.041     0.157
wait                  0.3363    0.027     12.591    0.000     0.284     0.389
clean                 0.2718    0.043      6.310    0.000     0.187     0.356
log_dist              0.1069    0.024      4.423    0.000     0.059     0.154
num_child             0.2190    0.016     13.864    0.000     0.188     0.250
...
```

모델 요약은 적합도(R-제곱 0.715)가 크게 향상됐으며 log_dist와 num_child에 대한 계수가 0보다 상당히 큰 것을 보여준다. 이는 더 멀리 여행하고 더 많은 자녀를 둔 사람들이 전반적인 만족도 등급이 더 높다는 것을 나타낸다.

weekend에 대한 계수는 weekend[T.True]로 레이블이 지정돼 있는데, 이는 약간 특이하다. weekend는 우리의 선형 모델에 자연스럽게 적합화하지 못하는 부울 변수 혹은 요인이라는 점을 상기하라. True에 숫자를 곱할 수는 없다. statsmodels는 데이터를 숫자 값으로 변환해 이를 처리한다. 여기서 1은 True 값에, 0은 False에 할당된다. 계수가 적용되는 방향을 알 수 있도록 출력에 레이블을 지정한다. 따라서 비록 큰 영향을 주는 것은 아니지만, 주말에 오는 사람들이 평일에 오는 사람들보다 평균 0.07 표준 단위(표준 편차)만큼 낮게 평가한다는 의미로 계수를 해석할 수 있다.

데이터에 요인이 포함된 경우 데이터 유형에 주의해야 한다. 예를 들어 num_child는 0–5 범위의 숫자 변수이지만, m3에서 했던 것처럼 숫자로 취급하는 것이 반드시 의미가 있지는 않다. 그렇게 할 때, 만족도가 아이들 수의 함수에 따라 선형적으로 올라가거나 내려가고 그 효과는 각 추가 아동 수에 대해 동일하다고 묵시적으로 가정한다(어린이들을 놀이공원에 데려간 사람은 이건 불합리한 가정이라고 추측할 수 있다).

num_child를 요인으로 변환하고 모델을 재추정해 이를 수정한다.

```
In [54]: dummy_vals = pd.get_dummies(sat_df_scaled.num_child, prefix='num_child')
         dummy_vals.head()

Out[54]:      num_child_0  num_child_1  num_child_2  num_child_3  num_child_4  \
         0              1            0            0            0            0
         1              0            1            0            0            0
         2              0            0            0            1            0
         3              1            0            0            0            0
         4              0            1            0            0            0

              num_child_5
         0              0
         1              0
         2              0
         3              0
         4              0

In [55]: sat_df_child_factor = sat_df_scaled.join(dummy_vals)
```

```
In [56]: m4 = smf.ols('overall ~ rides + games + wait + clean + log_dist'
                      '+ num_child_0 + num_child_1 + num_child_2 + num_child_3'
                      '+ num_child_4 + num_child_5',
                      data=sat_df_child_factor).fit()
         m4.summary()

Out[56]:
                            OLS Regression Results
==============================================================================
Dep. Variable:                overall   R-squared:                       0.818
Model:                            OLS   Adj. R-squared:                  0.815
Method:                 Least Squares   F-statistic:                     220.3
Date:                Thu, 30 Jan 2020   Prob (F-statistic):          5.23e-174
...
===============================================================================
                 coef    std err          t      P>|t|      [0.025      0.975]
-------------------------------------------------------------------------------
Intercept      0.1059      0.020      5.391      0.000       0.067       0.144
rides          0.2604      0.033      7.803      0.000       0.195       0.326
games          0.0968      0.024      4.097      0.000       0.050       0.143
wait           0.3139      0.022     14.570      0.000       0.272       0.356
clean          0.2710      0.035      7.819      0.000       0.203       0.339
log_dist       0.1001      0.019      5.154      0.000       0.062       0.138
num_child_0   -0.7978      0.035    -22.574      0.000      -0.867      -0.728
num_child_1    0.2097      0.047      4.456      0.000       0.117       0.302
num_child_2    0.2549      0.039      6.492      0.000       0.178       0.332
num_child_3    0.2108      0.046      4.563      0.000       0.120       0.302
num_child_4    0.1315      0.053      2.471      0.014       0.027       0.236
num_child_5    0.0968      0.077      1.253      0.211      -0.055       0.249
...
```

이제 num_child에 대해 6개의 적합 계수가 있음을 알 수 있다. 하나는 자녀가 0인 그룹, 하나는 자녀가 있는 그룹 등이다. num_child_0에 대한 계수는 음수이므로 자녀가 없는 그룹이 점수가 더 낮다는 것을 나타낸다. num_child_1과 num_child_0의 계수를 비교하면 1명의 자녀가 있는 그룹이 자녀가 없는 그룹보다 평균 1.0075 표준 편차로 전체 만족도를 더 높게 평가한다(0.2097과 -0.7978의 차이).

pandas.get_dummies()를 사용해 num_child가 1명을 나타낼 때(요소 수준 '1') 1, 그렇지 않으면 0을 나타내는 새 변수 num_child_1을 생성했다. 마찬가지로 num_child_2는 자식이 2명인 경우 1이고, 그렇지 않은 경우 0이다. num_child_2의 계수는 0.2549이다. 즉, 두 자녀를 둔 사람들은 자녀가 없는 사람들보다 전체 표준 편차(0.2549 - (-0.7978) = 1.0527)에서 평균적으로 전체 만족도를 더 높게 평가한다.

m4의 놀라운 점은 그룹에 있는 어린이 수에 관계없이 전반적인 만족도의 증가가 거의 동일하다는 것이다. 어린이 수에 관계없이 약 1 표준 편차가 더 높다. 이는 실제로 각 어린이 수의 증가를 다르게 추정할 필요가 없음을 시사한다. 사실, 1명의 아동이든 3명의 아동이든 모두 동일하게 증가하는 경우 아동당 점차 확장되는 모델을 적합화하려 하면 추정치의 정확도가 떨어진다.

대신 그룹에 자식이 있으면 TRUE이고 없으면 FALSE인 has_child라는 새 변수를 선언한다. 그런 다음 새 요인 변수를 사용해 모델을 추정한다. 또한 weekend는 중요한 예측 변수가 아닌 것 같기 때문에 모델에서 제외한다.

```
In [57]: sat_df_scaled['has_child'] = sat_df_scaled.num_child.apply(lambda x:
                                                                    x > 0)
         m5 = smf.ols('overall ~ rides + games + wait + clean + log_dist'
                      '+ has_child', data=sat_df_scaled).fit()
         m5.summary()
```

```
Out[57]:
==============================================================================
Dep. Variable:                overall   R-squared:                       0.817
Model:                            OLS   Adj. R-squared:                  0.814
Method:                 Least Squares   F-statistic:                     365.9
Date:                Thu, 30 Jan 2020   Prob (F-statistic):          5.25e-178
...
==============================================================================
                     coef    std err          t      P>|t|      [0.025  0.975]
------------------------------------------------------------------------------
Intercept         -0.6919      0.035    -19.929      0.000     -0.760   -0.624
has_child[T.True]  1.0028      0.042     23.956      0.000      0.921    1.085
rides              0.2645      0.033      7.950      0.000      0.199    0.330
games              0.0970      0.024      4.125      0.000      0.051    0.143
wait               0.3184      0.021     14.872      0.000      0.276    0.361
clean              0.2654      0.035      7.691      0.000      0.198    0.333
log_dist           0.1005      0.019      5.197      0.000      0.062    0.138
...
```

이 정도면 좋은 모델 아닌가? 모델 m4와 m5 사이의 R-제곱 값 변화는 무시할 만한데, 이는 모델을 단순화했지만 모델 적합화 성능이 떨어지지는 않았음을 의미한다.

모델 m5는 자녀가 있는 그룹에 대한 전반적인 만족도가 약 1 표준 편차 더 높은 것으로 추정한다. 그러나 이제 아이들이 등급의 다른 측면에 어떻게 영향을 미치는지 궁금할 것이다. 예를 들어, 자녀가 있는 그룹과 없는 그룹의 만족도와 대기 시간 사이의 관계가 다르다. 아이들이 있는 그룹에는 대기 시간이 더 중요할 것이라는 경험칙을 통해 추측할 수 있다. 이 질문을 탐구하려면 상호 작용을 모델에 통합해야 한다.

7.5 상호 작용 항

수식의 변수 간에 : 연산자를 사용해 두 용어의 상호 작용을 포함할 수 있다. 예를 들어, rides의 함수와 wait와 has_child의 상호 작용으로 전체를 추정하려면 overall ~ rides + wait:has_child로 공식을 작성할 수 있다. 상호 작용 항을 지정하는 다른 방법이 있지만(7.5.1절 참조), 이러한 방식으로 명시적으로 지정하는 것이 더 좋다.

만족도 등급과 방문을 설명하는 두 가지 변수 no_child와 is_weekend 간의 상호 작용을 사용해 새 모델을 만들자.

```
In [58]: m6 = smf.ols('overall ~ rides + games + wait + clean + log_dist'
                      '+ has_child + rides:has_child + games:has_child'
                      '+ wait:has_child + clean:has_child + rides:is_weekend'
                      '+ games:is_weekend + wait:is_weekend + clean:is_weekend',
                      data=sat_df_scaled).fit()
         m6.summary()

Out[58]:
                            OLS Regression Results
==============================================================================
Dep. Variable:                overall   R-squared:                       0.825
Model:                            OLS   Adj. R-squared:                  0.820
Method:                 Least Squares   F-statistic:                     163.3
Date:                Thu, 30 Jan 2020   Prob (F-statistic):          2.59e-173
...
==============================================================================
                              coef    std err          t      P>|t|      [0.025      0.975]
------------------------------------------------------------------------------
Intercept                  -0.6893      0.035    -19.895      0.000     -0.757     -0.621
has_child[T.True]           0.9985      0.042     23.996      0.000      0.917      1.080
rides                       0.2116      0.067      3.138      0.002      0.079      0.344
rides:has_child[T.True]     0.0641      0.070      0.916      0.360     -0.073      0.202
rides:is_weekend[T.True]-0.0010      0.066     -0.015      0.988     -0.131      0.129
games                       0.1001      0.047      2.141      0.033      0.008      0.192
games:has_child[T.True] -0.0452      0.051     -0.888      0.375     -0.145      0.055
games:is_weekend[T.True] 0.0746      0.048      1.564      0.119     -0.019      0.168
wait                        0.1917      0.043      4.468      0.000      0.107      0.276
wait:has_child[T.True]      0.1943      0.047      4.179      0.000      0.103      0.286
wait:is_weekend[T.True] -0.0304      0.043     -0.708      0.479     -0.115      0.054
clean                       0.3332      0.072      4.611      0.000      0.191      0.475
clean:has_child[T.True] -0.0781      0.076     -1.030      0.303     -0.227      0.071
clean:is_weekend[T.True]-0.0081      0.069     -0.118      0.906     -0.143      0.127
log_dist                    0.1054      0.019      5.459      0.000      0.067      0.143
...
```

이제 모델 객체 m6에는 공원과 has_child 및 weekend의 특징에 대한 등급 사이에 8개의 상호 작용 항이 포함된다. 이러한 상호 작용 중 하나만 중요하다(wait:has_child 상호 작용). 이것은 새로운 모델 m7을 만들기 위해 중요하지 않은 상호 작용을 삭제할 수 있음을 시사한다.

```
In [59]: m7 = smf.ols('overall ~ rides + games + wait + clean + log_dist'
                      '+ has_child + wait:has_child',
                      data=sat_df_scaled).fit()
         m7.summary()

Out[59]:
                            OLS Regression Results
==============================================================================
Dep. Variable:                overall   R-squared:                       0.823
Model:                            OLS   Adj. R-squared:                  0.820
Method:                 Least Squares   F-statistic:                     326.8
Date:                Thu, 30 Jan 2020   Prob (F-statistic):          1.83e-180
```

```
...
===============================================================================
                            coef    std err          t      P>|t|      [0.025      0.975]
-------------------------------------------------------------------------------
Intercept                -0.7002      0.034    -20.471      0.000      -0.767     -0.633
has_child[T.True]         1.0092      0.041     24.497      0.000       0.928      1.090
rides                     0.2597      0.033      7.931      0.000       0.195      0.324
games                     0.1002      0.023      4.329      0.000       0.055      0.146
wait                      0.1961      0.036      5.458      0.000       0.126      0.267
wait:has_child[T.True]    0.1739      0.041      4.202      0.000       0.093      0.255
clean                     0.2710      0.034      7.978      0.000       0.204      0.338
log_dist                  0.1057      0.019      5.547      0.000       0.068      0.143
...
```

이 결과로부터 아이들과 함께 공원에 간 그룹으로부터 더 높은 만족도를 예측할 수 있으며, 아이들이 없는 사람들보다 아이들이 있는 사람들(wait:has_child [T.True])에서 대기 시간이 더 중요한 예측 변수임을 알 수 있다. 우리는 그 이유를 모르지만, 아마도 아이들은 더 많은 놀이기구를 타게 되고 따라서 그들의 부모는 대기 시간에 더 많은 영향을 받을 것이다.

마케팅 담당자로서 이러한 결과로 무엇을 할 수 있을까? 몇 가지 가능한 마케팅 전략을 식별할 수 있다. 전체적으로 만족도를 높이고 싶다면 자녀를 동반한 방문객의 수를 늘리는 방법을 고려해볼 수 있다. 또는 어린이가 없는 방문자에게 어필하려면 등급이 낮은 이유를 이해하기 위해 추가 조사에 참여할 수 있다. 직원에게 예산을 할당하는 경우 청결의 중요성은 (게임과는 반대로) 계속해서 자원을 할당할 것을 제안한다. 또한 아이들과 대기 시간 사이의 연관성에 대해 더 알고 싶을 수도 있고, 기다리는 빈도를 줄이거나 더 즐겁게 만들기 위해 할 수 있는 일이 있는지 여부를 알고 싶을 수도 있다.

이러한 결과에서 제기할 수 있는 더 많은 질문이 있다. 중요한 분석 단계는 의미와 제품 또는 마케팅 전략을 구사할 수 있는 곳에 대해 신중하게 생각하는 것이다. 취할 수 있는 행동을 고려할 때 모델이 인과 관계가 아닌 연관성을 평가한다는 사실을 기억하는 것이 특히 중요하다. 결과의 가능한 변화는 모델이 제안한 가설로 간주해 별도로 확인해야 한다.

이 결과를 다른 사람과 공유하려면 plot_confidence_intervals()를 사용해 새로운 만족 동인 도면을 생성하는 것이 좋다.

```
In [60]: chapter6.plot_confidence_intervals(m7.params[1:], m7.conf_int().iloc[1:],
                                            zero_line=True)
```

결과는 전체 만족도에 대한 각 원소의 상대적 기여를 요약한 그림 7.12이다.

모델에 상호 작용 항을 포함할 때 두 가지 중요한 점이 있다. 첫째, 계수에 대해 해석 가능하고 비교 가능한 척도를 갖기 위해 상호 작용을 모델링할 때 예측 변수의 표준화를 고려하는 것이 특히 중요하다. 둘째, 상호 작용 효과 (x:y)를 포함할 때 항상 주 효과(예: x + y)를 포함해야 한다. 주 효과를 추정하지 않으면, 의도된 상호 작용이 실제로 상호 작용으로 인한 것인지 아니면 개별 변수의 추정되지 않은 주 효과 중 하나로 인한 것인지 알 수 없다.

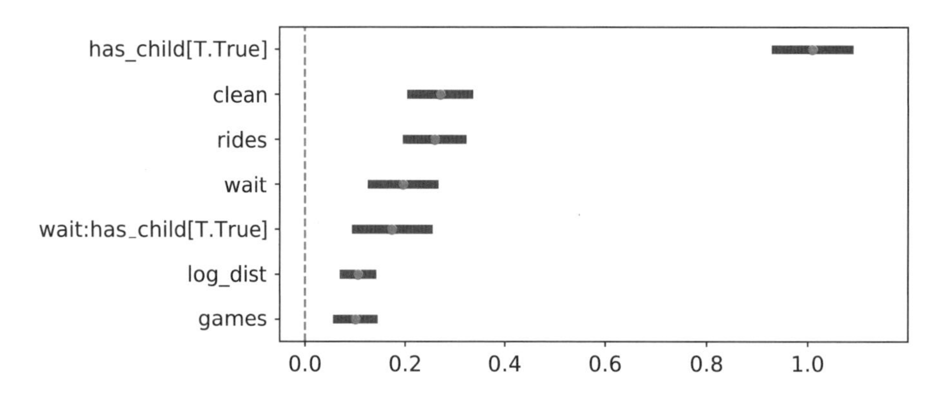

그림 7.12 놀이공원 방문자의 만족도 요인(시뮬레이션). 이 모델은 만족도와 가장 강한 양의 연관 변수가 아이들과 함께 공원을 방문하는 것임을 보여준다. wait : has_child[T.True] 상호 작용에서 볼 수 있듯이 대기 시간 만족도는 어린이가 없는 방문자보다 어린이가 있는 방문자의 전반적인 만족도를 더 잘 예측한다. 개별 공원 특징 중 청결에 대한 만족은 전반적인 만족도와 가장 관련이 있다.

7.5.1 언어 요약: 고급 수식 구문*

이 절은 상호 작용 효과를 사용해 더 복잡한 수식을 구성하려는 사용자를 위한 선택 사항이다. 위의 예에서와 같이 일반적으로 +(주 효과)와 :(특정 상호 작용)만 사용해 공식을 작성하지만, 다음은 변수나 상호 작용이 많을 때 좀 더 간결한 공식을 만드는 데 도움이 될 수 있다.

지금까지 살펴본 것처럼 수식에 x:z를 비롯해 x와 z 사이의 상호 작용을 포함할 수 있다. 상호 작용과 함께 2개의 변수를 포함하려는 경우 x*z를 사용할 수 있다. 이는 x + z + x:z로 쓰는 것과 같다.

수식에 -1을 포함해 모델에서 절편을 제거할 수 있다. 연속 예측자가 있는 일반 선형 모델에서는 선이 원점 (0, 0)을 통과하게 돼 다른 계수를 변경할 수 있기 때문에 이는 잘못된 방법이다. 그러나 순전히 범주형 예측 변수가 있는 모델 등과 같은 일부 모델 유형에서는 유용할 수 있다.

표 7.1은 공식 구문에 대한 일반적인 옵션과 선형 방정식(여기서 β는 절편에 대한 β_0, 첫 번째 예측 변수에 대한 β_1 등의 모델 계수이다. ε은 오류 항이다.)을 요약해 보여준다.

표 7.1 모델 수식에 상호 작용을 포함하기 위한 구문

R 공식 구문	선형 모델	설명
y ~ x	$y_i = \beta_0 + \beta_1 x_i + \varepsilon_i$	y는 x의 선형 함수이다.
y ~ x − 1	$y_i = \beta_1 x_i + \beta_2 z_i + \varepsilon_i$	절편을 생략한다.
y ~ x + z	$y_i = \beta_0 + \beta_1 x_i + \beta_2 z_i + \varepsilon_i$	y는 x와 z의 선형 조합이다.
y ~ x:z	$y_i = \beta_0 + \beta_1 x_i z_i + \varepsilon_i$	x와 z 간의 상호 작용을 포함한다.
y ~ x*z	$y_i = \beta_0 + \beta_1 x_i + \beta_2 z_i + \beta_3 x_i z_i \varepsilon_i$	x, z와 이 둘의 상호 작용을 포함한다.
y ~ (u + v + w)**3	$y_i = \beta_0 + \beta_1 u_i + \beta_2 v_i + \beta_3 w_i + \beta_4 u_i v_i + \beta_5 u_i w_i + \beta_6 v_i w_i + \beta_7 u_i v_i w_i + \varepsilon_i$	u, v, w와 이 모두의 3방향 상호 작용(u:v:w)을 포함한다.

(이어짐)

R 공식 구문	선형 모델	설명
y ~ (u+v+w)**3 - u:v	$y_i = \beta_0 + \beta_1 u_i + \beta_2 v_i + +\beta_3 w_i + \beta_5 u_i w_i + \beta_6 v_i w_i + \beta_7 u_i v_i w_i + \varepsilon_i$	이 변수들과 모든 상호 작용을 3방향으로 포함하지만 u:v 상호 작용은 제거한다.

7.5.2 주의! 과적합

지금까지 초기 데이터 검사에서 잠재적인 의미에 이르기까지 모델 생성의 전체 프로세스를 살펴봤다. 이제 선형 모델에서 주의해야 할 사항을 알아보자. 선형 모델에 익숙해지면 방정식에 더 많은 예측 변수를 추가하고 싶을 것이다. 이는 조심해야 할 행동이다.

일반적인 만족도 동인 설문 조사에는 수십 가지의 다양한 특징이 포함될 수 있다. 모형에 예측 변수를 추가하면 효과 수와 변수 간의 연관성으로 인해 계수 추정치의 정확도가 떨어진다. 이는 `ols()` 출력에서 더 큰 계수 표준 오차로 나타나고 곧 추정치의 신뢰도가 낮음을 의미한다. 이것이 바로 그림 7.12에서와 같이 계수에 대한 신뢰 구간을 그리는 이유 중 하나이다.

추정치에 대한 잠재적으로 낮은 신뢰도에도 불구하고 모델에 변수를 추가하면 R^2 값이 점점 더 높아진다. 첫인상으로는 모델이 점점 좋아지는 것처럼 보일 수 있다. 그러나 계수 추정치가 정확하지 않으면 모델의 유용성이 떨어진다. 이 경우 데이터의 관계에 대해 잘못된 추론을 할 수 있다.

너무 많은 변수를 추가하고 덜 정확하거나 부적절한 모델로 끝나는 이 과정을 과적합overfitting이라고 한다. 이를 피하는 한 가지 방법은 계수의 표준 오차를 면밀히 주시하는 것이다. 작은 표준 오차는 모형을 추정하기에 충분한 데이터가 있음을 나타내는 지표이다. 또 다른 접근법은 보유할 데이터의 하위 집합을 선택하고 모델을 추정하는 데 사용하지 않는 것이다. 모델을 적합화한 후 남겨둔 홀드아웃holdout 데이터에 `predict()`를 사용하고 얼마나 잘 수행되는지 확인한다. 과적합된 모델은 남겨둔 데이터의 결과를 예측할 때 제대로 수행되지 않는다. 다른 접근 방식에는 랜덤 포레스트 모델(11.1.3절), 신중한 단계별 선택 절차(6.6절) 또는 베이즈 정보 기준에서 얻은 것과 같은 가변 중요도 측정을 사용하는 것이다. 자세한 내용은 Kuhn and Johnson(2013)의 19장을 참조하라.

모델은 최대한 간결하게 유지하기를 권한다. 크고 인상적인 옴니버스 모델을 만들고 싶은 유혹이 있겠지만, 일반적으로 명확하고 자신감 있는 해석으로 몇 가지를 식별하는 것이 마케팅 관행에서 더 가치가 있다.

7.5.3 선형 모델 적합화를 위한 권장 절차

지금까지 최종 모델 `m7`에 도달하기 위해 긴 프로세스를 따랐으며, 이러한 선형 모델을 생성할 때 권장하는 일반적인 단계를 다시 생각해보면 도움이 될 것이다.

1. 3.3.2절의 개요에 따라 데이터셋이 깨끗하고 예상한 구조인지 확인한다.
2. 변수의 분포를 확인해 많이 치우쳐 있지 않은지 확인한다(7.2.1절). 비뚤어진 경우 변환을 고려하라(4.5.4절).

3. 이변량 산점도와 상관 행렬(7.2.1절)을 조사해 매우 상관된 변수(예: $r > 0.9$ 또는 $r > 0.8$인 여러 변수)가 있는지 확인한다. 그렇다면 일부 변수를 생략하거나 필요한 경우 변환을 고려하라. 자세한 내용은 8.1절을 참조하라.
4. 일관된 척도로 계수를 추정하려면 데이터를 표준화하라(7.3.3절).
5. 모델을 적합화한 후 출력에서 잔차 분위수를 확인한다. 잔차는 모델이 개별 관측치를 얼마나 잘 설명하는지 보여준다(7.2.4절).
6. 적합도의 진단 우수성을 평가해 표준 모델 도면을 확인하면 선형 모델인지 여부를 판단하는 데 도움이 된다. 이를 통해 선형의 적절성과 함께 비선형성이 있는지 여부를 확인하고 데이터에서 잠재적인 특이치를 식별한다(7.2.4절).
7. 여러 모델을 시도하고 잔차의 산포와 전체적인 R^2를 조사해 전체적인 해석 가능성과 모델 적합성을 비교한다(7.3.1절). 모델이 중첩된 경우 비교를 위해 ANOVA를 사용할 수도 있다(6.5.3절).
8. 해석 및 권장 사항과 함께 추정치의 신뢰 구간을 보고한다(7.3절).

7.6 더 알아보기*

응용프로그램: 이 장에서는 statsmodels 모듈을 사용하는 파이썬의 선형 모델링과 만족 동인 분석에 대한 응용프로그램의 개요를 설명했다. 동일한 모델링 접근 방식을 광고 반응(또는 마케팅 믹스) 모델링(Bowman and Gatignon 2010), 고객 유지(또는 이탈) 모델링, 가격 분석과 같은 다른 많은 마케팅 응용에 적용할 수 있다.

모델: 이 장에서는 연속적인(또는 거의 연속적인) 결과를 예측자와 관련시키는 전통적인 무작위 정규 선형 모델을 다뤘다. 이진 결과나 개수와 같이 변수의 구조가 다른 경우 다른 모델이 적용된다. 그러나 이들을 추정하는 프로세스는 여기서의 단계와 유사하다. 이러한 모델에는 개수 결과에 대한 푸아송 및 이항 회귀 모델, 이벤트 발생에 대한 위험hazard 회귀(타이밍 회귀 또는 생존 모델링이라고도 함), 이진 결과에 대한 로지스틱 회귀logistic regression(8.2절 참조)가 있다. 이러한 모델은 일반화 선형 모델GLM 프레임워크를 사용하는 통계 모델 내에서 다루고, 이는 많은 모델 제품군을 나타내는 우아한 방법이며, 이러한 모델은 `statsmodels.GLM()` 함수로 추정할 수 있다. 일반화 모델에 대한 자세한 내용은 Dobson(2018)과 같은 GLM 소개를 참조하라.

결과 변수: 종합 만족도 동인 데이터에서 가상의 고객은 만족도를 100점 척도로 평가해 평가가 연속적인 것처럼 데이터를 분석하는 것이 합리적이었다. 그러나 많은 설문 조사 연구에서 5점 또는 7점 척도로 등급을 수집하는데, 이는 선형 모델에 적합하지 않을 수 있다. 많은 분석가가 5점이나 7점 척도의 결과에 `ols()`를 사용하지만, 그 대안은 정렬된 로짓logit이나 프로빗probit 모델과 같은 컷 포인트cut-point 모델이다. 이러한 모델은 데이터에 더 적합하며 5점 척도에서 (`ols()`가 하는 것처럼) 6.32 등급과 같은 무의미한 예측을 하지 않는다. 이러한 모델은 `statsmodels.api.Logit()`과 `statsmodels.api.Probit()` 함수에 적합화할 수 있다.

개별 수준의 결과: 이 장에서는 효과가 균일한 영향을 미치는 모델을 사용했다. 예를 들어, 청결 만족도의 효과는

모든 응답자에 대해 동일한 단일 영향(또 더 정확하게는 무작위 개별을 제외하고 평균 영향이 동일한)이라고 가정했다. 대신 계층적 모델로 알려진 그룹 수준과 개별 수준 효과를 사용해 효과가 사람마다 다른 모델을 고려할 수 있다. 8.3.5절에서는 계층적 모델을 사용해 개별 수준 효과를 추정하는 방법을 알아본다.

상관 측정: 마지막으로, 많은 데이터셋에는 상관관계가 높은 변수(공선성collinearity이라고 함)가 있으며, 이는 선형 모델링의 안정성과 신뢰성에 영향을 미칠 수 있다. 8.1절에서는 공선성을 확인하는 추가 방법과 이를 완화하기 위한 전략을 소개한다. 한 가지 접근 방식은 상관 변수에서 기본 패턴을 추출해 고려 중인 차원 수를 줄이는 것이다. 9장에서 이러한 주요 구성 요소 및 요인 분석 절차를 검토한다.

7.7 요점

선형 모델은 마케팅에서 만족 동인 분석, 광고 응답 모델링, 고객 이탈 모델링 등 많은 응용이 있다. 이들은 서로 다른 종류의 데이터를 사용하지만 모두 파이썬 statsmodels 모듈에서 유사한 방식으로 구현된다. 다음 사항은 이러한 분석에 대한 몇 가지 중요한 고려 사항이다. 또한 7.5.3절에서는 선형 모델링의 기본 프로세스를 요약했었다.

- 선형 모델은 점에 가장 잘 맞는 직선을 찾아 연속 척도 결과 변수를 예측 변수와 연관시킨다. 파이썬의 기본 선형 모델 함수는 statsmodels.api.ols(formula, data)이다. ols()는 모델 적합도와 계수 추정치를 검사하기 위해 summary(), predict(), 도식화, 기타 함수와 함께 사용할 수 있는 객체를 생성한다.
- 모델링하기 전에 데이터 품질과 각 변수에 대한 값 분포를 확인하는 것이 중요하다. 분포의 경우 일반적으로 정규 분포가 선호되며, 개수와 수익 같은 데이터를 변환해야 하는 경우가 많다. 또한 변수에 과도한 상관관계가 없는지 확인하라(7.2.1절).
- 표준화 척도에서 계수를 해석해 서로 비교할 수 있도록 하려면 동일한 척도에 있거나 균일 척도로 표준화된 예측 변수가 필요하다. 가장 일반적인 표준화는 각 원소에서 각 열 평균을 빼고 열 표준 편차로 나눠 수행되는 표준 편차 단위로의 변환이다(7.3.3절).
- 선형 모델은 예측 변수와 결과 간의 관계가 선형이고 적합 오차가 해당 범위에서 유사한 변동성을 갖는 대칭(등분산성homoskedasticity)이라고 가정한다. 이러한 가정이 데이터와 일치하지 않으면 결과에는 오해의 소지가 있다. 모형 적합도의 진단 우수성은 이러한 가정이 데이터에 대해 합리적인지 평가하는 데 도움이 될 수 있다(7.2.5절).
- ols 객체의 summary() 함수는 분석가가 가장 자주 검토하는 출력을 제공해 계수가 0과 다른지 여부를 평가하는 가설 검정에 대한 표준 오류 및 p 값과 모델 계수를 보고한다(7.2.4절).
- pandas.get_dummies()를 사용해 요인을 더미 코딩된 0/1 값으로 변환하는 것만으로 요인 변수를 모델에 포함시킬 수 있다. 이를 올바르게 해석하려면 출력에 표시된 방향을 확인해야 한다(7.4절).
- 상호 작용은 다른 두 예측 변수의 곱인 예측 변수이므로 예측 변수가 서로를 강화(또는 취소)하는 정도를

평가한다. 모델 수식에 x:y를 포함해 x와 y 사이의 상호 작용을 모델링할 수 있다(7.5절).

- 모델 구축은 모델에서 예측 변수를 추가하거나 제거해 데이터에 잘 맞는 예측 변수 집합을 찾는 프로세스이다. R-제곱 값을 사용하거나 모델이 중첩된 경우(6.5절)에는 좀 더 공식적인 ANOVA 검정(statsmodels.stats.anova.anova_lm(), 7.3.1절)을 사용해 여러 모델의 적합도를 비교할 수 있다.
- ols()와 같은 신뢰 구간 추정 범위의 관점에서 계수를 해석하는 것이 좋다(7.2.4절).

08

추가 선형 모델링 주제

7장에서 언급했듯이 선형 모델링과 회귀에서 응용과 방법의 범위는 방대하다. 이 장에서는 마케팅에서 자주 발생하는 선형 모델링의 세 가지 추가 주제를 설명한다.

- 7.2.1절에서 언급했듯이 공선성이라는 문제를 제기하는 상관관계가 높은 관측치를 처리한다. 8.1절에서는 데이터셋에서 공선성을 감지하고 수정하는 방법과 함께 문제를 자세히 조사한다.
- 예/아니오 또는 제품 구매와 같은 이진 결과에 대한 모델 적합화. 8.2절에서는 로지스틱 회귀를 사용해 이진 결과와 그 영향을 모델링하는 것을 소개한다.
- 샘플 전체로서만이 아닌 개별적 선호도와 응답을 찾는 모델을 알아본다. 마케팅에서는 종종 개별 소비자와 사람들 사이의 행동과 제품 관심의 다양성을 이해하길 원한다. 8.3절에서는 등급 기반 결합 분석 데이터에서 소비자 선호도에 대한 계층적 선형 모델[HLM]을 살펴본다.

이러한 주제들이 특별히 서로 밀접하게 관련돼 있지는 않다. 따라서 책의 다른 장과 달리 이 장 내에서 서로 독립적으로 읽을 수 있다. 그럼에도 불구하고 각 절은 책 앞부분에 제시된 모델을 기반으로 하며 선형 모델링에 대한 문제와 응용프로그램에 관한 지식을 확장한다. 더 중요한 것은 각각이 마케팅 분석을 위한 완전한 도구 상자의 기본 부분이라는 점이다.

8.1 고도로 상관된 변수 처리

고도로 상관된 설명 변수는 선형 모델에 문제를 일으킨다는 점을 여러 번 언급했다(7.2.1절 참조). 이 절에서는 그 이유와 문제를 해결하기 위한 전략을 살펴본다.

고객의 12개월 온라인 및 매장 내 거래 요약을 시뮬레이션한 4장의 소매 판매 데이터에서 발생할 수 있는 질문들을 생각해보자(4.1절 참조). 이번 질문은 어떤 변수가 온라인 지출을 가장 잘 예측하는지에 관한 것이다. 고객의 온라인 지출을 늘리고 싶다면 어떤 요소를 고려해야 할까?

8.1.1 온라인 지출의 초기 선형 모델

시뮬레이션된 소매 판매 데이터를 생성하거나(4.1절), 로컬의 사본에서 적재하거나(방법은 6.1절 참조), 책의 웹 사이트에서 적재한다.

```
In [1]: import pandas as pd
        cust_df = pd.read_csv('http://bit.ly/PMR-ch8pt1')
        cust_df.head() # 출력 생략
        cust_df.describe(include='all') # 출력 생략
```

이제 statsmodels 라이브러리의 `ols()`를 사용해 지출을 다른 모든 변수의 함수로 모델링한다. 온라인 지출이 없는 고객은 제외된다. 지출이 정확히 0이라는 것은 양의 지출과는 다른 요인과 관련이 있을 수 있으며, 여기에서는 지출한 사람과의 연관성에 관심이 있다. `.loc` 인수에서 `'age':` 열을 선택해 정보가 없는 고객 ID 열을 생략한다.

```
In [2]: import statsmodels.formula.api as smf
        spend_m1 = smf.ols('online_spend ~ age + credit_score + email'
                   '+ distance_to_store + online_visits'
                   '+ online_trans + store_trans + store_spend '
                   '+ sat_service + sat_selection',
                   data=cust_df.loc[cust_df.online_spend > 0,
                                    'age':]).fit()
spend_m1.summary()

Out[2]:
...
Dep. Variable:          online_spend   R-squared:                  0.983
Model:                           OLS   Adj. R-squared:             0.983
...
                  coef    std err          t      P>|t|     [0.025     0.975]
------------------------------------------------------------------------------
Intercept       6.7189     33.538      0.200      0.841    -59.210     72.648
...
online_visits  -0.0723      0.204     -0.354      0.723     -0.473      0.329
online_trans   20.6107      0.667     30.880      0.000     19.299     21.923
store_trans     0.1350      3.212      0.042      0.966     -6.179      6.449
store_spend     0.0018      0.079      0.023      0.982     -0.153      0.157
sat_service     5.6388      3.016      1.870      0.062     -0.290     11.568
...
```

몇 가지 핵심 사항을 보여주기 위해 요약의 대부분을 생략했다. 첫째, 온라인 지출은 온라인 거래 수(계수 = 20.6)와 밀접한 관련이 있지만 온라인 방문 수와는 밀접한 관련이 없다. 이 점은 수수께끼이다. 둘째, 모델은 사용 가능한 거의 모든 분산, $R^2 = 0.98$을 설명한다. 이러한 결과는 우려를 불러일으킬 것이다. 온라인으로 거래를 하려면 온라인으로 방문해야 하는 것이므로 이 두 변수는 비슷한 패턴을 나타내야 마땅한 것 아닌가? 어떻게 온라인 지출을 거의 완벽하게 예측할 수 있는 모델을 적합화할 만큼 운이 좋을 수 있을까(R^2 기준)? 한편 `store_trans`의 표준 오차는 상당히 커서 추정치가 매우 불확실하다는 것을 알 수 있다.

`seaborn.PairGrid()`(7.2.1절)를 사용해 데이터를 시각화해보면 몇 가지 문제가 보인다.

```
In [3]: import seaborn as sns
        import matplotlib.pyplot as plt
        sns.set_context('paper')

        g = sns.PairGrid(cust_df.loc[:, 'age':].fillna(-1), height=1.1)
        g.map_upper(plt.scatter, linewidths=1, edgecolor="w", s=5, alpha=0.5)
        g.map_diag(plt.hist)
        g.map_lower(sns.kdeplot)
```

그림 8.1의 결과는 극도로 치우친 변수와 상관성이 매우 높은 변수 쌍을 보여준다.

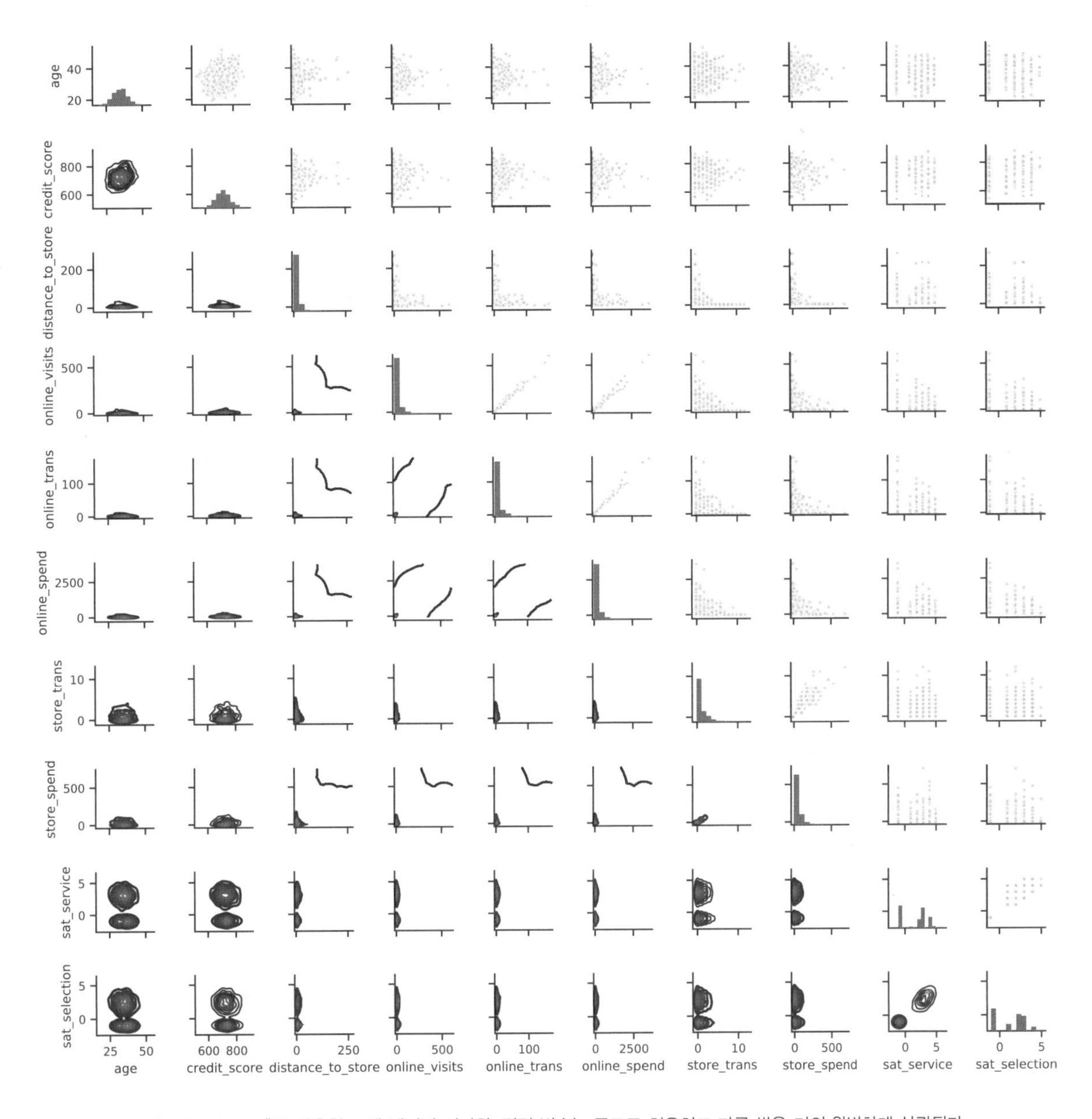

그림 8.1 PairGrid()를 사용한 고객 데이터 시각화. 몇몇 변수는 극도로 치우치고 다른 쌍은 거의 완벽하게 상관된다. 두 상황 모두 선형 모델링에 문제가 된다.

상황을 개선하는 첫 번째 단계는 박스-콕스 변환을 사용해 데이터를 변환하는 것이다. 4.5.5절에서 본 변환 루틴을 기반으로 scipy.stats 라이브러리의 boxcox()를 사용해 변환 람다를 자동으로 선택하는 짧은 함수를 작성한다(Pedregosa et al. 2011). 동시에 sklearn.preprocessing 라이브러리의 scale()을 사용해 데이터를 표준화한다(7.3.3절).

```
In [4]: import scipy.stats as ss
        import sklearn.preprocessing as pp
        def autotransform(x):
          x_bc, lmbd = ss.boxcox(1 + x)
          return pp.scale(x_bc)
```

데이터프레임에서 전체 사례를 선택하고 예측 변수가 아니기 때문에 고객 ID 열(.loc ['age':] 사용)을 다시 삭제한다. 그런 다음 온라인 지출이 양수인 행만 가져온다. 이메일(이 필드는 숫자가 아님)을 제외한 모든 열을 인덱스화하는 벡터를 만든 다음 각 숫자 열에 autoTransform() 함수를 apply()를 사용해 적용한다.

```
In [5]: idx_complete = (cust_df.isna().sum(axis=1) == 0)
        cust_df_bc = cust_df.loc[(idx_complete) &
                                 (cust_df.online_spend > 0), 'age':].copy()
        col_idx = cust_df_bc.columns != 'email'
        cust_df_bc.iloc[:, col_idx] = \
          cust_df_bc.iloc[:,col_idx].apply(autotransform)
```

결과는 표준화되고 좀 더 정규적으로 분포된 값이 있는 데이터프레임이며 describe()와 PairPlot()으로 확인할 수 있다.

```
In [6]: g = sns.PairGrid(cust_df_bc, height=1.1,)
        g.map_upper(plt.scatter, linewidths=1, edgecolor="w", s=5, alpha=0.5)
        g.map_diag(plt.hist)
        g.map_lower(sns.kdeplot) # 출력 생략
```

변환된 데이터를 사용해 모델을 재적합화한다.

```
In [7]: spend_m2 = smf.ols('online_spend ~ age + credit_score + email'
                           '+ distance_to_store + online_visits'
                           '+ online_trans + store_trans + store_spend '
                           '+ sat_service + sat_selection',
                           data=cust_df_bc).fit()
        spend_m2.summary()

Out[7]:
Dep. Variable:          online_spend   R-squared:                 0.992
Model:                           OLS   Adj. R-squared:            0.992
...
                   coef    std err          t      P>|t|      [0.025      0.975]
--------------------------------------------------------------------------------
Intercept       -0.0035      0.011     -0.313      0.755      -0.026       0.019
...
online_visits    0.0067      0.016      0.415      0.678      -0.025       0.038
online_trans     0.9892      0.016     61.297      0.000       0.957       1.021
```

```
store_trans      -0.0068      0.018     -0.385      0.701      -0.041      0.028
store_spend       0.0079      0.017      0.458      0.647      -0.026      0.042
sat_service       0.0048      0.005      0.884      0.377      -0.006      0.016
...
```

이제 데이터가 표준화됐기 때문에 계수가 더 작아졌다. 데이터를 변환하고 표준화하는 것은 좋은 생각이지만, 온라인 지출이 거래와 관련성이 높지만 온라인 방문과는 무관하다는 믿기 힘든 추정치는 여전히 변경되지 않았다. 실제로 전체 모델은 단순히 트랜잭션 수만으로 지출을 예측하는 모델보다 나은 것이 없다(모델 비교를 위해 6.5.3절의 anova_lm() 사용 참조).

```
In [8]: spend_m3 = smf.ols('online_spend ~ online_trans',
                           data=cust_df_bc).fit()
        from statsmodels.stats import anova as sms_anova
        sms_anova.anova_lm(spend_m2, spend_m3)

Out[8]:    df_resid       ssr  df_diff  ss_diff         F  Pr(>F)
        0     407.0  3.303249      0.0      NaN       NaN     NaN
        1     416.0  3.330058     -9.0 -0.02681  0.372126     NaN
```

모델 적합치 간의 작은 차이는 매우 낮은 F 통계량(정의되지 않은 p 값으로 이어짐)에 반영되므로 모델 간에 차이가 없다는 귀무가설을 기각할 수 없다.

여기서의 문제는 공선성이다. 방문과 거래는 매우 관련성이 높고 선형 모델은 효과가 가산적additive이라고 가정하기 때문에 한 변수(예: 거래)에 기인한 효과가 높은 상관관계를 가진 다른 변수(방문 수)에 공동으로 기여할 수 없다. 이로 인해 예측 변수의 표준 오차가 증가해 계수 추정치가 매우 불확실하거나 불안정하다. 실제 결과로 기본 관계가 동일하더라도 데이터의 사소한 변동으로 인해 계수 추정치가 샘플마다 크게 다를 수 있다.

8.1.2 공선성 수정

데이터의 공선성 정도는 분산 팽창 계수VIF, Variance Inflation Factor로 평가할 수 있다. VIF는 어떤 변수가 상관관계가 없거나 단순 단일 예측자 회귀가 수행된 상황과 비교해 다른 변수와의 공유 분산으로 인해 선형 모델 계수의 표준 오차(분산)를 얼마나 증가시키는지 추정한다.

statsmodels 라이브러리의 variance_inflation_factor()를 사용해 spend_m2 모델의 VIF를 계산할 수 있다. variance_inflation_factor() 함수는 exog 속성을 인수로 사용하는데, 모델을 훈련시킬 데이터를 갖고 있다. 또한 평가할 항을 나타내는 인덱스 값 exog_idx가 필요하다. 0번째 인덱스는 절편에 해당한다. 먼저 첫 번째 계수에 대한 VIF를 볼 수 있다.

```
In [9]: from statsmodels.stats.outliers_influence \
          import variance_inflation_factor

         variance_inflation_factor(spend_m2.model.exog, 1)

1.0505934508885986
```

그러나 모든 계수에 대해 이 값을 보고자 한다. 그리고 각 VIF에 대한 계수 이름도 보면 도움이 될 것이다. 이를 위해 for 루프와 print 문을 사용할 수 있다. 더 좋은 점은 나중에 쉽게 재사용할 수 있도록 함수에 넣는 것이다. 문자열에 {: .3f}를 사용해 소수점 세 자리의 정밀도를 가진 부동 소수점 수로 표시하도록 지정한다. 추가 자릿수는 잘린다(format() 구문은 2.4.5절 참조).

```
In [10]: def print_variance_inflation_factors(model):
           for i, param in enumerate(model.params.index):
             print('VIF: {:.3f}, Parameter: {}'.format(
                 variance_inflation_factor(model.model.exog, i), param))

         print_variance_inflation_factors(spend_m2)

VIF: 6.504, Parameter: Intercept
VIF: 1.051, Parameter: email[T.yes]
VIF: 1.095, Parameter: age
VIF: 1.112, Parameter: credit_score
VIF: 1.375, Parameter: distance_to_store
VIF: 13.354, Parameter: online_visits
VIF: 13.413, Parameter: online_trans
VIF: 15.977, Parameter: store_trans
VIF: 15.254, Parameter: store_spend
VIF: 1.524, Parameter: sat_service
VIF: 1.519, Parameter: sat_selection
```

일반적인 경험 법칙은 VIF > 5.0은 공선성을 완화해야 한다는 의미라는 것이다. spend_m2의 경우 VIF 값을 살펴보면 online ... 및 store ... 변수에 대해 공선성을 해결해야 함을 알 수 있다. 절편의 VIF는 쉽게 해석할 수 없기 때문에 일반적으로 절편 항은 무시한다.

공선성을 완화하기 위한 세 가지 일반적인 전략이 있다.

- 상관관계가 높은 변수는 생략하라.
- 상관관계가 높은 예측 변수 집합에 대한 주성분 또는 요인을 추출해 상관관계를 제거한다(9장 참조).
- 공선성에 안정적인 방법, 즉 기존의 선형 모델링이 아닌 다른 방법을 사용한다. 이 가능성을 전부 고려하기에는 너무 많은 옵션이 있지만, 고려할 만한 한 가지 방법은 한 번에 변수의 하위 집합만 사용하는 랜덤 포레스트 접근법이다(11.1.2절 참조).

현재 데이터에 대한 또 다른 옵션은 공선적 변수(예: 거래당 지출)를 결합하는 새로운 관심 측정값을 구성하는 것이다. 이 목적을 위해 위의 처음 두 옵션을 탐색하고 spend_m4와 spend_m5 모델을 만든다.

online_trans와 store_trans를 제외함으로써 모델 spend_m4에 대한 상관관계가 높은 변수를 생략한다.

```
In [10]: spend_m4 = smf.ols('online_spend ~ age + credit_score + email'
                            '+ distance_to_store + online_visits'
                            '+ store_spend + sat_service + sat_selection',
                            data=cust_df_bc).fit()
```

```
        spend_m4.summary()

Out[10]: <class 'statsmodels.iolib.summary.Summary'>
Dep. Variable:          online_spend   R-squared:                       0.919
Model:                           OLS   Adj. R-squared:                  0.917
...
                   coef    std err          t      P>|t|      [0.025      0.975]
---------------------------------------------------------------------------------
Intercept       -0.0637      0.036     -1.781      0.076      -0.134       0.007
...
online_visits    0.9534      0.014     66.818      0.000       0.925       0.981
store_spend      0.0047      0.016      0.291      0.771      -0.027       0.036
sat_service     -0.0076      0.017     -0.440      0.660      -0.042       0.026
...

In [11]: print_variance_inflation_factors(spend_m4)

VIF: 6.450, Parameter: Intercept
VIF: 1.040, Parameter: email[T.yes]
VIF: 1.082, Parameter: age
VIF: 1.104, Parameter: credit_score
VIF: 1.299, Parameter: distance_to_store
VIF: 1.028, Parameter: online_visits
VIF: 1.313, Parameter: store_spend
VIF: 1.518, Parameter: sat_service
VIF: 1.518, Parameter: sat_selection
```

이제 VIF는 허용 가능하며, 온라인 방문 수가 여전히 온라인 지출의 가장 좋은 예측 변수라는 것을 알 수 있다.

또 다른 접근 방식은 상관 데이터의 주성분 요소principal component를 사용하는 것이다. 9장에서 주성분 분석에 대해 자세히 논의하므로 자세한 내용은 9.2절을 참조하라. 주성분 분석은 다차원 데이터셋을 상관관계가 없는 (직교) 성분으로 분해한다. 따라서 PCA는 정의에 따라 동일한 PCA에 포함된 다른 변수와 공선성이 없는 복합 변수를 추출하는 방법을 제공한다. 여기서는 PCA를 사용해 온라인 변수에 대한 첫 번째 구성 요소를 추출한 다음 상점 변수에 대해 이 작업을 다시 수행하고, 이 2개의 초기 구성 요소를 데이터프레임에 추가한다.

```
In [12]: from sklearn import decomposition

         # PCA를 사용해 결합 온라인 변수 생성
         online_pca = decomposition.PCA().\
           fit_transform(cust_df_bc[['online_visits','online_trans']])
         cust_df_bc['online'] = online_pca[:,0]

         # PCA를 사용해 결합 상점 변수 생성
         store_pca = decomposition.PCA().\
           fit_transform(cust_df_bc[['store_spend',
                                     'store_trans']])
         cust_df_bc['store'] = store_pca[:,0]

In [13]: spend_m5 = smf.ols('online_spend ~ age + credit_score + email'
                            '+ distance_to_store + online + store'
```

```
                              '+ sat_service + sat_selection',
                              data=cust_df_bc).fit()
        spend_m5.summary()

Out[13]:
Dep. Variable:           online_spend   R-squared:                    0.974
Model:                            OLS   Adj. R-squared:               0.973
                   coef    std err          t      P>|t|      [0.025     0.975]
-------------------------------------------------------------------------------
Intercept       -0.0267      0.020     -1.306      0.192      -0.067      0.013
...
online           0.7028      0.006    120.640      0.000       0.691      0.714
store            0.0013      0.007      0.188      0.851      -0.012      0.014
sat_service     -0.0010      0.010     -0.100      0.920      -0.020      0.018
...

In [13]: print_variance_inflation_factors(spend_m5)

VIF: 6.474, Parameter: Intercept
VIF: 1.045, Parameter: email[T.yes]
VIF: 1.082, Parameter: age
VIF: 1.102, Parameter: credit_score
VIF: 1.337, Parameter: distance_to_store
VIF: 1.032, Parameter: online
VIF: 1.350, Parameter: store
VIF: 1.518, Parameter: sat_service
VIF: 1.519, Parameter: sat_selection
```

VIF는 이 모델에서 문제가 되지 않으며, 온라인 지출은 여전히 온라인 활동과 주로 연관돼 있다(PCA 모델의 첫 번째 구성 요소인 online에서 포착). 주성분을 설명 변수로 사용한 결과를 해석할 때 주의할 점은 성분이 임의의 숫자 방향을 갖는다는 것이다. online은 여기에서 음의 계수를 가질 수 있지만, 반드시 온라인 활동이 매출 감소로 이어진다는 것을 의미하지는 않는다.

비록 이 결과(온라인 판매가 주로 온라인 활동과 관련됨)는 처음에는 흥미롭지 않은 것처럼 보일 수 있지만, 잘못된 결과보다는 확실한 결과를 얻는 것이 좋다. 이 결과는 온라인 지출과 관련된 요소를 좀 더 완전하게 이해하기 위해 웹 사이트 또는 온라인 쇼핑에 대한 태도와 같은 다른 데이터를 수집하도록 유도할 수 있다.

8.2 이진 결과에 대한 선형 모델: 로지스틱 회귀

마케터는 종종 예/아니오라는 결과를 관찰한다(고객이 제품을 구매했는가? 그녀는 시운전을 했는가? 신용 카드를 신청했거나 구독을 갱신했거나 판촉에 응답했는가?). 이러한 종류의 모든 결과는 두 가지 가능한 관측 상태(예 또는 아니오)만 있기 때문에 이진binary이다. 우리는 종종 이러한 이진 결과를 예측하는 모델을 구축하고자 한다.

처음에는 7장에서 봤던 것과 같은 전형적인 선형 회귀 모델을 사용해 결과(1 = 예, 0 = 아니오)를 특징의 선형 조합으로 예측하려는 유혹을 느낄 것이다. 이는 잘못된 것은 아니지만, 이러한 결과를 맞추기 위한 좀 더 유연하고 유용한 방법은 로지스틱 모델(아래에서 설명할 이유로 로짓logit 모델이라고도 함)을 사용하는 것이다.

8.2.1 로지스틱 회귀 모델의 기초

로지스틱 모델의 핵심 특징은 다음과 같다. 결과 확률을 예측 변수의 지수 함수와 관련시킨다. 여기서는 잠시 후에 공식을 보여줄 것이다. 그러나 그 전에 왜 이것이 바람직한 속성이고 기본 선형 모델의 개선 사항인지 고려해보자.

결과 확률을 모델링함으로써 로지스틱 모델로 두 가지를 얻을 수 있다. 첫째, 특정 고객이 제품을 구매할 가능성이나 판촉에 응답할 세그먼트의 예상 비율과 같은 확률 혹은 비율인 관심 항목을 좀 더 직접적으로 모델링한다. 둘째, 비율에 대한 적절한 범위인 [0, 1]로 모델 값을 제한한다. `ols()`로 생성된 기본 선형 모델에는 이러한 범위 한도가 없으며 1.05 또는 −0.04와 같은 무의미한 확률을 추정할 수 있다.

여기서는 모델이 작동하는 방식을 이해하는 데 도움이 되는 공식을 살펴본다. 로지스틱 함수의 방정식은 다음과 같다.

$$logistic : p(y) = \frac{e^{v_x}}{e^{v_x} + 1} \tag{8.1}$$

이 방정식에서 관심 결과는 y이고 v_x의 함수로 우도 $p(y)$를 계산한다. y가 제품을 구매하거나 테스트하기로 결정한 경우, 일반적으로 가격과 같은 제품 특징(x)의 함수로 v_x를 추정한다. v_x는 실제 값을 취할 수 있으므로 선형 모델에서 연속 함수로 처리할 수 있다. 이 경우 v_x는 하나 이상의 모델 계수로 구성되며 제품의 해당 특징의 중요성을 나타낸다.

이 공식은 [0, 1] 사이의 값을 제공한다. y의 우도는 v_x가 음수일 때 50% 미만이고, $v_x = 0$일 때 50%이며, v_x가 양수이면 50% 이상이다. 여기서는 먼저 수작업으로 계산하지만 Scipy `expit()` 함수를 사용할 수도 있다.

```
In [14]: import numpy as np
         np.exp(0) / ( np.exp(0) + 1 )

Out[14]: 0.5

In [15]: from scipy.special import expit
         expit(0)

Out[15]: 0.5

In [16]: expit(-np.inf) # 무한 하한 = 우도 0

Out[16]: 0.0

In [17]: expit(2) # 적정 확률 = 88%
```

```
Out[17]: 0.8807970779778824

In [18]: expit(-0.2) # 약한 우도

Out[18]: 0.4501660026875221
```

이러한 모델을 로짓 모델이라고 하며, y의 발생 상대 확률의 로그에서 v_x 값을 결정한다.

$$logit : v_x = log(\frac{p(y)}{1 - p(y)}) \tag{8.2}$$

Scipy는 로짓 함수를 위한 내장 함수 logit()을 갖고 있다.

```
In [19]: np.log(0.88/(1-0.88)) # 적당히 높은 우도

Out[19]: 1.9924301646902063

In [20]: from scipy.special import logit
         logit(0.88) # 수작업 계산과 동일

Out[20]: 1.9924301646902063
```

실제로 로짓 모델과 로지스틱 회귀는 같은 의미로 사용된다.

8.2.2 시즌 패스의 로지스틱 회귀 데이터

7장에서 놀이공원의 예를 살펴봤다. 이제 공원의 시즌 티켓 판매에 대한 데이터가 있다고 가정한다. 데이터는 두 가지 요소, 즉 판매 채널channel(이메일, 우편 또는 공원 직접 방문)과 판촉을 위해 무료 주차 등의 다른 부가 특징과 번들로 제공됐는지promoted에 따라 최종 시즌 패스 판매 성공 여부pass sales(예 또는 아니오 값)를 기록한 표이다. 마케팅 질문은 시즌 패스가 번들(무료 주차 포함)로 제공될 때 구매 가능성이 더 높은지 여부이다.

이 절에서는 이러한 데이터를 시뮬레이션하는 방법과 표로부터 전체 데이터프레임을 생성하는 방법을 살펴본다. 전체 데이터 생성을 통해 작업하는 대신 웹 사이트에서 데이터를 적재해 검색하고 싶다면 다음 코드를 실행하면 된다.

```
In [21]: pass_df = pd.read_csv('http://bit.ly/PMR-ch8pt2')
         pass_df.Pass = pass_df.Pass.astype(
            pd.api.types.CategoricalDtype(categories=['YesPass','NoPass'],
                                          ordered=True))
         pass_df.Promo = pass_df.Promo.astype(
            pd.api.types.CategoricalDtype(categories=['NoBundle','Bundle'],
                                          ordered=True))
         pass_df.head()

Out[21]:    Channel   Promo     Pass
         0     Mail  Bundle  YesPass
         1     Mail  Bundle  YesPass
```

```
2      Mail  Bundle  YesPass
3      Mail  Bundle  YesPass
4      Mail  Bundle  YesPass
```

```
In [22]: pass_df.describe()

Out[22]:        Channel   Promo     Pass
         count     3156    3156     3156
         unique       3       2        2
         top       Mail  Bundle  YesPass
         freq      1328    1674     1589
```

위의 astype() 명령은 7.1절에서 설명한 이유로 인해 필요하다. CSV를 적재한 후 실행해 head()와 describe()가 위의 출력과 일치하는지 확인하라.

이 시뮬레이션 절의 나머지 부분을 읽어보길 바라지만, 데이터를 적재하고 분석을 건너뛰고 싶다면 8.2.4절로 바로 넘어가도 무방하다.

8.2.3 판매 표 데이터

표 8.1에 표시된 대로 판매 데이터가 제공됐다고 가정한다.

표 8.1 판촉 상태(판촉과 함께 번들로 제공되거나 번들로 제공되지 않음)와 고객 도달 채널(우편, 공원, 이메일)별로 분류된 시즌 티켓 판매 수

	번들	번들 아님		번들	번들 아님
시즌 패스 구매(개수)			시즌 패스 구매 안함(개수)		
우편	242	359	우편	449	278
공원	639	284	공원	223	49
이메일	38	27	이메일	83	485

카이제곱 분석(6.2절)을 포함해 표 8.1에 표시된 대로 표 형식 데이터를 분석하는 여러 가지 방법이 있지만, 데이터셋이 너무 크지 않은 경우 다목적 접근 방식은 데이터를 긴long 형식으로 변환하고 개별 관측치의 데이터프레임을 다시 만드는 것이다. 이를 통해 번거로움을 최소화하면서 선형 모델링과 같은 모든 접근 방식을 사용할 수 있다.

이러한 형식으로 데이터를 생성하려면 먼저 각 데이터 유형에 대한 list를 정의한다.

```
In [23]: channels = ['Mail', 'Park', 'Email']
         passes = ['NoPass','YesPass']
         promos = ['NoBundle', 'Bundle']
```

그런 다음 각 유형 조합에 대한 개수가 포함된 list를 만든다.

```
In [24]: pass_counts = [278, 449, 359, 242, 49, 223, 284, 639, 485, 83, 27, 38]
```

그리고 중첩된 for 루프를 사용해 데이터를 생성한다.

```
In [25]: i = 0
         pass_array = []
         for c in channels:
           for p in passes:
             for b in promos:
               pass_array.append(np.repeat([[c, b, p]], pass_counts[i],
                                           axis=0))
               i += 1
```

그런 다음 배열을 행렬로 연결하고 데이터프레임을 만든다.

```
In [26]: pass_df = pd.DataFrame(np.concatenate(pass_array),
                                columns=['Channel', 'Promo', 'Pass'])
         pass_df.head()

Out[26]:   Channel     Promo    Pass
         0    Mail  NoBundle  NoPass
         1    Mail  NoBundle  NoPass
         2    Mail  NoBundle  NoPass
         3    Mail  NoBundle  NoPass
         4    Mail  NoBundle  NoPass
```

개수가 일치하는지 확인하는 것이 중요하다. groupby() 메서드를 사용해 알아볼 수 있다.

```
In [27]: pass_df.groupby(['Pass', 'Promo', 'Channel']).Pass.count()\
           .unstack(level=2).T

Out[27]: Pass     NoPass          YesPass
         Promo    Bundle NoBundle Bundle NoBundle
         Channel
         Email       83      485     38       27
         Mail       449      278    242      359
         Park       223       49    639      284
```

개수가 표 8.1과 일치한다.

이러한 데이터에 groupby()를 사용해 표 8.1에 있는 것 이외의 교차 분석을 만들 수 있다. 예를 들어, 판촉 번들(Promo)별 패스 구매(Pass)를 보려면 다음과 같이 한다.

```
In [28]: pass_df.groupby(['Pass', 'Promo']).Pass.count().unstack(level=1)

Out[28]: Promo    Bundle  NoBundle
         Pass
         NoPass      755       812
         YesPass     919       670
```

통계 모델링은 세부 지향적 프로세스이며, 데이터에서 모델을 구축하기 전에 주의해야 할 사소한 세부 사항이 하나 있다. pass_df의 요소는 알파벳순으로 지정된다. 이는 pandas가 기본적으로 요소 이름을 처리하는 방식이지만 직관적이지 않다. 암묵적으로 NoBundle은 Bundle('bundle = 1'일 수 있음)보다 낮은 값(예: 'bundle = 0')을 가져야 한다고 생각할 수 있다. 그러나 방금 본 표에서 NoBundle은 알파벳 순서 덕분에 값이 더 높기 때문에 두 번째 열에 나타난다.

이는 회귀 모델에서 Bundle의 양의 효과가 음의 값을 가질 것임을 의미한다(생각해보라). 이러한 복잡한 논리를 기억하는 것보다('번들이 없을 때 음의 영향을 본다. 이는 사실 부호를 뒤집은 후 번들에 대한 양의 효과를 의미한다...') 정렬된 범주 데이터로 열(CSV에 대해 앞서 수행한 것처럼) 각각을 설정해 순서를 똑바로 설정하는 것이 더 쉽다.

```
In [29]: pass_df.Pass = pass_df.Pass.astype(
            pd.api.types.CategoricalDtype(categories=['YesPass','NoPass'],
                                          ordered=True))
         pass_df.Promo = pass_df.Promo.astype(
            pd.api.types.CategoricalDtype(categories=['NoBundle','Bundle'],
                                          ordered=True))
```

다소 예상치 않게 statsmodels는 종속 변수와 독립 변수를 다르게 정렬하므로 이 두 요소의 순서가 반대인 것처럼 보인다. Bundle > NoBundle이지만 NoPromo > Promo이다. 그러나 이 순서는 모델 자체를 가장 직관적으로 만든다. YesPass를 1로, NoPass를 0으로, Bundle을 1로, NoBundle을 0으로 바꾼 다음 모델을 실행해 이를 확인할 수 있다. 그러면 표시된 대로 주문한 계수로 얻은 것과 동일한 모델이 생성된다. 이에 대한 자세한 내용은 statsmodels GLM 문서를 참조하라.

이 값을 단순히 0과 1로 바꾸면 안 될까? 초기 모델에서는 괜찮지만, 다른 요인을 추가하면 각 수치가 의미하는 바를 추적하기가 어려워진다. 특히 본질적으로 순서가 지정되지 않은 요인이 2개 이상인 경우(예: Mail 대 Park 대 Email) 일반적으로 범주형 변수를 요인으로 유지하는 것이 가장 좋다. 합리적인 순서로 데이터를 정렬해 모델링을 진행한다.

8.2.4 로지스틱 회귀 모델 적합화

파이썬의 로지스틱 회귀 모델은 statsmodels 라이브러리를 사용해 7장에서 봤던 선형 회귀와 유사한 프로세스를 사용하는 일반화 선형 모델GLM로 적합화하지만, GLM은 정규 분포가 아닌 종속 변수를 처리할 수 있다는 차이점이 있다. 따라서 일반화 선형 모델을 사용해 데이터 개수(예: 구매 횟수)나 시간 간격(예: 웹 사이트에서 보낸 시간) 또는 이진 변수(예: 구매 혹은 비구매)를 모델링할 수 있다. 모든 GLM 모델의 공통적인 특징은 연결link 함수를 사용해 정규 분포 예측 변수를 비정규 결과에 연결한다는 것이다. 즉, 일관된 단일 프레임워크를 사용해 다양한 분포에 대한 모델을 적합화할 수 있다.

현 예제의 경우 이항 결과를 모델링하므로 적절한 분포는 이항 분포이다(6.3절 참조). glm()은 결과 변수에 대한 분포를 지정하는 family= 인수를 취한다. 이진 결과의 경우 family=statsmodels.api.families.Binomial()을 설정한다. 이항 모델의 기본 연결 함수는 8.2.1절에서 본 로짓 함수이므로 이를 지정할 필요가 없다(그러나 예를 들어 프로빗 연결 함수를 대신 사용하려는 경우 family=statsmodels.api.families.Binomial(link=sm_probit_Link)를 지정할 수 있으며 다른 링크 함수에도 유사하게 지정할 수 있다).

여기서의 마케팅 질문은 '판촉 번들이 시즌권 판매에 영향을 미치는가?'였다. 그리고 여기서는 `glm(..., family=statsmodels.api.families.Binomial())` 또는 `ols()`와 동일한 구문을 사용해 `Promo`에 `Pass`의 로지스틱 회귀로 초기에 이를 모델링한다.

```
In [30]:
        import statsmodels.api as sm
        import statsmodels.formula.api as smf

        pass_m1 = smf.glm('Pass ~ Promo', data=pass_df,
                          family=sm.families.Binomial()).fit()
        pass_m1.summary()
```

```
Out[30]:
                    coef    std err          z      P>|z|      [0.025      0.975]
------------------------------------------------------------------------------
Intercept        -0.1922      0.052     -3.683      0.000      -0.295      -0.090
Promo[T.Bundle]   0.3888      0.072      5.425      0.000       0.248       0.529
```

최초 모델은 번들이 유효한 것으로 확인해주는 듯하다. 번들 조건에 양의 계수가 있으며 효과는 통계적으로 유의하다.

0.3888의 계수는 무엇을 의미하는가? 성공률(위에 정의된 `expit()` 함수 사용)과 비성공(1 − 성공)의 비율을 조사해 판촉 번들 요소와 관련된 패스 판매의 연관성을 계산하는 데 사용할 수 있다. 이를 수작업으로 수행하는 방법은 `expit()`을 직접 사용하는 것이다.

```
In [31]: # 결과 % 대 대체 % 비율
         expit(0.3888) / (1-expit(0.3888))

Out[31]: 1.4752094799309121
```

이는 번들의 효과가 1.475의 예상 승산비라는 것을 보여준다. 즉, 번들로 제공될 때 고객이 패스를 구매할 확률이 그렇지 않은 경우보다 1.475배 더 높다는 것을 의미한다. 이를 계산하는 더 쉽고 동일한 방법은 계수를 지수화하는 것이다.

```
In [32]: np.exp(0.3888) # 동일

Out[32]: 1.4752094799309121
```

승산비odds와 우도likelihood 또는 확률probability 사이의 관계를 간단히 논할 필요가 있다. 번들은 승산비를 1.475배 높인다. 그러나 어떻게 이것을 각 조건의 구매 우도와 연계시킬 수 있을까?

각 조건에서 모델 출력을 지수화해 각 조건에서 실제 승산비를 구할 수 있으며, 번들이 아닌 경우에는 −0.1922이고 번들인 경우에는 0.3888 − 0.1922이다.

```
In [32]: print('Odds of pass:no pass, bundle: {:.3f} : 1'
           .format(np.exp(0.3888 - 0.1922)))
         print('Odds of pass:no pass, without bundle: {:.3f} : 1'
           .format(np.exp(-0.1922)))

Odds of pass:no pass, bundle: 1.217 : 1
Odds of pass:no pass, without bundle: 0.825 : 1
```

따라서 번들을 받은 개인 중 패스를 구입한 사람 1.217명당 그렇지 않은 사람이 1명이었다. 그리고 번들을 받지 못한 사람들 중 패스를 구매한 사람 0.825명당 그렇지 않은 사람이 1명이었다.

확률 측면에서 사물을 생각하는 것에 더 익숙하다면 이를 쉽게 변환할 수 있다. 승산비를 취하고 이를 승산비 + 1로 나눠서 확률을 얻을 수 있다. 예를 들어, 어떤 이벤트에 대해 2:1의 승산비가 있는 경우 해당 이벤트가 발생할 확률은 $\frac{2}{2+1} = \frac{2}{3}$(또는 66.67%)이다. 고객이 번들로 구매할 확률은 다음과 같다.

```
In [33]: np.exp(0.3888 - 0.1922)/(1 + np.exp(0.3888 - 0.1922))

0.54899229916247
```

각 조건에서 패스를 구매할 우도는 다음과 같이 구할 수 있다.

```
In [34]: prob_pass_with_bundle = (np.exp(0.3888 - 0.1922)/
                                  (1 + np.exp(0.3888 - 0.1922)))
         print('Probability of pass, bundle: {:.3f}'
           .format(prob_pass_with_bundle))
         prob_pass_without_bundle = np.exp(-0.1922)/(1 + np.exp(-0.1922))
         print('Probability of pass, no bundle: {:.3f}'
           .format(prob_pass_without_bundle))
         print('Odds ratio: {:.3f}'
           .format((prob_pass_with_bundle/(1-prob_pass_with_bundle))
                 /(prob_pass_without_bundle/(1-prob_pass_without_bundle))))
         print('Odds ratio: {:.3f}'.format(np.exp(0.3888)))

Probability of pass, bundle: 0.549
Probability of pass, no bundle: 0.452
Odds ratio: 1.475
Odds ratio: 1.475
```

모델 객체의 params 속성에서 계수를 추출하고 exp()를 사용해 모델에서 승산비를 구할 수 있다.

```
In [33]: np.exp(pass_m1.params)

Out[33]: Intercept           0.825123
         Promo[T.Bundle]     1.475196
         dtype: float64
```

exp(model.confint())를 사용해 승산비에 대한 신뢰 구간을 얻을 수 있다.

```
In [34]: np.exp(pass_m1.conf_int())

Out[34]:                          0         1
         Intercept         0.744890  0.913998
         Promo[T.Bundle]   1.281868  1.697681
```

판촉 번들의 승산비는 1.28에서 1.70 사이로 추정되며, 이는 상당히 긍정적인 효과이다. 이것은 판촉이 매우 효과적이라는 사실을 보여주는가? 반드시 그렇지는 않다. 모델이 우리가 해석하고자 하는 것이라는 가정하에 효과가 추정되기 때문이다. 하지만 `Pass ~ Promo`가 우리가 진정 해석하려는 모델인가?

8.2.5 모델 재고

데이터를 더 자세히 살펴보면 흥미로운 점을 발견하게 된다. 채널별 시즌 패스 구매 내역을 고려해보자.

```
In [35]: pass_df.groupby(['Pass']).Channel.value_counts().unstack()

Out[35]: Channel   Email  Mail  Park
         Pass
         YesPass      65   601   923
         NoPass      568   727   272
```

시즌 티켓 판매에 가장 성공한 채널은 판촉 제공 여부와 관계없이 공원에서 판매하는 것이었다. 이는 그림에서 더욱 두드러진다(그림 8.2).

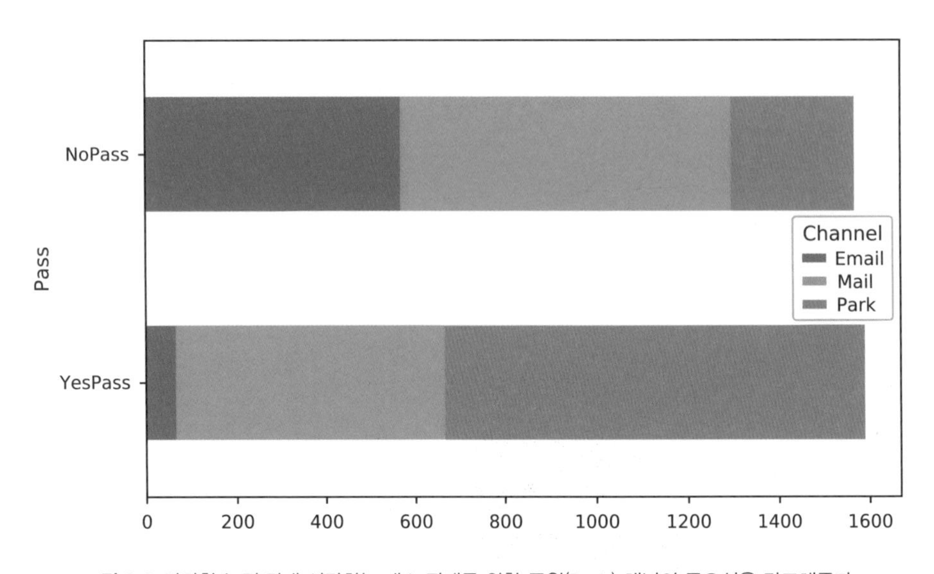

그림 8.2 간단한 누적 막대 시각화는 패스 판매를 위한 공원(Park) 채널의 중요성을 강조해준다.

```
In [36]: pass_df.groupby(['Pass']).Channel.value_counts().unstack()\
           .plot(kind='barh', stacked=True)
```

공원에서 패스가 가장 효과적으로 판매되는 것은 분명하지만, 번들은 어떤 효과를 주는가? 그리고 그것은 채널별로 어떻게 다른가? 다중 패널의 막대 차트 그림을 사용해 패스 판매에 대한 번들의 효과를 비교할 수 있다.

```
In [37]: channels = ['Mail', 'Park', 'Email']
         plt.figure(figsize=(15,8))
         for i,c in enumerate(channels):
           ax = plt.subplot(1,3,i+1)
           pass_df.loc[pass_df.Channel == c].groupby('Promo')\
             .Pass.value_counts(normalize=True).unstack().plot(kind='bar',
                                                                ax=ax,
                                                                stacked=True)
           plt.title(c)
           plt.ylim((0,1.3))
```

결과는 그림 8.3에서 볼 수 있는데, 여기서는 3개의 채널이 다소 다른 효과를 갖고 있음을 알 수 있다. 시즌 패스 판매는 공원에서 매우 성공적이며, 이메일로는 큰 실패이다. 이는 모델 Pass ~ Promo가 부적절할 수 있으며 Channel의 효과를 고려해야 함을 의미한다.

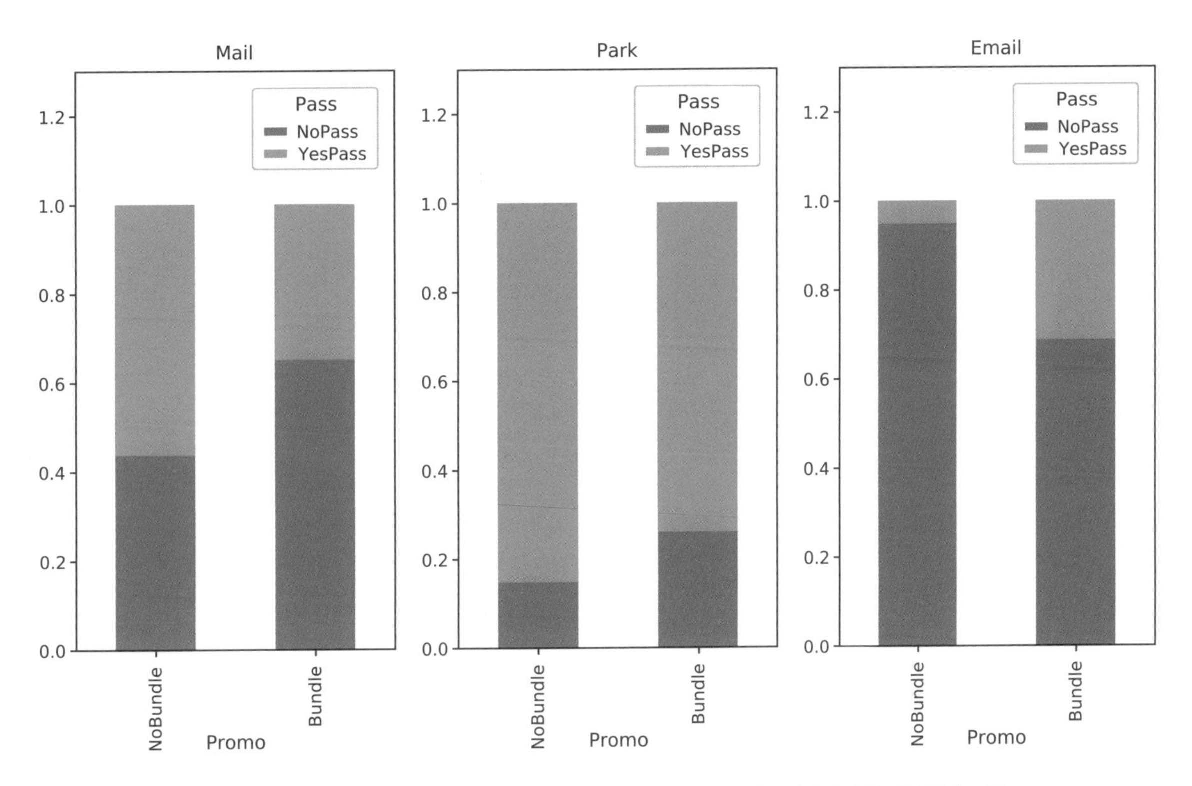

그림 8.3 시뮬레이션된 놀이공원 데이터에서 채널별 및 판촉별 시즌 패스 판매의 다중 패널 막대 그림. 시즌 패스(주황색 영역으로 표시된 'YesPass')는 공원에서 가장 자주 판매되고 이메일로 가장 적게 판매된다. 판촉 번들(각 채널의 두 번째 열인 'Bundle')은 이메일 채널을 통한 매출 증가와 관련이 있지만 일반 우편과 공원에서의 매출 감소로 상호 작용 효과를 나타낸다.

모델 공식에 + Channel을 추가해 채널의 주요 효과를 모델링한다.

```
In [38]: pass_m2 = smf.glm('Pass ~ Promo + Channel',
                          data=pass_df,
```

```
                        family=sm.families.Binomial()).fit()
         pass_m2.summary()

Out[38]: <class 'statsmodels.iolib.summary.Summary'>
                  coef    std err          z      P>|z|     [0.025     0.975]
------------------------------------------------------------------------------
Intercept        -2.0786      0.132    -15.785     0.000     -2.337     -1.821
Promo[T.Bundle]  -0.5602      0.090     -6.203     0.000     -0.737     -0.383
Channel[T.Mail]   2.1762      0.147     14.853     0.000      1.889      2.463
Channel[T.Park]   3.7218      0.160     23.312     0.000      3.409      4.035
```

결과 모델은 이제 판촉 번들의 강력한 부정적 기여를 추정한다. 승산비와 신뢰 구간을 계산해보자.

```
In [39]: np.exp(pass_m2.params)

Out[39]: Intercept           0.125105
         Promo[T.Bundle]     0.571085
         Channel[T.Mail]     8.812507
         Channel[T.Park]    41.337121
         dtype: float64

In [40]: np.exp(pass_m2.conf_int())

Out[40]:                           0          1
          Intercept         0.096648   0.161943
          Promo[T.Bundle]   0.478438   0.681672
          Channel[T.Mail]   6.612766  11.743993
          Channel[T.Park]  30.230619  56.524069
```

이 모델에서 판촉은 시즌 패스 구매 확률을 32~53% 낮춘다(1 – 0.478과 1 – 0.682). 반면에 공원에서 직접 제안하는 것은 이 모델에서 시즌 티켓 판매가 30~56배 더 높은 것과 관련이 있다.

그러나 이것은 적절한 모델일까? 또한 판촉이 채널에 따라 다른 영향을 미칠 수 있는 상호 작용 효과도 고려해야 한다. 여기서의 데이터 탐색은 가능한 상호 작용 효과를 시사한다. 특히 그림 8.3의 이메일 채널에서 번들의 영향에 대한 패턴이 크게 다르기 때문이다.

7.5절에 언급된 대로 : 연산자를 사용해 상호 작용 항을 추가한다.

```
In [41]: pass_m3 = smf.glm('Pass ~ Promo + Channel + Promo:Channel',
                           data=pass_df,
                           family=sm.families.Binomial()).fit()
         pass_m3.summary()

Out[41]:
                                    coef   std err       z   P>|z|  [0.025  0.975]
----------------------------------------------------------------------------------
Intercept                        -2.8883     0.198 -14.607   0.000  -3.276  -2.501
Promo[T.Bundle]                   2.1071     0.278   7.571   0.000   1.562   2.653
Channel[T.Mail]                   3.1440     0.213  14.742   0.000   2.726   3.562
Channel[T.Park]                   4.6455     0.251  18.504   0.000   4.153   5.138
```

```
Promo[T.Bundle]:Channel[T.Mail]  -2.9808   0.300   -9.925  0.000  -3.570 -2.392
Promo[T.Bundle]:Channel[T.Park]  -2.8115   0.328   -8.577  0.000  -3.454 -2.169
```

채널과 판촉의 상호 작용은 통계적으로 유의하며, 이러한 시뮬레이션 데이터의 기본 이메일 채널(생략)과는 반대로 우편과 공원 내 채널에 대해 강한 음의 관계이다. 승산비를 보면, 판촉은 이메일에 비해 우편과 공원 내 채널을 통해서는 겨우 2~11% 효과에 불과하다는 것을 알 수 있다.

```
In [42]: np.exp(pass_m3.conf_int())

Out[42]:                                     0          1
 ...
         Promo[T.Bundle]:Channel[T.Mail]  0.028170   0.091430
         Promo[T.Bundle]:Channel[T.Park]  0.031621   0.114288
```

이제 우리의 질문에 대해 훨씬 더 나은 답을 얻었다. 판촉 번들은 유효한가? 이는 채널에 따라 다르다. 이메일로 판촉 캠페인을 계속해야 할 충분한 이유가 있지만, 그 성공이 반드시 공원이나 일반 우편 캠페인에서의 성공을 의미하지는 않는다. 통계 모델이 단순히 그림 8.3을 해석하는 데 얼마나 유리한지 궁금한 경우 한 가지 대답은 모델이 효과에 대한 신뢰 구간과 통계적 유의성을 추정한다는 것이다.

8.2.6 추가 논의

계층적 모델 주제로 이동하기 전에 현재 절에 대한 몇 가지 관찰 사항이 있다.

- 여기서는 놀이공원 판매 데이터의 구조로 인해 범주형 예측 변수(요인 변수)를 사용해 로지스틱 회귀를 수행했지만, `glm()`에서 연속 예측 변수를 사용할 수도 있다. 7장에서 `ols()`로 했던 것처럼 모델 공식의 오른쪽에 추가하면 된다.
- 이러한 데이터에서 판촉의 예상 효과는 한 모델을 추정할 때는 긍정적이고 다른 모델을 추정할 때는 부정적이라는 것을 알았다. 이는 모델링을 하거나 해석하기 전에 데이터를 철저히 탐색하는 것이 중요함을 보여준다. 대부분의 마케팅 데이터에 대해 확실한 모델은 없다. 그러나 여러 모델에 대한 신중한 데이터 탐색과 고려에도 불구하고 모델과 모델에서 도출된 추론에 대한 신뢰도를 높일 수 있다.
- 여기 데이터는 심슨의 역설Simpson's paradox의 한 예이다. 즉, 집계 효과의 추정에 오해의 소지가 있고 기본 범주에서 볼 수 있는 효과와 현저하게 다른 경우이다. 버클리에 있는 캘리포니아대학교의 대학원 입학 현황에서 유명한 사례가 발생했다. 입학에 대한 명백한 편향이 (적어도 부분적으로) 다른 부서의 전체 입학률과 지원자 수가 다르다는 사실로부터 설명됐다(Bickel et al. 1975).

로지스틱 회귀는 강력한 방법이며, 특히 이진 결과가 많은 마케팅 문제에 적합한 방법이다. 자세한 내용은 8.4절을 참조하라.

8.3 계층적 모델 소개

7장에서는 응답자 표본 데이터에 대한 선형 모델 추정 방법을 살펴봤다. 각 응답자에 대해 모델 값을 추정하려면 어떻게 해야 할까? 마케터로서 어떤 고객이 제품이나 서비스에 더 관심이 있는지, 누가 어떤 특징을 원하는지, 누가 가격에 가장 민감하거나 가장 덜 민감한지 등 개인 수준의 효과를 결정할 수 있다면 매우 유용하다. 이러한 정보를 사용해 선호도의 다양성을 확인하거나 고객 타기팅 또는 세분화 등의 목적으로 사용할 수 있다(10장 참조).

모집단 수준 효과와 개인 수준 효과를 모두 추정하기 위해 계층적 선형 모델HLM을 사용할 수 있다. 이 모델은 개별 효과가 모집단의 분포를 따르도록 제시하기 때문에 계층적이다. 이러한 모델을 적합화하기 위한 다양한 알고리듬이 있지만, 일반적인 접근 방식은 알고리듬이 전체 모델을 모든 데이터에 적합화하고 해당 전체 추정치 내에서 각 개인에 가장 적합화한 것을 결정하는 것이다(필요한 경우 반복).

일반적으로 개인 수준의 HLM 데이터셋에는 개인당 여러 개의 관찰이 필요하다. 이러한 관찰은 시간에 따른 응답(거래 또는 고객 관계 관리 시스템에서와 같이) 또는 한 번에 여러 응답(반복 측정이 있는 설문 조사에서와 같이)에서 얻을 수 있다. 응답자가 설문 조사에서 한 번에 여러 항목을 평가하는 공동 분석의 경우를 고려해보자.

이는 단순히 개인, 상점 또는 기타 그룹화 변수를 모델의 요인 변수로 추가하는 것과 어떻게 다를까? 주된 차이점은 요인 변수가 개인에 따라 모형을 위아래로 조정하는 단일 항을 추가한다는 것이다. 그러나 HLM에서는 각 개인에 대한 모든 계수나 원하는 모든 계수를 추정할 수 있다.

고객 수준 추정 외에 계층적 모델의 다른 용도가 있다. 예를 들어 지역, 상점, 영업 사원, 제품 또는 판촉 캠페인과 같은 요인을 사용해 차이를 추정해볼 수 있다. 이들 각각은 그룹화될 수 있는 많은 응답을 제공하고 전체 계층 구조 내에서 그룹 수준 효과를 추정할 수 있다. 여기에서 HLM의 모든 응용프로그램을 다룰 수는 없다. 계층적 모델은 그 자체로 책 한 권 분량의 주제이다(예: Gelman and Hill, 2006). 그러나 이 설명을 통해 언제 어떻게 유용하고 파이썬으로 어떻게 시작하는지 이해할 수 있도록 돕고자 한다.

8.3.1 일부 HLM 개념

몇 가지 전문 용어가 필요하다. 계층적 모델은 두 가지 유형의 효과를 구분한다. 한 가지 유형은 모든 응답자에게 동일한 효과인 고정 효과이다. 표준 선형 모델(7장)에서 모든 효과는 고정 효과이다. 예를 들어 8.1.2절에서는 온라인 지출이 온라인 거래와 밀접한 관련이 있음을 확인했다. 이 추정치는 표본의 모든 사람에 대해 동일한 연관 패턴을 예측하는 고정된 효과이다.

HLM은 또한 각 개인(또는 그룹)에 추정된 모델 계수를 추가 조정하는 랜덤 효과를 추정한다. 이들은 고정 추정치 주변의 분포를 따르는 랜덤 변수로 추정되기 때문에 '랜덤random'이라고 불린다. 그러나 각 개인의 추정치에 대해서는 모델에 따른 최적 추정치이며 무작위로 추측한다는 의미는 아니다.

이러한 모델은 개인과 전체 샘플이 서로 다른 수준에 있는 다중 수준 모델이라고도 한다. 혼합 효과 모델로 알려진 모델의 하위 집합으로서, 혼합은 각 응답자에 대한 전체 효과가 (적어도) 두 가지 효과가 결합된 것이라는 사실을 반영한다. 즉, 전체 고정 효과와 개별 수준의 무작위 효과의 결합이다.

혼합 효과 모델의 최종 변형은 중첩 모델로서, 관심 요인이 전체 표본의 하위 그룹 내에서만 발생할 수 있다. 예를 들어, 각기 다른 매장에서 발생하는 서로 다른 판촉에 대한 응답으로 판매를 조사하는 경우 매장 효과(다른 매장에 대해 서로 판매 가로채기가 있는 랜덤 효과)와 매장 내 판촉의 효과를 모두 중첩된 효과로 모델링할 수 있다. 여기서 중첩된 모델은 검토하지 않는다.

8.3.2 놀이공원에 대한 등급 기반 공동 분석

계층적 모델을 살펴보기 위해 7.1절의 가상 놀이공원으로 돌아가보자. 공원은 새로운 롤러코스터의 설계를 고려하고 있으며 어떤 롤러코스터 특징이 고객에게 어필할 수 있는지 알아보고자 한다. 최대 속도(40, 50, 60 또는 70mph), 높이(200, 300 또는 400피트), 재질 유형(나무 또는 강철), 테마(용 또는 독수리) 등 다양한 특징을 지닌 롤러코스터를 고려하고 있다. 이해관계자는 고객의 명시적 선호도에 따라 어떤 특징의 조합이 가장 인기가 있는지 알고 싶어 한다.

이를 조사하는 한 가지 방법은 고객에게 다양한 롤러코스터를 평가하도록 요청하는 설문 조사이다. 예를 들면 10점 만점이고 1점이 최저인 10점 척도를 사용해 "용을 테마로 해서 나무로 만든 400피트 높이의 최대 속도 50mph인 롤러코스터에 몇 점을 주시겠습니까?"라는 질문을 던질 수 있다.

실제 설문 조사에서는 좀 더 사실감을 주기 위해 사진이나 비디오로 그러한 질문을 설명하는 것이 중요하다. 여기서는 생략한다.

고객의 등급은 롤러코스터의 다양한 특징으로부터 등급이 예측되는 선형 모델로 분석할 수 있다. 이는 전체 평점에 대한 각 특징의 기여도를 알려준다.

또한 개인 수준에서 이러한 선호도를 이해해 선호도 분포를 확인하거나 잠재적 마케팅 활동에 대한 개인 반응을 식별할 수 있길 바란다. 이를 위해 전체 고정 효과와 개별 수준 랜덤 효과를 모두 추정하는 계층적 선형 모델 HLM을 사용한다.

다음 절에서는 이러한 설문 조사에 대한 소비자 평가를 시뮬레이션한다. 코드는 간단하고 데이터 실사례를 보여주지만, 시뮬레이션을 건너뛰길 원할 경우 책의 웹 사이트에서 데이터를 적재할 수 있다.

```
In [43]: import pandas as pd
         conjoint_df = pd.read_csv('http://bit.ly/PMR-ch8pt3')
         conjoint_df.speed = conjoint_df.speed.astype('category')
         conjoint_df.height = conjoint_df.height.astype('category')
         conjoint_df.head() # Not shown
         conjoint_df.describe(include='all') # 출력 생략
```

데이터가 있으면 8.3.4절로 건너뛸 수 있다.

8.3.3 평점 기반 결합 데이터 시뮬레이션

이 절에서는 각각 동일한 16개의 롤러코스터 프로필 집합을 평가한 200명의 응답자를 대상으로 하는 가상의 결합conjoint 분석 설문 조사에 대한 응답을 시뮬레이션한다. 이전 장에서 데이터 시뮬레이션을 통해 작업한 경우라면 이 코드 구조 자체는 몇 가지 새로운 함수가 있지만 비교적 쉽게 다가올 것이다.

다음과 같이 구조를 설정한다. 각각 4개의 롤러코스터 속성을 가진 16개의 설계를 평가한 200명의 응답자들과 16개 질문에 대한 특징을 생성한다.

```
In [44]: import pandas as pd
         import numpy as np
         np.random.seed(12814)
         response_id = range(200) # 응답 ids
         n_questions = 16 # 응답별 결합 평가 개수
         speed_options = ['40', '50', '60', '70']
         speed = np.random.choice(speed_options,
                                  size=n_questions,
                                  replace=True)
         height_options = ['200', '300', '400']
         height = np.random.choice(height_options,
                                   size=n_questions,
                                   replace=True)
         const_options = ['Steel', 'Wood']
         const= np.random.choice(const_options,
                                 size=n_questions,
                                 replace=True)
         theme_options = ['Dragon', 'Eagle']
         theme = np.random.choice(theme_options,
                                  size=n_questions,
                                  replace=True)
```

이 예에서는 모든 응답자가 동일한 16개의 코스터 설계 집합을 평가한다고 가정한다. 연구 목표에 따라 대신 각 응답자에 대해 다른 무작위 집합을 설문할 수도 있다. 단일 설계 집합은 인쇄된 설문 조사에서 편리하지만, 온라인 연구에서는 모든 응답자에 대해 서로 다른 집합을 쉽게 생성할 수 있다.

다음으로 평가할 특성 조합에 대한 모델 행렬을 만든다. 먼저 방금 생성한 벡터를 결합한다.

```
In [45]: profiles_df = pd.DataFrame([speed, height, const, theme],
                                    index=['speed', 'height',
                                           'const', 'theme']).T
         profiles_df

Out[45]:    speed height  const   theme
         0     70    200  Steel  Dragon
         1     40    400   Wood  Dragon
         ...
         15    70    200  Steel   Eagle
```

여기서 .T는 데이터프레임을 전치해 각 행이 각 특징을 열로 갖는 롤러코스터 설계를 나타내도록 해준다.

이제 각 속성에 대한 사용자의 선호도를 나타내려고 하지만, 먼저 profiles_df를 각 사용자의 선호도 벡터로 곱할 수 있는 이진 형식으로 변환해야 한다. 속성이 해당 프로필에 있으면 1이 되고 그렇지 않으면 0이 되도록 각 프로필을 인코딩한다. 이는 종종 '더미dummy' 또는 '인디케이터indicator' 변수라고 한다. 7.4절에서 자식 수를 요인으로 인코딩할 때 사용한 것과 동일한 pandas 함수를 사용한다.

```
In [46]: profile_dummies = pd.get_dummies(profiles_df)
         profile_dummies.drop(
           ['speed_40', 'height_200', 'const_Steel', 'theme_Dragon'],
           axis=1, inplace=True)
         profiles_model = pd.concat(
           [pd.Series(np.ones(16, dtype=int), name='Intercept'),
            profile_dummies],
           axis=1)
         profiles_model

Out[46]:       Intercept  speed_50  speed_60  speed_70  height_300  height_400  \
         0        1          0         0         1          0           0
         1        1          0         0         0          0           1
         ...
         15       1          0         0         1          0           0

              const_Wood  theme_Eagle
         0        0           0
         1        1           0
         ...
         15       0           1
```

여기서는 기준 조건으로 사용할 여러 열을 삭제했다. 또한 절편을 표현하기 위해 열을 추가했다.

사용자 선호도를 모델링하기 위해 numpy.random.multivariate_normal()을 사용해 응답자의 선호도에 대한 다변량 무작위 정규 값을 추출한다. 해당 행렬의 각 행은 각 속성에 대한 단일 사용자의 선호도를 나타낸다. 나중에 이를 추정하는 것이 계층적 모델과 표준 선형 모델을 구별하는 핵심 특징이다. 다시 말하지만 speed_40, height_200, const_Steel, theme_Dragon은 기준 조건으로 취급되므로 해당 속성에 대한 가중치는 생성되지 않지만 사실상 가중치는 1.0이다.

```
In [47]: weights = np.random.multivariate_normal(
             mean=[-3, 0.5, 1, 3, 2, 1, -0.2, -0.5],
             cov=np.diag([0.2, 0.1, 0.1, 0.1, 0.2, 0.3, 1, 1]),
             size=len(response_id)
         )
```

평가할 설계와 개인의 선호도가 주어지면, 시뮬레이션된 개별 평가를 편집한다. 각 응답자에 대해 선호도 가중치에 설계 매트릭스를 곱해 각 설계에 대한 전체 선호도(유틸리티)를 구하고 numpy.random.normal()로 랜덤 노이즈를 추가한다. pandas.cut()을 사용해 유틸리티를 10점 등급 척도로 변환하고 응답자의 결과를 전체 데이터프레임에 추가한다.

```
In [48]: conjoint_df = pd.DataFrame()
         for i in response_id:
           utility = (profiles_model * weights[i]).sum(axis=1) + \
             np.random.normal(size=16)
           ratings = pd.cut(utility, 10, labels=range(1,11))
           conjoint_resp = profiles_df.copy()
           conjoint_resp['rating'] = pd.to_numeric(ratings)
           conjoint_resp['resp_id'] = i
           conjoint_df = conjoint_df.append(conjoint_resp,
                                            ignore_index=True)
         conjoint_df.head()

Out[48]:   speed height  const   theme  rating  resp_id
        0     70    200  Steel  Dragon       9        0
        1     40    400   Wood  Dragon       6        0
        2     70    300  Steel   Eagle       8        0
        3     40    400   Wood  Dragon       7        0
        4     50    200  Steel   Eagle       1        0
```

전체 행렬을 미리 할당하는 대신 append()를 반복적으로 사용해 데이터프레임을 구축하는 것은 비효율적이지만 이해가 쉽고 이 데이터셋에 대해서는 충분히 빠르다. 대규모 데이터셋의 경우 필요한 크기에 맞게 데이터프레임을 미리 할당하고 행을 채우거나 딕셔너리 리스트와 같은 메모리 효율적인 데이터 구조를 사용한 다음 마지막에 데이터프레임으로 변환하는 것이 좋다(이 접근법과 같이 각 반복에서 전체 데이터프레임의 재할당이 필요하지 않음). 약간의 행렬 조작으로 한 번에 전체 데이터프레임을 만들 수 있다. 그러나 여기서와 같이 간단하고 읽기 쉬운 방법이 코드 작성이 더 쉽고 신뢰할 수 있다면 전반적으로 더 효과적일 수 있다.

8.3.4 초기 선형 모델

늘 그랬던 것처럼 결합 데이터를 확인하기 위해 describe()를 수행한다(필요한 경우 8.3.2절에 설명된 대로 데이터를 생성하거나 적재한다).

```
In [49]: conjoint_df.describe(include='all')

Out[49]:       speed height  const   theme       rating      resp_id
        count   3200   3200   3200    3200  3200.000000  3200.000000
        unique     4      3      2       2          NaN          NaN
        top       70    200  Steel  Dragon          NaN          NaN
                 ...
        min      NaN    NaN    NaN     NaN     1.000000     0.000000
        25%      NaN    NaN    NaN     NaN     3.000000    49.750000
        50%      NaN    NaN    NaN     NaN     5.000000    99.500000
        75%      NaN    NaN    NaN     NaN     8.000000   149.250000
        max      NaN    NaN    NaN     NaN    10.000000   199.000000
```

설계의 등급은 1(매우 선호하지 않음)에서 10(매우 선호함)까지이다.

여기 목표는 네 가지 특징이 등급과 어떤 관련이 있는지 확인하는 것이다. 집계 수준에서 groupby()를 사용해 각 속성 수준에 대한 평균 등급을 찾는다. 예를 들어 height별 평균은 다음과 같다.

```
In [50]: conjoint_df.groupby('height').rating.mean()

Out[50]: height
         200    4.758571
         300    6.958000
         400    4.775000
```

높이가 300피트인 설계의 평균 등급은 10점 척도에서 6.96점이며 200피트 및 400피트 높이의 경우 4.76 및 4.78이다. 따라서 응답자들은 높이 범위 중 중간쯤을 선호한다. 이러한 방식으로 각 개별 특징을 검토할 수 있지만 좀 더 포괄적인 선형 모델은 모든 조합의 효과를 고려한다. 먼저 ols()를 사용해 계층적 구성 요소가 없는 일반 선형 모델을 추정한다(7장).

```
In [51]: import statsmodels.formula.api as smf
         ride_lm = smf.ols('rating ~ speed + height + const + theme',
                           data=conjoint_df).fit()
         ride_lm.summary()

Out[51]:
==============================================================================
Dep. Variable:                 rating   R-squared:                       0.470
Model:                            OLS   Adj. R-squared:                  0.469
Method:                 Least Squares   F-statistic:                     404.5
Date:                Tue, 11 Dec 2018   Prob (F-statistic):               0.00
Time:                        23:26:03   Log-Likelihood:                -6831.1
...
                    coef    std err          t      P>|t|      [0.025      0.975]
------------------------------------------------------------------------------
Intercept         2.6953      0.113     23.888      0.000       2.474       2.917
speed[T.50]       0.8809      0.111      7.922      0.000       0.663       1.099
speed[T.60]       1.6578      0.107     15.538      0.000       1.449       1.867
speed[T.70]       4.5877      0.122     37.628      0.000       4.349       4.827
height[T.300]     2.9201      0.090     32.493      0.000       2.744       3.096
height[T.400]     1.4614      0.115     12.699      0.000       1.236       1.687
const[T.Wood]    -0.0327      0.085     -0.384      0.701      -0.200       0.134
theme[T.Eagle]   -0.6686      0.097     -6.913      0.000      -0.858      -0.479
```

이 약식 출력에서 계수는 선호도(rating)와의 연관성을 나타낸다. 평균적으로 최고 등급의 롤러코스터는 최고 속도 70mph, 높이 300피트, 강철 구조 및 용 테마(나무와 독수리가 음수 값을 갖기 때문에 강철과 용)이다. 가장 원하는 롤러코스터에 대한 전체 점수를 추정하며, intercept + speed_70 + height_300(강철과 용은 절편에 포함됨)이거나 10점 등급 척도에서 2.69 + 4.59 + 2.92 = 10.20점이다.

여기서 잠깐! 그런데 이 점수는 불가능하다. 척도는 10점 만점으로 제한된다. 이는 단순히 '평균' 결과를 해석하는 것은 오해의 소지가 있음을 보여준다. 계수는 대부분 바람직하거나 바람직하지 않은 속성을 모두 결합하는 설계를 기반으로 추정되며, 선호도의 극단에서는 신뢰할 수 없다. 또한 개별 특징들은 평균적으로 가장 우수하더라도 그 특징들의 모든 정확한 조합을 선호하는 사람은 별로 없을 수도 있다.

const [T.Wood]에 대한 계수가 0에 가까운 점을 생각해보자. 사람들은 롤러코스터가 목재이든 강철이든 관심이 없을까? 아니면 평균화를 통해 이 둘이 상쇄되는 강한 선호도를 갖고 있는가? 사람들의 선호가 강하면서 거의 균등하게 나뉘어져 있다면 마케터로서 이 점을 아는 것이 중요하며, 두 그룹 모두에 어필할 수 있는 다른 놀이기구를 구성할 것을 제안할 수 있다. 반면에 그들이 진정으로 무관심하다면, 비용과 기타 요인을 고려해 강철과 목재 중에서 선택할 수 있다.

응답자를 더 잘 이해하기 위해 전체 평균과 그룹 내 선호도 수준 및 개인 선호도를 추정하는 계층적 모델을 사용한다.

8.3.5 mixedlm을 사용한 계층적 선형 모델

선형 모델 ride_lm에는 표본 수준에서 추정되는 고정 효과만 있다. 계층적 선형 모델에서는 하나 이상의 개별 수준 효과를 추가한다.

가장 간단한 HLM은 개인이 상수 절편 항으로만 변화할 수 있다. 예를 들어, 사람에 따라 롤러코스터 설계에 대한 평균 응답자보다 더 높거나 낮은 점수를 매기면서 평가할 수 있을 것으로 예상할 수 있다. 이것이 절편 항에 대한 개별 수준의 무작위 효과이다.

고정 효과와 응답자별 절편이 있는 HLM을 추정하기 위해 위의 ols() 모델을 실행하는 코드를 세 가지 방법으로 변경한다. 먼저 ols() 대신 statsmodels의 계층적 추정 함수인 mixedlm()을 사용한다.

둘째, 각 고유 그룹에 대해 랜덤 효과를 추정할 그룹화 변수를 지정한다. 결합 데이터에서 그룹이란 응답자 번호 resp_id로 데이터프레임에서 식별되는 단일 응답자에 대한 응답 집합이다. 이를 위해 해당 열을 groups 인수에 전달한다.

셋째, 무작위 효과를 추정할 항을 지정해야 한다. 이는 re_formula 인수에 대한 공식으로 수행된다. 절편의 경우 사양을 추가할 필요는 없지만 명시적으로 re_formula='~1'을 포함시켜야 한다.

그렇지 않으면 mixedlm() 함수는 ols() 함수와 매우 유사하게 처리된다.

```
In [52]: ride_hlm_1 = smf.mixedlm('rating ~ speed + height + const + theme',
                                  data=conjoint_df,
                                  groups=conjoint_df['resp_id'],
                                  re_formula='~ 1')
         ride_hlm_1_f = ride_hlm_1.fit(maxiter=200, method='nm')
         ride_hlm_1_f.summary()

Out[52]:
         Model:              MixedLM Dependent Variable: rating
         No. Observations:   3200    Method:             REML
         No. Groups:         200     Scale:              3.8833
         Min. group size:    16      Likelihood:         -6802.8210
         Max. group size:    16      Converged:          Yes
         ...
```

```
-------------------------------------------------------------
               Coef.  Std.Err.   z    P>|z| [0.025 0.975]
-------------------------------------------------------------
Intercept       2.695    0.116 23.328 0.000  2.469  2.922
speed[T.50]     0.881    0.107  8.235 0.000  0.671  1.091
speed[T.60]     1.658    0.103 16.151 0.000  1.457  1.859
speed[T.70]     4.588    0.117 39.112 0.000  4.358  4.818
height[T.300]   2.920    0.086 33.774 0.000  2.751  3.090
height[T.400]   1.461    0.111 13.200 0.000  1.244  1.678
const[T.Wood]  -0.033    0.082 -0.400 0.689 -0.193  0.128
theme[T.Eagle] -0.669    0.093 -7.186 0.000 -0.851 -0.486
Group Var       0.313    0.029
```

이 출력에서 고정 효과는 위의 ols()에 의해 추정된 효과와 거의 동일하다는 것을 알 수 있다. 그러나 이제 각 응답자에 대한 고유 절편 항 조정도 추정했다. 요약은 무작위 효과가 추정된 200명의 응답자로 그룹화된 총 3,200개의 관측치(설문 조사 질문)를 보여준다(예: (Group Var)에 대한 효과). fit 메서드에 method='nm' 인수를 사용해 넬더-메드Nelder-Mead 기법으로 최적화 방법을 지정했다.

fe_params 매개변수에는 고정 (모집단 수준) 효과만 포함된다.

```
In [53]: ride_hlm_1_f.fe_params

Out[53]: Intercept          2.695285
         speed[T.50]        0.880890
         speed[T.60]        1.657826
         speed[T.70]        4.587728
         height[T.300]      2.920103
         height[T.400]      1.461405
         const[T.Wood]     -0.032737
         theme[T.Eagle]    -0.668577
         dtype: float64
```

200개의 응답별 절편의 랜덤 효과 추정은, 여기서는 여럿 있을 수 있어 ride_hlm_1_f.summary()로 표시하지 않았지만 random_effects 속성을 통해 접근할 수 있다(그리고 이를 또 데이터프레임으로 변환해 출력을 형식화하고 head()를 사용해 줄였다).

```
In [54]: re_params = pd.DataFrame(ride_hlm_1_f.random_effects).T
         re_params.head()

Out[54]:    Group
         0   0.028169
         1  -0.922545
         2  -0.957757
         3   0.239439
         4   0.309862
```

각 응답자에 대한 전체 효과는 모든 사람에게 적용되는 전체 고정 효과와 개별적으로 변하는 랜덤 효과(이 경우 절편만)로 구성된다. 이는 고정 효과와 랜덤 효과를 결합하면 생성할 수 있다. 고정 효과 매개변수를 데이터프레임으로 변환한 다음 배열을 iloc에 전달해 반복 생성한다. 그런 다음 절편 열에 랜덤 효과를 추가한다.

```
In [55]: ride_hlm_1_f_coef = \
           ride_hlm_1_f.fe_params.to_frame().T\
             .iloc[().T.iloc[np.zeros(len(re_params))]
         ride_hlm_1_f_coef.index = range(len(re_params))
         ride_hlm_1_f_coef.Intercept += re_params.Group

         ride_hlm_1_f_coef.head()

Out[55]:    Intercept  const[T.Wood]  height[T.300]  height[T.400]  \
         0   2.723451      -0.032737       2.920103       1.461405
         1   1.772844      -0.032737       2.920103       1.461405
                ...

            speed[T.50]  speed[T.60]  speed[T.70]  theme[T.Eagle]
         0      0.88089     1.657826     4.587728       -0.668577
         1      0.88089     1.657826     4.587728       -0.668577
                ...
```

ride_hlm_1_f_coef에서 각 응답자는 절편을 제외한 모든 계수에 대한 효과의 전체 표본 수준 값을 가지며, 최종 절편 계수는 고정 효과와 랜덤 효과를 더한 값과 동일하다. 예를 들어 응답자 1의 절편은 2.69(fixef) − 0.92(ranef) = 1.77(coef)이다.

8.3.6 완전한 계층적 선형 모델

마케팅 관행에서 가장 일반적인 계층적 모델은 전체 응답자의 모든 관심 계수에 대한 랜덤 효과 모수를 추정하는 것이다. 이것은 mixedlm() 구문을 사용하면 쉽게 할 수 있다. 랜덤 효과 사양(re_formula)의 예측 변수에 관심 변수를 모두 추가하면 된다.

결합 데이터의 경우 공식의 랜덤 효과 부분을 (~speed + height + const + theme)으로 작성한다. 해당 모델을 추정하기 전에 위의 절편 모델보다 훨씬 더 복잡한 모델이라는 점에 유의해야 한다. 랜덤 절편 전용 HLM은 8개의 고정 모수와 200개의 랜덤 효과를 추정한 반면, 전체 모델은 8개의 고정 효과와 8 * 200개의 랜덤 효과를 추정한다. 그리고 총 3,200개의 관측치를 가진 데이터프레임에 대해 이를 수행한다.

이 사실에는 두 가지 의미가 있다. 첫째, 추정이 다소 느려서 작성 시점에 현 모델에서 몇 분이 걸릴 수 있다. 둘째, 매개변수가 너무 많아서 3,200개밖에 되지 않는 소규모 관측치에서도 안정적인 수렴 모델을 찾는 데 어려움이 있을 수 있다.

이러한 사실을 염두에 두고 전체 모델을 다음과 같이 추정하자(몇 분 정도 소요될 수 있음).

```
In [56]: ride_hlm_2 = smf.mixedlm('rating ~ speed + height + const + theme',
                                  data=conjoint_df,
                                  groups=conjoint_df['resp_id'],
                                  re_formula='~ speed + height + const + theme')
         ride_hlm_2_f = ride_hlm_2.fit(maxiter=1000, method='nm')
```

앞의 ride_hlm_1 모델과 비교하면 이 모델에는 두 가지 변경 사항이 있다. 먼저, 랜덤 효과를 추정하기 위해 4개의 롤러코스터 요소를 모두 추가했다. 둘째, fit() 메서드에 maxiter=1000이라는 인수를 추가했다. 이 인수는 수렴을 시도하는 반복 횟수를 1000으로 설정한다. 다시 한 번 method='nm'으로 설정했다. 이는 최적화 방법을 Scipy에서 가장 강력한 최적화 프로그램 중 하나인 넬더-미드Nelder-Mead로 지정한다. 또한 scipy.optimizer의 모든 최적화 프로그램을 지정할 수 있다. 기본값은 BFGS(수학자 브로이덴CG Broyden, 프레처R Fletcher, 골드파브D Goldfarb, 샤노D Shanno의 이름을 따서 명명)이며, 초기 매개변수가 최솟값에 가까우면 잘 작동한다. 이러한 매개변수를 사용하면 모델이 더 잘 수렴될 수 있지만, 완료 시 결과 경고에서 볼 수 있는 것처럼 완벽하지는 않다.

```
/usr/local/lib/python3.6/dist-packages/statsmodels/base/model.py:496:
ConvergenceWarning: Maximum Likelihood optimization failed to converge.
Check mle_retvals
  "Check mle_retvals", ConvergenceWarning)
```

경고 문구는 나왔지만 그대로 데이터 분석을 진행한다. 모델이 수렴하는 데는 상당한 시간이 걸리고 여기서의 정확한 결과는 그저 설명을 위한 것일 뿐 중요한 비즈니스 의사 결정과 연계된 것은 아니기 때문이다. 중요한 모델의 경우 가능할 때마다 수렴하도록 실행하는 것이 좋다.

경고가 뜨면 일단 네 가지 잠재적인 해결책을 생각해볼 수 있다. 먼저 maxiter 인수를 2, 5 또는 10으로 늘려 수렴 결과를 확인해보고 필요한 경우 반복한다. 둘째, 경고 내용을 웹에서 검색해보고 토론 포럼 등에서의 제안을 고려해보라. 셋째, 다른 최적화 함수를 사용하는 것을 고려하라(mixedlm 문서 참조, Perktold et al, 2019). 넷째, 더 많은 데이터를 수집하거나 데이터의 내부 일관성을 평가해보라. 다시 말하지만, 편의상 여기서는 이 단계를 건너뛴다.

fe_params 속성에는 고정 효과가 있다.

```
In [57]: ride_hlm_2_f.fe_params

Out[57]: Intercept         2.695285
         speed[T.50]       0.880890
         speed[T.60]       1.657826
         speed[T.70]       4.587728
         height[T.300]     2.920103
         height[T.400]     1.461405
         const[T.Wood]    -0.032737
         theme[T.Eagle]   -0.668577
         dtype: float64
```

ride_hlm_2 모델의 이 부분은 위의 ride_hlm_1로 추정된 모델과 동일하므로 계수가 같다.

이제 랜덤 효과에는 각 응답자의 각 모수에 대한 추정치가 포함된다.

```
In [58]: ride_hlm_2_f_re_df = pd.DataFrame(ride_hlm_2_f.random_effects).T
         ride_hlm_2_f_re_df.rename({'Group': 'Intercept'},
                                   axis=1, inplace=True)
         ride_hlm_2_f_re_df.head()
```

```
Out[58]:        Intercept  speed[T.50]  speed[T.60]  speed[T.70]  height[T.300]  \
         0      0.740959    -0.088424     0.055348     0.233541      -0.124533
         1     -0.724949    -0.049684    -0.233311    -0.080976      -0.260567
                 ...

            height[T.400]  const[T.Wood]  theme[T.Eagle]
         0       0.770034      -0.020209       -2.451112
         1      -0.071083      -1.738253        0.261211
            ...
```

랜덤 절편은 더 이상 모델 ride_hlm_1에서 추정된 것과 동일하지 않다. 7개의 설명 변수를 추가하고 예측된 결과 평가 포인트가 예측 변수에 따라 다르게 분포돼 있기 때문이다.

고정 효과에 랜덤 효과를 추가해 응답자당 총계수를 얻는다.

```
In [59]: hlm_2_f_coef = ride_hlm_2_f_re_df + ride_hlm_2_f.fe_params
         hlm_2_f_coef.head()

Out[59]:    Intercept  speed[T.50]  speed[T.60]  speed[T.70]  height[T.300]  \
         0   3.436244     0.792466     1.713173     4.821269       2.795570
         1   1.970336     0.831206     1.424515     4.506752       2.659536
         2   1.707103     0.878848     1.322931     4.541597       2.624884
         ...

            height[T.400]  const[T.Wood]  theme[T.Eagle]
         0       2.231439      -0.052947       -3.119690
         1       1.390322      -1.770990       -0.407366
         2       1.822914      -1.627908       -0.131214
        ...
```

8.3.7 HLM 해석

이러한 랜덤 효과를 어떻게 사용할 수 있을까? 한 가지 옵션은 어떤 선호도가 같은 방향으로 움직이는지 찾는 것이다. 응답자 간의 매개변수 무작위 효과의 상관관계를 살펴보면 이를 알아낼 수 있다. 상관관계의 클러스터 맵은 탐색을 위한 좋은 첫 번째 단계이다.

```
In [60]: import matplotlib.pyplot as plt
         import seaborn as sns

         cg = sns.clustermap(ride_hlm_2_f_re_df.iloc[:,1:].corr(), vmax=0.5,
                             vmin=-0.5,cmap=plt.cm.bwr, center=0)
         plt.setp(cg.ax_heatmap.yaxis.get_majorticklabels(), rotation=0)
         plt.setp(cg.ax_heatmap.xaxis.get_majorticklabels(), rotation=45)
```

클러스터 맵을 사용해 사용자 간에 매개변수(예: 선호도) 간 상관관계를 나타낼 수 있다. 표준 상관 행렬과 달리 클러스터 맵은 매개변수를 상관된 집합으로 구성하려고 한다. 그림 8.4에서는 몇 가지 고유 선호 설정 집합을 볼 수 있다. 왼쪽 상단에서 높이가 300인 롤러코스터에 대한 선호도가 속도 60에 대한 선호도와 양의 상관관계가 있음을 알 수 있다.

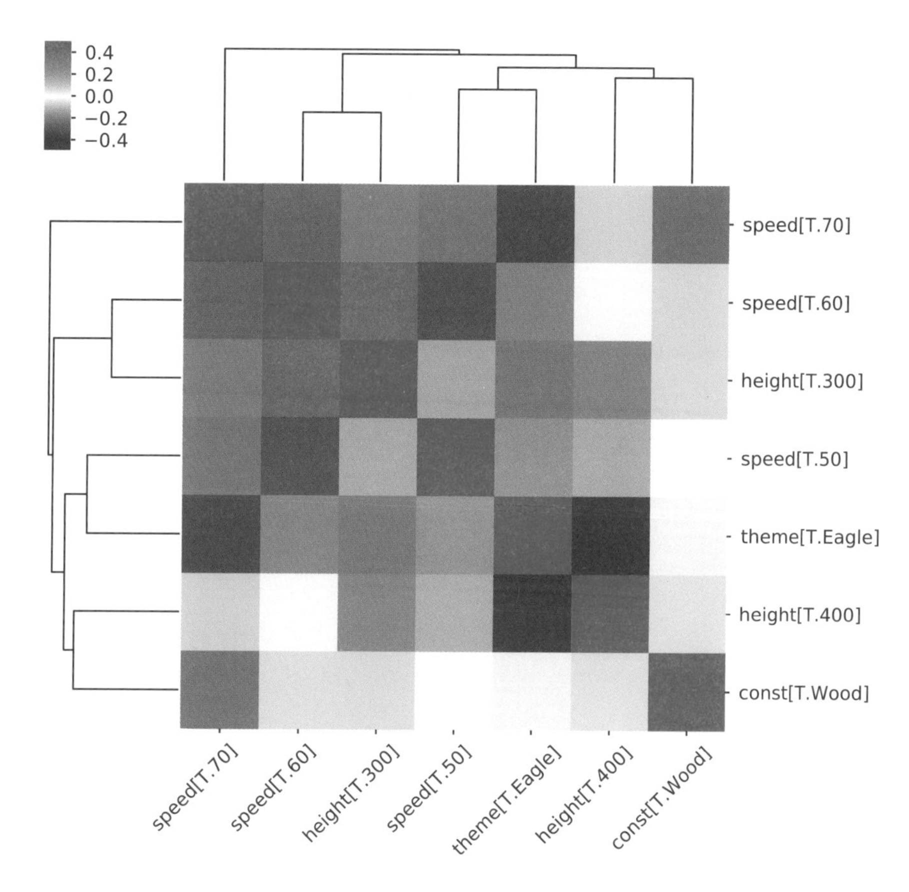

그림 8.4 HLM 모델의 랜덤 효과에 대한 클러스터 맵 시각화는 몇 가지 고유한 선호 클러스터를 보여준다.

중간 클러스터에는 속도가 50이고 독수리를 테마로 한 롤러코스터를 선호하는 또 다른 집합이 있다(또는 속도는 50, 높이는 400이며 독수리 테마는 아닌 것).

개별 수준의 추정치는 각 응답자 또는 고객에 대한 새로운 데이터를 효과적으로 형성하므로 이 책의 다른 부분에서 설명하는 모든 종류의 분석에 사용할 수 있다. 예를 들어, 얼마나 많은 고객이 목재 롤러코스터나 높은 롤러코스터 같은 특정 기능을 선호하는지 알기 위해 선호도 분포를 그릴 수 있다(3장과 5장). 선호도와 다른 데이터의 연관성을 살펴볼 수 있으며(7장), 또는 데이터를 클러스터링해 고객 세그먼트를 찾을 수 있다(10장).

8.3.8 HLM에 대한 결론

이것으로 계층적 모델에 대한 논의를 마친다. 이 절에서의 논의를 통해 개별 혹은 기타 관심 그룹화 요인에 대한 여러 관측치의 표본 수준과 개별 혹은 그룹 수준 효과를 모두 추정하는 계층 모델을 고려해야 한다는 것을 확신하길 바란다. 이러한 모델은 statsmodels 라이브러리의 `mixedlm()`을 사용해 추정하는 것이 비교적 간단하다.

마케팅에서 가장 일반적인 고객 수준 모델 외에도 계층적 모델을 추정할 수 있는 다른 요소로는 매장, 국가, 지리적 지역, 광고 캠페인, 광고 크리에이티브, 채널, 번들, 브랜드가 있다.

이 절에서 도구 상자에 계층적 모델링을 추가하도록 영감을 받았다면, 다른 문헌에 대해서는 '더 알아보기'(8.4절)를 참조하라.

8.4 더 알아보기*

이 장의 주제는 선형 모델링과 관련된 광범위한 주제에서 도출됐으며, 최적의 권장 사항은 효과적인 회귀 모델링을 위한 전략과 문제에 관한 Harrell(2015)과 Dobson(2018) 등의 해당 주제에 대해 광범위하게 학습하는 것이다. 일반화 선형 모델에서 다음 문헌은 특정 주제에 대한 추가 지침을 알려준다.

공선성: 공선성을 감지하고 해결하는 방법에 대해 더 많이 배우는 가장 좋은 방법은 일반적으로 선형 모델링에 더 익숙해지는 것이다. 회귀 모델링에 대해 광범위하게 학습할 수 있는 좋은 텍스트는 Harrell(2015), Fox and Weisberg(2011)이다.

로지스틱 회귀: 로지스틱 회귀 모델은 특히 건강 과학에서 일반적이며(예를 들어 치료 후 모델링 개선), 해당 문헌의 대부분은 적절한 번역으로 마케팅 담당자에게 접근할 수 있다. Hosmer et al.(2013)은 이러한 모델에 대한 표준 텍스트이며 모델 구축과 평가의 중요성을 보여준다. 이진 결과는 종종 머신러닝 커뮤니티에서 모델의 주제이다. 11장의 분류 맥락에서는 머신러닝 모델을 고려한다. 이러한 방법에 대한 일반적인 텍스트는 Kuhn and Johnson(2013)이다.

계층적 모델: 계층적 모델에 대한 최고의 텍스트는 Gelman and Hill(2006)로, 뛰어난 개념적 설명과 R의 세부 코드를 사용해 모델의 폭을 제공한다. Gelman and Hill의 상대적인 한계는 세부적 정밀성이다. 또 즉각적인 모델링 요구에 직면했을 때 무엇을 해야 할지 결정하기 어려울 수 있다. 또 다른 교훈적인 텍스트는 Gałecki and Burzykowski(2013)이다.

베이즈 계층 모델: 여기서는 계층적 베이즈 모델과 그 중요성을 소개하지 않았지만, 계층적 모델이 연구에 중요하다면 더 많은 것을 배우는 것이 좋다. 이러한 모델에 대해 자세히 알아보려면 다양한 수준의 수학적 내용을 기술적으로 소개한 Kruschke(2016), Gelman et al.(2013), Rossi et al.(2005)을 참고하라. Gelman and Hill(2006)은 R 예제와 함께 베이즈와 비베이즈 모두의 계층적 모델을 소개한다(PyMC3(Salvatier et al. 2016)는 베이즈 통계에 대한 탄탄한 기반을 가진 사람들에게 훌륭한 파이썬 리소스이지만, 여전히 많은 R 전문가에게 R은 베이즈 모델링에 있어 좀 더 완전한 옵션을 제공해준다).

결합 분석: 이 장에서는 척도(등급 기반이라고도 함) 결합 분석에 대해 설명했다. 이러한 설문 조사는 구성, 필드, 분석이 쉽다. 그러나 실제로는 선택 기반 결합 분석CBC과 인접 이산 선택 모델링DCM이 더 자주 사용된다. CBC와 DCM에서 사용자는 제품 B보다 제품 A를 선호하는지 혹은 제품 C를 선호하는지와 같은 옵션 중에서 선택할 수

있다. 여기서 제품은 랜덤 기능, 브랜드, 가격으로 정의된다. 이 책을 쓰는 시점에서 파이썬은 CBC와 DCM에 대한 지원이 제한돼 있으며, 분석에는 이 책의 범위를 벗어나는 사용자 정의 코드가 필요하다. 모델과 이를 추정하는 옵션에 대한 자세한 내용은 이 책 관련 R 텍스트(Chapman and Feit 2019)의 13장, Orme(2010)의 일반적인 소개 또는 Rossi et al.(2005)의 기술 토론을 참조하라.

8.5 요점

이 장에서는 많은 내용을 다뤘다. 다음은 몇 가지 중요한 교훈이다.

공선성

- 공선성은 둘 이상의 변수가 고도로 연관돼 있을 때 발생한다. 이들을 선형 모델에 포함시키면, 모델이 각각의 기여도를 구별할 수 없기 때문에 혼란스럽거나 무의미하거나 오해의 소지가 있는 결과를 초래할 수 있다(8.1절).
- 분산 팽창 인자VIF는 모델의 변수 간 공유 분산 측정값을 제공한다. 경험 법칙은 VIF > 5일 때 변수에 대한 공선성이 해결돼야 한다는 것이다(8.1.2절).
- 공선성을 수정하는 일반적인 접근 방식에는 상관관계가 높은 변수를 생략하는 것과 주성분을 사용하거나 개별 아이템 대신 요인 점수factor score(9장 참조)를 사용하는 것이 포함된다.

로지스틱 회귀

- 로지스틱 회귀는 결과 확률과 변수의 연관성을 모델링해 구매와 같은 이진 결과를 연속 및 요인 변수를 포함할 수 있는 예측 변수와 연관시킨다(8.2.1절).
- 로짓 모델이라고도 하는 로지스틱 회귀 모델은 일반화 선형 모델 패밀리의 구성원이며 `glm( , family=statsmodels.api.families.Binomial())`을 사용해 적합화한다(8.2.4절).
- 로짓 모델의 계수는 결과 우도likelihood의 증가 또는 감소 정도와 연관된 승산비로 해석될 수 있다. 이것은 `exp()`로 계수를 지수화함으로써 간단하게 수행된다(8.2.4절).
- 통계적으로 유의한 결과가 항상 모델이 적절하다는 것을 의미하지는 않는다. 데이터를 철저히 탐색하고 신중한 고려를 기반으로 모델을 구성하는 것이 중요하다(8.2.5절).

계층적 선형 모델

- 일반적인 마케팅 논의에서 계층적 모델은 그룹 수준 효과와 개별 차이를 모두 추정한다. 이러한 모델은 고객 간의 차이(이질성)와 선호도 분포에 대한 통찰력을 제공하므로 마케팅에서 인기가 있다. 계층적 선형 모델HLM은 전체 모집단뿐 아니라 개인에 대한 효과의 중요성을 추정한다(8.3절).
- 모든 관측치와 관련된 효과를 고정 효과라 하고, 다양한 그룹에서 다른 효과를 나타내는 것을 랜덤 효과라 한다(8.3.1절).

- 각 개인에 대한 총효과는 전체 모집단에 대한 효과(고정 효과)와 개인별 (랜덤) 효과로 구성되기 때문에 이러한 모델은 혼합 효과 모델이라고도 한다. 여기서는 statsmodels 패키지의 `mixedlm()`을 사용해 HLM을 추정했다(8.3.5절).
- 표준 선형 모델의 요인으로 그룹화 변수를 포함하는 것과 달리 계층적 효과를 추정할 때의 차이점은 계층적 모델이 단일 조정 항뿐만 아니라 각 개인이나 그룹에 대해 지정된 모든 효과를 추정한다는 것이다.
- 혼합 효과 모델의 공식은 다른 선형 모델의 공식과 동일하지만 그룹화 인수에 그룹화 항이 지정된다. 개인 수준 모델을 추정하기 위한 그룹화 항은 일반적으로 응답 식별자이다. 랜덤 효과를 추정할 변수는 `re_formula` 인수에 지정된다. 예를 들어 절편 전용의 경우 `'~1'`, 여러 변수를 추정하려면 `'~speed + height'`가 있다.
- 계층적 모델을 사용해 개별 수준이 아닌 다른 수준에서 관측치를 그룹화할 수 있다. 예를 들어, 그러한 그룹화(8.3.8절)에 특정 효과를 추정하려는 경우 상점, 광고 캠페인, 영업 사원이나 기타 요인별로 그룹화할 수 있다.
- HLM의 일반적인 마케팅 응용프로그램은 전체 선호도와 개인 선호도의 차이를 모두 추정하기 위한 결합 분석이다. 이 장에서는 등급 기반 또는 척도 결합 분석(8.3.2절)을 시연했다.

3부

고급 데이터 분석

09
데이터 복잡도 줄이기

마케팅 데이터셋에는 통상 많은 변수(다양한 차원)가 있으며, 이를 고려할 수 있는 더 작은 변수 집합으로 줄이면 유리하다. 예를 들어 서비스에 대한 고객 만족도, 브랜드에 대한 카테고리 리더십이나 제품에 대한 고급도와 같이 더 소수의 기본 개념(예: 3)을 반영하는 다수의 소비자 설문 조사에 대한 여러 질문(예: 9)을 할 수 있다. 데이터를 기본 차원으로 줄일 수만 있다면 개념 간의 기본 관계를 좀 더 명확하게 식별할 수 있다.

이 장에서는 데이터의 차원 수를 줄여 데이터 복잡성을 줄이는 세 가지 일반적인 방법을 살펴본다. 주성분 분석PCA은 데이터의 최대 분산을 포착하는 상관되지 않은 선형 차원을 찾으려고 한다. 탐색적 요인 분석EFA은 또한 원시 변수 측면에서 차원을 해석할 수 있도록 하면서 소수의 차원으로 분산을 포착하려고 시도한다. 다차원 스케일링MDS은 2차원 도면과 같은 저차원 공간 측면에서 관측치 간의 유사성을 매핑한다. MDS는 측도 데이터와 범주형 또는 서수ordinal 데이터와 같은 비측도 데이터와 함께 작동할 수 있다.

마케팅에서 PCA는 종종 브랜드나 제품 간 응답자의 연관성을 시각화한 지각도perceptual map와 연관된다. 이 장에서는 PCA를 사용해 브랜드에 대한 지각도를 보여준다. 그런 다음 요인 분석과 다차원 척도에서 유사한 지각 추론을 도출하는 방법을 살펴본다.

9.1 소비자 브랜드 평가 데이터

여기서는 소비자 브랜드 인식 설문 조사의 일반적인 시뮬레이션 데이터셋을 사용해 차원을 조사한다. 이러한 데이터는 다음과 같은 형식으로 설문 조사 항목에 표현된 지각 형용사와 관련한 브랜드 소비자 평가를 반영한다.

1부터 10까지의 척도로 1은 최소이고 10은 최대이며, 질문은 '[브랜드 A]는 얼마나 [형용사]한가?'로 구성된다.

이 데이터에서 관측치는 형용사 중 하나에 대한 한 응답자가 매긴 브랜드 등급이다. 두 가지 항목은 다음과 같다.

1. 인텔리젠시아Intelligentsia 커피는 얼마나 트렌디한가?
2. 블루 보틀 커피Blue Bottle Coffee는 카테고리 리더 중 어느 정도인가?

이러한 등급은 관심 있는 형용사와 브랜드의 모든 조합에 대해 수집된다.

여기 데이터는 N = 100명의 시뮬레이션 응답자에 대해 9개의 형용사('성과perform', '리더leader', '최신latest', '재미fun' 등)에 대한 10개 브랜드('a'에서 'j'까지)의 시뮬레이션 평가로 구성된다. 데이터셋은 이 책의 웹 사이트에서 제공된다. 데이터를 적재하고 확인하는 것부터 시작하자.

```
In [1]: import pandas as pd
        brand_ratings = pd.read_csv('http://bit.ly/PMR-ch9')
        brand_ratings.head()

Out[1]:    perform  leader  latest  fun  serious  bargain  value  trendy  \
    0        2       4       8    8        2        9      7       4
    1        1       1       4    7        1        1      1       2
    2        2       3       5    9        2        9      5       1
    3        1       6      10    8        3        4      5       2
    4        1       1       5    8        1        9      9       1

     rebuy brand
    0     6     a
    1     2     a
    2     6     a
    3     1     a
    4     1     a

In [2]: brand_ratings.tail()# Not shown
```

100명의 시뮬레이션 응답자 각각이 10개 브랜드에 대한 등급을 제공했으므로 총 1,000개의 행이 있다. describe()로 데이터를 검사해 데이터 품질과 구조를 확인한다.

```
In [3]: brand_ratings.describe().round(2)

Out[3]:        perform   leader   latest      fun  serious  bargain  \
        count  1000.00  1000.00  1000.00  1000.00  1000.00  1000.00
        mean      4.49     4.42     6.20     6.07     4.32     4.26
        std       3.20     2.61     3.08     2.74     2.78     2.67
        min       1.00     1.00     1.00     1.00     1.00     1.00
        25%       1.00     2.00     4.00     4.00     2.00     2.00
        50%       4.00     4.00     7.00     6.00     4.00     4.00
        75%       7.00     6.00     9.00     8.00     6.00     6.00
        max      10.00    10.00    10.00    10.00    10.00    10.00

                 value   trendy    rebuy
        count  1000.00  1000.00  1000.00
        mean      4.34     5.22     3.73
        std       2.40     2.74     2.54
        min       1.00     1.00     1.00
```

```
25%        2.00   3.00    1.00
50%        4.00   5.00    3.00
75%        6.00   7.00    5.00
max       10.00  10.00   10.00
```

describe()에서 각 형용사의 등급 범위가 1–10이라는 것을 알 수 있으며, 데이터가 깨끗하고 적절한 형식으로 표시된 것으로 보인다.

그림 9.1의 왼쪽 패널에 표시된 것처럼 각 변수의 분포에 대한 또 다른 뷰view를 위해 상자 그림을 사용할 수도 있다.

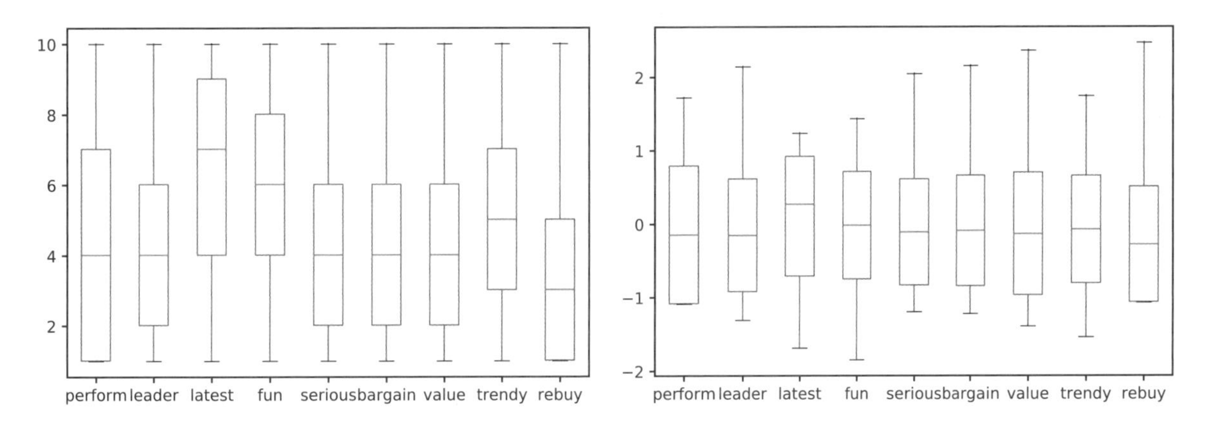

그림 9.1 크기 조정되지 않은 상자 그림(왼쪽)과 크기 조정된 데이터에 대한 상자 그림(오른쪽)을 사용하면 데이터셋의 분포를 빠르게 확인할 수 있다.

```
In [4]: brand_ratings.plot.box()
```

이 데이터셋에는 9개의 지각 형용사가 있다. 표 9.1에는 형용사와 그들이 반영하는 설문 조사 텍스트의 종류가 나열돼 있다.

표 9.1 brand_ratings 데이터의 형용사와 평가 데이터 수집에 사용될 수 있는 설문 조사 텍스트의 예

지각 형용사(열 이름)	설문 문장 예시
성과	브랜드는 매우 강한 성과를 낸다.
리더	브랜드는 이 부분의 리더이다.
최신	브랜드는 최신 상품이다.
재미	브랜드는 재미있다.
대단함	브랜드는 대단하다(serious).
할인	브랜드 상품은 할인한다.
가치	브랜드 상품은 좋은 가치를 가진다.
트렌디	브랜드는 트렌디하다(trendy).
재구매	이 브랜드에서 재구매하겠다.

9.1.1 데이터 크기 조정

원시 데이터의 크기는 조정하는 것이 좋으며, 이를 통해 개인과 샘플 간에 데이터를 더 비교할 수 있다. 일반적인 절차는 모든 관측치에서 평균을 빼서 각 변수의 중심을 맞춘 다음 이러한 중심 값을 표준 편차 단위로 다시 조정하는 것이다. 이를 일반적으로 데이터 표준화, 정규화 또는 Z-점수라고 한다(7.3.3절). 여기에서는 range() 대신 np.arange()를 사용한다. 출력이 리스트가 아닌 NumPy 배열이 되길 원해서인데, 이를 통해 벡터화된 연산을 수행할 수 있다.

파이썬에서 데이터는 mean()과 sd()를 사용하는 수학적 표현으로 표준화될 수 있다.

```
In [5]: import numpy as np
        x = np.arange(1000)
        x_sc = (x - x.mean())/x.std()
        print('mean: {}\nmedian: {}\nmax: {}\nmin: {}'.format(x_sc.mean(),
                                                              np.median(x_sc),
                                                              x_sc.max(),
                                                              x_sc.min()))

mean: 0.0
median: 0.0
max: 1.7303196219213355
min: -1.7303196219213355
```

7.3.3절에서 본 것처럼 더 간단한 방법은 sklearn.preprocessing.scale()을 사용해 한 번에 모든 변수의 크기를 조정하는 것이다. 원시 데이터를 변경하고 싶지 않으므로 먼저 새 데이터프레임 brand_ratings_sc에 원시 값을 할당한 것을 변경한다.

```
In [6]: from sklearn.preprocessing import scale
        brand_ratings_sc = brand_ratings.copy()
        brand_ratings_sc.iloc[:, :-1] = scale(brand_ratings_sc.iloc[:, :-1])
        brand_ratings_sc.plot.box()
        brand_ratings_sc.describe().round(2)

Out[6]:         perform   leader   latest      fun  serious  bargain  \
        count   1000.00  1000.00  1000.00  1000.00  1000.00  1000.00
        mean      -0.00     0.00    -0.00     0.00    -0.00    -0.00
        std        1.00     1.00     1.00     1.00     1.00     1.00
        min       -1.09    -1.31    -1.69    -1.85    -1.20    -1.22
        25%       -1.09    -0.93    -0.71    -0.75    -0.84    -0.85
        50%       -0.15    -0.16     0.26    -0.02    -0.12    -0.10
        75%        0.78     0.61     0.91     0.70     0.60     0.65
        max        1.72     2.14     1.24     1.43     2.04     2.15

                  value   trendy    rebuy
        count   1000.00  1000.00  1000.00
        mean      -0.00    -0.00     0.00
        std        1.00     1.00     1.00
        min       -1.39    -1.54    -1.07
        25%       -0.97    -0.81    -1.07
```

```
50%     -0.14   -0.08   -0.29
75%      0.69    0.65    0.50
max      2.36    1.74    2.47
```

이 코드에서 새 데이터프레임의 이름을 '_sc' 확장명으로 지정해 관측치가 확장됐음을 나타낸다. 열 번째 열은 브랜드에 대한 문자열 변수이므로 열 1–9에서 작업한다(이는 데이터프레임의 마지막 열을 제외하는 .iloc [:, : -1] 명령을 사용해 해당 열을 선택해 수행된다). 데이터가 재조정되기 때문에 모든 브랜드에서 각 형용사의 평균이 올바르게 0.00임을 알 수 있다. 형용사에 대한 관측치에는 대략 3개의 표준 편차 단위의 산포(최소와 최대 차이)가 있다. 이는 이 정도 크기의 표본에서는 표준 편차 단위의 범위가 4개를 초과할 것으로 예상하기 때문에 분포가 표준 정규 분포보다 편평platykurtic하다는 것을 의미한다(프랫첨도platykurtosis는 올림과 내림 효과로 인해 측량 데이터의 공통 속성이다).

초기 탐색에서는 확장되지 않은 데이터를 사용한다. 해석하기가 쉽기 때문에 일반적으로 크기 조정되지 않은 데이터로 시작하는 것이 좋다. 그러나 변수 간의 척도 차이는 분석을 복잡하게 만들 수 있다. 실제로는 일반적으로 크기 조정되지 않은 데이터와 크기 조정된 데이터에 대해 전체 분석을 실행하고 둘 다 평가한다. 일반적으로 크기 조정된 데이터는 변수 간의 척도 차이로 인한 영향이 제거되므로 작업하기에 '안전'하다. 이 장에서는 크기 조정되지 않은 데이터로 탐색을 시작한 다음 차원 축소 분석을 시작할 때 크기 조정된 데이터로 이동한다.

9.1.2 속성 간의 상관관계

corr()을 사용해 상관 행렬을 생성하고 변수 간의 이변량 관계에 대한 초기 검사를 위해 seaborn을 사용해 시각화할 수 있다.

```
In [7]: import matplotlib.pyplot as plt
        import seaborn as sns

        sns.clustermap(brand_ratings.corr(), annot=True, fmt=".2f",
                       cmap=plt.cm.bwr)
```

heatmap() 대신 clustermap()을 사용해 계층적 클러스터 솔루션에서 변수의 유사성에 따라 행과 열을 재정렬해 서로 가까운 형용사(예: 재구매rebuy, 할인bargain, 가치value)가 서로 인접하게 표시되도록 한다(계층적 클러스터링에 대한 자세한 내용은 10.3.2절 참조). annot=True 인수는 각 격자 셀에 값을 추가하고 fmt="0.2f"는 형식을 소수점 이하 두 자리의 부동 소수점 수로 지정한다. 그 결과는 그림 9.2에 나와 있다. 여기서 등급이 유사한 변수의 세 군집으로 그룹화되는 것으로 보이며, 이는 이 장에서 자세히 살펴볼 가설이다.

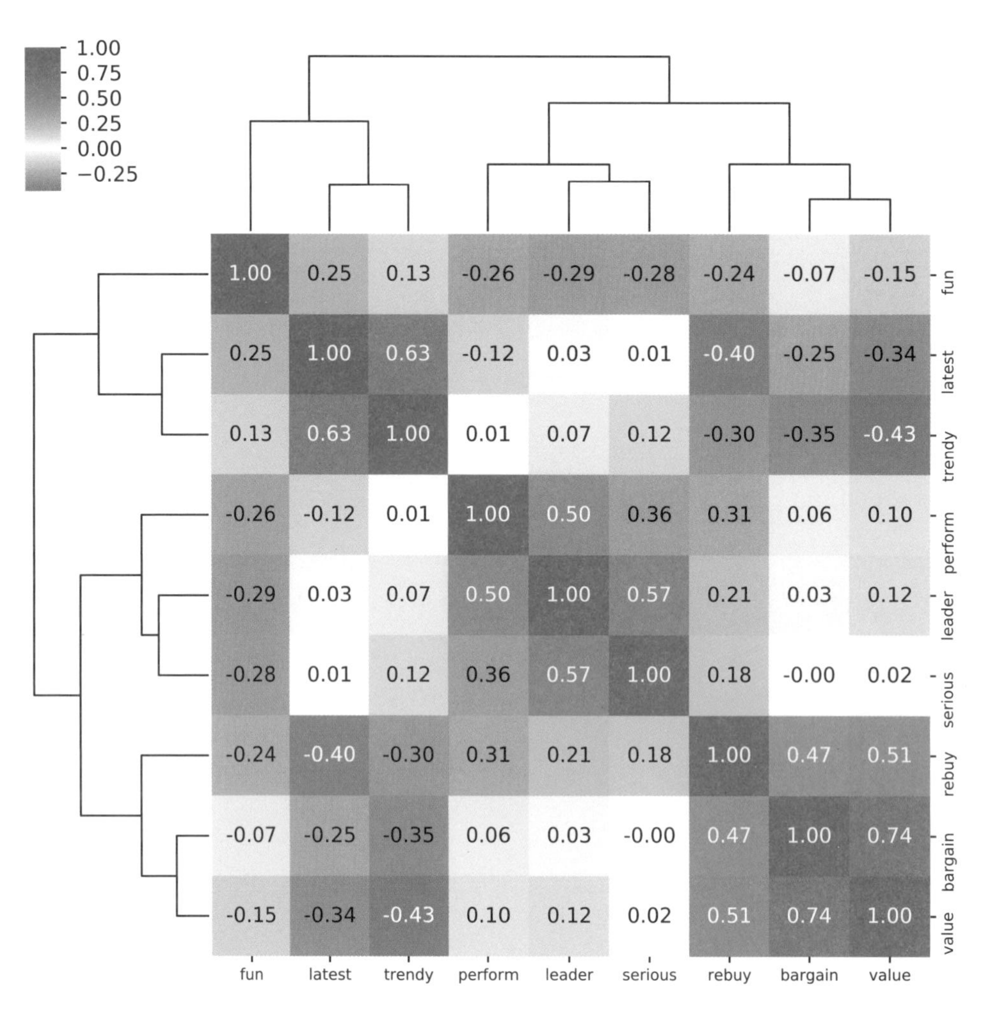

그림 9.2 시뮬레이션된 소비자 브랜드 등급에 대한 상관관계 도표. 이 기본 데이터의 시각화는 각각 재미/최신/트렌디, 재구매/할인/가치, 성과/리더/대단함이라는 세 가지 일반 클러스터를 표시하는 것으로 보인다.

9.1.3 브랜드별 종합 평균 등급

이러한 데이터에서 가장 간단한 비즈니스 질문은 아마도 '각 형용사에서 브랜드의 평균 위치는 무엇인가?'일 것이다. groupby()(3.2.1, 5.2절 참조)를 사용하면 브랜드별로 각 변수의 평균을 찾을 수 있다.

```
In [8]: brand_means = brand_ratings.groupby('brand').mean().round(3)
        brand_means

Out[8]:        perform  leader  latest   fun  serious  bargain  value  \
        brand
        a         1.65    3.04    7.46  7.87     1.77     4.83   4.78
        b         7.47    7.21    8.43  3.40     7.61     4.37   4.70
        c         6.57    7.45    5.88  3.75     7.72     2.64   3.28
        d         2.31    2.87    7.28  6.58     2.40     1.91   2.10
        e         2.68    4.92    7.60  6.88     4.44     5.73   5.34
        f         4.30    5.12    2.31  5.47     5.96     6.59   6.79
```

```
g          7.43     3.98     2.24  4.65      2.84      6.65   7.35
h          4.44     3.64     7.74  8.03      3.93      2.29   2.46
i          5.56     3.58     7.29  7.20      3.91      3.58   2.41
j          2.47     2.36     5.72  6.85      2.65      4.00   4.16

       trendy  rebuy
brand
a        3.78   2.21
b        7.25   4.33
c        5.29   3.39
d        7.24   2.47
e        5.60   3.82
f        2.99   7.18
g        1.72   7.19
h        7.59   2.19
i        6.84   3.21
j        3.90   1.28
```

히트 맵은 값의 강도에 따라 데이터 포인트의 색상을 지정하므로 이러한 결과를 검사하는 데 유용한 방법이다. seaborn 패키지의 `heatmap()`을 사용한다(Waskom et al. 2018). matplotlib의 `cm` 모듈을 사용해 컬러 맵을 지정한다.

```
In [9]: from matplotlib import cm

        sns.heatmap(brand_means[['fun', 'latest', 'trendy', 'perform',
                                 'leader', 'serious', 'rebuy', 'bargain',
                                 'value']], cmap=cm.BrBG)
```

결과 히트맵은 그림 9.3의 왼쪽 패널에 있다. 이 차트의 갈색-청록색(`"BrBG"`) 팔레트에서 갈색은 낮은 값을 나타내고 진한 녹색은 높은 값을 나타낸다. 밝은 색상은 범위 중간에 있는 값이다. 브랜드는 성과 및 리더(브랜드 *b* 및 *c*)에 대해 높은 등급을 받은 일부 브랜드와 가치 및 재구매 의도(브랜드 *f* 및 *g*)에 대해 높은 등급을 받은 브랜드 등으로 명확하게 달리 인식된다. 위의 상관관계 도면과 일치하도록 열을 정렬했지만, 행은 알파벳 순서, 즉 임의의 순서이다.

`clustermap()`을 사용할 수도 있다. 이는 열과 행을 정렬해 데이터의 유사점과 패턴을 강조하기 위함인데, 그림 9.3의 오른쪽 패널에서 볼 수 있다.

```
In [10]: sns.clustermap(brand_means, cmap=cm.BrBG)
```

이것은 계층적 클러스터링의 한 형태를 사용해 수행된다(10.3.2절 참조). 이러한 클러스터를 해석할 때는 주의해야 하지만 데이터의 그룹화를 시각화하는 데 도움이 될 수 있으며, 좀 더 형식적인 클러스터 분석에 대한 좋은 예비 분석이다. 클러스터링에 대한 소개는 10장을 참조하라.

그림 9.2와 9.3을 보면 형용사와 브랜드의 그룹화와 그 관계를 추측할 수 있다. 예를 들어 할인/가치/재구매에 대한 열 색상 패턴에 유사성이 보인다(어느 하나에서 높은 브랜드는 다른 것에서도 좀 더 높은 경향이 있다). 그러나 그러한

통찰은 공식화하는 것이 더 낫다. 이 장의 나머지 부분에서는 그렇게 하는 방법을 설명한다.

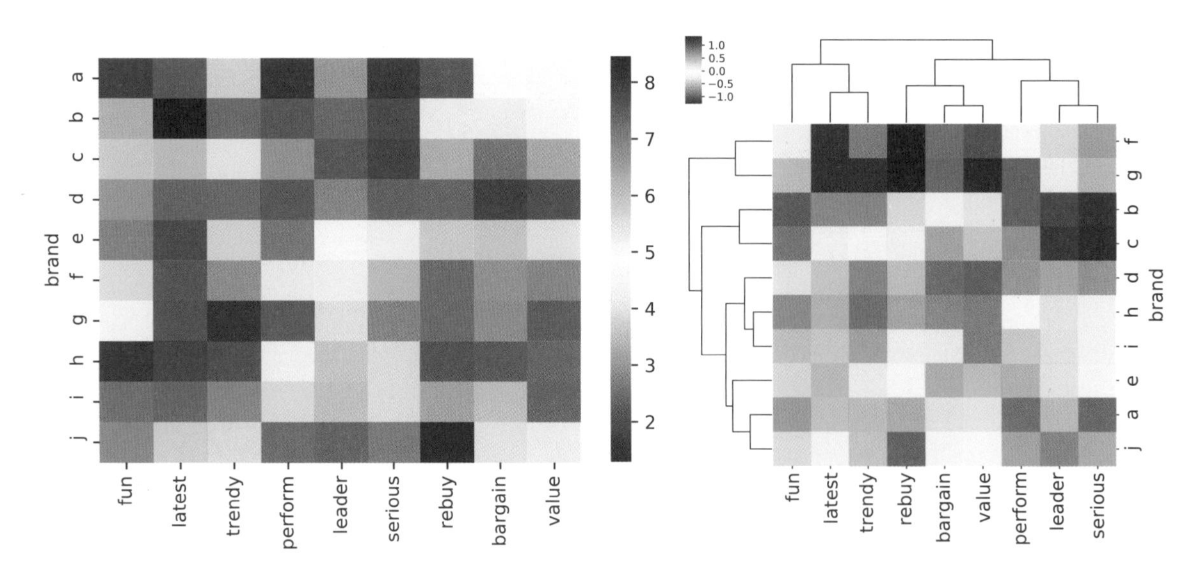

그림 9.3 브랜드별 각 형용사의 평균 히트 맵(왼쪽)과 클러스터 맵(오른쪽). 브랜드 f와 g는 유사하다. 재구매와 가치에 대해서는 높은 등급(녹색)을 사용하지만 최신과 재미에 대해서는 낮은 등급을 받았다. 유사한 브랜드의 다른 그룹은 b/c, i/h/d, a/j이다.

9.2 주성분 분석과 지각도

PCA(주성분 분석)는 데이터의 선형 관계를 포착하는 성분component이라고 불리는 선형 방정식의 항으로 변수 집합을 재계산한다(Jolliffe 2002). 첫 번째 성분은 모든 변수에서 가능한 한 많은 분산을 단일 선형 함수로 포착한다. 두 번째 성분은 첫 성분 이후에 남아 있는 가능한 한 많은 분산을 포착한다. 이 과정은 변수만큼의 성분이 있을 때까지 계속된다. 이 프로세스를 사용하면 데이터 변동의 많은 부분을 설명하는 첫 번째 성분이나 두 개의 성분과 같이 성분의 하위 집합만 유지하고 분석해 데이터 복잡도를 줄일 수 있다.

성분을 추출함으로써 원하는 만큼 분산을 포착하는 줄어든 변수 집합을 도출할 수 있고 각 측정값은 다른 측정값과 독립적이므로 고차원 데이터를 더 잘 해석할 수 있다.

9.2.1 PCA 예

먼저 간단한 데이터셋으로 PCA를 탐색해 무슨 일이 일어나고 있는지에 대한 직관을 살펴보고 발전시킨다. 무작위 벡터 xvar를 새로운 벡터 yvar에 복사하고 데이터 포인트의 절반을 대체해 상관관계가 높은 데이터를 생성한다. 그런 다음 이 절차를 반복해 yvar에서 zvar를 만든다.

```
In [11]: np.random.seed(98286)
         xvar = np.random.randint(low=0, high=10, size=100)
```

```
yvar = xvar.copy()
yvar[:50] = np.random.randint(low=0, high=10, size=50)
zvar = yvar.copy()
zvar[25:75] = np.random.randint(low=0, high=10, size=50)
myvars = np.array([xvar, yvar, zvar])
```

관측치 중 50개가 동일하고 50개가 새로 샘플링된 임의 값이기 때문에 yvar는 xvar와 상관된다. 마찬가지로 zvar는 yvar에서 50개의 값을 유지하므로 xvar에서 일부를 상속하지만 더 적은 값을 상속한다. 이 세 벡터를 행렬로 만든다. 이 데이터는 간단한 데모용으로만 사용된다. 이 절차는 공식적으로 상관된 변수를 생성하는 좋은 방법이 아니다. 상관 데이터를 생성하려면 np.random.multivariate_normal()을 참조하라.

상관 행렬과 함께 세 가지 가능한 이변량 도면 중 하나를 확인한다. 단순히 원시 데이터를 도식화하면 응답이 이산형(정수 1-10)이기 때문에 겹치는 값이 많을 것이다. 동일한 값을 가진 여러 포인트를 분리하고 시각화하기 위해 swarmplot()을 사용한다. 이 swarmplot()은 포인트를 조정해 동일한 값에 있는 포인트 수를 확인할 수 있도록 한다(지터링jittering과 유사, 4.6.1절 참조).

```
In [11]: sns.swarmplot(x=xvar, y=yvar, color='k')
```

그림 9.4의 이변량 도면은 대각선에서 yvar 대 xvar에 대한 명확한 선형 추세를 보여준다.

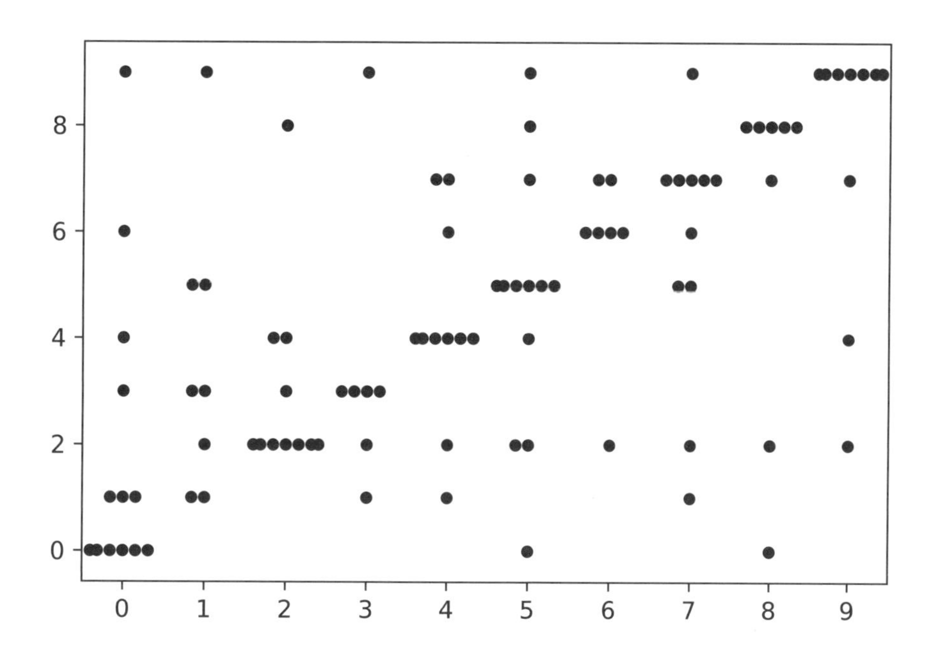

그림 9.4 겹치는 점의 시각적 효과를 높이고자 swarmplot()을 사용해 값을 약간 분리한 이산 값이 있는 상관 데이터의 산점도

```
In [12]: np.corrcoef(myvars)

Out[12]: array([[1.        , 0.5755755 , 0.23837089],
               [0.5755755 , 1.        , 0.48224687],
               [0.23837089, 0.48224687, 1.        ]])
```

상관 행렬에서 xvar는 예상대로 yvar와 상관관계가 높고 zvar와 상관관계가 적으며 yvar는 zvar와 강한 상관관계를 갖는다(4.5절의 경험 규칙 사용).

직관적으로 이러한 데이터의 성분이 무엇인지 예상할 수 있다. 우선, 양의 상관관계가 있기 때문에 세 변수 모두에 걸쳐 공유된 분산이 있다. 따라서 세 변수 모두의 연관성을 포착하는 하나의 성분을 볼 수 있을 것으로 예상된다. 그 후, xvar와 zvar가 yvar보다 서로 더 구별된다는 사실을 보여주는 성분을 볼 것으로 예상한다. 이는 yvar가 다른 두 변수와 높은 상관관계를 갖는 유일한 변수로서 데이터셋에서 고유한 위치를 갖고 있음을 의미하므로 성분 중 하나가 yvar의 고유성을 반영할 것으로 예상된다.

직관을 확인해보자. sklearn.decomposition 라이브러리의 PCA()를 사용해 PCA를 수행한다.

```
In [13]: from sklearn import decomposition
         my_pca = decomposition.PCA().fit(myvars.T)
```

PCA에서 일부 관련 통계를 출력하는 헬퍼 함수를 만든다.

```
In [14]: def pca_summary(pca, round_dig=3):
             ''' PCA 적합화 요약 출력'''
             return pd.DataFrame(
                 [pca.explained_variance_,
                  pca.explained_variance_ratio_,
                  np.cumsum(pca.explained_variance_ratio_)],
                 columns=['pc{}'.format(i) for i in
                          range(1, 1+len(pca.explained_variance_))],
                 index=['variance', 'proportion of variance explained',
                        'cumulative proportion']
                        ).round(round_dig)
         pca_summary(my_pca)

Out[14]:                                       pc1    pc2    pc3
         variance                           16.473  7.050  3.042
         proportion of variance explained    0.620  0.265  0.114
         cumulative proportion               0.620  0.886  1.000
```

세 가지 변수가 있으므로 세 가지 성분이 있다. 첫 번째 성분은 설명 가능한 선형 분산의 62%를 차지하고, 두 번째 성분은 27%, 세 번째 성분은 11%를 차지한다. 이러한 성분은 변수와 어떻게 관련돼 있을까? 다른 헬퍼 함수를 사용해 출력 형식을 지정함으로써 회전 행렬을 확인한다.

```
In [15]: def pca_components(pca, variable_names):
             '''PCA에서 특정 성분에 대한 변수 적재 반환'''
             return pd.DataFrame(pca.components_,
                                 index=['pc{}'.format(i+1)
                                        for i in range(len(pca.components_))],
                                 columns=variable_names).T
         my_pca_components = pca_components(my_pca, ['xvar', 'yvar', 'zvar'])
         my_pca_components.round(3)

Out[15]:          pc1     pc2     pc3
```

```
xvar -0.544  0.637  0.545
yvar -0.622  0.129 -0.772
zvar -0.563 -0.760  0.326
```

PCA 회전 적재rotation loadings를 해석하는 것은 다변량 특성으로 인해 어렵다. 요인 분석은 이 장의 뒷부분에서 볼 수 있듯이 해석을 위한 좀 더 나은 절차이지만, 여기에서는 적재를 설명하고 예상과 비교해본다. 성분 1(PC1)에서서는 전체 공유 분산에서 예상대로 세 변수 모두에 적재되는 것을 볼 수 있다(음의 방향은 중요하지 않다. 핵심은 모두 같은 방향에 있다는 것이다).

성분 2에서 xvar와 zvar가 예상대로 서로 다른 방향으로 로딩되는 것을 볼 수 있다. 마지막으로, 성분 3에서는 yvar를 다른 두 변수와 구별하고 yvar가 고유하다는 직관과 일치하는 잔차 분산을 볼 수 있다.

로딩 행렬 외에도 PCA를 사용해 해당 성분에 대한 로딩 측면에서 기본 데이터를 표현하는 각 주성분의 점수를 계산할 수 있는데, PCA 객체의 `transform()` 메서드를 사용하면 된다. 열(`[:, 0]`, `[:, 1]` 등)을 사용해 각 관측치에 대한 성분 값을 얻을 수 있다. 원시 데이터 대신 소수의 열을 사용해 데이터의 많은 변동을 포착하는 일련의 관측치를 얻을 수 있다.

PCA의 정의에는 내재돼 있지만 다소 명시적인 특징은 추출된 PCA 성분은 서로 관련이 없다는 것이다. 그렇지 않다면 포착할 수 있는 더 많은 선형 분산이 있다는 의미이기 때문이다. PCA 모델에서 관측치에 대해 반환된 변환 값에서 이를 볼 수 있다. 여기서 상관관계(대각선을 벗어난 값)는 사실상 0이다(과학 표기법으로 약 10^{-16}).

```
In [16]: myvars_transformed = my_pca.transform(myvars.T)
         np.corrcoef(myvars_transformed.T)

Out[16]: array([[1.00000000e+00, 1.36938301e-16, 3.98753086e-16],
                [1.36938301e-16, 1.00000000e+00, 7.27332599e-17],
                [3.98753086e-16, 7.27332599e-17, 1.00000000e+00]])
```

9.2.2 PCA 시각화

PCA의 결과를 조사하는 좋은 방법은 처음 몇 개의 성분을 매핑하는 것이다. 그렇게 하면 데이터를 저차원 공간에서 시각화할 수 있다. 일반적인 시각화는 처음 두 PCA 성분에 대한 변수의 투영과 중첩된 데이터 포인트의 2차원 도면인 행렬도biplot이다. 먼저 산점도에 데이터 포인트를 도식화해 행렬도를 생성할 수 있다.

```
In [17]: import matplotlib.pyplot as plt
         plt.scatter(x=myvars_transformed[:,0],
                     y=myvars_transformed[:,1],
                     color='k')
         plt.xlabel('PC1')
         plt.ylabel('PC2')
```

결과는 그림 9.5와 같다. 여기에 그림 9.6과 같이 각 변수의 로딩을 나타내는 벡터를 추가한다.

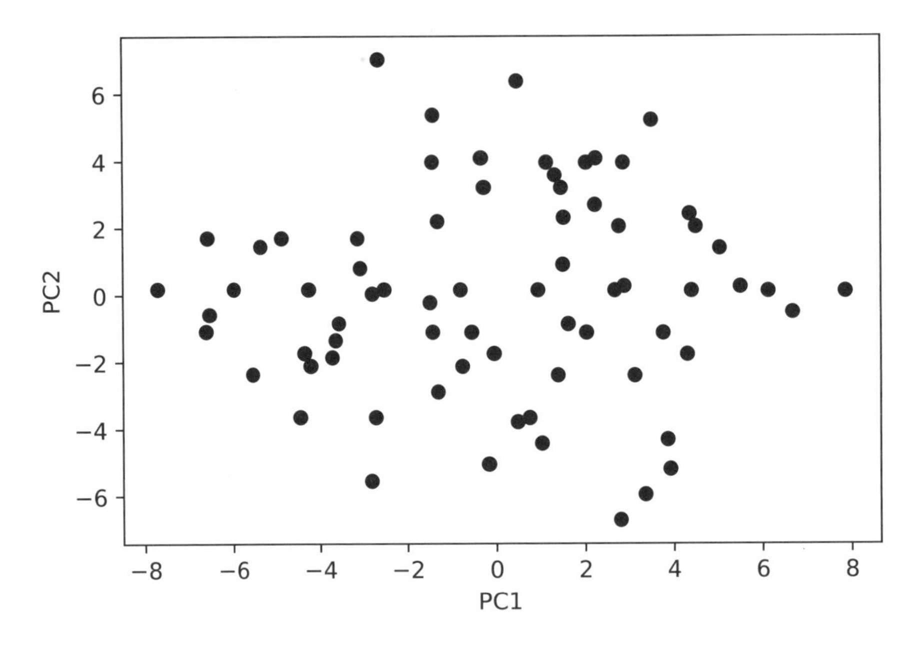

그림 9.5 처음 두 성분에 표시된 데이터 포인트를 보여주는 산점도

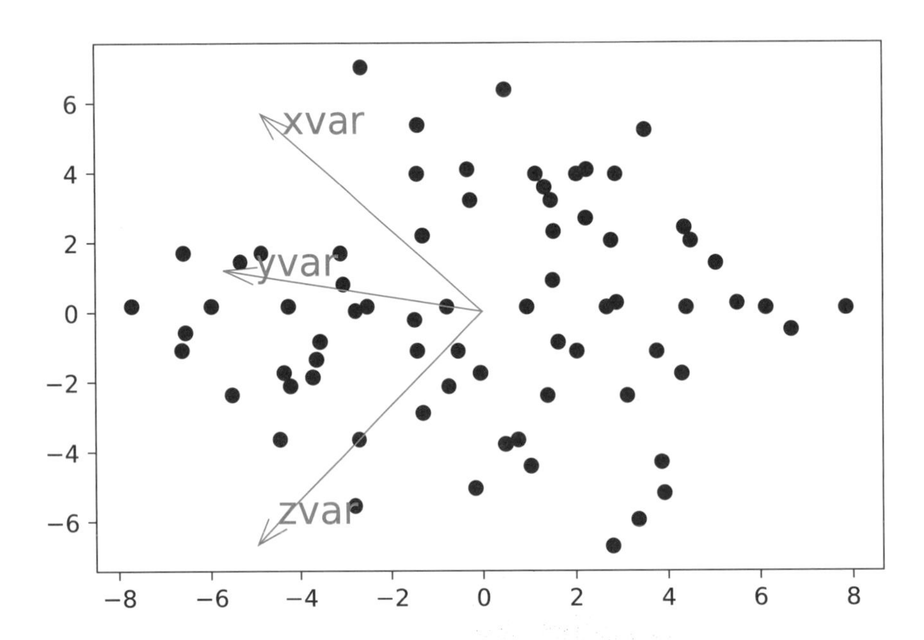

그림 9.6 처음 두 성분에 데이터 포인트를 표시한, 간단히 구성된 예제에 간단한 biplot()을 수행한 주성분 분석

```
In [18]: def plot_arrow_component(pca_components, variable, scale=1):
             ''' PCA 공간에서 성분 차원 화살표 도식화'''
             plt.arrow(x=0, y=0,
                       dx=pca_components.loc[variable]['pc1'] * scale,
                       dy=pca_components.loc[variable]['pc2'] * scale,
                       color='r',
                       head_width=.5, overhang=1)
             plt.text(x=pca_components.loc[variable]['pc1'] * scale,
                      y=pca_components.loc[variable]['pc2'] * scale,
```

```
                s=variable,
                color='r',
                fontsize=16)

    plt.scatter(x=myvars_transformed[:,0],
                y=myvars_transformed[:,1],
                color='k')

  for v in my_pca_components.index:
    plot_arrow_component(my_pca_components, v, 8)
```

마지막으로 함수 biplot()을 생성한다. 이 함수는 데이터 포인트와 벡터를 도식화하고 추가로 그림 9.7에서와 같이 인덱스로 각 데이터 포인트에 레이블을 붙인다. 이러한 도면은 포인트 수가 적거나(브랜드에 대해 아래에서 볼 수 있듯이) 클러스터가 있을 때(10장에서 볼 수 있음) 특히 유용하다.

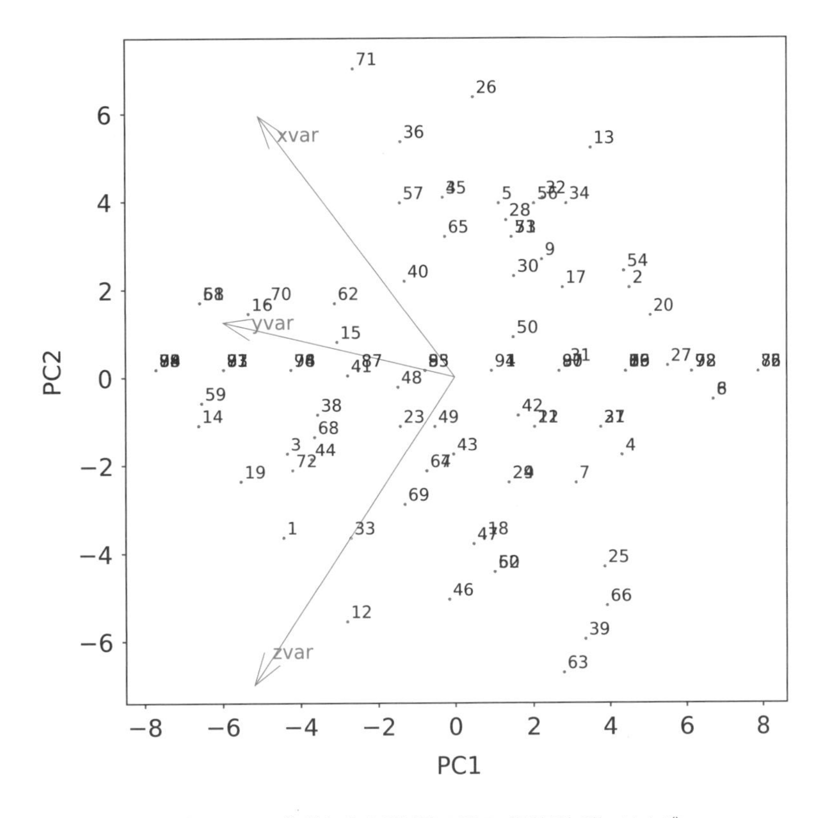

그림 9.7 biplot() 함수에서 생성된 포인트 레이블이 있는 biplot()

```
In [19]: def biplot(values_transformed, pca_components, label=[]):
           '''PCA 공간에 각 변수의 적재를 나타내는 화살표가 있는 점의 산점도인 biplot을 생성한다.
           포인트는 선택적으로 레이블을 지정할 수 있다'''
           scale = 1.2* np.max(values_transformed[:,1])
           plt.figure(figsize=(10, 10))
           for v in pca_components.index:
             plot_arrow_component(pca_components, v, scale)
```

```
    plt.scatter(x=values_transformed[:,0],
                y=values_transformed[:,1],
                color='gray', s=4)
    if len(label) == values_transformed.shape[0]:
      for i, txt in enumerate(label):
        plt.text(s=txt,
                 x=values_transformed[i,0]+.01*scale,
                 y=values_transformed[i,1]+.01*scale,
                 fontsize=14)
    plt.xlabel('PC1')
    plt.ylabel('PC2')
```

```
In [20]: biplot(myvars_transformed, my_pca_components,
                label=range(myvars.shape[1]))
```

그림 9.7에는 주성분에 대한 각 변수의 최적 적합을 보여주는 화살표가 있다. 즉, 변수를 처음 두 PCA 성분의 2차원 공간에 투영해 데이터 변동의 대부분을 설명한다. 화살표의 방향과 각도가 변수의 관계를 반영하기 때문에 검사에 유용하다. 더 가까운 각도는 더 높은 양의 연관성을 나타내고 상대 방향은 변수의 양 또는 음의 연관을 나타낸다.

현재의 경우 변수 투영(화살표)에서 yvar가 첫 번째 성분(x 축)과 밀접하게 정렬돼 있음을 알 수 있다. 변수 자체 간의 관계에서 xvar와 zvar는 주성분에 비해 yvar와 더 많이 연관돼 있음을 알 수 있다. 따라서 이는 앞의 상관 행렬 및 로딩에 대한 해석과 시각적으로 일치한다.

주성분에 대해 도식화함으로써 행렬도는 성분이 서로 상관관계가 없다는 이점을 얻는다. 또한 x 축과 y 축이 독립적이므로 차트에서 데이터를 분산하는 데 도움이 된다. 상당한 분산을 설명하는 여러 성분이 있는 경우 첫 번째와 두 번째를 넘어서 더 많은 성분을 표시하는 것도 유용하다.

9.2.3 브랜드 평가를 위한 PCA

브랜드 평가 데이터의 주성분을 살펴보자(데이터를 적재해야 하는 경우 9.1절 참조). PCA.fit()을 사용해 성분을 찾고 등급 열만 선택하면 등급 이름에 대한 brand_rating_names와 값에 대한 brand_rating_sc_vals라는 2개의 새 변수를 만들 것이다(앞으로 여러 번 더 사용하게 될 것이다).

```
In [21]: brand_rating_names = brand_ratings_sc.columns[:-1]
         brand_ratings_sc_vals = brand_ratings_sc[brand_rating_names]
         brand_pca = decomposition.PCA().fit(brand_ratings_sc_vals)
```

이전 절에서 정의한 pca_summary() 함수를 사용해 각 성분에 포함된 분산을 확인할 수 있다.

```
In [22]: pca_summary(brand_pca)

Out[22]:                                    pc1    pc2    pc3    pc4    pc5  \
         variance                         2.982  2.099  1.080  0.728  0.638
         proportion of variance explained 0.331  0.233  0.120  0.081  0.071
```

```
cumulative proportion            0.331  0.564  0.684  0.765  0.836

                                   pc6    pc7    pc8    pc9
variance                         0.535  0.390  0.312  0.243
proportion of variance explained 0.059  0.043  0.035  0.027
cumulative proportion            0.895  0.938  0.973  1.000
```

PCA를 분석할 때 중요한 도면은 각 성분이 추가하는 추가 분산의 연속적인 비율을 보여주는 스크리scree 도면이다. 이는 PCA.explained_variance_ 매개변수에 해당하며 다음과 같이 도식화할 수 있다.

```
In [23]: plt.plot(1+np.arange(len(brand_pca.explained_variance_)),
                  brand_pca.explained_variance_, 'o-')
         plt.xlabel('Component')
         plt.ylabel('Variance')
```

결과는 그림 9.8과 같다. 스크리 도면은 종종 추가 성분이 복잡도에 기여하지 않음을 나타내는 것으로 해석된다. 이것은 선에 엘보우elbow, 굽힘 각도의 꼬임kink 형태로 나타나는데 다소 주관적으로 판단한다.

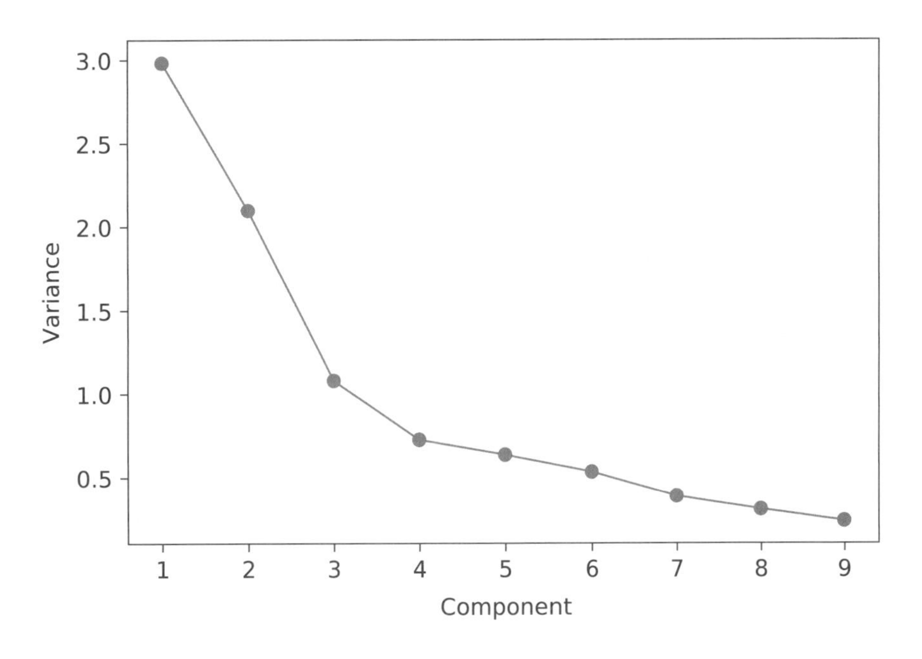

그림 9.8 PCA 솔루션의 스크리 도면은 각 성분에 의해 설명된 연속적인 분산을 보여준다. 브랜드 평가 데이터의 경우 비율은 세 번째 성분 이후에 크게 평준화된다.

그림 9.8에서 엘보우elbow는 해석에 따라 성분 3이나 4에서 발생한다. 이는 처음 2~3개의 성분이 관찰된 브랜드 등급의 대부분의 변화를 설명한다는 것을 의미한다.

이전 절의 여러 헬퍼 함수를 사용해 등급 형용사가 어떻게 연관돼 있는지 보여주는 처음 두 주성분의 행렬도를 도식화할 수 있다.

```
In [24]: brand_ratings_sc_trans = brand_pca.transform(brand_ratings_sc_vals)
         brand_pca_components = pca_components(brand_pca, brand_rating_names)
         biplot(brand_ratings_sc_trans, brand_pca_components)
```

그림 9.9에서 그 결과를 볼 수 있다. 여기서 형용사는 4개의 영역으로 나눠졌는데, 각각 리더십 범주('대단함', '리더' 및 오른쪽 상단의 '성과'), 가치('재구매', '가치' 및 '할인'), 트렌디함('트렌디'와 '최신'), 마지막으로 '재미' 자체가 있다.

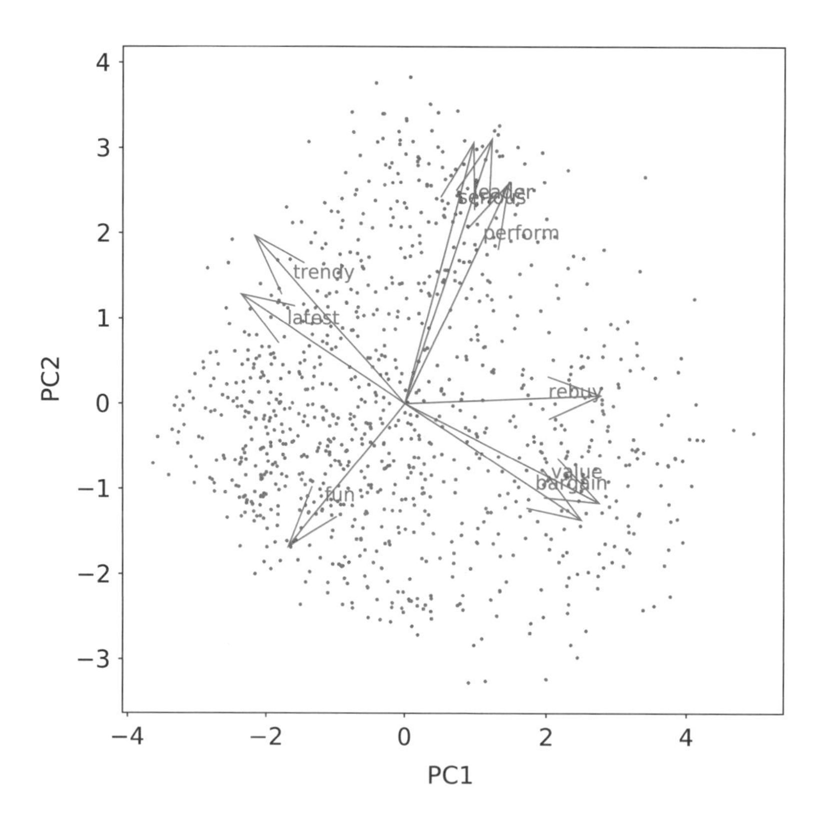

그림 9.9 소비자 브랜드 등급에 대한 주성분 분석의 초기 시도에 대한 행렬도.
변수 로딩 화살표의 형용사 그룹이 빨간색으로 표시되고 등급이 클러스터되는 영역(관찰 지점의 밀도가 높은 영역)에 대한 통찰을 얻을 수 있지만, 데이터가 브랜드별로 처음 집계된 경우 차트가 아마 더 유용할 것이다.

그러나 문제가 하나 있다. 개별 응답자의 평가 도면이 너무 조밀하고 브랜드 위치에 대해서는 알려주는 바가 없다! 더 나은 해법은 브랜드별로 집계된 등급을 표시하는 행렬도를 구성하는 것이다.

9.2.4 브랜드의 지각도

먼저 groupby()를 사용해 위에서 찾은 브랜드별로 각 형용사의 평균 등급을 구성한다(9.1절 참조).

```
In [25]: brand_means_sc = brand_ratings_sc.groupby('brand').mean()
         brand_means_sc.head()

Out[25]:          perform    leader    latest       fun   serious   bargain  \
         brand
```

```
a     -0.886362 -0.528168  0.411179  0.656974 -0.919400  0.214203
b      0.931336  1.071294  0.726470 -0.972701  1.183733  0.041640
c      0.650249  1.163350 -0.102388 -0.845098  1.223346 -0.607347
d     -0.680231 -0.593373  0.352671  0.186665 -0.692521 -0.881197
e     -0.564673  0.192933  0.456685  0.296039  0.042135  0.551826

          value    trendy     rebuy
brand
a      0.184785 -0.525407 -0.596465
b      0.151415  0.740679  0.237092
c     -0.440898  0.025541 -0.132504
d     -0.933102  0.737030 -0.494236
e      0.418373  0.138649  0.036566
```

행렬도를 만들기 전에 데이터의 크기를 조정한다. 원시 데이터가 이미 재조정됐지만 집계된 평균은 표준화된 데이터 자체와는 다소 다른 크기를 갖고 있다.

mean()과 std()를 사용해 데이터를 수동으로 확장했다는 점에 주목하자. 데이터가 관련 인덱스가 있는 데이터프레임에 보관됐으므로 프로세스가 간소화됐다. sklearn.preprocessing.scale을 사용하면 NumPy 행렬이 반환돼 데이터프레임을 만들 수 있었지만 수동으로 수행해 해당 레이블을 유지했다.

PCA로 변환된 평균 등급의 행렬도는 처음 2개의 주성분과 관련한 브랜드의 위치를 보여주는 해석 가능한 지각도를 제공한다.

```
In [26]: brand_means_sc = (
           ((brand_means_sc - brand_means_sc.mean()) / brand_means_sc.std()))
         brand_means_sc_transformed = brand_pca.transform(brand_means_sc)
         biplot(brand_means_sc_transformed, brand_pca_components,
                label=brand_means.index)
```

결과는 그림 9.10과 같다.

도면은 무엇을 알려주는가? 먼저 형용사 군집과 관계를 해석하고 잘 구별된 형용사와 브랜드가 근접해 있는 네 가지 영역을 살펴보자. 예를 들어 브랜드 *f*와 *g*는 '가치'가 높은 반면 *a*와 *j*는 리더십 형용사('리더' 및 '대단함')와는 반대 방향인 '재미'가 상대적으로 높다.

이러한 도면을 사용하면 질문을 만든 다음 기본 데이터를 참조해 답할 수 있다. 예를 들어 당신이 브랜드 *e*의 브랜드 관리자라고 가정해보자. 도면은 무엇을 알려주는가? 우선 브랜드가 중심에 있으므로 어떤 차원에서도 잘 구별되지 않는 것 같으며, 전략적 목표에 따라 좋거나 나쁠 수 있다. 당신의 목표가 많은 소비자에게 어필할 수 있는 안전한 브랜드가 되는 것이라면 *e*와 같이 상대적으로 차별화되지 않은 위치가 바람직할 수 있다. 반면 브랜드가 강력하고 차별화된 인식을 갖길 원한다면 이 발견은 원치 않는 것이다(그러나 알아두는 것이 중요하다).

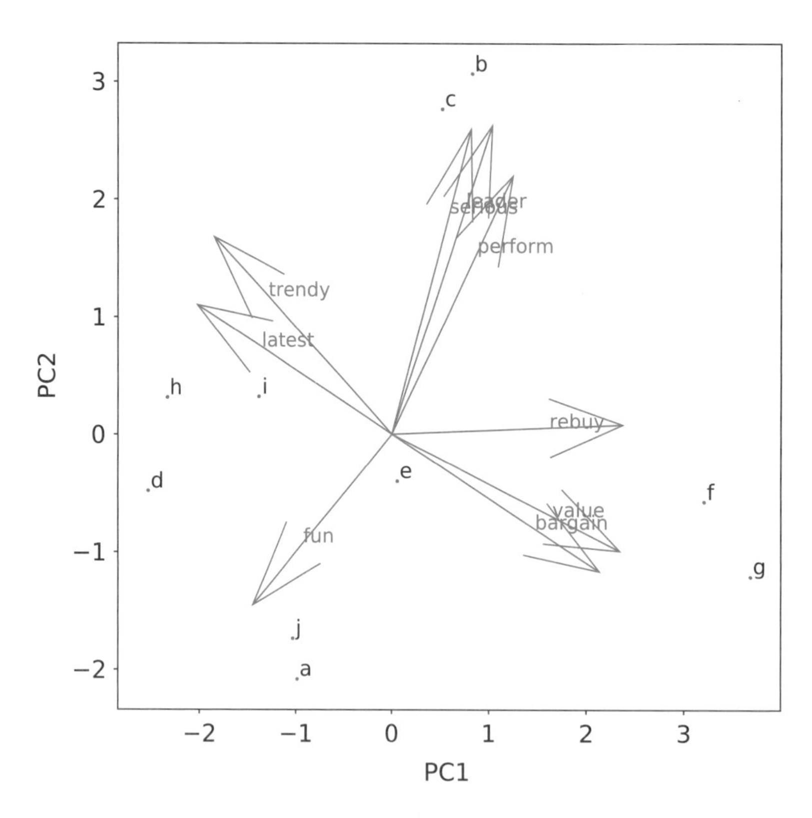

그림 9.10 브랜드별 총평균 등급을 biplot()을 사용해 나타낸 소비자 브랜드 지각도.
그림 9.9와 거의 동일한 성분을 보여주지만 평균 브랜드 위치는 분명하다.

브랜드 e의 위치에 대해 어떻게 해야 할까? 다시 말하지만 그것은 전략적 목표에 달려 있다. 차별화를 높이고 싶다면 도면에서 브랜드를 특정 방향으로 전환하는 조치를 취할 수 있다. 브랜드 c의 방향으로 움직이고 싶다고 가정해보자. 데이터에서 c와의 구체적인 차이점을 볼 수 있다.

```
In [27]: brand_means_sc.loc['c'] - brand_means_sc.loc['e']

Out[27]: perform    1.775362
         leader     1.440484
         latest    -0.774450
         fun       -1.886670
         serious    1.544750
         bargain   -1.811159
         value     -1.131735
         trendy    -0.151604
         rebuy     -0.212361
         dtype: float64
```

도면은 e가 '할인'과 '재미'에서 c보다 상대적으로 강하다는 것을 보여준다. 이는 이들을 강화하는 메시징이나 기타 속성을 낮출 것을 제안한다(물론 c 방향으로 진정으로 이동하고 싶다는 가정하에서). 유사하게, c는 '성과'와 '대단함'에서 더 강하므로 e가 강화할 제품이나 메시지의 측면이 될 수 있다.

또 다른 선택은 다른 브랜드를 따르지 않고 브랜드가 자리 잡지 않은 차별화된 공간을 지향하는 것이다. 그림 9.10에서는 차트 하단에 있는 그룹 *b*와 *c* 사이의 간격은 오른쪽 상단에 있는 *f*와 *g* 사이의 간격과 비교할 때 상대적으로 큰 간격이 있다. 이 영역은 '가치 리더value leader' 영역 또는 이와 유사한 영역으로 설명될 수 있다.

위치를 지정하는 방법을 어떻게 알 수 있을까? 격차가 해당 4개 브랜드의 평균을 대략적으로 반영한다고 가정한다(이 가정의 일부 위험에 대해서는 9.2.5절 참조). 여기서는 브랜드 행의 평균으로 찾은 다음 *e*와의 차이를 취함으로써 구할 수 있다.

```
In [28]: brand_means_sc.loc[['b','c','f','g']].mean(axis=0) - brand_means_sc.loc['e']

Out[28]: perform    1.717172
         leader     0.580749
         latest    -1.299004
         fun       -1.544598
         serious    0.750005
         bargain   -0.391245
         value      0.104383
         trendy    -0.629646
         rebuy      0.840802
         dtype: float64
```

이는 브랜드 *e*가 '최신'과 '재미'에 대한 강조를 줄이면서 성과에 대한 강조를 증가시킴으로써 격차를 타깃으로 할 수 있음을 의미한다.

요약하면, 여러 차원에서 여러 브랜드를 비교하려는 경우 데이터의 변동을 설명하는 처음 2~3개의 주성분에만 집중하면 도움이 될 수 있다. 각 주성분이 데이터의 변동을 얼마나 설명하는지 보여주는 스크리 그림을 사용하면 집중할 성분 수를 선택할 수 있다. 지각도는 처음 2개의 주성분에 브랜드를 표시해 관측치가 기본 차원(성분)과 어떻게 관련돼 있는지 보여준다.

PCA는 브랜드의 설문 조사 등급(여기에서 수행한 것처럼)을 사용하거나, 가격이나 물리적 측정과 같은 객관적인 데이터를 사용하거나, 두 가지를 조합해 수행할 수 있다. 어쨌든 브랜드나 제품에 대한 다차원 데이터에 직면했을 때 PCA 시각화는 시장에서 서로 다른 점을 이해하는 데 유용한 도구이다.

9.2.5 지각도에 대한 주의

지각도를 해석할 때 중요하게 고려해야 할 세 가지 주의 사항이 있다. 먼저 집계 수준과 유형을 신중하게 선택해야 한다. 브랜드별 평균 등급을 사용해 도면을 시연했지만, 데이터와 질문에 따라 중앙값(서수 데이터의 경우)이나 최빈 응답(범주형 데이터의 경우)을 사용하는 것이 더 적합할 수 있다. 집계도를 해석하기 전에 전체 데이터와 집계 데이터의 차원이 유사한지 확인해야 한다. 앞서 했던 것처럼, 집계 데이터(예: 평균)와 원시 데이터(또는 임의의 하위 집합) 모두의 이중 그림에서 변수 위치와 관계를 검사해 이를 수행할 수 있다.

둘째, 관계는 엄격하게 제품 범주와 테스트되는 브랜드 및 형용사와 관련이 있다. 다른 제품 범주나 다른 브랜드에서 '재미'와 '리더' 같은 형용사는 매우 다른 관계를 가질 수 있다. 때로는 단순히 브랜드를 추가하거나 삭제하면 위치가 상대적이기 때문에 결과 도면이 크게 변경될 수 있다. 즉, 새로운 브랜드가 시장(또는 자신의 분석)에 진입하면 다른 위치가 크게 바뀔 수 있다. 또한 모든 주요 지각(이 예에서는 형용사)이 평가됐음을 확신해야 한다. 여기서 민감도를 평가하는 한 가지 방법은 PCA를 실행하고 데이터의 몇 가지 다른 샘플(예: 관측치의 80%)에 대해 행렬도를 실행하고 매번 형용사를 삭제하는 것이다. 도면이 해당 샘플에서 유사하면 안정성에 대해 더 확신할 수 있다.

셋째, 이러한 도면에서 브랜드의 위치는 모든 차원의 합성물로 구성된 주성분의 관점에서 상대적 위치에 따라 달라진다는 오해를 자주 받는다. 이는 단일 형용사에 대한 브랜드의 강점을 차트에서 직접 읽을 수 없음을 의미한다. 예를 들어, 그림 9.10에서 브랜드 b와 c는 '최신'에서 d, h, i보다 약하지만 서로 비슷하게 보일 수 있다. 사실, b는 '최신'에서 가장 강력한 단일 브랜드이고 c는 해당 형용사에서 약하다. 전반적으로 b와 c는 모든 변수(형용사)를 집계하는 두 성분의 점수 측면에서 서로 매우 유사하지만, 단일 변수에서 반드시 유사하지는 않다. PCA를 사용해 데이터의 첫 번째 1~2차원에 초점을 맞출 때, 가장 큰 크기 유사성을 살펴보고 첫 번째 1~2차원에서 강하게 나타나지 않는 작은 차이를 가릴 수 있다.

이 마지막 요점은 행렬도에서 직접 형용사 위치를 읽고자 하는 분석가와 이해관계자들이 공통으로 혼란스러워하는 점이다. 위치는 절대적이지 않고 상대적이라는 것을 설명하는 것이 좋다. 우리는 종종 위치를 다음과 같은 문장으로 표현한다. '다른 속성에 대한 위치에 비해 브랜드 X는 이러저러한 속성들에 대한 강점(또는 약점)의 인식에 따라 상대적으로 차별화된다.'

이러한 경고에도 불구하고 지각도는 귀중한 도구가 될 수 있다. 여기서는 주로 가설을 세우고 브랜드와 제품 포지셔닝에 대한 전략적 분석을 알리는 자료를 제공하는 데 사용한다. 절대적 위치 평가가 아닌 방식으로 사용하면 위치와 잠재적 전략에 대한 매력적인 토론에 기여할 수 있다.

브랜드 위치로 PCA를 설명했지만 제품 등급, 소비자 세그먼트의 위치, 정치 후보 등급, 광고 평가 또는 적당한 수의 이산 관심 개체에 대해 집계된 여러 차원 측도 데이터가 있는 기타 영역에 대해 동일한 종류의 분석을 수행할 수 있다.

9.3 탐색적 요인 분석

탐색적 요인 분석EFA, Exploratory Factor Analysis은 설문 조사와 심리 평가에서 구성체(개념) 사이의 관계를 평가하는 기술군이다. 요인factor은 직접 관찰할 수 없지만 다른 변수와의 관계를 통해 불완전하게 평가되는 잠재 변수로 간주된다.

심리 측정학psychometric에서 요인의 표준 예는 심리와 교육 테스트에서 발생한다. 예를 들어 '지능', '수학 지식', '불안'은 모두 그 자체로 직접 관찰할 수 없는 추상적인 개념(구성체)이다. 대신 그것들은 여러 행동을 통해 경험적으로 관찰되며, 각각은 추정된 기본 잠재 변수의 불완전한 지표이다. 이러한 관찰 값은 매니페스트manifest 변수로 알려져 있으며 테스트 점수, 설문 조사 응답, 기타 경험적 행동과 같은 지표를 포함한다. 탐색적 요인 분석은 잠재된 복합 요인이 해당 매니페스트 변수의 관찰된 분산을 설명하는 정도를 찾으려 한다.

마케팅에서는 종종 더 작은 기본 구성 집합과 관련돼야 한다고 생각하는 많은 변수를 관찰한다. 예를 들어 고객 만족도를 직접 관찰할 수는 없지만, 기본 구성 만족도의 여러 측면을 공동으로 나타내는 고객 경험의 다양한 측면을 묻는 설문 조사에서 응답을 관찰할 수 있다. 마찬가지로 구매 의도, 가격 민감도 혹은 카테고리 참여를 직접 관찰할 수는 없지만, 이와 관련된 여러 행동을 관찰할 수 있다.

이 절에서는 EFA를 이용해 앞의 브랜드 등급 데이터(9.1절)를 사용함으로써 브랜드에 대한 응답자 태도를 조사하고 데이터의 잠재 차원을 파악한다. 그런 다음 추정된 잠재 요인 측면에서 브랜드를 평가한다.

9.3.1 기본 EFA 개념

EFA 결과는 PCA와 유사하다. 즉, 요인 행렬(PCA 성분과 유사)과 원시 변수와의 관계(변수에 대한 요인 적재)이다. PCA와 달리 EFA는 매니페스트 변수 측면에서 최대한 해석 가능한 솔루션을 찾으려고 한다. 일반적으로 각 요인에 대해 소수의 적재는 매우 높고 해당 요인에 대한 다른 적재는 낮은 솔루션을 찾으려고 한다. 이것이 가능하면 그 요인은 그 작은 변수 집합의 관점에서 해석될 수 있다.

이를 수행하기 위해 EFA는 상관관계가 없는 (직교) 수학적 솔루션으로 시작한 다음 수학적으로 솔루션을 변경해 동일한 양의 분산을 설명하지만 원래 변수에 다른 로딩을 적용하는 회전을 사용한다. 이러한 회전을 많이 사용할 수 있으며, 일반적으로 몇 가지 변수에 대한 적재를 최대화하는 동시에 요인을 가능한 한 서로 구별하려는 목표를 공유하고 있다.

이를 수학적으로 검토하는 대신(Mulaik 2009 참조) 대략적으로 비유해보자. EFA는 토마토 조각과 버섯 같은 큰 토핑을 얹은 피자 관점에서 생각할 수 있다. 피자는 동일한 기본 구조를 분할하는 수학적으로 동등한 무한한 수의 방법으로 회전하고 자를 수 있다.

그러나 일부 회전은 큰 토핑을 자르는 대신 그 사이에 있기 때문에 다른 회전보다 더 유용할 수 있다. 이런 일이 발생하면 '토마토 조각', '버섯 조각', '토마토 반반과 버섯 조각' 등이 있을 수 있다. 회전과 절단을 다르게 함으로써 (예를 들어, 차별화된 피자 조각을 갖는 것과 같은) 목표에 대해 근본적인 물질을 더 쉽게 해석할 수 있다. 회전은 본질적으로 더 좋거나 더 나쁜 것이 없지만, 일부는 다른 것보다 더 유용하다. 마찬가지로 EFA의 매니페스트 변수는 잠재 요인을 해석하려는 목표에 따라 여러 가지 방법으로 분할될 수 있다. 예를 들어, 여기 데이터셋에서 '가치'와 '할인'을 함께 연결하는 회전은 둘 다 유사한 기본 개념을 나타낸다고 생각할 수 있으므로 이를 분리한 회전보다 해석하기 더 쉬울 수 있다. 9.3.3절에서 이것이 어떻게 작동하는지 볼 것이다.

EFA는 원시 변수의 관점에서 해석 가능한 결과를 생성하기 때문에 분석가는 PCA에서는 어려울 수 있는 방식으로 결과를 해석하고 그에 따른 조치를 취할 수 있다. 예를 들어, EFA는 적재가 높지 않은 항목을 절단하면서 관심 요소에 높은 적재가 있는 항목을 유지해 설문 조사를 구체화하는 데 사용할 수 있다. EFA는 설문 조사 항목이 실제 기대와 일치하는 방식으로 함께 진행되는지 조사하는 데도 유용하다.

예를 들어, 단일 구성 고객 만족도를 평가하기 위한 10개 항목 설문 조사가 있는 경우 해당 항목이 실제로 단일 요소로 해석될 수 있는 방식으로 결합되는지 또는 고려하지 않았을 수 있는 여러 차원을 반영하는지 여부를 아는 것이 중요하다. 여러 항목을 하나의 개념을 평가하는 것으로 해석하기 전에 그렇게 하는 것이 적절한지 테스트할 수 있다. 이 장에서는 EFA를 사용해 이러한 구조를 조사한다.

EFA는 세 가지 넓은 의미에서 데이터 축소 기술로 사용된다.

1. 차원 축소의 기술적 의미에서 더 큰 항목 집합 대신 요인 점수를 사용할 수 있다. 예를 들어 만족도를 평가하는 경우 여러 개별 항목 대신 단일 만족도 점수를 사용할 수 있다(8.1.2절에서 관측치가 상관될 때 이것이 어떻게 유용한지 검토한다).
2. 불확실성을 줄일 수 있다. 만족이 여러 측정에서 불완전하게 나타난다고 생각한다면, 개별 항목 집합보다 잡음이 적을 것이다.
3. 관심 요인에 높은 기여를 하는 것으로 알려진 항목에 초점을 맞춰 데이터 수집을 줄일 수 있다. 일부 항목이 관심 요소에 중요하지 않음을 발견하면 데이터 수집 노력에서 해당 항목을 삭제할 수 있다.

이 장에서는 브랜드 평가 데이터를 사용해 '잠재 요인이 얼마나 많은가?', '설문 조사 항목이 요인에 어떻게 매핑되는가?', '브랜드는 요인에 어떻게 배치돼 있는가?', '응답자의 요인 점수는 무엇인가?'와 같은 질문을 한다.

9.3.2 EFA 솔루션 찾기

탐색적 요인 분석의 첫 번째 단계는 추정할 요인의 수를 결정하는 것이다. 이를 수행하는 방법에는 여러 가지가 있으며, 전통적인 두 가지 방법은 스크리 도면(9.2.3절)을 사용하는 것과 고유값eigenvalue(설명된 분산 비율의 측도)이 1.0보다 큰 요인을 유지하는 것이다. 고유값 1.0은 단일 독립 변수에 기인할 수 있는 분산의 양에 해당한다. 그러한 항목보다 더 적은 분산을 포착하는 요인은 상대적으로 흥미롭지 않은 것으로 간주될 수 있다.

9.2절에서 살펴본 것처럼 브랜드 등급 데이터의 스크리 도면은 2~3개의 성분을 나타낸다. 또한 상관 행렬에서 `numpy.linalg.eig()`를 사용해 고유값을 알아볼 수 있다.

```
In [29]: np.linalg.eig(np.corrcoef(brand_ratings_sc_vals.T))[0]

Out[29]: array([2.97929556, 2.09655168, 1.07925487, 0.72721099, 0.63754592,
                0.53484323, 0.39010444, 0.24314689, 0.31204642])
```

비록 세 번째 값은 겨우 그렇지만, 어쨌든 처음 3개의 고유값은 1.0보다 크다. 이것은 다시 세 가지 또는 두 가지 요인을 시사한다.

모델의 최종 선택은 유용한지 여부에 달려 있다. EFA의 경우 모범 사례는 스크리와 고유값 결과에 따라 제시된 솔루션을 포함해 몇 가지 요인 솔루션을 확인하는 것이다. 따라서 어떤 것이 더 유용한지 확인하기 위해 3요인 솔루션과 2요인 솔루션을 테스트한다.

sklearn에는 요인 분석 모듈 sklearn.decomposition.FactorAnalysis()가 있다. 그러나 기능이 약간 제한돼 있으므로 필요한 경우 pip를 사용해 설치할 수 있는 factor_analyzer 패키지(Biggs 2017)를 사용한다.

```
In [30]: !pip install factor_analyzer
```

그런 다음 FactorAnalyzer() 객체를 인스턴스화하고 확장된 브랜드 등급을 분석할 수 있다.

```
In [31]: import factor_analyzer

         fa = factor_analyzer.FactorAnalyzer(n_factors=2, rotation='varimax')
         fa.fit(brand_ratings_sc_vals)
         pd.DataFrame(fa.loadings_, index=brand_rating_names).round(2)

Out[31]:            0     1
         perform  0.09  0.60
         leader  -0.02  0.81
         latest  -0.59 -0.04
         fun     -0.19 -0.39
         serious -0.07  0.68
         bargain  0.69  0.05
         value    0.78  0.11
         trendy  -0.65  0.10
         rebuy    0.60  0.33
```

2요인 솔루션에서 요인 0은 '할인'과 '가치'에 강하게 적재되므로 '가치'로 해석될 수 있으며, 요소 1은 '리더'와 '대단함' 요소에 적재되므로 '카테고리 리더category leader' 요소로 간주될 수 있다.

이것도 나쁜 해석은 아니지만 3요인 솔루션과 비교해보자.

```
In [32]: fa = factor_analyzer.FactorAnalyzer(n_factors=3, rotation='varimax')
         fa.fit(brand_ratings_sc_vals)
         pd.DataFrame(fa.loadings_, index=brand_rating_names).round(2)

Out[32]:            0     1     2
         perform  0.07  0.60 -0.06
         leader   0.06  0.80  0.10
         latest  -0.16 -0.08  0.98
         fun     -0.07 -0.41  0.21
         serious -0.01  0.68  0.08
         bargain  0.84 -0.00 -0.11
         value    0.85  0.08 -0.21
         trendy  -0.35  0.08  0.59
         rebuy    0.50  0.32 -0.30
```

3요인 솔루션은 '가치'와 '리더' 요소(출력의 요소 0 및 1)를 유지하고 '최신' 및 '트렌디'에 강하게 적재되는 명확한 '최신' 요소(요인 2)를 추가한다. 이는 데이터에 대해 이해하는 데 있어 해석이 쉬운 개념을 추가하는 것이다. 또한 스크리와 고유성 테스트에서 제시된 것과 일치하며, 9.2.4절에서 본 지각도와도 잘 맞는다. 그 지각도에서 형용사는 차별화된 공간에 있었다. 따라서 요인이 더 해석 가능하기 때문에 3요인 모델이 2요인 모델보다 우수하다고 간주할 수 있다. 이 책에서 다루지 않는 확인 요인 분석CFA을 사용해 공식적으로 솔루션을 비교할 수도 있다(Chapman and Feit 2019, 10장 참조).

9.3.3 EFA 로테이션

앞서 설명한 것처럼 요인 분석 솔루션은 동일한 분산 비율을 설명하는 새로운 적재를 갖도록 회전할 수 있다. 회전에 대한 전체 고려는 이 책의 범위를 벗어나지만, EFA에서 고려할 가치가 있는 한 가지 문제가 있다. 요인이 서로 상관되도록 허용하겠는가?

데이터로 결정해야 한다고 생각할 수 있다. 그러나 상관 요인을 허용할지 여부에 대한 질문은 기본 잠재 요인 관련 개념에 대한 질문보다 데이터와 더 관련이 없다. '요인이 개념적으로 독립돼야 한다고 생각하는가? 아니면 관련됐다고 생각하는 것이 더 합리적인가?' (다시 한 번 피자에 비유해 설명해보면, 버섯이 토마토 옆에 나타나는 경향이 있도록 피자를 자르거나 두 가지가 분리되는 경향이 있도록 잘라낼 수 있다.) EFA 회전은 두 가정하에서 모두 얻을 수 있다.

일반적으로 기본값은 상관관계가 0인 요인을 찾는 것이다(배리맥스varimax 회전 사용). 이것은 PCA와 어떻게 다를까? EFA가 오차로 관찰될 수 있는 잠재 변수를 찾는 반면(Mulaik 2009 참조) PCA는 단순히 관찰된 데이터의 변환을 다시 계산하기 때문에 수학적으로 다르다. 즉, EFA는 기본 잠재 차원에 중점을 두는 반면 PCA는 데이터의 차원 변환에 중점을 둔다.

현재 데이터로 돌아가서, 가치와 리더가 관련될 것으로 합리적으로 예상된다고 판단할 수 있다. 많은 범주에서 리더는 가격 프리미엄을 요구할 수 있다. 따라서 여기서는 이 두 가지 잠재 구조가 서로 독립적이지 않고 음의 상관관계를 가질 것으로 예상할 수 있다. 이는 솔루션에서 상관 요인을 허용할 수 있음을 의미한다. 이를 비스듬한oblique 회전이라고 한다(차원 축이 수직이 아니지만 요인 간의 상관관계로 인해 기울어지기 때문에).

일반적인 비스듬한 회전은 '오블리민oblimin' 회전이다. `rotation="oblimin"`을 사용해 3요소 모델에 추가한다.

```
In [33]: fa = factor_analyzer.FactorAnalyzer(n_factors=3, rotation='oblimin')
         fa.fit(brand_ratings_sc_vals)
         fa_loadings_df = pd.DataFrame(fa.loadings_,
                                       index=brand_rating_names)
         fa_loadings_df.round(2)

Out[33]:            0     1     2
         perform  0.01  0.60 -0.09
         leader   0.02  0.81  0.07
         latest   0.03 -0.00  1.01
         fun      0.00 -0.39  0.24
         serious -0.05  0.68  0.03
         bargain  0.88 -0.05  0.07
         value    0.86  0.03 -0.04
         trendy  -0.26  0.14  0.54
         rebuy    0.45  0.28 -0.22
```

이 오블리민 결과를 위의 기본 설정인 배리맥스 회전과 비교할 때 적재가 요인과 형용사의 관계에 대해 약간 다르다는 것을 알 수 있다. 그러나 이 경우 적재는 충분히 유사해 요인을 해석하는 방법에 큰 변화가 없다. '가치', '리더', '최신'에 대한 요인은 여전히 있다.

추정된 잠재 요인 간의 관계를 보여주는 요인 상관 행렬을 확인할 수 있다.

```
In [34]: np.corrcoef(fa.transform(brand_ratings_sc_vals).T)

Out[34]: array([[ 1.        ,  0.12904599, -0.41410012],
                [ 0.12904599,  1.        , -0.04888392],
                [-0.41410012, -0.04888392,  1.        ]])
```

요인 1(가치)은 요인 3(최신)과 음의 상관관계($r = -0.41$)가 있으며, 본질적으로 요인 2(리더)와는 상관관계가 없다 ($r = 0.13$).

요인 1과 3 사이의 음의 상관관계는 가치 브랜드가 트렌디할 가능성이 적다는 우리의 이론과 일치하므로 더 해석 가능한 결과라고 생각한다. 그러나 다른 경우에는 상관 회전이 직교 회전보다 더 나은 솔루션이 될 수도 있고 그렇지 않을 수도 있다. 그것은 통계보다는 영역 지식과 해석적 유용성을 바탕으로 결정돼야 할 문제이다.

위의 출력에는 항목 대 요인item-to-factor 적재가 표시된다. 반환된 모델 객체에서 이들은 로딩 매개변수로 나타난다. 그런 다음 로딩의 클러스터 맵을 사용해 항목 요소 관계를 시각화할 수 있다.

```
In [35]: sns.clustermap(fa_loadings_df, cmap=cm.BrBG, center=0)
```

그 결과인 그림 9.11은 항목이 세 가지 요소로 뚜렷하게 구분돼 있으며 대략 가치, 리더, 최신으로 해석할 수 있다. 명시된 재구매 의도를 반영하는 품목 재구매는 요인 1(가치)과 요인 2(리더) 모두에 적재된다. 시뮬레이션 데이터는 소비자는 브랜드가 좋은 가치 혹은 리더이기 때문에 어떤 이유로든 브랜드를 다시 구매할 것이라는 사실을 알 수 있다.

전반적으로 이 데이터셋에 대한 EFA의 결과는 9개의 개별 변수를 사용하는 대신 3개의 기본 잠재 요인으로 데이터를 나타낼 수 있다는 것이다. 각 요인이 매니페스트 변수의 2~4개에 매핑되는 것을 확인했다. 그러나 이것은 데이터에서 평가 변수들 사이의 관계만을 알려준다. 다음 절에서는 추정 요인 점수를 사용해 브랜드에 대해 알아보자.

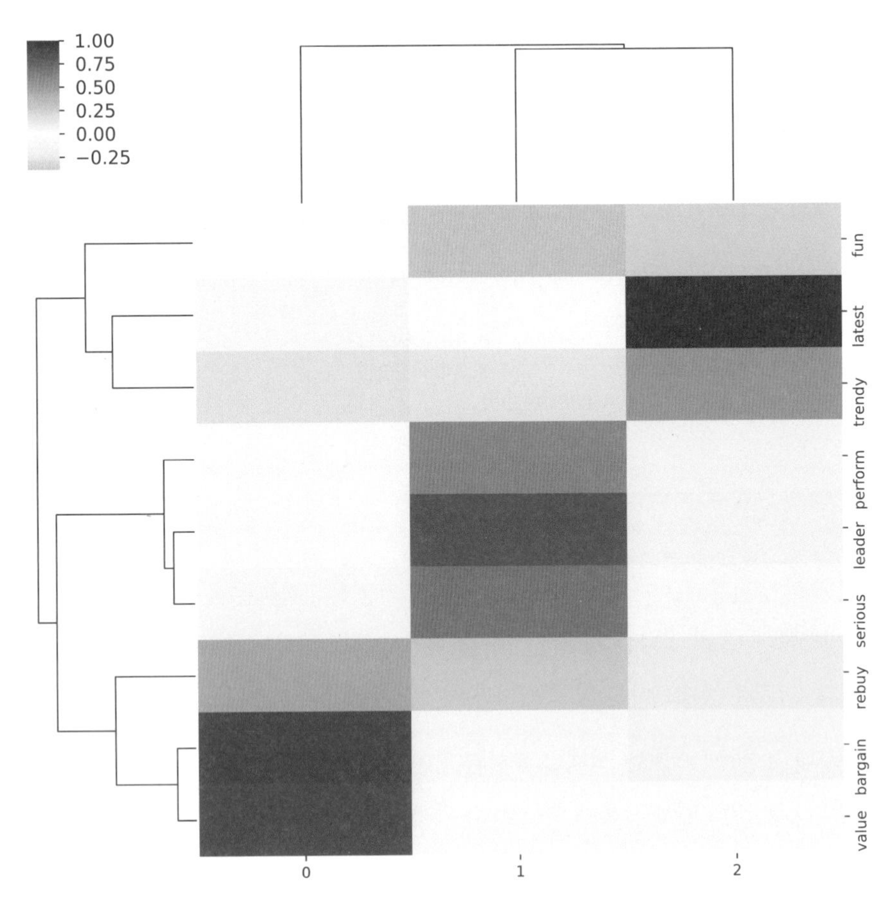

그림 9.11 항목 계수 로딩의 클러스터 맵

9.3.4 브랜드에 요인 점수 사용

요인 구조를 추정하는 것 외에도 EFA는 각 관찰에 대한 잠재 요인 점수를 추정한다. 현 예제에서는 '가치', '리더', '최신' 요인에 대한 각 응답자의 잠재 등급에 대한 최상의 추정치를 제공한다. 그런 다음 요인 점수를 사용해 요인에 대한 브랜드의 위치를 결정할 수 있다. 요인을 해석하면 매니페스트 변수와 관련된 별도의 차원이 제거되므로 개별 항목 대신 이론적 구성에 매핑되는 더 작고 안정적인 차원 집합에 집중할 수 있다.

요인 점수는 `transform()` 메서드를 사용해 `FactorAnalyzer()` 객체에서 계산하며 별도의 데이터프레임으로 저장할 수 있다.

```
In [36]: fa = factor_analyzer.FactorAnalyzer(n_factors=3, rotation='oblimin')
         brand_ratings_fa_trans = fa.fit_transform(brand_ratings_sc_vals)
         brand_rating_fa_scores = pd.DataFrame(brand_ratings_fa_trans)
         brand_rating_fa_scores['brand'] = brand_ratings_sc.brand
         brand_rating_fa_scores.head()

Out[36]:          0         1         2 brand
         0  1.388590 -0.491354  0.531693     a
```

```
1 -1.188916 -1.352280 -0.658905     a
2  1.038597 -0.801256 -0.372207     a
3  0.037803 -0.318029  1.190962     a
4  1.688281 -1.525753 -0.453958     a
```

결과는 각 요인과 브랜드에 대한 각 응답자의 추정 점수이다. 인구 통계나 구매 행동과의 관계 같은 요인의 개별 수준 상관관계를 조사하려면 이러한 요인 점수 추정치를 사용할 수 있다. 이는 모델 복잡도(차원 수)를 줄이고 좀 더 신뢰할 수 있는 추정값(여러 매니페스트 변수를 반영하는 요인 점수)을 사용하기 때문에 회귀와 세분화 같은 분석에 매우 유용할 수 있다. 여기서는 9개 항목 대신 세 가지 요인이 있다.

브랜드의 전체적인 위치를 찾기 위해 이번에도 `groupby()`를 사용해 브랜드별로 개별 점수를 집계한다.

```
In [37]: brand_rating_fa_mean = brand_rating_fa_scores.groupby('brand').mean()
         brand_rating_fa_mean.columns = ['Value', 'Leader', 'Latest']
         brand_rating_fa_mean.round(3)

Out[37]:        Value  Leader  Latest
         brand
         a      0.147  -0.863   0.388
         b      0.067   1.205   0.710
         c     -0.492   1.120  -0.077
         d     -0.921  -0.625   0.368
         e      0.416  -0.035   0.437
         f      1.048   0.406  -1.265
         g      1.236   0.086  -1.326
         h     -0.804  -0.271   0.528
         i     -0.555  -0.169   0.388
         j     -0.142  -0.854  -0.150
```

마지막으로, 클러스터 맵은 브랜드별로 점수를 그래프로 표시한다.

```
In [38]: sns.clustermap(brand_rating_fa_mean, cmap=cm.BrBG, center=0)
```

결과는 그림 9.12와 같다. 이를 그림 9.3의 형용사별 브랜드 차트와 비교하면 요인 점수 차트가 전체 형용사 행렬보다 훨씬 간단하다는 것을 알 수 있다. 브랜드 유사성은 요인 점수에서 다시 분명하게 나타난다. 예를 들어 *f*와 *g*는 비슷하고 *b*와 *c*도 마찬가지이다.

여기서는 EFA가 변수의 기본 구조와 관계를 조사하는 귀중한 방법이라는 결론을 내린다. 항목이 기본 구성체와 관련된 경우 EFA는 변수를 집계해 더 간단하고 해석 가능한 잠재 변수를 생성함으로써 데이터 복잡성을 줄인다.

예제에서는 요인 분석 가능성을 극히 일부만 살펴봤다. 자세한 내용은 9.5절을 참조하라.

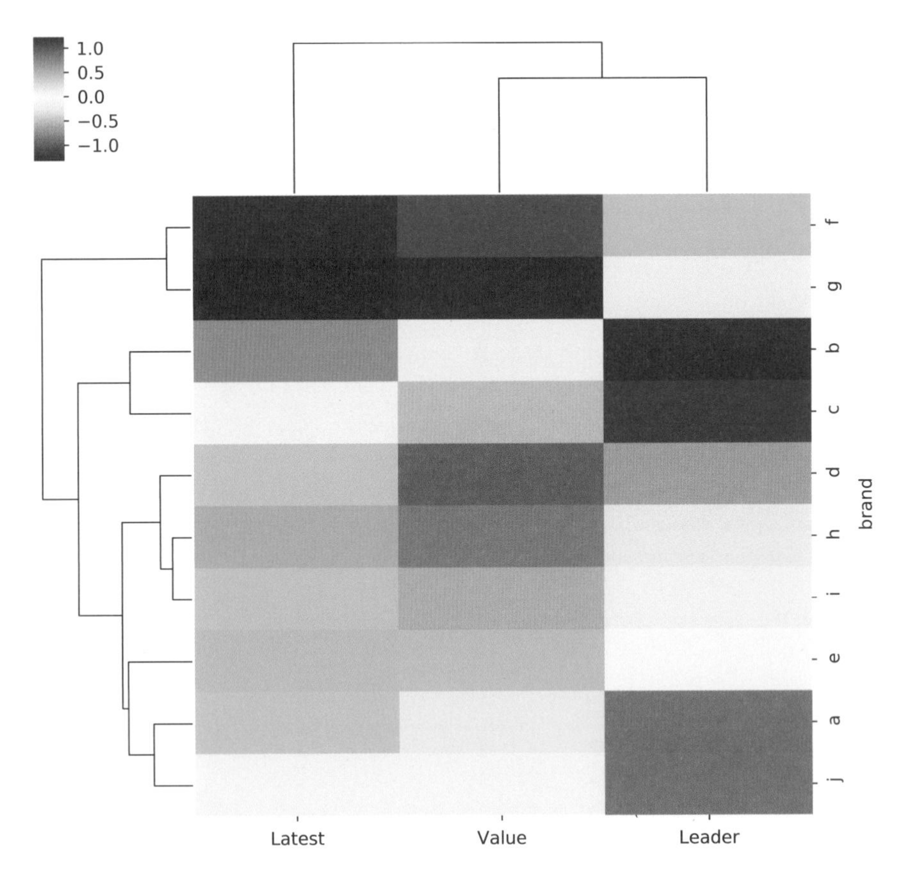

그림 9.12 브랜드별 소비자 브랜드 등급에 대한 잠재 요인 점수의 히트 맵

9.4 다차원 척도법

다차원 척도법MDS, Multidimensional Scaling은 데이터의 저차원 표현을 찾는 데도 사용할 수 있는 제품군이다. 기저 성분이나 잠재 요인을 추출하는 대신 MDS는 거리 행렬distance matrix(유사성 행렬similarity matrix이라고도 함)을 사용한다. MDS는 항목 간에 관찰된 모든 유사성을 가장 잘 보존하는 저차원 지도를 찾으려고 한다.

`sklearn.manifold.MDS` 모듈은 벡터와 직접 작동한다. 쌍별 유클리드 거리를 계산한 다음 저차원 표현을 찾는다.

```
In [39]: from sklearn import manifold

         np.random.seed(889783)
         brand_mds = manifold.MDS().fit_transform(brand_means)
         brand_mds

Out[39]: array([[ 0.59217926,  5.19146726],
                [-2.74412002, -6.30675543],
                [-0.51645595, -5.64921129],
                [-4.33444294,  3.51765049],
```

```
       [ 0.69182752,  0.80286252],
       [ 6.14100233, -2.84581818],
       [ 8.40903503, -0.33459353],
       [-4.67731306,  1.14429619],
       [-3.16204417,  0.12390567],
       [-0.399668  ,  4.35619632]])
```

`MDS.fit_transform()`의 결과는 개체(이 경우 브랜드)에 대한 2차원 추정 도면 좌표를 나타내는 X 및 Y 차원 리스트이다. 앞의 출력에서는 브랜드 *a*와 *b*의 도면 위치를 볼 수 있다. 이러한 좌표가 주어지면 값을 간단히 `scatter()`하고 레이블을 지정할 수 있다.

```
In [40]: plt.scatter(x=brand_mds[:,0],
                     y=brand_mds[:,1],
                     color='grey')
         for i,p in enumerate(brand_mds):
           plt.annotate(s=brand_means.index[i], xy=p+.1)
```

이 코드에서 `plot(plt.annotate())`는 각 지점에 문자 브랜드 주석을 추가한다(이전 `biplot()` 코드에서와 같이 결과는 그림 9.13과 같다). 상대적 브랜드 위치는 그림 9.10의 지각도에서 본 것과 거의 동일하게 그룹화된다.

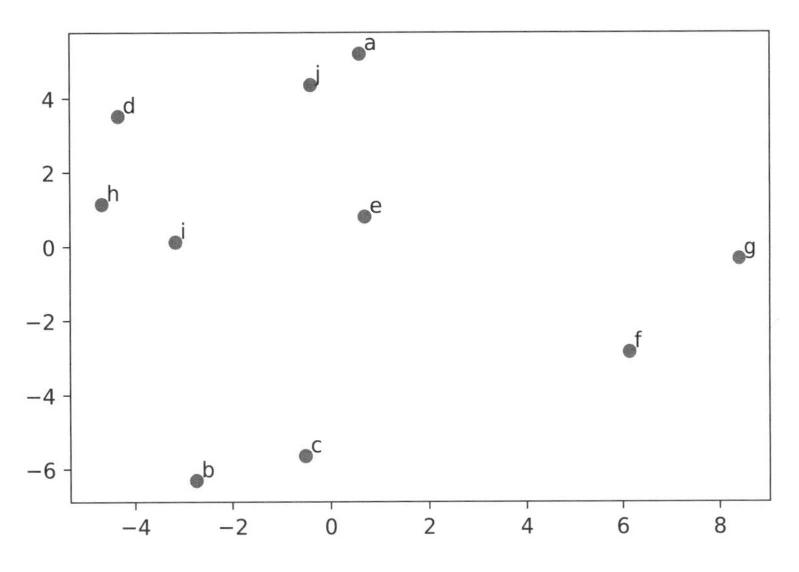

그림 9.13 sklearn.manifold.MDS()를 사용한 평균 브랜드 등급에 대한 다차원 척도 차트. 브랜드 위치는 그림 9.10의 biplot()에서와 매우 유사하다.

9.4.1 비척도 MDS

순위나 범주형 변수와 같은 비척도 데이터의 경우 `sklearn.manifold.MDS()`를 인스턴스화할 때 `metric=False` 인수를 전달하기만 하면 된다.

설명을 위해 평균 평점을 원시 값 대신 순위로 변환해보자. 이것은 척도가 아닌 서수 데이터이다. 전체 등급이 아닌 각 결과 열을 순위로 코딩하는 apply()를 사용해 열에 argsort()를 적용한다.

```
In [41]: brand_ranks = brand_means.apply(lambda col: col.argsort().argsort())
         brand_ranks

Out[41]:        perform  leader  latest  fun  serious  bargain  value  \
         brand
         a            0       2       6    8        0        6      6
         b            9       8       9    0        8        5      5
         c            7       9       3    1        9        2      3
         d            1       1       4    4        1        0      0
         e            3       6       7    6        6        7      7
         f            4       7       1    3        7        8      8
         g            8       5       0    2        3        9      9
         h            5       4       8    9        5        1      2
         i            6       3       5    7        4        3      1
         j            2       0       2    5        2        4      4

                trendy  rebuy
         brand
         a           2      2
         b           8      7
         c           4      5
         d           7      3
         e           5      6
         f           1      8
         g           0      9
         h           9      1
         i           6      4
         j           3      0
```

그런 다음 해당 브랜드 순위 행렬을 MDS()에 전달하고 결과를 도식화한다.

```
In [42]: brand_mds_nonmetric = manifold.MDS(metric=False).fit_transform(brand_ranks)

In [43]: plt.scatter(x=brand_mds_nonmetric[:,0],
                     y=brand_mds_nonmetric[:,1],
                     color='grey')
         for i,p in enumerate(brand_mds_nonmetric):
           plt.annotate(s=brand_means.index[i], xy=p+.01)
```

결과 차트는 그림 9.14에 나와 있다. 그림 9.13과 비교할 때 비측도 솔루션의 브랜드 위치는 상당히 다르지만, 가장 가까운 이웃 브랜드는 측도 솔루션보다 훨씬 더 분리된 브랜드 *b*와 *c*를 제외하고는 대체로 일관성이 있다(이 현상은 순위 순서 절차가 원시 측도 데이터 솔루션에 있는 일부 정보를 잃어 약간 다른 맵이 생성되기 때문에 발생한다).

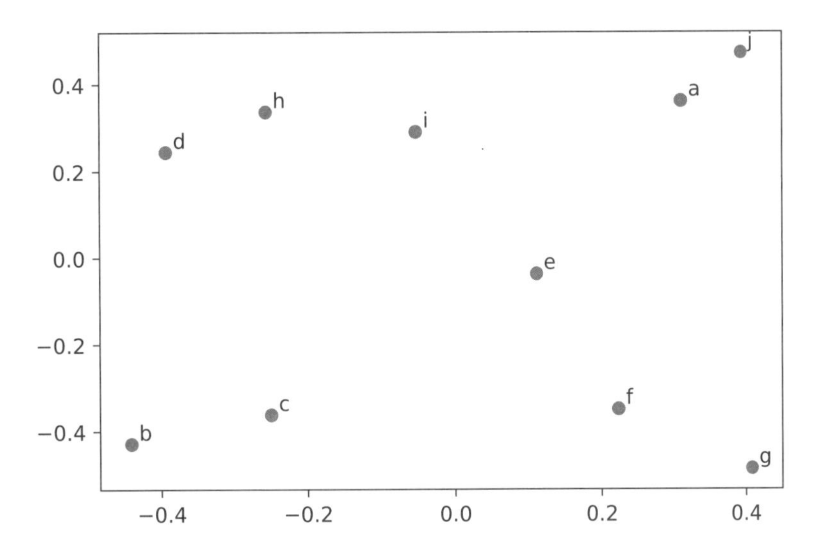

그림 9.14 서수 순위로 표현된 평균 브랜드 등급에 대한 비측도 다차원 척도 차트.
브랜드 그룹은 그림 9.13의 그룹과 유사하지만 더 분산돼 있다.

대개 일반적인 측도 또는 근사측도near-metric(예: 설문 조사 리커트Likert 척도) 데이터에 대한 다차원 척도보다 더 유익한 절차로는 주성분 분석PCA을 권장한다. 그러나 PCA는 비측도 데이터에 대해서는 작동하지 않는다. 이러한 경우 다차원 척도가 유용한 대안이다.

다차원 척도법MDS은 소비자의 피드백, 의견, 온라인 제품 리뷰와 같은 텍스트 데이터를 처리할 때 특히 유용할 수 있다. 텍스트 빈도는 거리 점수로 변환될 수 있다. 예를 들어, 온라인 리뷰에서 브랜드 간의 유사성에 관심이 있다면 소비자의 게시물에서 다양한 브랜드 쌍이 함께 나타나는 횟수를 계산할 수 있다.

개수의 동시 발생 행렬(브랜드 B에 언급된 브랜드 A, 브랜드 C 등)은 두 브랜드 간의 유사성을 측정하는 데 사용할 수 있으며 MDS에서 거리 측도로 사용할 수 있다(Netzer et al. 2012 참조).

9.4.2 저차원 임베딩을 사용한 시각화

고차원 데이터를 시각화하는 것은 어렵다. 사실상 2차원으로 제한돼 있기 때문이다. PCA를 사용해 차원을 2차원으로 줄일 수 있지만 결과 산점도는 종종 해석하기가 매우 어렵다. 2차원으로 고차원 구조를 나타내는 시각화에 명시적으로 맞춤화된 몇 가지 비선형 차원 축소 도구가 있다.

t-SNE

t-SNEt-distributed Stochastic Neighbor Embedding(McInnes et al. 2008)는 주로 신경망 아키텍처에서 학습한 높은 수준의 표현 등과 같은 고차원 시스템을 시각화하는 데 사용되는 비선형 차원 기술이다. 특정 매개변수에 민감하고 확률적이므로 실행될 때마다 표현이 달라진다. 그러나 데이터에서 고차원 구조를 강조하는 데는 탁월하다.

t-SNE 메서드는 sklearn의 manifold 라이브러리에 포함돼 있다.

```
In [44]: brand_tsne = manifold.TSNE().fit_transform(brand_ratings_sc_vals)
         brand_tsne_df = pd.DataFrame(brand_tsne, columns=['x', 'y'])
         brand_tsne_df['brand'] = brand_ratings_sc.brand
```

각 응답을 t-SNE 적합화 공간으로 변환한다. 모든 포인트의 산점도에 브랜드를 겹치면, 그림 9.15의 왼쪽 상단 패널에 있는 t-SNE 공간에서 서로 다른 브랜드의 상대적 위치를 볼 수 있다.

```
In [45]: sns.pairplot(brand_tsne_df, x_vars=['x'], y_vars=['y'],
                      hue='brand', size=10,
                      palette=sns.color_palette('Paired', n_colors=10))
```

UMAP

유사한 기술인 UMAP**Uniform Manifold Approximation and Projection**(McInnes et al. 2018)은 고차원 구조를 2차원으로 시각화하기 위한 또 다른 차원 축소 기술이다. UMAP 모델을 학습시키고 변환된 데이터를 시각화하는 메커니즘은 t-SNE와 유사하다.

```
In [46]: import umap

         brand_embedding = umap.UMAP().fit_transform(brand_ratings_sc_vals)
         brand_umap_df = pd.DataFrame(brand_embedding, columns=['x', 'y'])
         brand_umap_df['brand'] = brand_ratings_sc.brand

In [47]: sns.pairplot(brand_umap_df, x_vars=['x'], y_vars=['y'],
                      hue='brand', size=10,
                      palette=sns.color_palette('Paired', n_colors=10))
```

UMAP 변환 데이터는 그림 9.15의 오른쪽 상단 패널에서 볼 수 있다.

모델 간의 결과는 비슷하다. UMAP은 더 빠르고 클러스터를 더 '축소'하는 경향이 있다. t-SNE와 달리, 훈련된 모델은 저장하고 새(그러나 유사한) 데이터에 적용할 수도 있으므로 유용하다.

그림 9.15에서 t-SNE와 UMAP 표현을 PCA, EFA, MDS와 비교하면 비선형 차원 축소 알고리듬에 의해 추가된 구조가 명확히 보인다.

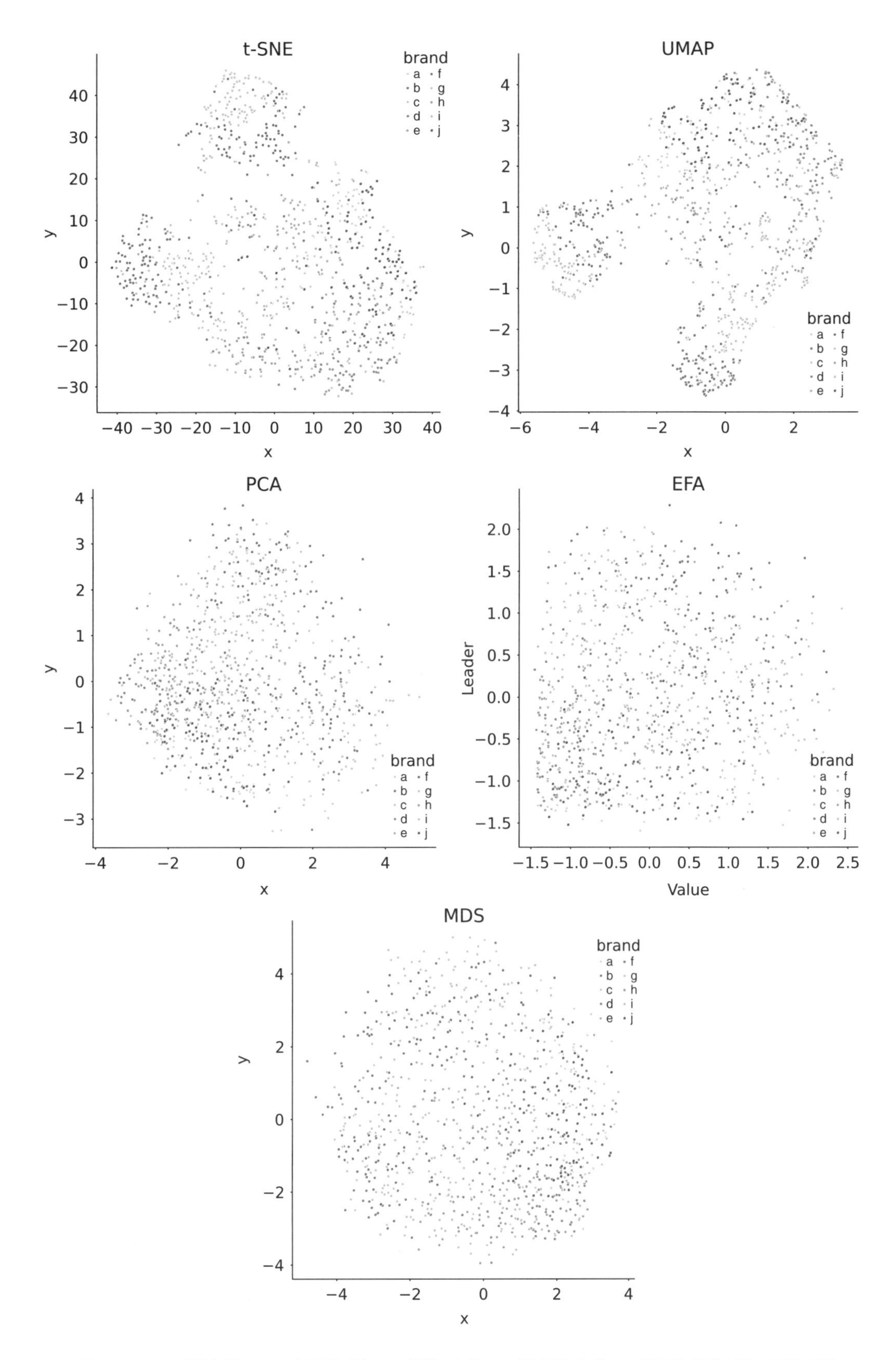

그림 9.15 t-SNE(왼쪽 위), UMAP(오른쪽 위), PCA(왼쪽 아래), EFA(오른쪽 아래), MDS(맨 아래)의 브랜드 등급 표현. 브랜드 b와 c 그리고 브랜드 f와 g 사이의 유사성은 매우 분명하지만, 구조는 t-SNE 및 UMAP 표현에서 다른 것보다 훨씬 더 분명하다.

9.5 더 알아보기*

주성분 분석: 이 장의 각 분석에 대한 여러 절차, 옵션, 적용을 설명해주는 많은 문헌이 있다. 지각 매핑을 사용하는 귀중한 리소스는 Gower et al.(2010)이며, 지각도에 대한 일반적인 문제와 모범 사례를 설명한다. Jolliffe(2002)는 주성분 분석의 수학과 응용에 대한 포괄적인 텍스트를 제공한다.

요인 분석: 절차적 메모와 함께 탐색적 요인 분석의 개념적 개요에 대한 좋은 문헌은 『Exploratory Factor Analysis』(Fabrigar and Wegener 2011)이다. 사회 과학(심리학) 관점에서 탐색과 확인 모델을 함께 다루는 다소 더 기술적인 책은 『Exploratory and Confirmatory Factor Analysis』(Amer Psychological Assn, 2004)이다. 요인 분석의 수학적 근거와 절차를 검토하기 위한 표준 교과서는 『Foundations of Factor Analysis』(Chapman and Hall/CRC, 2009)이다.

탐색적 요인 분석EFA의 동반자는 확증적 요인 분석CFA이다. EFA가 데이터셋에서 요인 구조를 추론하는 반면, CFA는 제안된 모델을 테스트해 관찰된 데이터와 잘 일치하는지 확인한다. EFA의 일반적인 용도는 관심 있는 기저 차원에서 많이 적재되는 항목을 선택하는 것이다. CFA를 사용하면 항목과 요인 간의 관계가 새 데이터셋에서 유지되는지 확인할 수 있다. CFA에 대한 소개는 이 책과 연관된 도서인 『Chapman and Feit』(2019), 10장에 나와 있다.

다차원 척도법: 이 장에서 고려한 것 외에 다차원 척도법에 대한 많은 용도와 옵션이 있다. 기법과 응용프로그램에 대한 읽기 쉬운 소개는 『Applied Multidimensional Scaling』(Springer, 2018)이다. 통계적 기초와 방법은 『Modern Multidimensional Scaling』(Springer, 2005)에 자세히 설명돼 있다.

시각화: 고차원 데이터를 시각화하는 것은 항상 어려운 일이다. t-SNE와 UMAP 같은 임베딩 알고리듬은 로컬 구조와 지형을 최대화하는 데이터의 비선형 변환을 통해 시각화를 가능하게 하며, 종종 PCA보다 더 많은 해석 가능한 시각화를 생성한다. 자세한 내용은 McInnes et al.(2008)과 McInnes et al.(2018)을 참조하라.

9.6 요점

데이터 복잡도 조사에는 몇 가지 이점이 있다. 이를 통해 변수 간의 기본 차원 관계를 검사하고, 브랜드나 사람과 같은 관측이 해당 차원에서 어떻게 다른지 조사하고, 더 적은 수의 좀 더 신뢰할 수 있는 차원 점수를 추정할 수 있다. 다음에 나열한 핵심 사항들은 데이터의 기본 차원을 조사하는 데 도움이 된다.

주성분 분석

- 주성분 분석PCA은 관측된 데이터의 최대 분산을 설명하는 선형 함수를 찾는다. 핵심 개념은 이러한 성분이 직교(상관되지 않음)라는 것이다. 기본 파이썬 모듈은 `sklearn.decomposition.PCA`이다(9.2.1절).
- PCA의 일반적인 용도는 브랜드나 사람들이 관계를 시각화하기 위한 집계 점수의 행렬도다. 이것이 브

랜드 평가와 같은 태도 데이터에 대해 수행될 때 이를 지각도라고 한다. 이는 개체별로 관심 통계를 집계하고 행렬도를 차트로 작성해 생성된다(9.2.2절).

- PCA 성분은 종종 많은 변수에 적재되기 때문에 결과는 상대적 위치에서 신중하게 검사해야 한다. PCA 행렬도(9.2.5절)에서 개별 항목의 상태를 읽는 것은 특히 어렵다.

탐색적 요인 분석

- 탐색적 요인 분석EFA은 직접 관찰되지 않지만 매니페스트 변수처럼 간접적으로 나타나는 잠재 변수(요인)를 모델링한다. 중요한 라이브러리는 factor_analysis이다(9.3.1절).
- EFA의 기본 결정은 추출할 요소의 수이다. 일반 기준은 스크리 도면 검사를 하고 모든 고유값이 1.0보다 크도록 요인을 추출하는 것이다. 최종 결정은 이론과 결과의 유용성에 따라 달라진다(9.3.2절).
- EFA는 회전을 사용해 초기 솔루션을, 수학적으로 동등하지만 목표에 따라 더 해석할 수 있는 솔루션으로 조정한다. EFA의 또 다른 주 결정은 기저 잠재 변수가 상관관계가 없어야 하는지(배리맥스와 같은 직교 회전이 필요함) 또는 상관관계가 있는지(오블리민과 같은 경사 회전이 필요함. 9.3.3절) 여부이다.
- EFA 수행 후 각 요인에 관한 각 관찰(응답자)에 대한 최상의 추정치인 요인 점수를 `get_scores()` 메서드를 사용해 `FactorAnalysis()` 객체에서 추출할 수 있다(9.3.4절).

다차원 척도법

- 다차원 척도법MDS은 주성분 분석과 유사하지만 측도 및 비측도 데이터 모두와 작업할 수 있다. MDS 척도법(9.4절)은 `sklearn.manifold.MDS()`를 사용해 수행할 수 있다.
- MDS의 한 가지 장점은 차원이 제한된다는 것이다. 즉, 2차원으로 제한할 수 있다. 이 경우 분산의 100%가 해당 차원으로 표시된다.
- MDS의 또 다른 장점은 변수 간의 관계가 유지된다는 것이다. 따라서 데이터에 명확한 구조가 있으면 손실될 가능성이 적다.
- 그러나 MDS 모델 자체는 일반적으로 PCA나 EFA와 달리 후속 분석에 덜 유용하다.

저차원 임베딩 시각화

- MDS와 마찬가지로 t-SNE와 UMAP은 고차원 구조를 2차원(또는 임의의 숫자)으로 투영하는 두 알고리듬이며, 이는 다른 모든 관측 환경 내에서 시스템 내 전체 구조 시각화와 함께 단일 관측치의 위치를 이해하는 방법이 될 수 있다(9.4.2절).
- MDS와 달리 t-SNE와 UMAP은 관측치 간의 관계를 유지하지 않고 더 높은 차원에 존재하는 명백한 지형을 만든다. 이는 클러스터가 이 장에서 논의된 다른 표현보다 더 명확하게 나타남을 의미한다.

10

세그멘테이션: 부분 모집단 탐색을 위한 비지도 클러스터링 방법

이 장에서는 고객 세그먼트를 찾고 평가하고 예측하는 표준 마케팅 조사 문제를 다룬다. 앞서 데이터의 관계를 평가하고(4장), 그룹을 비교하고(5장), 모델을 평가하는(7장) 방법을 살펴봤다. 실제 세그멘테이션 프로젝트에서는 이러한 방법을 사용해 데이터가 적절한 다변량 구조를 갖는지 확인한 다음 세그멘테이션 분석을 시작한다.

세그멘테이션은 잘 정의된 프로세스가 아니며 분석가는 세그멘테이션에 있어 그 정의와 접근 방식, 철학이 다양하다. 이 장에서는 파이썬의 기본 모델을 사용한 접근 방식을 보여준다. 항상 그렇듯이 이 장 끝에서 제시하는 참고 문헌을 통해 보충해야 한다.

먼저 경고로 시작한다. 우리는 세그멘테이션에 대한 명확한 의견을 갖고 있는데, 일반적으로 오해와 잘못된 관행이라고 생각한다. 우리의 견해를 따라 확신을 갖길 바라지만, 그렇지 않더라도 여기에 있는 방법이 유용할 것이다.

10.1 세그멘테이션 철학

시장 세그멘테이션의 일반적인 목표는 관심 제품, 시장 참여, 마케팅 노력에 대한 반응과 관련된 주된 방식이 서로 다른 고객 그룹을 찾는 것이다. 그룹 간의 차이를 이해함으로써 마케팅 담당자는 기회, 제품 정의, 포지셔닝에 대해 더 나은 전략적 선택을 할 수 있으며 좀 더 효과적인 프로모션에 참여할 수 있다.

10.1.1 세그멘테이션의 어려움

앞의 세그멘테이션 정의는 교과서적 설명이며 세그멘테이션 프로젝트에서 가장 어려운 것, 즉 실행 가능한 비즈니스 결과를 찾는 것을 반영하지 못한다. 소비자 데이터에서 그룹을 찾는 것은 특별히 어렵지 않다. 실제로 이 장에서는 이를 수행하는 방법들을 볼 수 있으며, 모두 하나의 통계 기준이나 다른 기준에 따라 '성공'한다. 오히려 어려움은 결과가 특정 비즈니스 요구에 의미 있는 결과를 보장하느냐 하는 것이다.

일반적으로 비즈니스 요구에 대한 문제를 해결하는 것은 이 책의 범위를 벗어난다. 그러나 다음에 따라 몇 가지 질문을 해보는 것이 좋다. 세그먼트를 찾으려면 어떻게 해야 할까? 조직의 모든 사람이 이를 사용할까? 왜 그리고 어떻게? 세그먼트 간의 차이가 비즈니스에 의미가 있을 만큼 충분히 큰가? 찾을 수 있는 다양한 솔루션 중 어느 하나의 솔루션이 다른 것에 비해 더 영향을 미치게 하는 조직적 노력이나 정치가 있는가?

'올바른' 답을 찾기 위한 마법의 총알은 없다. 세그멘테이션의 경우 이 의미는 다른 것보다 선험적으로 선호되는 만능의 비법이나 알고리듬 따위는 없음을 의미한다. 이 말이 방법 선택이 부적절하다거나 임의적이라는 것을 의미하지는 않는다. 새로운 문제에 가장 적합한 접근 방식을 미리 결정할 수는 없다. 최적화의 한 형태로서의 세그멘테이션은 비즈니스 요구에 대한 답변을 연속적으로 테스트하고 개선하는 반복적인 접근 방식이 필요할 수 있다.

세그멘테이션은 파이를 자르는 것과 같으며 모든 파이는 무한한 방법으로 자를 수 있다. 분석가로서의 임무는 수집 가능한 모든 데이터, 해당 데이터의 모든 그룹화, 가능한 모든 비즈니스 질문을 고려하는 것이다. 당신의 목표는 데이터의 실제 차이를 나타내고 비즈니스 의사 결정에 영향을 미치고 정보를 제공하는 무한 범위 내에서 솔루션을 찾는 것이다.

통계적 방법은 해답으로 가는 일부일 뿐이다. 종종 '더 강력한' 통계 솔루션은 비즈니스 문맥에서의 구현을 불가능하게 만드는 복잡성을 야기하는 반면, 약간 '더 약한' 솔루션은 명확한 스토리로 데이터를 밝히고 비즈니스 문맥에 매우 잘 맞아 광범위한 영향을 미칠 수 있다.

이러한 모델을 찾을 수 있는 가능성을 최대화하려면, 분석가가 두 가지를 예측하고 이를 경영진이 이해할 수 있도록 준비하는 것이 좋다. 첫째, 세그멘테이션 프로젝트는 '세그멘테이션 연구 실행'이나 '데이터에 대한 세그멘테이션 분석 수행'의 문제가 아니다. 둘째, 여러 차례 시행착오를 겪으며 먼저 수집해야 할 중요한 데이터가 무엇인지 결정하고, 그다음에는 솔루션을 개선 및 테스트하고, 비즈니스 이해관계자와 함께 해석을 수행해 실행 가능한 결과를 찾아야 한다.

10.1.2 클러스터링으로서의 세그멘테이션과 분류

이 장과 다음 장에서는 세그멘테이션 분석을 시작하는 데 도움이 되는 몇 가지 파이썬 방법을 보여준다. 통계에서 구분되지만 관련된 두 영역인 클러스터링 또는 클러스터 분석(이 장)과 분류(11장)를 알아본다. 이들은 통계적 학습 또는 머신러닝, 즉 통계적 모델 적합화를 통해 데이터에서 학습하는 기법의 주요 영역이다.

통계적 학습의 주요 차이점은 기법이 지도supervised인지(또는 비지도unsupervised인지) 여부이다. 지도 학습에서의 모델은 새로운 관찰 독립 변수로부터 결과 상태를 예측하려는 목표와 함께 결과 상태(종속 변수)가 알려진 관측치와 함께 제공된다. 예를 들어, 새 캠페인에서 반응 우도를 예측하는 모델에 적합화하기 위해 이전 다이렉트 마케팅 캠페인의 데이터(각 타깃의 반응 여부에 대해 알려진 결과와 다른 예측 변수 포함)를 사용할 수 있다. 이 프로세스를 분류classification라고 하며, 다음 11장에서 설명한다.

비지도 학습에서는 결과 그룹에 대해 알지 못하지만 데이터 구조에서 이를 발견하려고 한다. 예를 들어, 다이렉트 마케팅 캠페인을 살펴보고 '제안에 응답하는 방법과 시기가 서로 다른 그룹이 있는가? 그렇다면 그 그룹의 특징은 무엇인가?'라고 묻는다. 이러한 접근 방식을 클러스터링clustering이라는 용어로 부른다.

클러스터링과 분류는 모두 세그멘테이션 프로젝트에서 유용하다. 이해관계자들은 종종 세그멘테이션을 고객에 대한 새로운 통찰력을 얻기 위해 데이터에서 그룹을 발견하는 것으로 간주한다. 이는 가능한 고객 그룹을 알 수 없기 때문에 명백히 클러스터링 접근 방식을 사용해야 한다. 여전히 분류 접근법도 이러한 프로젝트에서 적어도 두 가지 이유로 유용하다. 세그먼트 멤버십에서 예측하고자 하는 알려진 관심 결과 변수(예: 관찰된 시장 내 반응)가 있을 수 있으며, 클러스터링을 사용해 미래의 반응을 예측(즉, 분류)하고 싶은 그룹을 이러한 그룹으로 분류한다. 따라서 클러스터링과 분류는 서로 보완적인 접근 방식으로 볼 수 있다.

우리가 다루지 않을 주제는 클러스터링에 사용할 데이터를 결정하는 방법이며, 이는 모델에 들어가는 관찰된 기저 변수이다. 데이터는 주로 비즈니스 요구, 전략과 가용성을 기반으로 선택한다. 그러나 여전히 여기서의 방법을 사용해 다양한 기저 변수 집합을 평가할 수 있다. 사용 가능한 측정값이 많고 가장 중요한 측정값을 결정해야 하는 경우라면 11.1.3절에서 설명하는 변수 중요도 평가 방법이 도움이 될 수 있다. 그 외에도 이 장에서는 기본 변수가 결정됐다고 가정한다(5장의 고객 관계 데이터를 사용).

클러스터링 및 분류 방법에는 수백 권의 책, 수천 개의 글, 많은 파이썬 패키지가 있으며, 모두 앞에서 언급한 것처럼 이 수백 가지 접근 방식 중 '최적인 한 가지'란 없다. 이 장에서 클러스터링이나 분류를 포괄적으로 다룰 수는 없지만, 시작과 기본 사항을 설명하고 학습 속도를 높이며 일부 함정을 피하는 데 도움이 되는 소개를 제공한다. 잘 알다시피, 대개의 경우 이러한 모델을 파이썬에 적합화하는 과정은 모델마다 매우 유사하다.

10.2 세그멘테이션 데이터

여기서는 5장의 세그멘테이션 데이터(seg_df 객체)를 사용한다. 5.1.2절에서 해당 데이터를 저장한 경우 다시 적재할 수 있다(데이터 임포트는 2.6.2절 참조).

```
In [1]: from google.colab import files

        f = files.upload()
```

egment_dataframe_Python_intro_Ch5.csv를 segment_dataframe_Python_intro_Ch5.csv에 저장한다.

```
In [2]: import pandas as pd

        seg_df = pd.read_csv('segment_dataframe_Python_intro_Ch5.csv',
                             index_col=0)
```

그렇지 않으면 책 웹 사이트에서 데이터셋을 다운로드할 수 있다.

```
In [3]: import pandas as pd
        seg_df = pd.read_csv('http://bit.ly/PMR-ch5')
```

5장에서 다룬 내용을 떠올려보면, 데이터는 구독 제품에 대해 식별된 고객 세그먼트 4개로 시뮬레이션된 것이며 일반적인 소비자 설문 조사의 데이터와 유사한 몇 가지 변수를 갖고 있다. 각 관측치에는 시뮬레이션된 응답자의 연령, 성별, 가구 소득, 자녀 수, 주택 소유, 구독 상태와 할당된 세그먼트 멤버십이 있다. 5장에서는 이 데이터를 시뮬레이션하는 방법과 그 안의 그룹 차이를 조사하는 방법을 살펴봤다. 세그멘테이션에 자주 사용되는 다른 데이터 소스는 고객 관계 관리CRM 기록, 태도 설문 조사, 제품 구매 및 사용과 가장 일반적으로는 고객에 대한 관찰이 포함된 모든 데이터셋이다.

적재 후 데이터를 확인한다.

```
In [4]: seg_df.head()

Out[4]:     Segment        age  gender         income  kids  own_home  \
        0  travelers  60.794945    male   57014.537526     0      True
        1  travelers  61.764535  female   43796.941252     0     False
        2  travelers  47.493356    male   51095.344683     0      True
        3  travelers  60.963694    male   56457.722237     0      True
        4  travelers  60.594199  female  103020.070798     0      True

           subscribe
        0      False
        1      False
        2      False
        3       True
        4      False
```

여기서는 두 가지 목적으로 구독 세그먼트 데이터를 사용한다. 내재적 그룹화(이 장의 비지도 학습)를 찾는 클러스터링 방법을 조사하고, 분류 방법이 알려진 사례에서 그룹 구성원을 예측하는 방법을 어떻게 학습하는지 보여준다(지도 학습, 11장).

10.3 클러스터링

여기서는 수백 가지 사용 가능한 방법을 예시해주는 세 가지 클러스터링 절차를 검토해본다. 파이썬에서 클러스터를 찾고 평가하는 일반적인 절차는 여러 기법에서 유사하다는 사실을 알 수 있을 것이다.

먼저 두 가지 거리 기반 클러스터링 방법인 계층적 방법과 k-평균k-means 방법을 알아본다. 거리 기반 방법은 그룹 내 구성원 간의 거리를 최소화하는 동시에 다른 그룹과의 거리를 최대화하는 그룹을 찾으려고 시도한다. 계층적 클러스터는 데이터를 트리 구조로 모델링해 이를 수행하는 반면, k-평균은 그룹 중심(중심점)을 사용한다.

그런 다음 모델 기반 클러스터링 방법인 가우스 혼합 모델을 알아본다. 모델 기반 방법은 데이터를 서로 다른 분포에서 샘플링한 그룹의 혼합으로 보지만 원시 분포와 소속 그룹에 대한 정보는 '손실'된 것이다(즉, 알 수 없음). 가우스 혼합 모델 방법은 관측된 분산이 다른 평균과 표준 편차 같은 특정 분포 특성을 가진 소수의 가우스 (정규) 변수로 가장 잘 표현될 수 있도록 데이터를 모델링하려고 한다.

10.3.1 클러스터링 단계

클러스터링 분석에는 제안된 클러스터 솔루션을 찾고 비즈니스 요구에 맞는 솔루션을 평가하는 두 단계가 필요하다. 각 기법은 다음 단계를 거친다.

- 특정 클러스터링 기법에 맞게 필요한 경우 데이터를 변환한다. 예를 들어 일부 메서드는 모두 숫자 데이터가 필요하다(예: k-평균).
- 열 간의 크기 차이가 큰 경우 데이터 크기를 조정한다. 거리 기반 방법은 다른 것보다 훨씬 더 크기에 민감하며 단일 차원이 전체를 지배할 수 있다(예: 예제 데이터의 소득).
- 데이터에서 클러스터링을 지배할 수 있는 특이값을 확인한다. 특이값 데이터 포인트 제거를 고려하라. 여기 분석에서는 이 단계를 건너뛴다는 점에 유의하라.
- 클러스터링 방법을 적용하고 그 결과를 객체에 저장한다. 대부분의 방법에서 이를 위해 원하는 그룹 수인 숫자(K)를 지정해야 한다.
- 일부 메서드의 경우 객체를 추가로 구문 분석해 K개 그룹이 있는 솔루션을 얻는다(예: 연결 행렬에서 클러스터 추출을 위한 `fcluster()`).
- 기저 데이터와 관련해 모델 객체의 솔루션을 검토하고 비즈니스 질문에 적합한지 고려한다.

설명한 것처럼, 이 프로세스에서 가장 어려운 부분은 제안된 통계 솔루션이 비즈니스 요구에 맞는지 여부를 확인하는 마지막 단계이다. 궁극적으로 클러스터링 솔루션은 '1, 1, 4, 3, 2, 3, 2, 2, 4, 1, 4 …'와 같은 각 관측치에 대해 추정된 그룹 할당 벡터일 뿐이다. 이러한 숫자가 데이터로부터 의미 있는 이야기를 전달하는지 알아내는 것은 본인에게 달려 있다.

데이터 변환 및 크기 조정

원시 데이터셋 `seg_df`에는 다른 소스의 데이터(예를 들어 사람의 코딩 프로세스 등)에서 제공된 '알려진' 세그먼트 할당이 들어 있다. 여기서의 임무는 세그먼트를 발견하는 것이므로 이러한 할당이 생략된 `seg_sub` 복사본을 생성해 세그먼트 방법을 탐색할 때 알려진 값이 실수로 포함되지 않게 한다(이후 분류에 관한 장에서는 분류 모델을 훈련하는 데 필요하므로 할당 정보를 사용한다).

일부 클러스터링 모델은 범주형 변수를 사용할 수 있지만, 이 장에서 설명하는 접근 방식은 숫자 데이터를 사용한다. 이 데이터셋의 모든 범주형 변수는 이진이다. `subscribe`와 `own_home`은 이미 명시적으로 이진이며 부울로 코딩돼 있다. 숫자 값을 예상하는 파이썬 함수는 일반적으로 부울을 숫자 값으로 처리한다. `False` 또는 `True`는 각각

0이나 1이다. 성별을 부울 변수 is_female로 변환하고 Segment 열을 삭제할 때 gender 열을 삭제한다.

```
In [5]: seg_df['is_female'] = seg.gender == 'female'
        seg_sub = seg.drop(['Segment', 'gender'], axis=1)
        seg_sub.head()
```

또한 거리 기반 클러스터링 접근 방식은 변수의 척도에 민감하다. 10의 변화는 수입에서는 상대적으로 미미하지만 자녀 수에서는 상당히 중요하다. 그러나 거리 측정법은 이를 동일하게 취급한다. 이 문제를 해결하기 위해 이전 장에서와 같이 데이터를 크기 조정할 수 있다.

```
In [6]: from sklearn import preprocessing

        seg_sc = pd.DataFrame(preprocessing.scale(seg_sub),
                              columns=seg_sub.columns)
        seg_sc.head()

Out[6]:        age    income      kids  own_home  subscribe  is_female
        0  1.551729  0.328689 -0.902199  1.120553  -0.363422  -0.960769
        1  1.627442 -0.356010 -0.902199 -0.892416  -0.363422   1.040833
        2  0.513037  0.022062 -0.902199  1.120553  -0.363422  -0.960769
        3  1.564906  0.299844 -0.902199  1.120553   2.751623  -0.960769
        4  1.536053  2.711871 -0.902199  1.120553  -0.363422   1.040833
```

크기 조정된 데이터가 적절해 보인다. 2개의 새로운 데이터프레임을 만들었다. 하나는 seg_sub로서 이 분석에 필요한 모든 열만 있다. 다른 seg_sc에는 동일한 열이 있지만, 열이 직접 비교할 수 있도록 크기가 조정됐다.

간단 검사 함수

클러스터링 방법으로 제안된 솔루션(그룹에 대한 관찰 할당)이 비즈니스 문제에 유용한지 여부를 어떻게 알 수 있는지 신중히 생각해보기를 권한다. 알고리듬으로 일부 그룹화가 제안됐다고 해서 반드시 비즈니스에 도움이 되는 것은 아니다. 자주 사용하는 한 가지 방법은 데이터를 요약하고 그룹 간의 높은 수준의 차이를 빠르게 검사할 수 있는 간단한 함수를 작성하는 것이다.

세그먼트 검사 기능은 비즈니스 요구에 따라 복잡할 수 있으며, 다음과 같이 데이터 요약과 함께 도면이 포함될 수 있다. pandas에는 임의의 인덱스로 집계할 수 있는 pivot_table() 함수가 있다.

```
In [7]: pd.pivot_table(seg_sub, index=seg_df.Segment)

Out[7]:                  age        income  is_female      kids  own_home  \
        Segment
        moving up   36.216087  51763.552666      0.700  1.857143  0.357143
        suburb_mix  39.284730  55552.282925      0.530  1.950000  0.480000
        travelers   57.746500  62609.655328      0.325  0.000000  0.662500
        urban_hip   23.873716  20267.737317      0.320  1.140000  0.140000

                    subscribe
        Segment
```

```
moving up    0.214286
suburb_mix   0.070000
travelers    0.025000
urban_hip    0.220000
```

pivot_table() 함수는 기본적으로 평균을 계산하지만 aggfunc 인수에는 모든 적절한 함수나 함수 리스트를 전달할 수 있다.

```
In [8]: import numpy as np

        # 출력 생략
        pd.pivot_table(seg_sub, index=seg_df.Segment,
                       aggfunc=[np.mean, np.std]).unstack()
In [9]: pd.pivot_table(seg_sub, index=seg_df.Segment,
                       aggfunc=lambda x: np.percentile(x, 95))
```

그러나 여기서는 그룹별 평균을 보고하는 간단한 함수를 사용한다. 여러 이진 변수가 있고 mean()은 이들에 대한 혼합 비율을 쉽게 보여주기 때문에 중앙값과 같은 더 강력한 측도 대신 평균을 사용한다(즉, 0.5는 0과 1의 50% 혼합을 의미한다).

호출을 단순화하기 위해 자체 함수를 만든다.

```
In [10]: def check_clusters(data, labels):
             return pd.pivot_table(data,
                                   index=labels)

         # 출력 생략
         check_clusters(seg_sub, seg_df.Segment)
```

이 경우 이를 함수로 만드는 것은 사실 필요하지 않지만, 그렇게 하는 몇 가지 이유가 있다. 자체 함수를 작성하면 짧은 명령을 제공해 입력을 최소화할 수 있다. 일관되고 간단한 인터페이스를 제공해 오류 위험을 줄이고 확장 가능하다. 분석이 진행됨에 따라 함수를 확장해 호출 방법을 변경할 필요 없이 분산을 보고하거나 결과를 도식화할 수 있다(이 작업은 이 장에서 수행할 것들이다. 10.3.4절 참조).

이러한 종류의 요약 함수를 통해 다음과 같은 비즈니스 가치와 관련된 질문에 쉽게 답변할 수 있다.

- 그룹 평균에 명백한 차이가 있는가?
- 차별화 부분이 몇 가지 근본적인 스토리를 만드는가?
- 단일 데이터 수준의 값과 같은 평균과 같이 이상한 결과가 바로 표시되는가?

이 간단한 함수는 클러스터 솔루션을 효율적으로 검사하는 데 도움이 된다. 이는 상세한 분석을 대체하기 위한 것이 아니며 범주형 변수를 숫자로 처리하는 것과 같은 지름길을 사용한다. 이 방법은 자신이 하는 일을 정확히 이해하고 있는 분석가를 제외하고는 바람직하지 않다. 그러나 솔루션에서 흥미로운(또는 흥미롭지 않은) 무엇이 나타나는지에 대한 빠른 검사가 가능하다.

10.3.2 계층적 클러스터링

쌍별 거리

계층적 클러스터화의 주 정보는 관측치 간의 거리이다. 거리를 계산하는 방법에는 여러 가지가 있으며 가장 잘 알려진 방법인 유클리드 거리를 조사하는 것부터 시작한다. 2개의 관측치 (벡터) X와 Y의 경우 유클리드 거리 d는 다음과 같다.

$$d = \sqrt{\sum (A - B)^2} \tag{10.1}$$

$A = \{1, 2, 3\}$과 $B = \{2, 3, 2\}$ 같은 단일 관측치 쌍의 경우 NumPy를 사용해 파이썬에서 거리를 쉽게 계산할 수 있다.

```
In [11]: # 차이 벡터
         np.array([1, 2, 3]) - np.array([2, 3, 2])

Out[11]: array([-1, -1, 1])

In [12]: # 제곱 거리의 합
         np.sum((np.array([1, 2, 3]) - np.array([2, 3, 2]))**2)

Out[12]: 3

In [13]: # 제곱 거리의 루트
         np.sqrt(np.sum((np.array([1, 2, 3]) - np.array([2, 3, 2]))**2))

Out[13]: 1.7320508075688772
```

여러 쌍의 경우 Scipy distance 모듈의 pdist() 함수를 사용해 수행할 수 있다. 먼저 간단한 X, Y 예제로 한번 확인해보자.

```
In [14]: from scipy.spatial import distance

         distance.pdist([np.array([1, 2, 3]), np.array([2, 3, 2])])

Out[14]: array([1.73205081])
```

유클리드 거리의 한계는 관측값이 숫자일 때만 정의된다는 것이다. 데이터 seg_df에서 female과 male 사이의 거리를 계산하는 것은 불가능하다. 이 때문에 gender 열을 부울 열로 변환한 것이다. 요인 변수에 신경 쓰지 않으면 숫자 열만 사용해 유클리드 거리를 계산할 수 있다.

scipy.spatial.distance 모듈에는 거리 행렬을 계산하는 squareform 함수도 포함돼 있다. seg_sc 데이터프레임의 처음 세 행에서 어떻게 작동하는지 관찰해보자.

```
In [15]: distance.squareform(distance.pdist(seg_sc.iloc[:3]))

Out[15]: array([[0.        , 2.92113022, 1.08300539],
                [2.92113022, 0.        , 3.07299428],
                [1.08300539, 3.07299428, 0.        ]])
```

두 번째와 세 번째 변수 사이의 거리를 찾기 위해 두 번째 행, 세 번째 열 또는 세 번째 행, 두 번째 열을 보고 거리가 3.07임을 확인할 수 있다. 거리 행렬은 대칭이며, 예상대로 관측치 자체로부터의 거리는 0이다. 정방 거리 행렬에는 많은 중복 정보가 있으며, 이를 제거해 메모리 효율성을 높일 수 있다. 이는 많은 수의 열이 있는 데이터셋을 처리할 때 중요할 수 있다.

좀 더 간결한 형식을 얻기 위해 압축된 벡터 형식의 거리 행렬을 반환하는 `pdist()`를 사용한다.

```
In [16]: distance.pdist(seg_sc.iloc[:3])

Out[16]: array([2.92113022, 1.08300539, 3.07299428])
```

압축 거리 행렬은 메모리 효율성이 더 높지만 사람이 검사하기가 더 어렵다.

데이터셋에서 쌍별 거리를 조사하면 데이터 크기 조정의 중요성이 분명해진다.

```
In [17]: import matplotlib.pyplot as plt
         plt.style.use('seaborn-white')

         plt.figure(figsize=(5,10))
         plt.subplot(2,1,1)
         plt.hist(distance.pdist(seg_sub))
         plt.title('Pairwise distances from unscaled data')
         plt.xlabel('Distance')
         plt.ylabel('Count')
         plt.subplot(2,1,2)
         plt.hist(distance.pdist(seg_sc))
         plt.title('Pairwise distances from scaled data')
         plt.xlabel('Distance')
         plt.ylabel('Count')
```

그림 10.1의 왼쪽 패널에서 볼 수 있듯이, 크기 조정되지 않은 데이터는 고객 간의 소득 차이(데이터의 행)에 의해 지배된 고도로 치우친 거리 분포를 생성한다. 오른쪽 패널의 크기 조정된 데이터로부터의 거리 분포와 비교해보라.

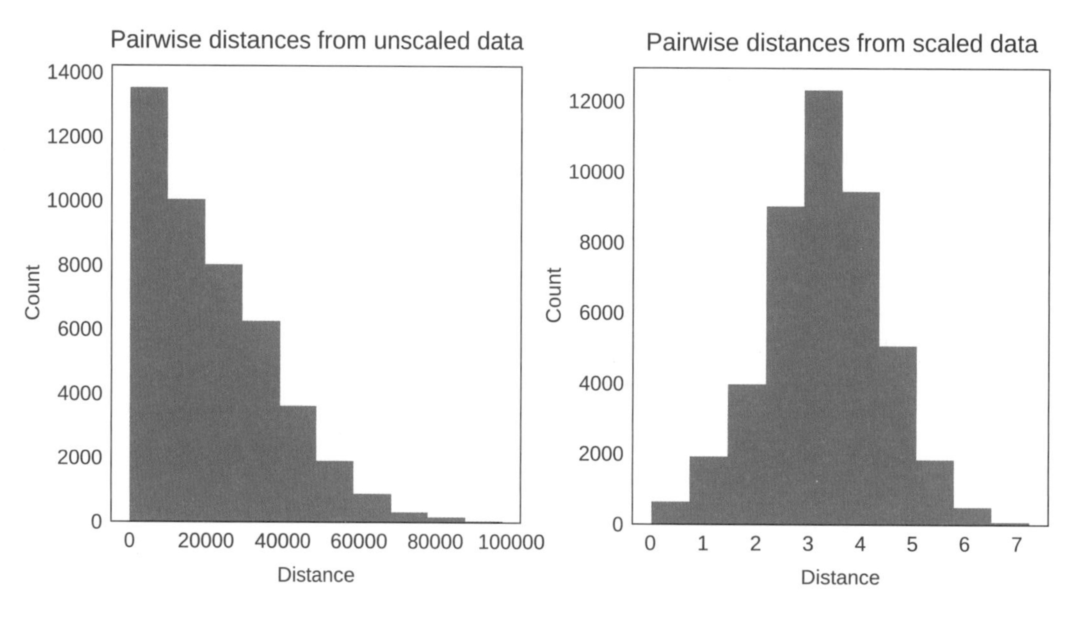

그림 10.1 크기 조정되지 않은 데이터의 쌍별 거리 분포는 크기 조정된 데이터의 대략적인 정규 분포(오른쪽 패널)와 달리 매우 치우쳐 있다(왼쪽 패널).

파이썬에서의 계층적 클러스터링

계층적 클러스터링은 유사성에 따라 관측치를 그룹화하는 인기 있는 방법이다. Scipy `hierarchy` 모듈의 `linkage()` 함수는 계층적 클러스터링을 생성한다. 클러스터는 각 관측치 쌍 간의 거리에 대한 측도를 보고하는 $N \times N$ 행렬인 비유사도dissimilarity 행렬에서 작동하는 거리 기반 알고리듬을 사용해 생성된다.

계층적 클러스터링 방법은 자체 클러스터의 각 관측치에서 시작된다. 그런 다음 서로의 거리에 따라 인접한 관측치 또는 클러스터를 한 번에 하나씩 연속적으로 결합하고 모든 관측치가 연결될 때까지 이를 계속한다. 관찰과 그룹을 반복적으로 결합하는 이 과정을 응집agglomerative 방법이라고 한다. 이는 매우 인기 있으며 다른 방법의 모범이 된다. 따라서 다른 클러스터링 알고리듬보다 더 자세히 계층적 클러스터링을 살펴보자.

`linkage()` 함수로 데이터를 전달해 거리를 계산하고 클러스터링 알고리듬을 실행해 연결 행렬을 생성한다.

```
In [18]: from scipy.cluster import hierarchy

         linkages = hierarchy.linkage(seg_sc, method='ward')
```

여기서는 전체 클러스터 내 분산을 최소화하는 그룹을 형성하는 왈드Ward 연결 방법을 사용한다.

연결 행렬을 `dendrogram()` 함수에 전달하면 연결 행렬을 나타내는 트리가 도식화된다.

```
In [19]: hierarchy.dendrogram(linkages)
         plt.show()
```

`seg_sub`에 있는 모든 $N = 300$ 관측치에 대한 결과 트리가 그림 10.2에 나와 있다.

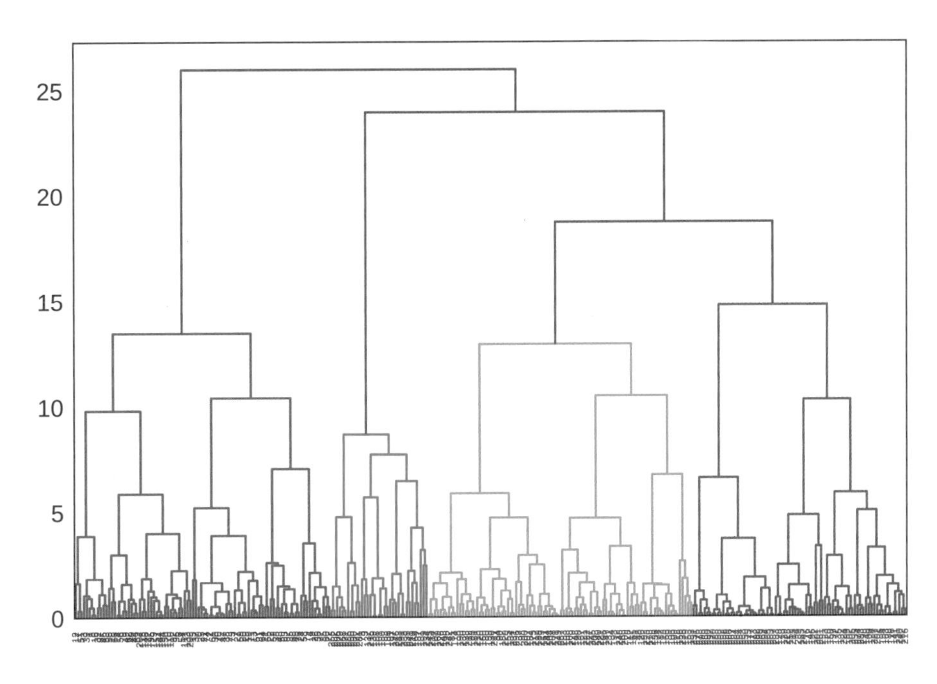

그림 10.2 Scipy 계층 모듈의 linkage()와 dendrogram()을 사용해 크기 조정된 세그멘테이션 데이터에 대한 전체 덴드로그램

계층적 덴드로그램dendrogram은 주로 높이와 관측치가 결합된 위치로 해석된다. 높이는 결합된 원소 간의 비유사성을 나타낸다. 그림 10.2에 나타낸 트리의 최하위 수준에서 원소가 상대적으로 유사한 2~10개의 작은 그룹으로 결합된 다음 해당 그룹이 트리 위로 이동하는 덜 유사한 그룹과 연속적으로 결합되는 것을 볼 수 있다. 가지branch의 수평적 순서는 중요하지 않다. 가지는 위치를 변경해도 해석에는 변화가 없다.

그림 10.2는 읽기 어려우며, 더 읽기 쉽게 만들 수 있는 두 가지 방법이 있다.

하나는 `dendrogram()`에서 `truncate_mode`와 `p` 인수를 사용하는 것이다. `truncate_mode`를 `'lastp'` 또는 `'level'`로 설정하면 압축된 트리가 표시된다. 잘림 정도는 `p` 인수로 설정된다. `lastp` 모드에서는 `p`개의 가지만 표시된다. 예를 들어 `p=20`으로 설정하면 그림 10.3에서 잎이 응축된 것을 볼 수 있다.

```
In [20]: hierarchy.dendrogram(linkages, orientation='top',
                              truncate_mode='lastp', p=20)
         plt.show()
```

각 가지가 나타내는 잎의 수는 괄호 안에 표시된다. 개별 잎이 있는 경우 해당 레이블에는 괄호가 없다.

차트의 한 단면을 확대해보는 것도 도움이 된다. `xlim()` 함수를 사용해 그렇게 할 수 있다.

```
In [21]: plt.subplot(1,2,1)
         hierarchy.dendrogram(linkages, leaf_rotation=0)
         plt.xlim((0,200))
         plt.subplot(1,2,2)
         hierarchy.dendrogram(linkages, leaf_rotation=0)
         plt.xlim((2800, 3000))
         plt.show()
```

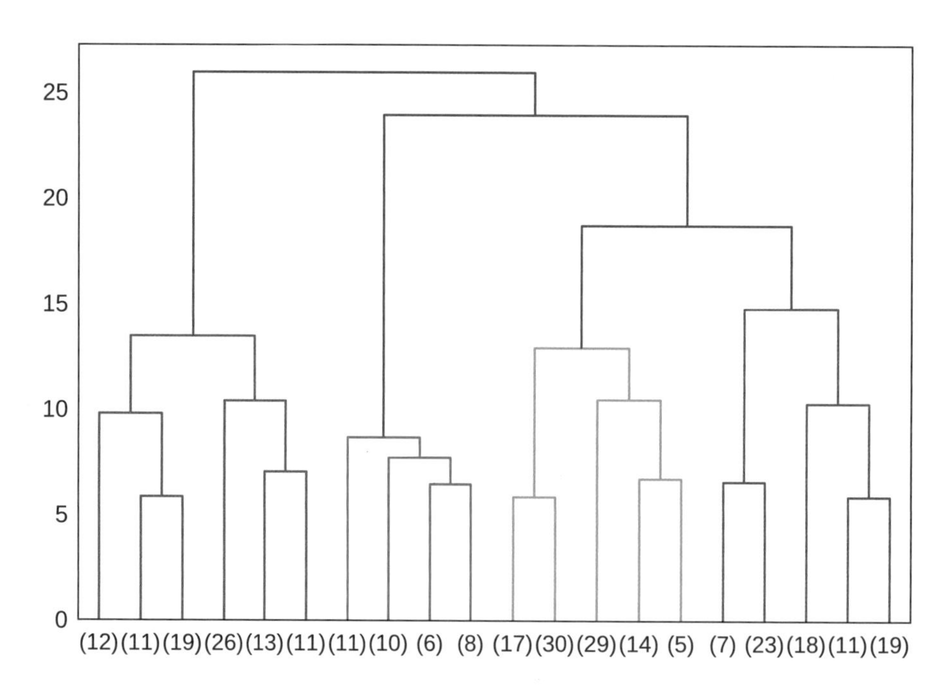

그림 10.3 잘린 나무. 20개의 가지만 표시되며 각 가지는 여러 잎을 나타낸다(잎의 수는 괄호 안에 표시됨).

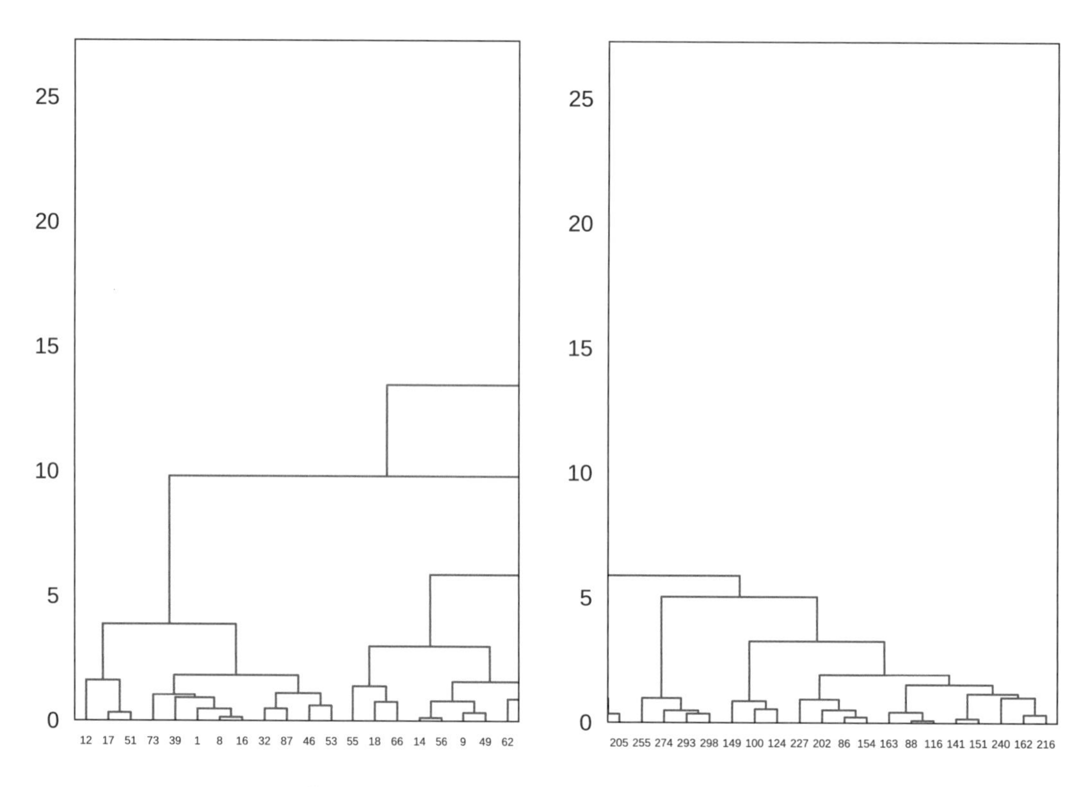

그림 10.4 그림 10.2에서 가장 왼쪽 및 오른쪽 가지를 확대한 모습

결과는 그림 10.4에 나와 있다. 여기서 관측 레이블(기본값은 데이터프레임에 있는 관측치의 행 이름이며 일반적으로 행 번호이다.)을 읽을 수 있다. 하단의 각 노드는 한 고객을 나타내며, 트리는 각 고객이 다른 고객과 어떻게 점진적

으로 그룹화됐는지 보여준다. 여기서는 나무의 가장 왼쪽 및 오른쪽 가장자리와 트리의 해당 부분에 존재하는 관측치를 볼 수 있다.

그림 10.4에 나열된 몇 개의 행을 선택해 관측치의 유사성을 확인할 수 있다. 관측치 17과 51은 관측치 163과 88과 같이 매우 낮은 높이에서 연결돼 있기 때문에 매우 유사한 것으로 나타난다. 반면에 관측치 17과 163은 트리의 가장 높은 수준에서만 결합되므로 상대적으로 비슷하지 않다. 직접 확인할 수 있다.

```
In [22]: # 유사함
         seg_sub.loc[[17, 51]]

Out[22]:           age        income  kids  own_home  subscribe  is_female
         17  73.266707  70157.058678     0     False      False       True
         51  71.172291  75554.353842     0     False      False       True

In [23]: # 유사함
         seg_sub.loc[[163, 88]]

Out[23]:            age        income  kids  own_home  subscribe  is_female
         163  39.653607  48996.400976     2      True      False      False
         88   40.106702  41744.977842     2      True      False      False

In [24]: # 상이함
         seg_sub.loc[[17,163]]

Out[24]:            age        income  kids  own_home  subscribe  is_female
         17   73.266707  70157.058678     0     False      False       True
         163  39.653607  48996.400976     2      True      False      False
```

처음 두 쌍(덴드로그램의 이웃 관측값)은 모든 변수(연령, 성별, 소득 등)에서 유사하다. 세 번째 쌍(넓게 분리된 가지에서 얻은 관측치)은 상당히 다르다.

계층적 클러스터 솔루션에 대한 적합도 척도 중 하나로 확인해볼 수 있다. 한 가지 방법은 덴드로그램이 거리 측도와 얼마나 잘 일치하는지 평가하는 코페네틱 상관 계수CPCC, Cophenetic Correlation Coefficient이다(Sokal and Rohlf 1962). cophenet()을 사용해 연결로부터의 거리를 pdist() 측도와 비교해보자.

```
In [25]: hierarchy.cophenet(linkages, distance.pdist(seg_sc))[0]

Out[25]: 0.5985290160084774
```

CPCC는 피어슨의 *r*과 유사하게 해석된다. 이 경우 CPCC는 약 0.6으로 적절히 강한 적합화라는 의미이며, 계층 트리가 고객 사이의 거리를 잘 나타내고 있다고 볼 수 있다.

10.3.3 계층적 클러스터링 계속: fcluster의 그룹

특정 세그먼트 할당은 어떻게 얻는가? 덴드로그램은 원하는 높이에서 클러스터로 절단할 수 있으므로 그룹 수가 달라진다. 예를 들어, 그림 10.2가 25 높이에서 절단되면 $K = 2$개의 그룹이 있다(25에서 수평선을 그리고 교차하는 가지 수를 세어보라. 아래의 각 클러스터가 바로 그룹이다). 반면 높이 9에서 절단하면 $K = 11$개 그룹이 생성된다.

덴드로그램은 어디서든 절단될 수 있으므로 분석가는 원하는 그룹 수를 지정해야 한다. color_thresh 인수를 전달해 덴드로그램이 잘리는 위치를 기준으로 클러스터를 볼 수 있다. 이 인수는 해당 임계 값 아래의 가지에만 색상을 지정한다. 그림 10.2에서 기본값은 4개의 클러스터를 선택했지만 수동으로 다른 값으로 설정할 수 있다.

```
In [26]: # 출력 생략
         hierarchy.dendrogram(linkages, color_threshold=9)
         plt.show()
```

fcluster()를 사용해 관측값에 대한 할당 벡터를 얻는다. 기준 유형을 'maxclust'로 지정하고 임계 값 4(t=4)를 지정해 fcluster()에 4개의 클러스터가 필요함을 알린다. fcluster() 문서를 읽어보면 다른 클러스터링 기준도 찾아볼 수 있다.

```
In [27]: labels = hierarchy.fcluster(linkages, t=4, criterion='maxclust')
         list(zip(*np.unique(labels, return_counts=True)))

Out[27]: [(1, 92),(2, 35), (3, 95), (4, 78)]
```

fcluster()는 각 관측값에 대한 클러스터 레이블을 반환한다. np.unique(return_counts=True)를 사용해 각 클러스터에 대한 관측치 개수를 얻는다. 여기서는 포맷formatting 트릭으로 list(zip(...))을 사용한다. '*' 연산자를 사용해 np.unique()가 반환한 값의 튜플을 풀고unpack zip() 함수에 전달한다. 이 문맥에서 '푼다unpack'는 무엇을 의미하는가? 값은 튜플로 반환되므로 직접 인수로 전달할 수 없다. 출력을 변수(예: unique_label_counts)에 할당한 다음 zip(unique_label_counts [0], unique_label_counts [1]) 명령을 사용해 동일한 효과를 얻을 수 있다.

그룹 1, 3, 4는 크기가 비슷하지만 그룹 2는 다른 그룹의 절반보다 작다는 것을 알 수 있다. 부류 레이블(1, 2, 3, 4)은 임의의 순서로 돼 있으며 그 자체로는 의미가 없다는 점에 주목하자.

앞서 정의한 사용자 정의 요약 함수 check_clusters()를 사용해 seg_sub의 변수를 다음 4개의 클러스터에 대해 검사한다.

```
In [28]: check_clusters(seg_sub, labels)

Out[28]:        age        income  is_female      kids  own_home  subscribe
         1  54.474706  63219.658293   0.250000  0.152174  0.521739        0.0
         2  34.523881  41685.199147   0.542857  1.514286  0.314286        1.0
         3  38.204641  51578.802282   1.000000  1.873684  0.463158        0.0
         4  31.122503  38790.506683   0.089744  1.756410  0.384615        0.0
```

그룹 2에는 모든 구독자가 포함돼 있다. 그룹 1은 가장 연장자이며 소득과 주택 소유율이 가장 높다. 그룹 3에는 여성만 포함되며 중간 수준의 소득, 연령, 주택 소유율이 있다. 그룹 4는 주로 젊은 남성이며 소득이 가장 낮다.

비교를 위해 크기 조정하지 않은 데이터로 동일한 분석을 실행하고 결과를 살펴볼 수 있다.

```
In [29]: linkages_unscaled = hierarchy.linkage(seg_sub, method='ward')
         hierarchy.dendrogram(linkages_unscaled)
         plt.show()
```

그림 10.5에서 3개의 클러스터가 4보다 더 적절하다는 것을 알 수 있다. 또한 거리(y 축에 표시됨)가 이전보다 훨씬 더 멀다. 이러한 클러스터는 소득에 의해 지배됐다.

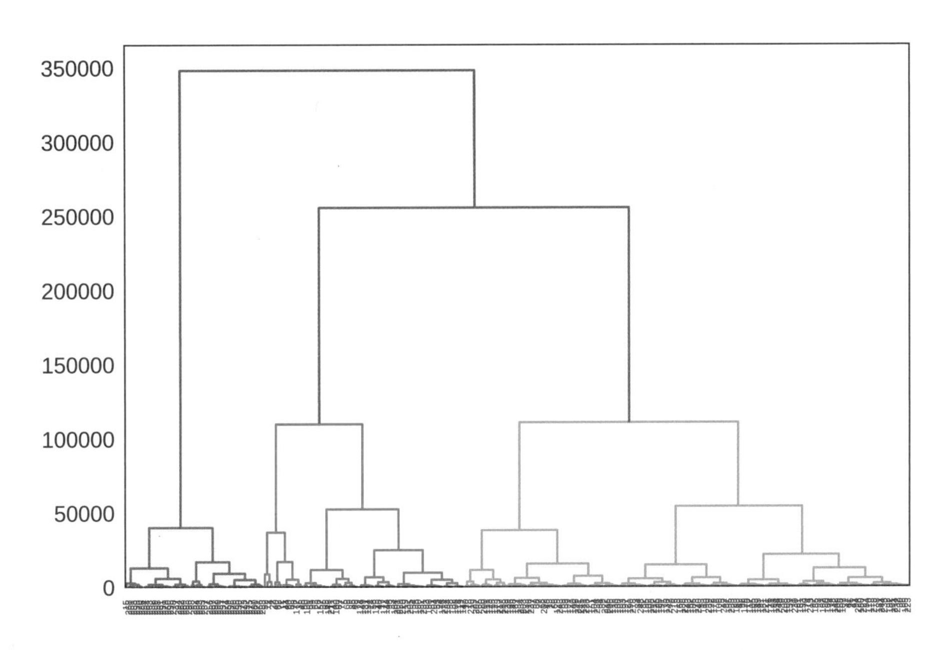

그림 10.5 크기 조정되지 않은 세그먼트 데이터의 전체 덴드로그램

check_clusters() 함수를 사용하면 약간 다른 패턴을 볼 수 있다.

```
In [30]: labels_unscaled = hierarchy.fcluster(linkages_unscaled, t=3,
                                              criterion='maxclust')
         check_clusters(seg_sub, labels_unscaled)
```

Out[30]:

	age	income	is_female	kids	own_home	subscribe
1	26.238778	20026.508497	0.320755	1.113208	0.150943	0.207547
2	48.102952	74464.263260	0.394737	1.052632	0.500000	0.052632
3	42.283774	49591.504755	0.567251	1.421053	0.508772	0.116959

세 클러스터는 소득에 따라 크게 분리돼 있으며, 그룹 1은 낮고 그룹 2는 높고 그룹 3은 중간이다. 그러나 그 이상으로 잠재적으로 흥미로운 패턴이 보인다. 그룹 1은 소득이 낮고 젊으며 3분의 2가 남성이고 아이들이 적고 주택 소유율이 낮지만 구독률이 높다. 그룹 2는 구독률이 가장 낮지만 소득이 가장 높다. 그룹 3은 그룹 2와 비슷한 주택 소유율을 보이지만 구독률이 두 배이고 여성이 가장 많으며 자녀가 더 많다.

이 경우 소득에 의해 지배됐음에도 불구하고 클러스터가 다른 차원에서도 잘 구별된다는 것은 흥미롭다. 이러한 클러스터가 아마도 비즈니스 관점에서 더 실행 가능하다고 주장할 수도 있을 것이다. 이는 클러스터링이 정확성보다는 해석 가능성에 더 가깝다는 것을 보여준다. 이 경우, 소득이 데이터셋의 다른 인구 통계에 대한 좋은 대변자이므로 크기 조정되지 않은 데이터는 크기 조정된 데이터보다 성능이 우수했다. 마케팅 연구원에게는 놀랄 일도 아니다.

그러나 가장 긴 범위의 변수가 정보를 제공하지 않았다면 크기 조정되지 않은 데이터는 데이터셋 내의 구조를 더 잘 드러낸다.

좀 더 잘 이해하기 위해 값을 기반으로 클러스터 멤버십을 시각화할 수 있다. 2개의 열에 대한 산점도를 생성한 다음 클러스터 멤버십을 기반으로 각 포인트에 색상을 지정하는 헬퍼 함수를 만든다. 예를 들어 연령과 소득을 기준으로 클러스터 멤버십을 조사할 수 있다.

```
In [31]: def cluster_plot_raw(x, y, labels):
             for l in np.unique(labels):
               idx = labels == l
               plt.scatter(x[idx],
                           y[idx],
                           label=l)
             plt.legend()
             plt.xlabel(x.name)
             plt.ylabel(y.name)

In [32]: cluster_plot_raw(seg_sub.age, seg_sub.income, labels_unscaled)
```

이 시각화(그림 10.6)는 의심했던 바를 확인해준다. 소득이 클러스터를 지배하고 있다. 이것이 흥미로운지 여부는 목표에 따라 다르다. 전반적으로 이 점은 유용한 것을 찾으려면 여러 가지 방법을 시도하고 반복해야 함을 보여준다.

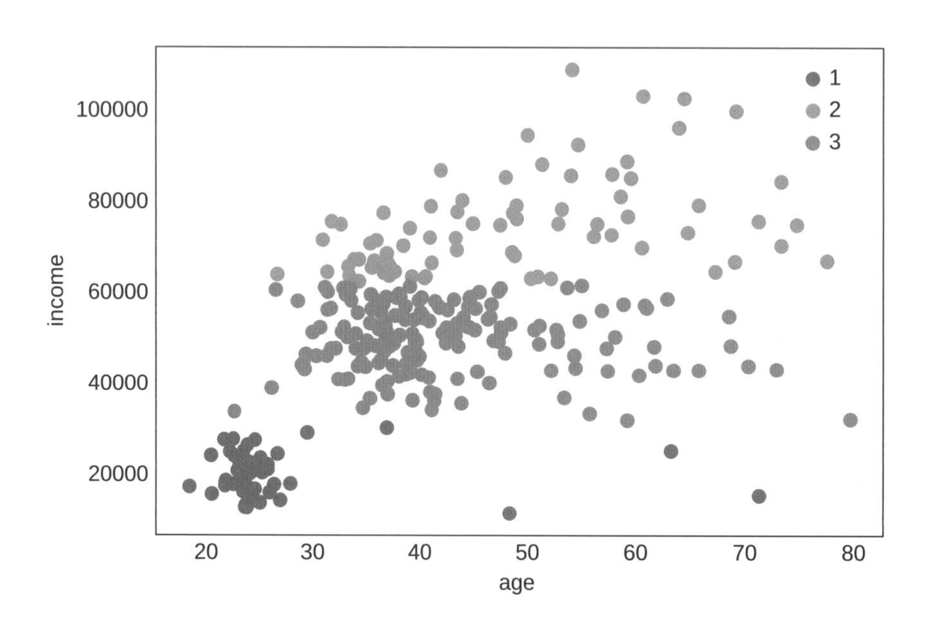

그림 10.6 크기 조정되지 않은 세그멘테이션 데이터에서 연령과 소득별로 세그먼트 3 계층적 솔루션을 도식화한 것. 색상은 세그먼트 멤버십을 나타낸다. 클러스터링은 주로 소득에 의해 지배되는 것으로 보인다.

10.3.4 평균 기반 클러스터링: k_means()

k-평균 클러스터화는 할당된 그룹의 다변량 중심에서 각 관측치의 제곱합의 평균 편차 측면에서 가장 간결한 그룹을 찾으려고 한다. 계층적 클러스터링과 마찬가지로 k-평균은 매우 널리 사용되는 접근 방식이다.

기본 알고리듬은 어떻게 작동할까? 이는 랜덤이나 비랜덤일 수 있는 초기 집합에서 시작한다. 평균 수는 지정해야 하는 매개변수다. 그런 다음 알고리듬은 다음 두 단계를 번갈아가며 수행한다.

- **할당**: 각 관측치는 가장 가까운 평균으로 나타난 클러스터에 할당되며, 근접성은 제곱 유클리드 거리의 최솟값으로 정의된다.
- **갱신**: 공통적으로 새로운 평균이 되는 각 클러스터의 중심을 계산한다.

이 변경은 관측치 할당이 안정될 때까지 반복된다.

평균 편차를 명시적으로 계산하기 때문에 k-평균 클러스터화는 유클리드 거리에 의존한다. 따라서 다른 거리 척도를 활용해 범주형 데이터에도 적용할 수 있는 계층적 클러스터링과 달리 수치 데이터나 수치로 합리적으로 강제 변환될 수 있는 데이터에만 적합하다.

클러스터 크기를 결정하는 행을 추가해 check_clusters() 함수를 확장하자.

```
In [33]: def check_clusters(data, labels):
             print(list(zip(*np.unique(labels, return_counts=True))))

             return pd.pivot_table(data,
                                   index=labels)
```

scikit-learn의 클러스터 모듈에서 k_means() 함수를 실행할 수 있다. k-평균 방법은 찾아야 할 클러스터 개수가 필요하다. 여기서는 n_clusters=4인 4개의 클러스터를 설정했다. 먼저 크기 조정된 데이터에서 이를 실행한다.

```
In [34]: import numpy as np
         from sklearn import cluster

         np.random.seed(536)
         centroids, labels, inertia = cluster.k_means(seg_sc, n_clusters=4)
         check_clusters(seg_sub, labels)

[(0, 73), (1, 101), (2, 91), (3, 35)]

Out[34]:        age        income  is_female      kids  own_home  subscribe
         0  31.672851  39921.012710   0.000000  1.821918  0.315068        0.0
         1  37.043120  49285.905471   1.000000  1.811881  0.405941        0.0
         2  55.112042  64282.900228   0.263736  0.142857  0.637363        0.0
         3  34.523881  41685.199147   0.542857  1.514286  0.314286        1.0
```

[(0, 73)으로 시작하는 줄은 check_clusters() 함수에서 출력되며 코랩 노트북의 결과 블록이나 주피터 노트북의 입력 및 출력 블록 사이에 나타난다.

또한 check_clusters() 함수를 실행해 제시된 그룹별로 데이터를 빠르게 확인했다. 여기서 클러스터 할당은 레이블 벡터에서 찾을 수 있다.

이러한 클러스터는 크기 조정된 데이터의 계층적 클러스터링에서 찾은 클러스터와 표면적으로 매우 유사하며, 모든 구독자가 포함된 그룹이 보인다(그룹 4). 이제 여성만 포함된 그룹(그룹 1)과 남성만 포함된 그룹(그룹 0)이 있다. 이들은 유용하지 않을 것이다. 세그멘테이션 분석에 의해 밝혀진 2개의 정말 중요한 그룹인 남성과 여성은 이해관계자에게 찬사를 받을 가능성이 낮다.

크기 조정되지 않은 데이터를 사용하면 어떨까? 4개 그룹과 3개 그룹으로 확인할 수 있다.

```
In [35]: centroids, k_labels_unscaled4, inertia = cluster.k_means(seg_sub,
                                                     n_clusters=4)
         check_clusters(seg_sub, k_labels_unscaled4)

[(0, 96), (1, 55), (2, 42), (3, 107)]

Out[35]:       age         income  is_female      kids  own_home  subscribe
         0  42.346106  60157.505981  0.541667  1.625000  0.447917   0.093750
         1  27.809087  20457.938690  0.327273  1.072727  0.163636   0.200000
         2  52.117381  81545.927332  0.309524  0.476190  0.571429   0.023810
         3  41.993915  45566.356272  0.570093  1.373832  0.532710   0.130841
```

```
In [36]: centroids, k_labels_unscaled3, inertia = cluster.k_means(seg_sub,
                                                     n_clusters=3)
         check_clusters(seg_sub, k_labels_unscaled3)

[(0, 64), (1, 65), (2, 171)]


Out[36]:       age         income  is_female      kids  own_home  subscribe
         0  29.635597  22520.530838  0.343750  1.109375  0.171875   0.187500
         1  49.494653  76393.497749  0.384615  0.923077  0.507692   0.046154
         2  41.889908  51426.578619  0.567251  1.467836  0.520468   0.116959
```

이 그룹은 다시 크기 조정하지 않은 데이터에서 찾은 계층적 클러스터처럼 보인다. 그와 유사하게, 잠재적으로 흥미로워 보인다. 각 그룹에는 주택 소유율이 낮고 구독률이 높은 젊은 저소득층이 있으며 주로 남성이다. 또한 구독률이 낮은 고소득 그룹이 있다. 4개 세그먼트 모델에서는 두 그룹 모두 더 잘 구별된다.

4개 세그먼트 모델에서 중간 그룹은 둘로 세그멘테이션된다. 이 점은 흥미로울 수도 있고 아닐 수도 있다. 예를 들어, 차별화되지 않는 이러한 그룹 간에 구독률의 차이가 나는 근본 원인을 이해하려고 노력할 수 있다.

클러스터링 모델에서 그룹 레이블은 임의의 순서이므로 솔루션이 다른 레이블로 된 동일한 패턴으로 표시되더라도 걱정하지 말라. 상자 그림을 사용해 그룹 간의 소득 차이를 시각적으로 확인할 수 있다.

```
In [37]: import matplotlib.pyplot as plt
         seg_sub.boxplot(column='income', by=k_labels_unscaled4)
         plt.xlabel('Cluster')
```

```
plt.ylabel('Income')
plt.suptitle('') # 클러스터 id 부제목을 제거
```

결과는 그림 10.7과 같으며, 부문별 소득 차이가 크다는 것을 확인할 수 있다. 또한 차원 도면에 대해 도식화해 클러스터를 시각화할 수 있다. 주성분으로 차원 축소를 수행하는 함수를 작성한 다음 클러스터 구성원이 식별된 관측치를 도식화한다(주성분 분석과 도식화는 9장 참조).

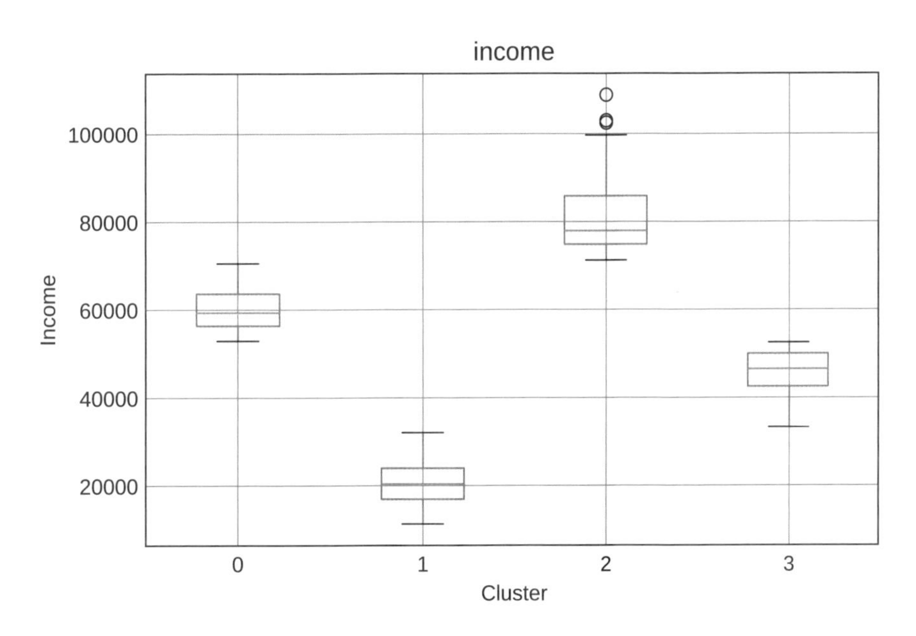

그림 10.7 k_means()로 찾은 클러스터별 소득 상자 그림

```
In [38]: from sklearn import decomposition
         from matplotlib import cm

         def cluster_plot(data_df, labels):
           p = decomposition.PCA(random_state=132, svd_solver='full')
           scaled_transformed = p.fit_transform(preprocessing.scale(data_df))
           for l in np.unique(labels):
             idx = np.where(labels == l)[0]
             plt.scatter(scaled_transformed[idx, 0],
                         scaled_transformed[idx, 1],
                         label=l)
           plt.legend()
           plt.title('First two components explain {}% of the variance'
                     .format(round(100*p.explained_variance_ratio_[:2].sum())))
           plt.xlabel('First principal component')
           plt.ylabel('Second principal component')


         cluster_plot(seg_sub, k_labels_unscaled4)
```

코드를 실행하면 그림 10.8과 같이 생성하는데, 예측 변수의 처음 두 주성분에 대해 색상별로 클러스터 할당을 표시한다(9.2.2절 참조). 그룹 1과 2는 크게 겹치는 반면 (차원 축소에서) 그룹 0과 3은 더 차별화된다. 이는 `check_clusters()`의 출력을 사용해 관찰한 것과 일치한다.

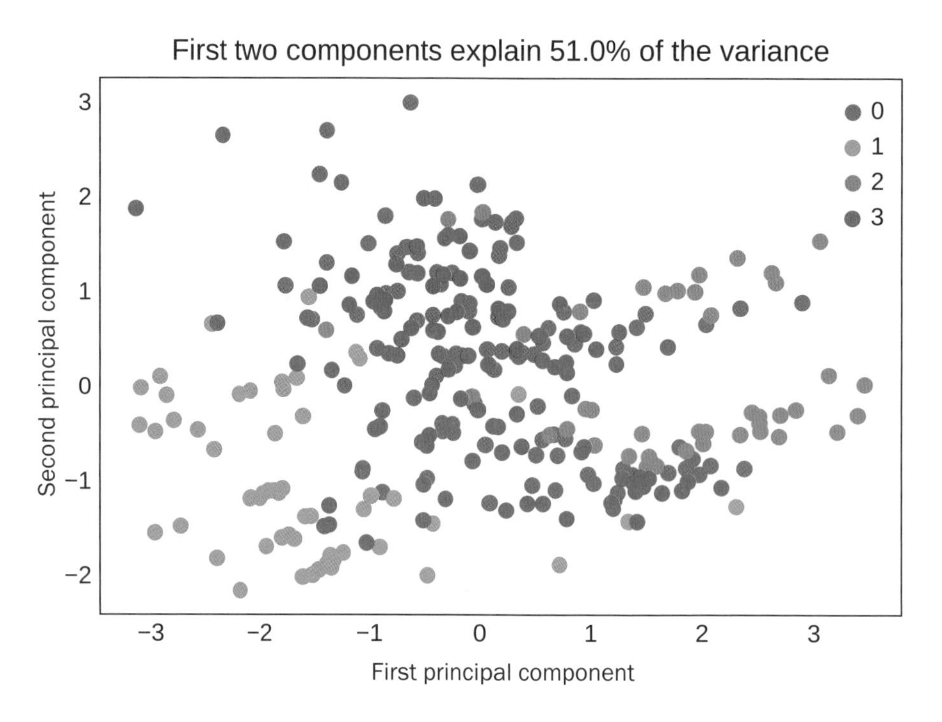

그림 10.8 k_means()에서 4개의 그룹 솔루션으로 생성된 클러스터 도면.
색상으로 식별되는 그룹 구성원이 있는 다차원 척도 도면에 대한 관측치를 보여준다.

전반적으로 이는 세그멘테이션 데이터에 대한 흥미로운 클러스터 솔루션이다. 여기 있는 그룹은 연령과 소득 같은 주요 변수에서 명확하게 구분된다. 이 정보를 사용해 분석가는 그룹 구성원을 주요 변수와 상호 참조한 다음 (`check_clusters()` 함수를 사용해 수행한 것처럼) 그룹의 상대적 차별화를 볼 수 있다(그림 10.8 참조).

이 점은 비즈니스 전략을 제시해줄 수 있다. 예를 들어, 현재 그룹 3이 적당히 잘 구별돼 있고 평균 소득이 가장 높다는 것을 알 수 있다. 이는 잠재적 캠페인의 좋은 타깃이 될 수 있다. 또는 구독률이 가장 높은 세그먼트로 그룹 0에 집중하고 시장을 성장시키는 방법을 이해해볼 수 있다. 다른 많은 전략도 가능하다. 여기서 핵심은 분석이 고려할 흥미로운 옵션을 제공해준다는 것이다.

10.3.5 모델 기반 클러스터링: GaussianMixture()

모델 기반 클러스터화의 핵심 아이디어는 통계적 분포가 다른 그룹(예: 다른 평균과 분산)에서 관측치를 가져온다는 것이다. 알고리듬은 관찰된 데이터를 설명하기 위해 이러한 기본 분포의 최상의 집합을 찾으려고 한다. 이를 보여주기 위해 scikit-learn의 혼합 모듈을 사용한다.

이러한 모델은 '혼합mixture 모델'이라고도 한다. 데이터가 성분component이라 불리는 서로 다른 그룹에서 추출한 관측치의 혼합을 반영한다고 가정하기 때문이다. 각 관측치가 어떤 구성 요소에서 추출됐는지는 알 수 없다. GaussianMixture() 모델은 관측치가 정규(가우스라고도 함) 분포의 혼합에서 추출됐다고 가정하며, 기본 구성 요소 매개변수와 혼합 비율을 추정하려고 한다.

어떻게 작동할까? 가장 일반적인 접근 방식은 기대 최대화EM, Expectation Maximization 알고리듬이라고 하며, 이는 k-평균에 사용되는 것과 유사하지만 반복적으로 중심을 추정하고 해당 중심으로부터의 거리를 사용해 각 가우스 성분에 속할 각 점의 확률을 추정한다(평균과 분산으로 정의). 따라서 각 모델은 임의 매개변수로 시작해 알고리듬은 다음 단계를 반복한다.

- **할당**: 각 관측치가 속할 가능성이 가장 높은 성분에 할당된다.
- **갱신**: 할당된 포인트가 주어지면 각 성분에 대한 매개변수가 갱신된다.

짐작할 수 있듯이 GaussianMixture()는 정규 분포로 데이터를 모델링하기 때문에 숫자 데이터만 사용한다. 모델은 GaussianMixture()에서 fit() 메서드를 사용해 추정되고 레이블은 predict() 메서드를 사용해 생성된다.

```
In [39]: from sklearn import mixture

         gmm4 = mixture.GaussianMixture(n_components=4,
                                        covariance_type='full',
                                        random_state=323).fit(seg_sub)
         gmm4_labels = gmm4.predict(seg_sub)
         gmm4.bic(seg_sub)

Out[39]: 7892.76042330893
```

GaussianMixture()는 모델 구성 요소의 수와 각 구성 요소 내의 공분산 구조를 입력으로 취한다. 앞에서는 각각 완전한 공분산 구조를 갖는 4개의 성분, 즉 4개의 그룹이나 클러스터로 모델을 적합화한다. 이것은 확률 모델이므로 베이즈 정보 기준BIC, Bayesian Information Criterion(Raftery 1995)과 같이 모델 적합도를 측정할 수 있는 척도가 있다. 예를 들어 성분 개수를 최적화해 모델을 최적화하는 목적 함수를 제공해줄 수 있다. 또한 클러스터 할당은 확률적이므로 각 개별 포인트에 대한 모델 신뢰도를 검사할 수 있다.

먼저 최적의 클러스터 수를 결정하자. 다른 성분 개수의 모델을 적합화하며 BIC 값을 비교해보면 된다.

```
In [40]: gmm_n_test = [mixture.GaussianMixture(n_components=n,
                                               covariance_type='full',
                                               random_state=323)
                                   .fit(seg_sub) for n in range(1,14)]
         plt.plot(range(1, 14), [g.bic(seg_sub) for g in gmm_n_test])
```

BIC 값이 낮을수록 더 나은 모델 적합도를 의미한다. 그림 10.9에서 4개의 성분이 최적이 아니라는 것을 알 수 있지만, 5개 성분을 초과하면 BIC 값은 10개의 성분 개수에 도달할 때까지 계속 떨어지지 않는다. 좋은 적합도에 대한 BIC 값은 음수일 것으로 예상되며, 이는 이러한 모형 적합이 그다지 강력하지 않다는 것을 나타낸다.

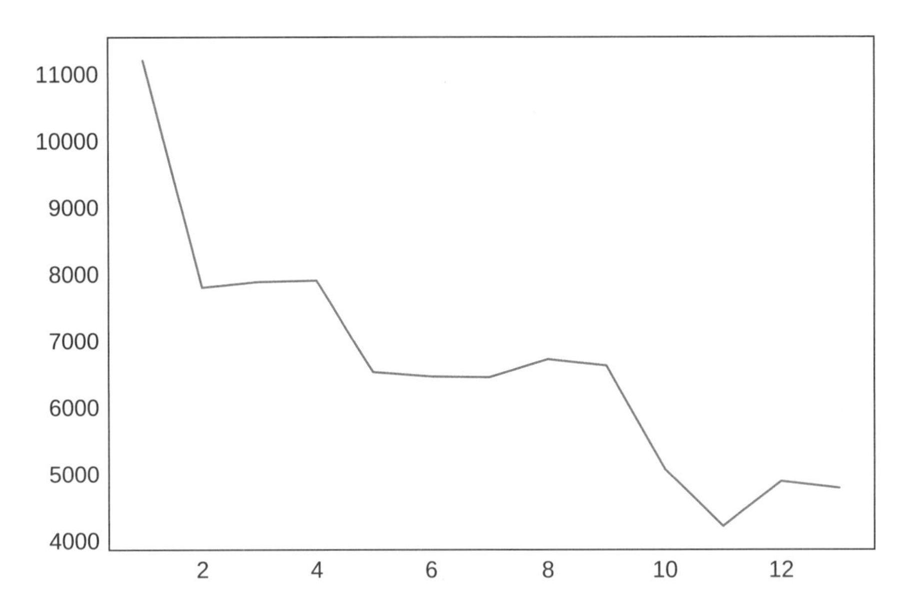

그림 10.9 GaussianMixture() 모델의 BIC 값을 성분 개수의 함수로 모델링한다. 모델 적합화는 10개의 성분에 도달할 때까지 5개의 성분 이상으로 개선되지 않는다.

가우스 혼합 모델에서 선택해야만 하는 또 다른 특징은 공분산 유형이다. 모델을 더 개선하기 위해 공분산 유형과 성분 개수를 모두 변경할 수 있다. 여기서는 리스트 컴프리헨션list comprehension과 딕셔너리 컴프리헨션dictionary comprehension을 사용하고 있다. 딕셔너리 컴프리헨션은 리스트 컴프리헨션과 유사하지만 리스트가 아닌 `dict` 객체를 생성한다. 리스트 컴프리헨션은 2.4.10절을 참조하라.

```
In [41]: gmm_n_v_test = {v: [mixture.GaussianMixture(n_components=n,
                                                 covariance_type=v,
                                                 random_state=323)
                             .fit(seg_sub) for n in range(1,14)]
                         for v in ['full', 'tied', 'diag', 'spherical']}
         gmm_n_v_test_bic = {v: [g.bic(seg_sub) for g in m]
                             for v, m in gmm_n_v_test.items()}
         pd.DataFrame(gmm_n_v_test_bic).plot()
```

그림 10.10을 보면 초기 시도한 전체 공분산이 합리적인 작업을 수행하는 것으로 보이지만, 대각 공분산은 최적의 적합화를 보여주고 6개의 성분 개수는 적절해 보인다.

다음으로 6개의 성분 개수로 찾은 클러스터를 살펴보자.

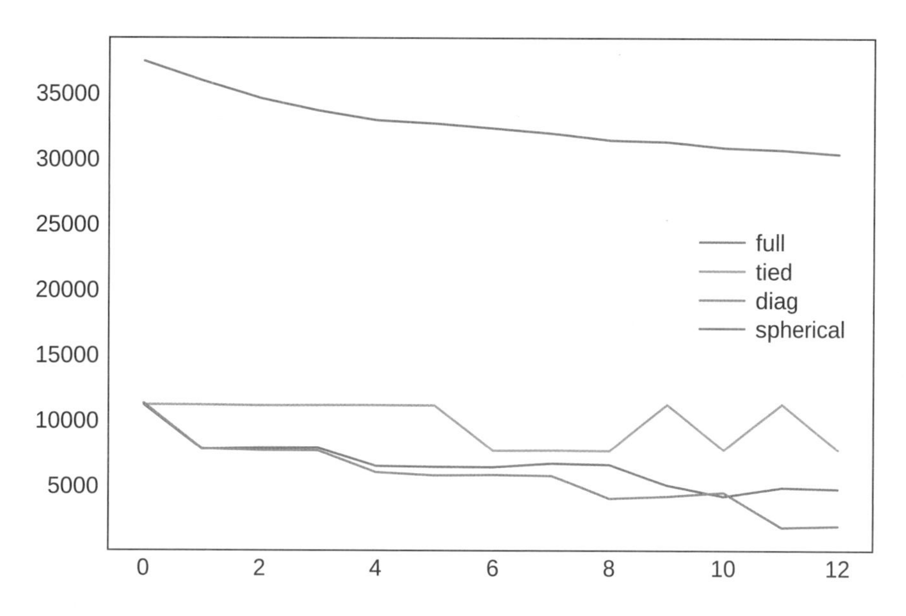

그림 10.10 GaussianMixture() 모델의 BIC 값을 성분 개수와 공분산 유형의 함수로 나타낸다. 대각선과 완전 공분산은 최적의 적합화를 제공한다.

```
In [42]: gmm5 = mixture.GaussianMixture(n_components=5,
                                         covariance_type='diag',
                                         random_state=323).fit(seg_sub)
         gmm5_labels = gmm5.predict(seg_sub)

In [43]: check_clusters(seg_sub, gmm5_labels)

[(0, 129), (1, 32), (2, 21), (3, 4), (4, 114)]
```

Out[43]:

	age	income	is_female	kids	own_home	subscribe
0	37.366073	52743.873543	0.581395	2.248062	0.465116	0.0000
1	23.630276	20251.707688	0.375000	1.593750	0.000000	0.3125
2	36.492245	51554.737478	0.619048	1.857143	0.333333	1.0000
3	52.523755	44005.211404	0.000000	0.500000	1.000000	1.0000
4	50.212110	56931.154434	0.385965	0.000000	0.543860	0.0000

이러한 클러스터는 실행 가능해 보이지 않는다. 거의 모든 관측치가 모든 비구독자를 포함하는 그룹 0이나 그룹 4에 속한다. 이 두 그룹은 몇 가지 척도로 구분되는데, 특히 어린이들로 구분된다. 그룹 4의 개개인은 자녀가 없는 반면, 그룹 0은 평균 2.24명의 자녀가 있다. 다시 말해 자녀가 있는 개인과 없는 개인이 매우 중요한 세그먼트일 수 있다는 생각은 정확하고 비즈니스와 관련이 있을 수도 있지만, 이를 찾기 위해 정교한 클러스터링 분석을 실제로 수행할 필요는 없다.

10.3.6 클러스터링 요약

지금까지 데이터셋에서 잠재적 관찰 그룹을 식별하는 세 가지 방법을 살펴봤다. 다음 절에서는 그룹이 정의된 후 관측치를 그룹으로 예측(분류)하는 방법에 대한 문제를 알아본다. 이 문제로 이동하기 전에 세그멘테이션 프로젝트의 성공에 중요한 두 가지 사항을 알아두자.

- 다른 기법은 다른 솔루션을 산출할 가능성이 높으며 일반적으로 절대적인 '정답'이란 없다. 잠재적 클러스터 수를 달리하는 여러 클러스터링 방법을 시도해보기를 권한다.
- 세그멘테이션의 결과는 주로 비즈니스 가치에 관한 것이며, 솔루션은 모델 적합성(예: BIC 사용)과 비즈니스 유용성 측면에서 평가돼야 한다. 모델 적합성은 중요한 기준이며 간과해서는 안 되지만, 궁극적으로 이해관계자가 답변을 전달하고 사용할 수 있어야 한다.

10.4 더 알아보기*

지금까지 클러스터링의 기본 사항을 다뤘다. 이러한 방법과 관련 통계 모델을 자세히 알려주는 많은 문헌이 있다. 통계 학습 분야에 대한 권장 문헌은 『가볍게 시작하는 통계학습』(루비페이퍼, 2013)이다. ISL에 대한 좀 더 고급화된 처리 기법은 『통계학으로 배우는 머신러닝 2/e』(에이콘, 2020)을 참고하라.

클러스터 분석의 경우 『Cluster Analysis』(Wiley, 2011)가 유익하며, 잠재 부류 분석은 『Latent Class and Latent Transition Analysis』(Wiley, 2010)를 참고하라.

파이썬은 여기에서 모두 다룰 수 없을 만큼 많은 클러스터링 알고리듬을 지원하지만, 몇 가지는 언급할 필요가 있다. scikit-learn 클러스터 모듈(scikit-learn developers 2019a)을 살펴보고 관련 참조를 읽어보면 좋다.

마케팅 세그멘테이션은 통계 관점의 일반적인 설명과는 다른 접근 방식과 뉘앙스를 개발했다. 예를 들어, 이 장에서 고려한 정적 단면 모델(세그멘테이션은 한 시점의 데이터만 검사) 외에도 시간에 따른 고객 라이프스타일 변화를 고려하는 동적 모델을 고려할 수 있다. 마케팅의 다양한 접근 방식에 대한 개요는 『Market Segmentation: Conceptual and Methodological Foundations』(Kluwer Academic Publishers, 2000)를 참고하라.

시간이 지남에 따라 부류 구성원의 변화를 모델링하는 다양한 방법이 있다. 한 가지 접근법은 Collins and Lanza(2010)에 설명된 잠재 전이 분석LTA, Latent Transition Analysis이다. 이 책을 쓰는 시점에서 LTA는 파이썬의 특정 패키지에서 지원되지 않는다. 또 다른 접근 방식은 마르코프 체인 모델Markov chain model과 같은 유한 상태 모델이다(Ross 2019 참조). 시간에 따른 변화가 미터법인 경우(즉, 그룹 간의 변화가 아닌 차원의 변화로 개념화됨), 대안은 종방향 구조 방정식 모델링 또는 잠재 성장 곡선 모델을 사용하는 것이다.

10.5 요점

여기서는 클러스터링 관점에서 세그멘테이션을 해결했으며, 여러 종류의 클러스터링 방법을 조사하고 비교해봤다. 세그먼트나 그룹이 식별되면 분류 방법은 새로운 관측치에 대한 그룹 구성원 상태를 예측하는 데 도움이 될 수 있다.

- 세그멘테이션 프로젝트에서 가장 중요한 질문은 비즈니스 측면이다('결과가 당면한 목적에 유용한가?', '고객 마케팅을 위한 새로운 전략에 영감을 줄 것인가?'). 따라서 여러 방법을 시도하고 그 결과의 유용성을 평가해보는 것이 중요하다(10.1.1절 참조).
- 거리 기반 클러스터링 방법은 유사한 관측치를 그룹화하려고 시도한다. 여기서는 `scipy.cluster.hierarchy()`로 계층적 클러스터링을 조사하고 `sklearn.cluster.k_means()`로 k-평균 그룹화를 알아봤다(10.3.2절). 거리 기반 측정은 측도 거리를 표현하는 방법에 의존하며, 이는 범주형 데이터에서는 매우 어렵다.
- 모델 기반 클러스터링 방법은 데이터가 표현하는 기본 분포를 모델링하려고 한다. 여기서는 정규 분포의 혼합으로 가정된 데이터의 모델 기반 클러스터링을 위해 `sklearn.mixture.GaussianMixture`를 사용했다(10.3.5절).
- 모델 기반 방법을 사용하면 베이즈 정보 기준BIC을 계산할 수 있으며, 이를 통해 가장 통계적으로 적합한 모델을 식별할 수 있다(10.3.5절). 모델 솔루션 사용에 대한 최종 결정은 통계(즉, 우수한 적합성)와 솔루션의 비즈니스 적용 가능성(즉, 실행 가능한 영향)을 기반으로 내리는 것이 좋다.

11 분류: 알려진 범주에 관측치 할당

10장에서는 클러스터링 방법을 사용해 데이터셋 내의 구조를 식별하는 방법을 배웠다. 클러스터링에서 가장 어려운 부분은 모델을 적용하는 것이 아니라 의미 있고 유용한 방식으로 출력을 해석하는 것이라는 점을 배웠다. 이 장에서는 지도 학습 방법을 살펴본다. 클러스터링과 달리 일반적으로 지도 학습 모델 결과값의 가치는 질문의 구성에 내재돼 있다. 따라서 해석은 더 쉬워지지만, 결과 변수와 지표 변수 사이에 강한 상호 관계가 필요하며, 이를 위해서는 잘 구조화되고 깔끔한 데이터가 필요하다. 통계적 모델링을 통해 사람들은 흔히 '쓰레기가 투입되면, 쓰레기가 출력된다garbage in, garbage out.'라고 말하는데, 이는 데이터가 고품질이 아니거나 입력 변수와 출력 변수 간에 실제 관계가 없으면 매우 정교한 모델조차도 신뢰할 수 있는 결과를 생성할 수 없음을 의미한다.

11.1 분류

클러스터링은 그룹 멤버십을 발견하는 프로세스인 반면, 분류는 멤버십의 예측이다. 이 절에서는 분류의 두 가지 예를 살펴보는데, 각각 세그먼트 멤버십의 예측과 서비스 구독 가능성 예측이다.

분류는 상태가 알려진 관측치를 사용해 예측 변수를 도출한 다음 해당 예측 변수를 새 관측치에 적용한다. 단일 데이터셋으로 작업할 때는 일반적으로 분류 모델을 개발하는 데 사용되는 훈련 집합과 성능을 결정하는 데 사용되는 테스트 집합으로 나뉜다. 모델 개발에 사용된 것과 동일한 관측치에 대해서는 성능을 평가하지 않는 것이 중요하다.

분류 프로젝트에는 일반적으로 최소한 다음 단계가 포함된다.

- 각 관측치에 대한 그룹 구성원이 알려져 있거나 이미 할당된 데이터셋이 수집된다(예: 행동 관찰, 전문가가 평가 혹은 클러스터링 절차).
- 데이터셋은 훈련 집합과 테스트 집합으로 나뉜다. 일반적인 패턴은 관측치의 50~80%(대개 70%)를 훈련

집합으로 선택하고 나머지를 테스트 집합에 할당하는 것이다.

- 훈련 데이터에 있는 구성원을 예측하는 것을 목표로 예측 모델이 구축된다.
- 결과 모델은 테스트 데이터를 사용해 성능을 평가한다. 성능이 우연성(기본율)을 초과하는지 확인하기 위해 평가된다. 또한 방법이 합리적인 대안(그리고 더 간단하거나 잘 알려진) 모델보다 더 나은 성능을 발휘하는지 평가할 수 있다.

분류는 클러스터링보다 훨씬 더 복잡한 영역으로서, 매년 수백 개의 방법과 수천 개의 학술 논문이 쏟아지면서 기술 및 데이터 분석 회사가 엄청난 관심을 갖고 있는 분야이다. 여기서의 목표는 모든 것을 다루는 것이 아니라 가장 잘 알려져 있고 가장 유용한 두 가지 분류 방법인 나이브 베이즈와 랜덤 포레스트 분류기를 사용해 파이썬과 scikit-learn으로 일반적인 패턴을 보여주는 것이다.

11.1.1 나이브 베이즈 분류: GaussianNB()

간단하지만 강력한 분류 방법은 나이브 베이즈NB, Naive Bayes 분류기를 이용하는 것이다. 나이브 베이즈는 훈련 데이터를 사용해 독립이라고 간주되는 각 예측 변수의 함수로서 부류 구성원의 확률을 학습한다(따라서 '나이브naive'). 새로운 데이터에 적용할 때 부류 멤버십은 예측자의 조합에 의해 할당된 결합 확률에 따라 가능성이 높은 범주로 할당된다. 여기서는 scikit-learn의 naive_bayes 라이브러리를 사용한다(Pedregosa et al, 2011).

10장에서와 동일한 데이터를 사용할 것이다.

```
In [0]: import pandas as pd
        seg_df = pd.read_csv('http://bit.ly/PMR-ch5')
        seg_df['is_female'] = seg_df.gender == 'female'
        seg_sub = seg_df.drop(['Segment', 'gender'], axis=1)
        seg_sub.head()
```

분류기를 학습하는 첫 번째 단계는 데이터를 훈련 데이터와 테스트 데이터로 분리하는 것이다. 그러면 모델이 테스트 데이터에서 작동하는지(또는 대신 훈련 데이터에 과적합되는지) 확인할 수 있다. 훈련에 사용할 데이터의 70%를 선택하고 선택하지 않은 부분을 홀드아웃(테스트) 데이터로 유지한다. 분류에는 새 값을 할당하는 방법을 배우기 위해 알려진 세그먼트 할당 값이 필요한데, 여기서는 seg_labels에 저장할 것이다. 일반적 규칙은 독립 변수는 X(예: X_train과 X_test)에 할당하고 종속 변수(또는 레이블)는 y(예: y_train과 y_test)에 할당한다.

```
In [1]: import numpy as np

        seg_labels = seg_df.Segment
        np.random.seed(537)
        rand_idx = np.random.rand(seg_labels.shape[0])
        train_idx = rand_idx <= 0.7
        test_idx = rand_idx > 0.7

        X_train = seg_sub.iloc[train_idx]
        X_test = seg_sub.iloc[test_idx]
```

```
y_train = seg_labels.iloc[train_idx]
y_test = seg_labels.iloc[test_idx]
```

왜 X_test와 y_test에서 데이터의 하위 집합을 보유할까? 바로 모델의 과적합을 평가하기 위해서이다. 모델은 훈련 데이터를 엄청나게 잘 학습하고 100% 정확도로 훈련 데이터셋 내에서 레이블을 할당할 수 있지만, 모델이 관찰되지 않은 데이터에 대해서도 효과적이도록 일반화되길 바란다. 데이터의 한 부분집합에 대해 모델을 훈련시킨 다음 다른 부분집합에 대한 성능을 평가해 알려지지 않은 데이터에 대한 성능을 추정할 수 있다.

그런 다음 훈련 데이터를 사용해 나이브 베이즈 분류기를 훈련시켜 훈련 집합의 다른 모든 변수로부터 세그먼트 멤버십을 예측한다. 명령은 매우 간단하다.

```
In [2]: from sklearn import naive_bayes

        nb = naive_bayes.GaussianNB()

        nb.fit(X_train, y_train)

        list(zip(nb.classes_, nb.class_prior_))

Out[2]: [('moving up', 0.27102803738317754),
         ('suburb_mix', 0.32242990654205606),
         ('travelers', 0.2523364485981308),
         ('urban_hip', 0.1542056074766355)]
```

class_prior_ 값을 살펴보면 모델 작동 방식에 대한 통찰을 얻을 수 있다. 첫째, 세그먼트 멤버십의 사전 우도(즉, 다른 정보가 추가되기 전에 예상되는 멤버십 확률)는 Moving up 세그먼트의 경우 27.1%, Suburb mix 세그먼트의 경우 32.2% 등이다. 모델은 각 예측 변수에 조건부 확률을 사용한다.

NB 분류기는 훈련 데이터에서 찾은 세그먼트를 조건으로 성별, 연령 등의 관찰된 확률로 시작한다. 그런 다음 베이즈의 규칙Bayes' Rules을 사용해 성별, 연령 등에 따라 세그먼트 확률을 계산한다. 그런 다음 테스트 데이터와 같은 새로운 관측치에서 세그먼트 멤버십을 추정하는 데 사용할 수 있다(예: 레이블 지정 혹은 예측). 베이즈의 규칙이 어떻게 작동하는지에 대한 설명은 아마 살펴봤을 것이므로 여기서 반복하지는 않겠다. 자세한 내용은 Kruschke(2016)와 같은 베이즈 방법에 대한 일반 문헌을 참조하라.

실제로는 어떤가? 훈련 데이터와 테스트 데이터 모두에 대해 예측을 생성할 수 있으며 일부 사용자에 대한 참 값과 예측 레이블을 확인해볼 수 있다.

```
In [3]: predictions = nb.predict(seg_sub)
        seg_sub_pred = seg_sub.copy()
        seg_sub_pred['prediction'] = predictions
        seg_sub_pred['true_segment'] = seg_df['Segment']
        seg_sub_pred.sample(5)

Out[3]:          age        income  kids  own_home  subscribe  is_female  \
        183  32.806946  60752.625106     5     False      False       True
```

```
194  43.302666  71789.130948     1     False       False       False
201  34.294615  62236.114534     5     False       False       False
99   31.673893  75433.895743     3      True       False       False
10   79.650722  32013.086824     0      True       False       False

     prediction  true_segment
183   moving_up     moving_up
194  suburb_mix     moving_up
201   moving_up     moving_up
99   suburb_mix    suburb_mix
10    travelers     travelers
```

결과를 살펴보자. 첫째, prediction 열과 true_segment 열을 비교하면 모델이 잘 수행되고 있는 것으로 보인다. 하나의 행만 다르다. 이 모델은 합리적인 예측을 생성하기 위해 다른 필드인 연령, 소득, 자녀 수 등을 사용했다.

모델이 소수의 사용자에게 상당히 잘 수행됐다. 하지만 전반적으로는 얼마나 잘 수행될 것인가? 테스트 데이터에 score() 메서드를 사용해 모델의 정확성을 확인할 수 있다.

```
In [4]: nb.score(X_test, y_test)

Out[4]: 0.8488372093023255
```

이는 예측된 세그먼트 멤버십과 참 세그먼트 멤버십 간에 일치된 값인 정확도 점수를 반환한다. 이 경우에는 약 85%이다.

그러나 결과의 기본 비율이 높다면 높은 원시 정확도 자체는 큰 의미가 없다. 예를 들어 소비자의 98%가 제품을 구매하지 않는 경우라면 95%(3% 감소)의 예측 정확도는 단순히 100%로 비구매(2% 감소)를 예측하는 것보다 더 나쁜 셈이다. 원시 정확도 대신 예측력 측면에서 모델의 성능을 평가해야 한다. 일반적으로 사용되는 측정 항목은 정밀도와 재현율의 조화 평균인 F_1 점수이다(아래에서 자세히 소개한다).

예제의 경우 NB가 테스트 데이터의 세그먼트를 불완전하게 복구할 수 있었지만 무작위보다는 훨씬 나으며 F_1 점수도 약 85%이다.

```
In [5]: from sklearn import metrics

        y_pred = nb.predict(X_test)

        metrics.f1_score(y_true=y_test, y_pred=y_pred, average='weighted')

Out[5]: 0.8532809445929236
```

average 매개변수는 4개의 다른 세그먼트(sklearn에서는 클래스class라고 함)의 성능을 결합하는 방법을 지정한다(이 경우 가중치 적용). 즉, F_1 점수는 각 클래스에 대해 계산되고 평균은 모집단의 클래스 비율에 따라 가중된다.

머신러닝에서 혼동 행렬confusion matrix로 알려진 것을 사용해 각 범주의 성능을 비교한다.

```
In [6]: import seaborn as sns
        import matplotlib.pyplot as plt
        def confusion_matrix(y_true, y_pred, model):
          conf_mat = metrics.confusion_matrix(y_true, y_pred)

          sns.heatmap(conf_mat.T,
                      xticklabels=model.classes_, yticklabels=model.classes_,
                      annot=True, fmt='d')
          plt.xlabel('true label')
          plt.ylabel('predicted label')

In [7]: confusion_matrix(y_test, y_pred, nb)
```

출력은 그림 11.1에서 볼 수 있다.

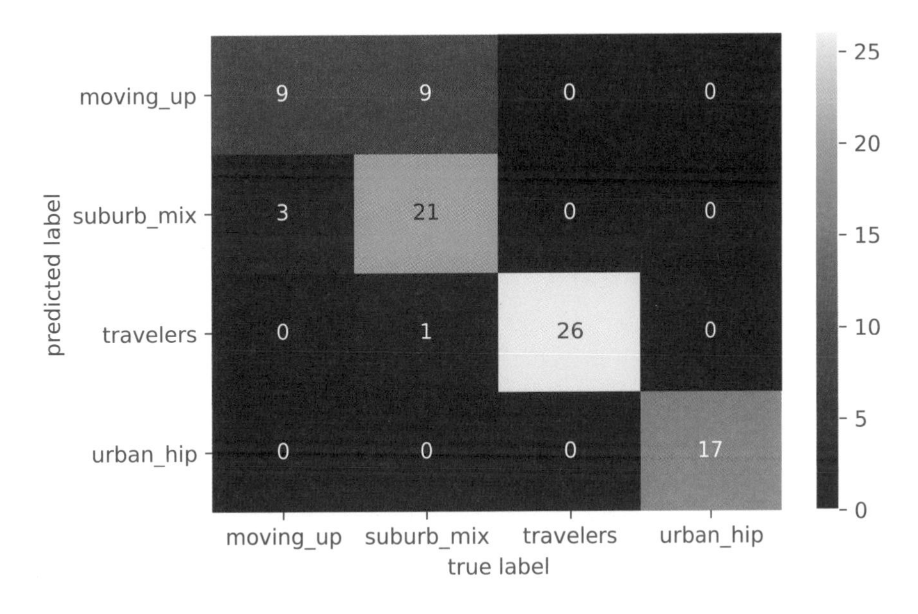

그림 11.1 혼동 행렬은 모델의 클래스별 성능을 보여준다. NB 모델은 여행자와 urban_hip 식별에서 잘 수행됐고 suburb_mix에서는 조금 덜 잘 수행됐으며 moving_up에서는 다소 열악했다.

올바른 예측은 대각에 표시된다. NB 예측(행에 표시됨)은 `moving_up`을 제외하고 각 세그먼트에서 대부분의 관측치에 대해 정확했다. 개별 범주를 조사할 때 NB가 Urban hip 세그먼트의 모든 제시된 구성원(제시된 17개 중 17개 정답)과 Traveler 제안의 96% 이상(제시된 27개 중 26개 정답)에 대해 정확하다는 것을 알 수 있다. 그러나 실제 Suburb mix 응답자 31명 중 10명을 다른 부문으로 잘못 분류했으며, 마찬가지로 실제 Moving up 부문의 9명을 식별하지 못했다.

이 점은 예측의 비대칭성을 보여준다. 모델은 참 긍정과 참 부정을 모두 정확하게 식별해야 한다. 머신러닝의 두 가지 중요한 통계 개념에 해당하는 이러한 요구 사항 사이에는 상호 보완성이 있다.

첫 번째는 정밀도로, 특정 레이블이 참 레이블로 식별되는 샘플의 비율이다. 즉, 모든 긍정 중 참 긍정인 레이블의 비율이다.

$$정밀도 = \frac{참\ 긍정}{참\ 긍정 + 거짓\ 긍정} \tag{11.1}$$

혼동 행렬의 행에서 정밀도를 읽을 수 있다. 예제의 경우 NB 모델은 Urban hip 세그먼트(17/17)에 대해 100%, Travelers 세그먼트(26/27)에 대해 96%, Suburban mix 세그먼트(21/24)에 대해 87.5%의 정밀도를 보여줬다. Moving up 세그먼트(9/18)에 대해서만 50%의 정밀도에 그쳤다.

두 번째 중요한 개념은 재현율 또는 민감도이며 참 긍정 비율이라고도 한다. 이는 모든 긍정 비율 중 제대로 식별된 비중이다.

$$재현율 = \frac{참\ 긍정}{참\ 긍정 + 거짓\ 부정} \tag{11.2}$$

혼동 행렬의 열에서 재현율을 읽을 수 있다. 여기서 NB 모델은 Urban hip(17/17)과 Travelers(26/26) 세그먼트에 대해 100%의 재현율을 보여줬지만 Suburban mix 세그먼트(21/31)에 대해서는 68%, Moving up 세그먼트에 대해서는 75%에 그쳤다(9/12).

이전의 F_1 점수로 돌아가보자. 공식은 다음과 같다.

$$F_1 = 2 \cdot \frac{정밀도 \cdot 재현율}{정밀도 + 재현율} \tag{11.3}$$

이러한 값을 계산하는 함수를 작성할 수도 있다.

```
In [8]: def return_precision_recall(y_true, y_pred, model):
            conf_mat = metrics.confusion_matrix(y_true, y_pred)

            precision = pd.Series(metrics.precision_score(y_test,
                                                          y_pred,
                                                          average=None),
                                  index=model.classes_)
            recall = pd.Series(metrics.recall_score(y_test,
                                                    y_pred,
                                                    average=None),
                               index=model.classes_)
            f1 = pd.Series(2 * (precision * recall)/(precision + recall),
                           index=model.classes_)

            return pd.DataFrame([precision, recall, f1], index=['precision',
                                                                'recall', 'f1'])

In [9]: return_precision_recall(y_test, y_pred, nb)

Out[9]:            moving up  suburb_mix  travelers  urban_hip
        precision       0.50    0.875000   0.962963        1.0
        recall          0.75    0.677419   1.000000        1.0
        f1              0.60    0.763636   0.981132        1.0
```

비용 관점에서 보면 거짓 긍정이나 거짓 부정에 비해 참 긍정과 참 부정을 식별하는 것은 사업상 이익이 다를 수 있다. 이러한 비용을 추정한 경우 혼동 행렬을 사용해 분류 결과를 평가하기 위한 사용자 지정 척도를 계산할 수 있다.

모델 성능을 더 잘 이해하기 위해 그림 11.2처럼 PCA 공간에서 결정 경계를 시각화할 수 있다.

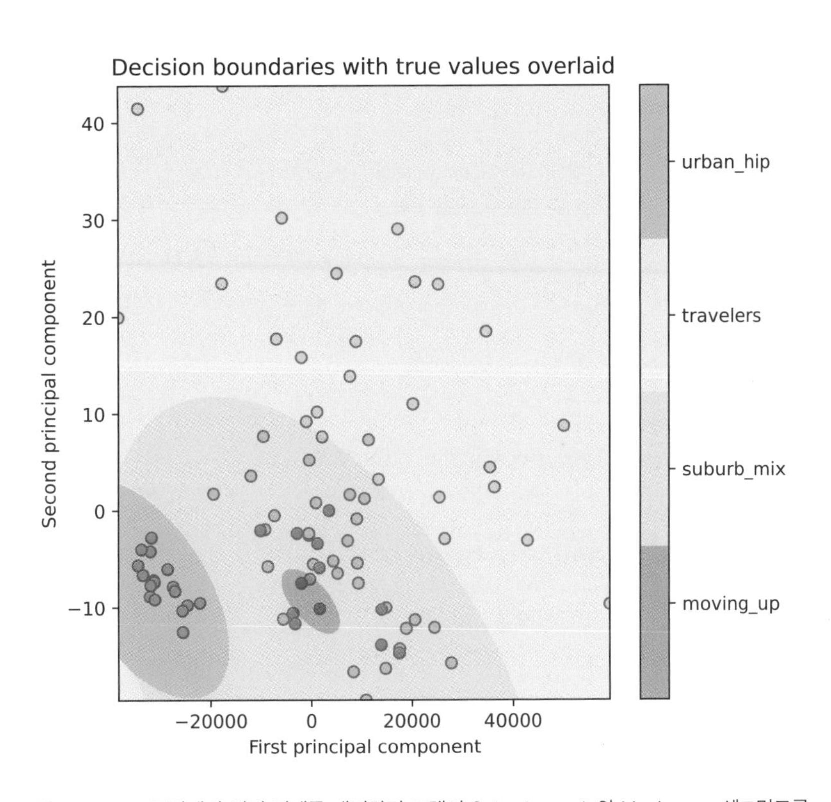

그림 11.2 PCA 공간에서 결정 경계를 매핑하면 모델이 Suburban mix와 Moving up 세그먼트를 제대로 구분하지 못하는 이유가 드러난다. 이들은 처음 두 주성분에 산포해 있다.

```
In [10]: from sklearn import clone, decomposition

         def plot_decision_pca(model, X, y):
           width, height = 500, 500

           # PCA를 사용해 X 값을 변환
           p = decomposition.PCA(random_state=132, svd_solver='full')
           X_transformed = p.fit_transform(X.iloc[:,:2])

           # 첫 2개 차원을 끄집어낸다
           x0 = X_transformed[:, 0]
           x1 = X_transformed[:, 1]

           # min과 max 값 사이의 균등 분포 값을 얻는다
           x0_g = np.linspace(x0.min(), x0.max(), width)
           x1_g = np.linspace(x1.min(), x1.max(), height)
```

```
    # 각 벡터로부터 균등 분포된 '그리드(grid)'를 얻는다
    xx, yy = np.meshgrid(x0_g, x1_g)

    # 샘플 값을 같이 쌓는다
    X_grid_transformed = np.vstack([xx.ravel(), yy.ravel()]).T

    # 비PCA 변환값을 얻기 위해 역 변환을 한다
    X_grid = p.inverse_transform(X_grid_transformed)

    # 첫 두 PCA 열로부터 역 변환된 것을 이용해 모델 복제를 적합화한다
    # 표본 값을 예측한다
    model_c = clone(model)
    model_c.fit(p.inverse_transform(np.vstack([x0, x1]).T), y)
    X_grid_labels = model_c.predict(X_grid)

    # 클래스 매퍼(mapper)를 생성해 클래스 문자열을 정수로 매핑한다
    class_mapper = {class_:i for i,class_ in enumerate(model.classes_)}

    plt.figure(figsize=(6,6))
    # 예측 값을 도식화
    a = plt.scatter(x0, x1,
                    c=[class_mapper[label] for label in y],
                    cmap=plt.cm.rainbow, edgecolor='k', vmin=0, vmax=3)
    plt.contourf(xx, yy,
                 np.reshape([class_mapper[label]
                             for label in X_grid_labels],
                            (width, height)),
                 cmap=a.cmap, alpha=0.5, levels=3)
    cb = plt.colorbar(ticks=[0.5, 1.2, 2, 2.8])
    _ = cb.ax.set_yticklabels(model.classes_)
    plt.title('Decision boundaries with true values overlaid')
    plt.xlabel('First principal component')
    plt.ylabel('Second principal component')

In [11]: plot_decision_pca(nb, X_test, y_test)
```

그림 11.2를 생성하는 코드는 다소 복잡하다. 간단히 요약하면, 이 작업은 PCA 공간의 처음 두 성분 내의 그리드에서 균등하게 샘플링해 각 지점에서 모델 예측을 평가하는 것이다. 그런 다음 테스트 집합의 참 값을 중첩하고 모델 예측과 일치하지 않는 부분을 확인할 수 있다.

결정 경계 도면을 보면 모델의 성능이나 부족한 점에 대한 통찰을 얻을 수 있다. 이 경우 Suburban mix와 Moving up 세그먼트가 산재돼 있음을 알 수 있으며, 이는 혼동 행렬에서 본 것과 일치한다. 이를 어떻게 처리할 것인지에 대한 질문이 바로 비즈니스 결정이 된다. 예를 들어, 이 두 세그먼트를 구분하고 축소할 필요가 없다고 결정할 수 있다. 또는 교육 수준이나 자동차 소유와 같이 이 두 세그먼트에서 서로 다른 유형의 데이터를 수집하려고 할 수 있다.

클러스터링과 마찬가지로 10장에서 작성한 요약 함수를 사용해 예측된 세그먼트의 요약 값을 확인한다. 그러나 이제 테스트 데이터에 레이블을 지정했으므로 이를 참 멤버십을 사용해 요약 값과 비교할 수도 있다.

```
In [12]: !pip install python_marketing_research
         from python_marketing_research_functions import chapter10
         chapter10.check_clusters(seg_sub, nb.predict(seg_sub))

[('moving up', 75), ('suburb_mix', 91), ('travelers', 84), ('urban_hip', 50)]


Out[12]:                    age        income  is_female      kids  own_home  \
         moving up    34.550570  49054.980474   0.760000  1.906667  0.400000
         suburb_mix   40.251478  57644.538964   0.461538  1.978022  0.461538
         travelers    57.489784  62650.866954   0.345238  0.023810  0.642857
         urban_hip    23.873716  20267.737317   0.320000  1.140000  0.140000

                      subscribe
         moving up     0.213333
         suburb_mix    0.054945
         travelers     0.035714
         urban_hip     0.220000

In [13]: chapter10.check_clusters(seg_sub, seg_labels)

[('moving up', 70), ('suburb_mix', 100), ('travelers', 80), ('urban_hip', 50)]


Out[13]:                    age        income  is_female      kids  own_home  \
         Segment
         moving up    36.216087  51763.552666      0.700  1.857143  0.357143
         suburb_mix   39.284730  55552.282925      0.530  1.950000  0.480000
         travelers    57.746500  62609.655328      0.325  0.000000  0.662500
         urban_hip    23.873716  20267.737317      0.320  1.140000  0.140000

                      subscribe
         Segment
         moving up     0.214286
         suburb_mix    0.070000
         travelers     0.025000
         urban_hip     0.220000
```

제안된 세그먼트에 대한 인구 통계 요약(위의 첫 번째 요약)은 참 세그먼트의 값(두 번째 요약)과 매우 유사하다. 따라서 NB는 일부 관측치를 잘못된 세그먼트에 할당했지만, 전체적인 세그먼트 설명 값의 모델(최소한 평균값에서)은 제안된 세그먼트 및 참 세그먼트와 유사하다. 테스트 데이터를 사용해 이러한 비교를 수행하면 할당이 사례별로 완벽하지는 않지만 전체 그룹 정의가 매우 유사하다는 확신을 갖게 된다.

나이브 베이즈 모델의 경우 가장 가능성이 높은 세그먼트뿐만 아니라 predict_proba() 메서드를 사용해 각 세그먼트의 멤버십 승산비도 추정할 수 있다.

```
In [14]: pd.DataFrame(nb.predict_proba(seg_sub),
                      columns=nb.classes_).sample(5).round(4)

Out[14]:      moving_up  suburb_mix  travelers  urban_hip
```

```
26      0.0000      0.0065      0.9935         0.0
188     0.7116      0.2851      0.0033         0.0
263     0.0000      0.0000      0.0000         1.0
129     0.5240      0.4759      0.0001         0.0
192     0.5957      0.4043      0.0000         0.0
```

이는 응답자 188이 Moving up일 가능성이 약 71%이고 Suburban mix에 있을 가능성이 29%라는 것을 알려준다. 응답자 26은 Travelers에 있을 가능성이 거의 100%로 추정된다. 이러한 종류의 개인 수준 세부 정보는 타기팅의 어려움과 확실성의 정도에 따라 어떤 개인을 타기팅할지 제안할 수 있다. 비용이 많이 드는 캠페인의 경우 세그먼트에 포함되는 것이 가장 확실한 캠페인만 타기팅할 수 있다. 저비용 캠페인의 경우 기본 세그먼트 할당 외에도 두 번째로 좋은 세그먼트 멤버십을 위해 사람들을 타기팅할 수 있다. 할당되지 않은 새로운 사례에 대한 구성원을 예측할 수 있기 때문에 분류 모델에 사용된 관련 예측자 데이터가 있는 한 데이터베이스에서 새 고객이나 다른 사람의 점수를 매길 수 있다.

나이브 베이즈 모델은 여기서 분석된 데이터에서 잘 작동하며, 우연보다 훨씬 나은 성능(세그먼트 할당의 전체 85% 정확도)과 제안된 세그먼트와 참 세그먼트 간에 유사한 인구 통계를 갖고 있다고 결론을 내린다. 또한 회원 우도에 대한 해석 가능한 개인 수준 추정을 제공한다.

물론 나이브 베이즈가 잘 수행되지 않을 때도 있으므로 항상 여러 방법을 시도하는 것이 좋다. 그 대안으로 다음은 랜덤 포레스트 모델을 살펴본다.

11.1.2 랜덤 포레스트 분류: RandomForestClassifier()

랜덤 포레스트RF, Random Forest 분류기는 단일 모델을 데이터에 적합화하지 않고 그 대신 데이터를 연합으로 분류하는 모델의 앙상블을 구축한다(Breiman 2001, Liaw and Wiener 2002). RF는 많은 수의 분류 트리를 적합화해 이를 수행한다. 다양한 모델을 찾기 위해 각 트리는 일부 예측 변수만 사용해 일부 관측치(이 경우 고객)에만 적합하도록 최적화된다. 모든 트리의 앙상블은 포레스트forest가 된다.

새로운 케이스가 예측될 때면, 모든 트리에서 예측하고 최종 결정은 가장 많은 표를 얻은 합의 값에 부여된다. 이러한 방식으로 랜덤 포레스트는 정밀한 모델 사양에 대한 종속성을 피하면서 공선성 혹은 와이드wide 데이터(행보다 열이 더 많음)와 같은 어려운 데이터 조건에서도 탄력성을 유지한다. 랜덤 포레스트 모델은 다양한 데이터셋과 문제에서 잘 수행된다(Fernández-Delgado et al. 2014).

파이썬에서는 나이브 베이즈 모델과 매우 유사한 코드로 랜덤 포레스트를 생성할 수 있다. 11.1.1절에서와 동일한 X_train 훈련 데이터를 사용하고, 분류기에 적합화하도록 scikit-learn 앙상블 패키지에서 RandomForestClassifier()를 호출한다.

```
In [15]: from sklearn import ensemble

         np.random.seed(23432)
         rf = ensemble.RandomForestClassifier(n_estimators=50)
```

```
        rf.fit(X_train, y_train)
```

RandomForestClassifier() 호출에서는 다음과 같은 두 가지 사항에 주의해야 한다. 첫째, 랜덤 포레스트는 이름에서 알 수 있듯이 어느 정도 임의적이다. 확률적으로 변수와 데이터의 하위 집합을 선택하므로, 모델링 전에 set.seed()를 사용하고 나중에 코드를 다시 실행하면 동일한 모델을 얻을 수 있다. 둘째, n_estimators=50 인수를 사용해 포레스트에 만들 트리 수를 지정했다.

과적합 위험은 거의 없으므로 RF 모델에 더 많은 트리를 사용하는 것이 일반적이다. 예를 들어 많은 사람이 1,000개의 트리로 시작할 것이다. 그러나 실제로는 많은 트리 개수의 모델이 종종 적은 트리 개수의 모델에 비해 정확도를 그다지 향상시키지 않는다. 그러나 예측된 클래스 확률과 변수 중요도에 더 높은 감도를 사용해 종종 모델의 정밀도를 향상시킨다(11.1.3절 참조). 최적의 트리 수를 결정하려면 초매개변수 튜닝을 사용하는 것이 일반적이다(11.2절 참조).

여기서도 모델의 F_1 점수를 다시 확인할 수 있다.

```
In [16]: rf.score(X_test, y_test)

Out[16]: 0.7558139534883721

In [17]: y_pred = rf.predict(X_test)

         metrics.f1_score(y_test, y_pred, average='micro')

Out[17]: 0.7582299105153958
```

RF 모델은 NB 모델보다 성능이 조금 떨어지지만 여전히 상당히 강력하다. 클래스 수준 성능을 더 잘 이해하기 위해 그림 11.3의 혼동 행렬을 검사할 수 있다.

```
In [18]: confusion_matrix(y_test, y_pred, rf)
```

그리고 클래스별 정밀도와 재현율을 살펴보라.

```
In [19]: return_precision_recall(y_test, y_pred, rf)

Out[19]:             moving up  suburb_mix  travelers  urban_hip
         precision    0.294118    0.739130   0.928571   0.944444
         recall       0.416667    0.548387   1.000000   1.000000
         f1           0.344828    0.629630   0.962963   0.971429
```

전반적으로 RF 모델은 NB 모델보다 조금 나쁘지만 유사하게 수행됐다. RF 모델은 Suburban mix와 Moving up 세그먼트를 구분하는 데 있어서 나쁜 성능을 보였다.

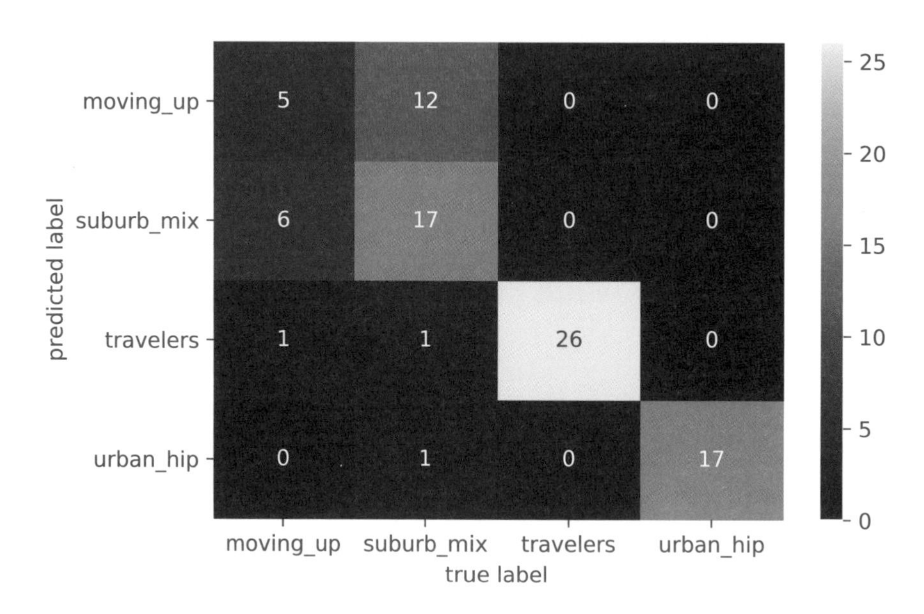

그림 11.3 NB 모델과 마찬가지로 RF 모델은 travelers와 urban_hip을 식별하는 데 있어서 잘 수행됐지만, suburb_mix와 moving_up에서는 덜 잘 수행됐다.

그림 11.4(코드 생략)의 결정 경계 시각화를 살펴보면 NB 모델과 RF 모델 간의 차이에 대한 통찰을 얻을 수 있다. NB 모델의 경우 결정 경계가 매끄럽고 볼록한 반면, RF 모델은 들쭉날쭉하고 불연속적인 경계가 만들어진다. 이는 NB 모델 경계는 특징 분포의 가우스 추정치로 정의되는 반면, RF 모델은 특징의 기저 분포에 대한 가정을 하지 않지만 공간의 다른 부분에서 연관 패턴을 찾을 수 있다는 사실을 반영한다.

랜덤 포레스트는 어떨까? 그림 11.5는 앞서 적합화한 트리 중 하나를 보여준다. 전체 포레스트는 구조와 사용 예측 변수가 다른 50개의 트리로 구성된다. 관측치의 분류는 앙상블 내에서 가장 많은 수의 트리에서 예측된 그룹으로 할당된다. 이 트리 앙상블은 RF 모델에서 흔히 볼 수 있는 '들쭉날쭉한' 결정 경계를 가능하게 한다. 그림 11.5의 트리는 다음 코드로 생성된 것이다.

```
In [20]: import graphviz
         from sklearn import tree
         from IPython.display import Image


         tree_0 = rf.estimators_[0]
         dot_data = tree.export_graphviz(tree_0, out_file=None,
                                         feature_names=X_train.columns,
                                         class_names=rf.classes_)
         tree_graph = graphviz.Source(dot_data, format='png')
         tree_graph.render('tmp', view=True)
         Image('tmp.png', width=1000, height=1000)
```

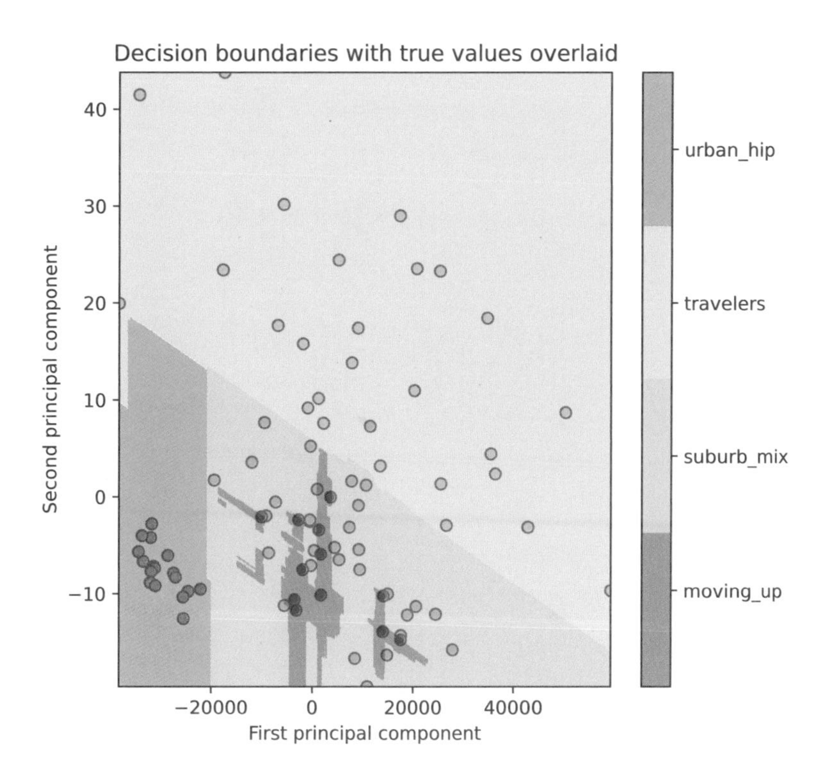

그림 11.4 RF 모델의 결정 경계는 NB 모델보다 훨씬 더 '들쭉날쭉'하고 불연속적이다. RF 모델은 불연속 경계를 학습할 수 있는 의사 결정 트리로 구성돼 있지만 NB 모델의 경계는 부드러운 가우스로 정의되기 때문이다.

PCA 공간에서 의사 결정 공간을 검사하면 모델 약점 영역을 이해하는 데 도움이 될 수 있지만, 실제 특징을 기반으로 모델 의사 결정을 주도하는 요인에 대해서는 많은 통찰력을 제공하지 않는다. 또한 연령과 소득 같은 특징 쌍에 대한 결정 경계를 검사할 수 있다. 이를 위해 유사한 함수를 작성할 수 있다.

```
In [21]: def pairwise_decision_boundary(model, X_train, y_train,
                                        X_test, y_test,
                                        first_column, second_column,
                                        jitter=False):
             width, height = 1000, 1000
             # 문자 클래스와 정수를 매핑하기 위한 클래스 매퍼를 생성
             class_mapper = {c:i for i,c in enumerate(model.classes_)}

             x0 = X_train[first_column]
             x1 = X_train[second_column]
             # 최대 최소 값 사이에 균등 분포된 값을 얻음
             x0_g = np.linspace(x0.min(), x0.max(), width)
             x1_g = np.linspace(x1.min(), x1.max(), height)
             # 각 벡터에서 균등 분포한 '그리드' 생성
             xx, yy = np.meshgrid(x0_g, x1_g)
             # 모든 샘플 값을 같이 스택(Stack)함
             X_grid = np.vstack([xx.ravel(), yy.ravel()]).T

             model_c = clone(model)
             model_c.fit(X_train.loc[:,[first_column, second_column]], y_train)
```

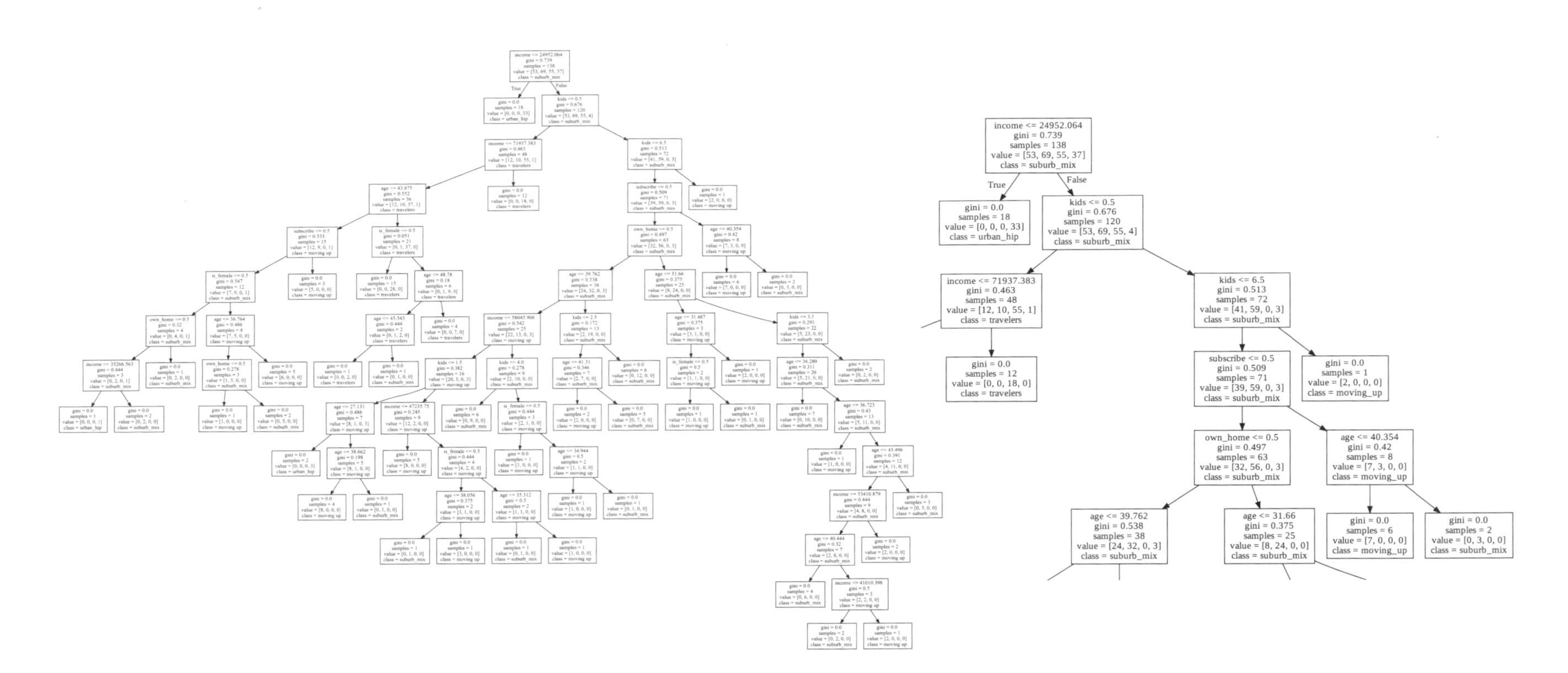

그림 11.5 RandomForestClassifier()가 seg_sub에서 세그먼트 예측으로 찾은 앙상블에 있는 50개 트리 중 하나의 예시. 트리들은 구조와 변수 사용에 있어 상당히 다르다. 어느 하나의 트리도 그 자체로는 예측에서 특히 뛰어나지는 않지만, 모든 트리의 앙상블은 관측치를 결과 그룹에 할당하는 데 있어 투표를 집계해 매우 잘 예측할 수 있다. 트리의 전체 구조를 축소된 뷰로 살펴볼 수 있고(상단 패널), 개별 메모는 트리의 부분집합에 있다(하단 패널).

```
    X_grid_labels = model_c.predict(X_grid)
    # 예측 값 도식화
    j_x0, j_x1 = 0, 0
    if jitter:
      j_x0 = (np.random.random(X_test.shape[0])-0.5)/10.
      j_x1 = (np.random.random(X_test.shape[0])-0.5)/10.
    a = plt.scatter(X_test[first_column] + j_x0,
                    X_test[second_column] + j_x1,
                    c=[class_mapper[l] for l in y_test],
                    cmap=plt.cm.rainbow,
                    edgecolor='k', vmin=0, vmax=3)
    plt.contourf(xx, yy,
                 np.reshape([class_mapper[l] for l in X_grid_labels],
                            (width, height)),
                 cmap=a.cmap, alpha=0.5, levels=3)
    plt.title('Decision boundaries with true values overlaid')
    plt.xlabel(first_column)
    plt.ylabel(second_column)
    cb = plt.colorbar(ticks=[0.5, 1.2, 2, 2.8])
    cb.ax.set_yticklabels(model.classes_)
```

그런 다음 그림 11.6과 같이 연령과 소득 사이, 구독 상태와 자녀 수 사이의 결정 경계를 볼 수 있다. 구독 상태와 같은 불연속이나 부울 값을 보려면 지터jitter 같은 선택 인수가 있다(그렇지 않으면 포인트가 모두 서로 겹친다).

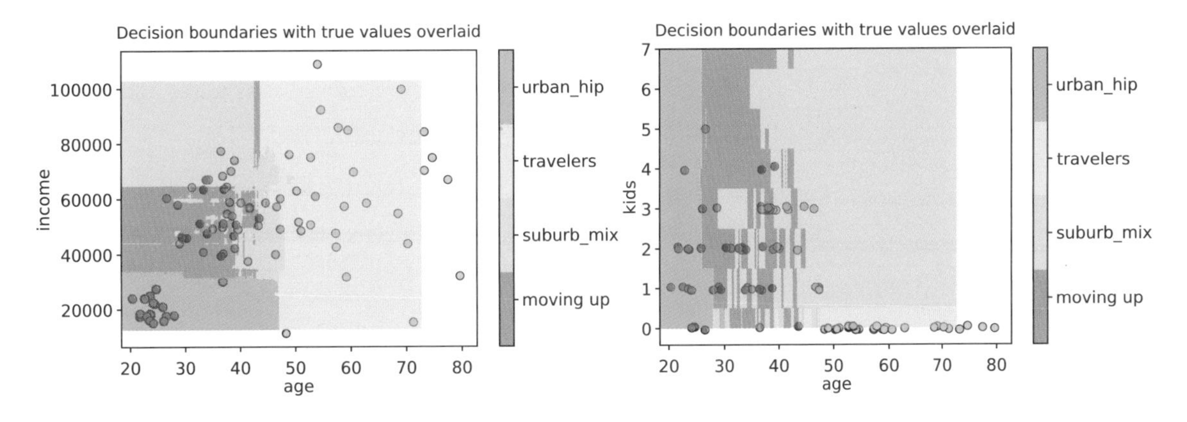

그림 11.6 pairwise_decision_boundary() 함수는 모델이 학습한 부류 간의 경계 추정을 시각화한다. 왼쪽 패널에서 모델은 고연령을 Travelers 그룹과 연관시키고 저연령과 저소득은 Urban hip 그룹과 연관시킨다. Suburb mix와 Moving up 그룹은 잘 구별되지 않지만, Moving up은 Suburb mix 그룹보다 더 젊거나 소득이 낮은 경향이 있다. 오른쪽 패널에서는 자녀가 적고 나이가 많으면 Travelers와 관련이 있지만 자녀 수가 다른 그룹 간에는 그다지 예측할 수 없다는 것을 알 수 있다.

```
In [22]: pairwise_decision_boundary(rf, X_train, y_train, X_test, y_test,
                                    'age', 'income')

In [23]: pairwise_decision_boundary(rf, X_train, y_train, X_test, y_test,
                                    'age', 'kids', jitter=True)
```

그림 11.6에서 몇 가지 흥미로운 것을 볼 수 있다. 왼쪽 패널을 보면, 모델이 약 50세 이상의 개인일 경우 Travelers

일 가능성이 매우 높으며 해당 연령 미만이고 약 $32,000 미만의 소득자는 Urban hip 세그먼트에 속할 가능성이 높다고 학습한 것을 알 수 있다. Urban hip보다 더 많이 벌지만 Travelers보다 젊은 개인은 Suburban mix 또는 Moving up에 속하며, 정말 명확한 패턴이 없지만 Suburban mix는 약간 더 나이가 많거나 부유한 경향이 있다.

그림 11.6의 오른쪽 패널에서는 모델에서 아이들의 수가 Travelers 세그먼트를 구분한다는 것을 알 수 있다. 여기서도 predict_proba() 메서드를 사용해 개별 사례에 대한 예측 분포를 검사할 수 있다.

```
In [24]: pd.DataFrame(rf.predict_proba(X_test), columns=rf.classes_).sample(5)

Out[24]:     moving up  suburb_mix  travelers  urban_hip
         76       0.00        0.00       0.00        1.0
         19       0.02        0.06       0.92        0.0
         39       0.24        0.76       0.00        0.0
         73       0.00        0.00       0.00        1.0
         56       0.10        0.76       0.14        0.0
```

이러한 값은 어떤 관측치가 특정 클래스에 속한다고 '투표한' 트리 개수를 반영한다. NB 모델의 경우 각 할당에 대한 모델의 전반적인 신뢰도를 이해할 수 있다. 예를 들어, 모델은 표본 73과 76이 Urban hip 세그먼트에 있을 확률로 100%를 할당했다. 샘플 39와 56은 Suburban mix 세그먼트에 속할 확률이 각각 76%이지만, 샘플 39는 두 번째로 높은 부류로 Moving up에 할당된다. 그러나 샘플 56의 경우 두 번째로 높은 부류는 Traveler이다.

제안된 세그먼트와 실제 세그먼트는 요약 함수에서 변수의 평균값이 매우 유사하다.

```
In [25]: chapter10.check_clusters(seg_sub, rf.predict(seg_sub))

[('moving up', 75), ('suburb_mix', 92), ('travelers', 82), ('urban_hip', 51)]


Out[25]:                  age        income  is_female      kids  own_home  \
         moving up   35.983633  51603.477437   0.640000  1.933333  0.386667
         suburb_mix  39.465911  56134.885424   0.554348  1.923913  0.467391
         travelers   57.522142  62472.064488   0.341463  0.000000  0.658537
         urban_hip   24.128490  20459.935615   0.333333  1.176471  0.137255

                     subscribe
         moving up    0.253333
         suburb_mix   0.032609
         travelers    0.024390
         urban_hip    0.215686

In [26]: chapter10.check_clusters(seg_sub, seg_labels)

[('moving up', 70), ('suburb_mix', 100), ('travelers', 80), ('urban_hip', 50)]


Out[26]:                  age        income  is_female      kids  own_home  \
         Segment
         moving up   36.216087  51763.552666      0.700  1.857143  0.357143
         suburb_mix  39.284730  55552.282925      0.530  1.950000  0.480000
```

```
travelers    57.746500  62609.655328      0.325  0.000000  0.662500
urban_hip    23.873716  20267.737317      0.320  1.140000  0.140000

            subscribe
Segment
moving up    0.214286
suburb_mix   0.070000
travelers    0.025000
urban_hip    0.220000
```

11.1.3 랜덤 포레스트 변수 중요도

랜덤 포레스트 모델은 특히 하나의 일반적인 마케팅 문제, 즉 분류 변수의 중요도를 평가하는 데 유용하다. RF는 많은 트리를 적합화하며, 각 트리는 데이터의 일부에 최적화돼 있다. 트리의 성능을 좀 더 일반적으로 평가하기 위해 나머지 데이터(OOBOut Of Bag 데이터라고 함)를 사용한다. 각 트리는 변수의 하위 집합만 사용하므로 RF 모델은 관측치보다 더 많은(심지어 훨씬 더 많은) 예측 변수가 있는 매우 와이드wide한 데이터를 처리할 수 있다.

RF 모델은 간단하면서도 강력한 방법으로 변수의 중요도를 평가한다. 한 번에 하나의 변수에 대해 변수 값을 무작위로 순열(변경)하고 순열된 값을 사용해 OOB 데이터의 모델 정확도를 계산한 다음, 이를 실제 데이터와의 정확도와 비교한다. 변수가 중요한 경우 관찰된 값이 무작위로 치환되면 성능이 저하된다. 그러나 모델이 실제 데이터만큼 정확하다면 해당 변수는 그다지 중요하지 않다(Breiman 2001). 앞서 언급했듯이 모델의 목표가 변수 중요도를 결정하는 것이면 더 많은 트리를 사용하는 것이 일반적이다. 전체 모델이 변수 공간을 더 많이 포함하고 변수 중요도 값은 더 높은 정밀도를 갖기 때문이다.

RF 모델의 feature_importances_ 매개변수에서 각 특징의 계산된 중요도를 볼 수 있다.

```
In [27]: pd.Series(rf.feature_importances_,
                   index=seg_sub.columns).sort_values(ascending=False)

Out[27]: age          0.437028
         income       0.313560
         kids         0.150136
         is_female    0.035421
         own_home     0.032164
         subscribe    0.031691
         dtype: float64
```

연령과 소득은 의사 결정 경계 시각화와 일치하는 가장 유용한 변수이다. 변수 중요도를 이해하면 부류 간의 차이를 정의하는 특징을 더 깊이 이해할 수 있으므로 좀 더 지능적인 비즈니스 의사 결정이 가능하다.

변수나 특징 선택은 종종 심층 신경망과 같은 고급 머신러닝 모델을 개발하기 위한 첫 단계이다. 랜덤 포레스트 고유 속성은 특징 공학feature engineering 프로세스에서 RF가 매우 귀중한 도구가 되게 해준다. 이 경우 예측력이 최소인 성별, 주택 소유권과 구독 변수를 제거해도 비슷한 정도의 적합성을 관찰할 수 있다. 정보가 없는 특징을 제거하는 것은 다른 분류기 모델에서 매우 중요하며, 대부분은 정보가 없는 특징의 노이즈 존재에 매우 민감하다.

11.2 예측: 잠재 고객 식별*

이제 분류의 또 다른 용도인 잠재 고객을 예측해보자. 특히 모바일 구독과 같이 이탈률이 높은 범주에서 중요한 비즈니스 질문은 신규 고객에게 도달하는 방법이다. 인구 통계와 같은 잠재적 예측 변수와 구매 같은 결과를 포함하는 과거 잠재 고객에 대한 데이터가 있는 경우, 새로운 잠재 고객 중에서 가장 가능성이 높은 결과를 가진 고객을 식별하는 모델을 개발할 수 있다. 이 절에서는 랜덤 포레스트 모델을 사용하고 데이터셋 seg_sub에서 구독 상태를 예측하려고 한다.

평소의 분류 문제에서처럼 데이터를 훈련 샘플과 테스트 샘플로 나눈다.

```
In [28]: subscribe_label = seg_sub.subscribe

         seg_sub_nosub = seg_sub.drop('subscribe', axis=1)

         np.random.seed(7885)
         rand_idx = np.random.rand(subscribe_label.shape[0])
         train_idx = rand_idx <= 0.65
         test_idx = rand_idx > 0.65

         X_train = seg_sub_nosub.iloc[train_idx]
         X_test = seg_sub_nosub.iloc[test_idx]
         y_train = subscribe_label.iloc[train_idx]
         y_test = subscribe_label.iloc[test_idx]
```

다음으로는 잠재 구독자를 식별하는 것이 얼마나 어려울지가 궁금하다. 훈련 집합의 구독자가 비구독자와 잘 차별화돼 있는가? 10장의 cluster_plot()을 사용해 차별화를 확인해본다.

```
In [29]: chapter10.cluster_plot(seg_sub_nosub, subscribe_label)
```

결과는 그림 11.7과 같으며, 구독자와 비구독자를 주성분(데이터 분산의 약 59%를 반영)에 대해 도식화할 때 잘 구별되지 않음을 보여준다. 이는 문제가 어려울 것임을 시사한다.

구독 예측을 위해 초기 RF 모델을 적합화한다.

```
In [30]: rf_sub = ensemble.RandomForestClassifier(n_estimators=100,
                                                  random_state=86,
                                                  class_weight=\
                                                    'balanced_subsample')

         rf_sub.fit(X_train, y_train)

         y_pred = rf_sub.predict(X_test)

In [31]: rf_sub.score(X_test, y_test)

Out[31]: 0.9072164948453608
```

90%라는 정확도는 좋아 보인다. 그러나 혼동 행렬도 확인해보자.

```
In [32]: confusion_matrix(y_test, y_pred, rf_sub)
```

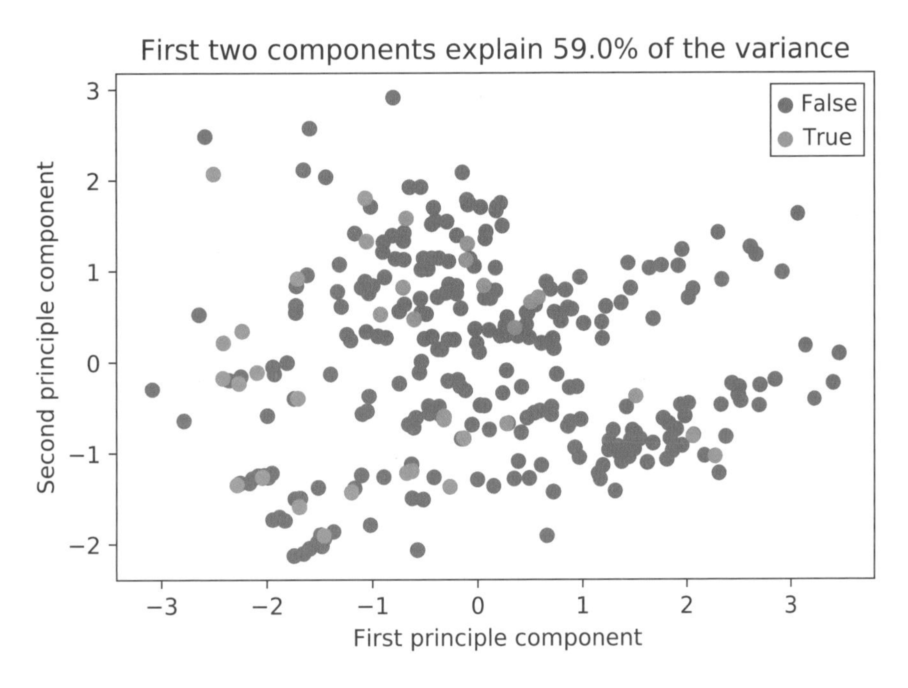

그림 11.7 구독자와 비구독자에 대한 클러스터 도면. 두 그룹은 주성분에 대한 차이가 거의 없어 응답자를 그룹으로 분류하고 구독자를 예측하는 것이 어려울 수 있음을 시사한다.

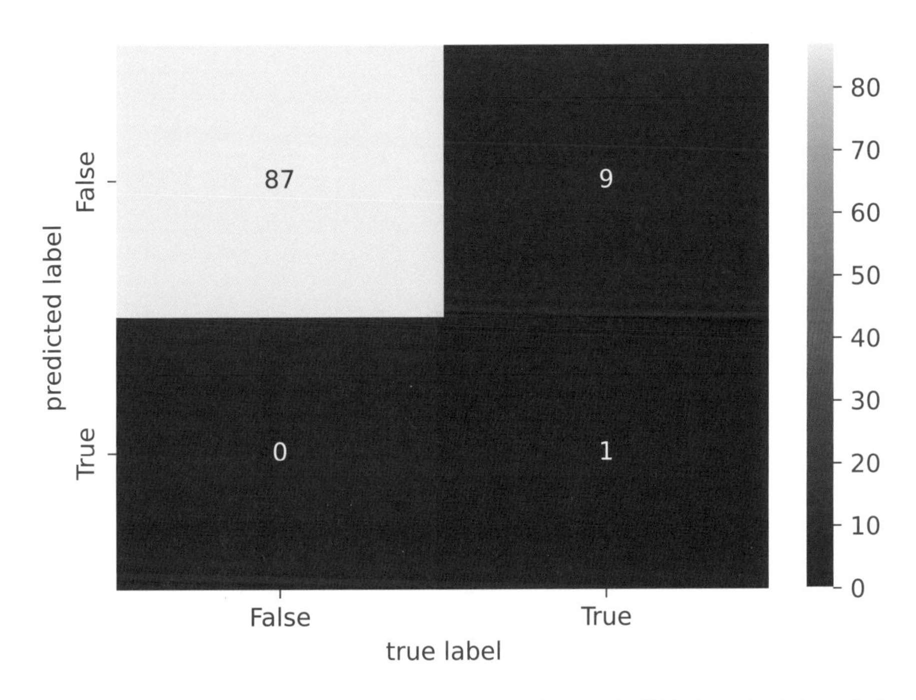

그림 11.8 랜덤 포레스트 모델은 구독 상태 예측을 제대로 수행하지 못해 재현율이 10%(1/10)에 불과했다.

그림 11.8의 결과는 그다지 고무적이지 않다. 오류율은 처음에는 전반적으로 90.3%로 좋게 보일 수 있지만, 재현율이 단 10%에 불과하다.

이는 클러스터 그림에서 클래스의 산포를 고려할 때 예상된 것이다. 그러나 머신러닝의 부류 불균형 문제로 인해 더 악화된 것이기도 하다. 한 범주가 데이터를 지배하면 다른 그룹을 예측하는 방법을 학습하기가 매우 어렵다. 이는 어느 제품을 구매할 개인이 드문 경우, 희귀 질병이 있는 사람, 보안 위협이 되는 사람 등을 예측하는 것과 같은 작은 비율의 문제에서 자주 발생한다.

일반적인 해법은 소그룹에서 더 많이 샘플링해 부류의 균형을 맞추는 것이다. RF 모델에서는 각 트리에 적합화할 데이터를 샘플링할 때 class_weight='balanced_subsample'을 수행해 분류기에 균형된 그룹을 사용하도록 지시할 수 있다. 그러나 변수 자체의 열악한 예측력을 극복하는 것만으로는 충분하지 않았다.

모든 모델 매개변수에 기본 설정값을 사용했다. 머신러닝에서 중요한 개념 중 하나는 초매개변수 튜닝이다. 여기서 모델 매개변수 공간을 탐색해 최적으로 이어지는 매개변수를 식별한다. 최적을 찾기 위해 여러 매개변수 조합을 샘플링하는 그리드 검색을 수행할 수 있다.

이를 위해서는 점수 함수가 필요하다. F_1 점수는 정밀도와 재현율이 균형을 이루므로 유용하다. 그리드 검색은 쉽게 수행할 수 있다.

```
In [33]: from sklearn import model_selection

         rf_sub_cv = ensemble.RandomForestClassifier(random_state=34,
                                                     class_weight=\
                                                       'balanced_subsample')
         parameters = {'n_estimators': [10, 100, 500],
                       'max_depth': [5, 10, 30],
                       'min_samples_split': [2,5],
                       'min_samples_leaf': [1,2,5]}
         clf = model_selection.GridSearchCV(rf_sub_cv, parameters,
                                            cv=5, scoring='f1_weighted')
         clf.fit(X_train, y_train)
```

best_params_ 매개변수를 사용해 최상의 점수 매개변수를 검사할 수 있다.

```
In [34]: clf.best_params_

Out[34]: {'max_depth': 10,
          'min_samples_leaf': 1,
          'min_samples_split': 2,
          'n_estimators': 100}
```

그림 11.9의 혼동 행렬을 살펴보면 이 모델이 더 잘 수행되지 않았음을 알 수 있다.

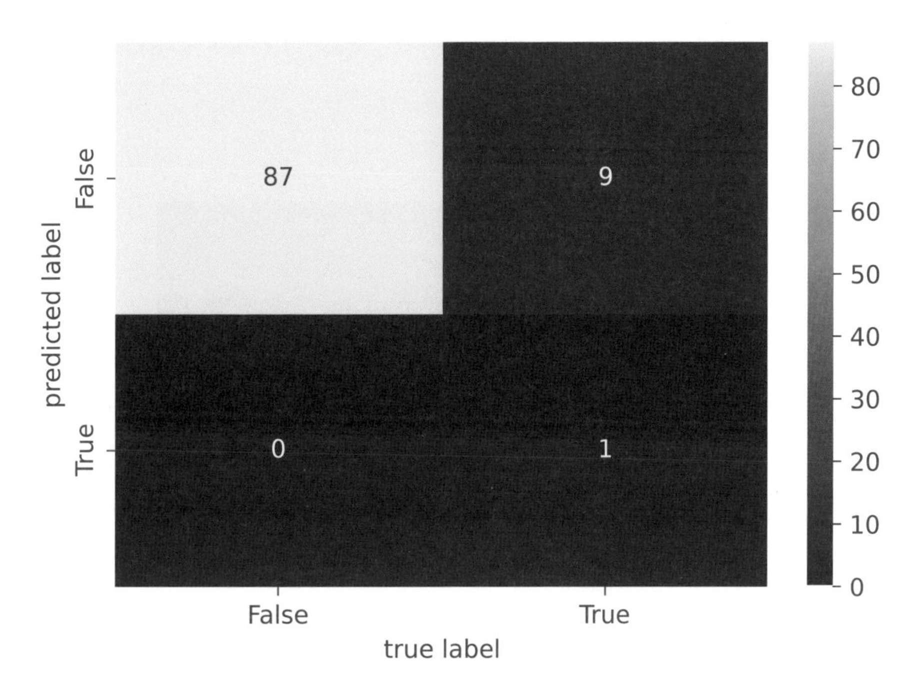

그림 11.9 초매개변수 튜닝 모델은 더 나은 성능을 보이지 않았다.

```
In [35]: y_pred_be = clf.best_estimator_.predict(X_test)

         confusion_matrix(y_test, y_pred_be, clf.best_estimator_)
```

다른 점수 함수를 시도하면 어떨까? 재현율을 최적화하고 싶다고 가정해보자. 즉, 가능한 한 잠재적인 긍정을 찾아서 거짓 긍정이 될 수 있는 것을 받아들인다. 재현율을 점수 함수로 사용해보자.

```
In [36]: rf_sub_cv = ensemble.RandomForestClassifier(random_state=34,
                                                     class_weight=\
                                                       'balanced_subsample')
          parameters = {'n_estimators': [10, 100, 500],
                        'max_depth': [5, 10, 30],
                        'min_samples_split': [2,5],
                        'min_samples_leaf': [1,2,5]}
          clf = model_selection.GridSearchCV(rf_sub_cv, parameters,
                                             cv=5, scoring='recall')
          clf.fit(X_train, y_train)

In [37]: clf.best_params_

Out[37]: {'max_depth': 5,
          'min_samples_leaf': 2,
          'min_samples_split': 2,
          'n_estimators': 10}

In [38]: y_pred_be = clf.best_estimator_.predict(X_test)

          confusion_matrix(y_test, y_pred_be, clf.best_estimator_)
```

그림 11.10의 혼동 행렬은 여전히 그렇게 좋지는 않지만 적어도 다르다. 정밀도는 100%(1/1)에서 15%(2/13)로 낮아졌지만, 재현율은 10%(1/10)에서 20%(2/10)로 높아졌다.

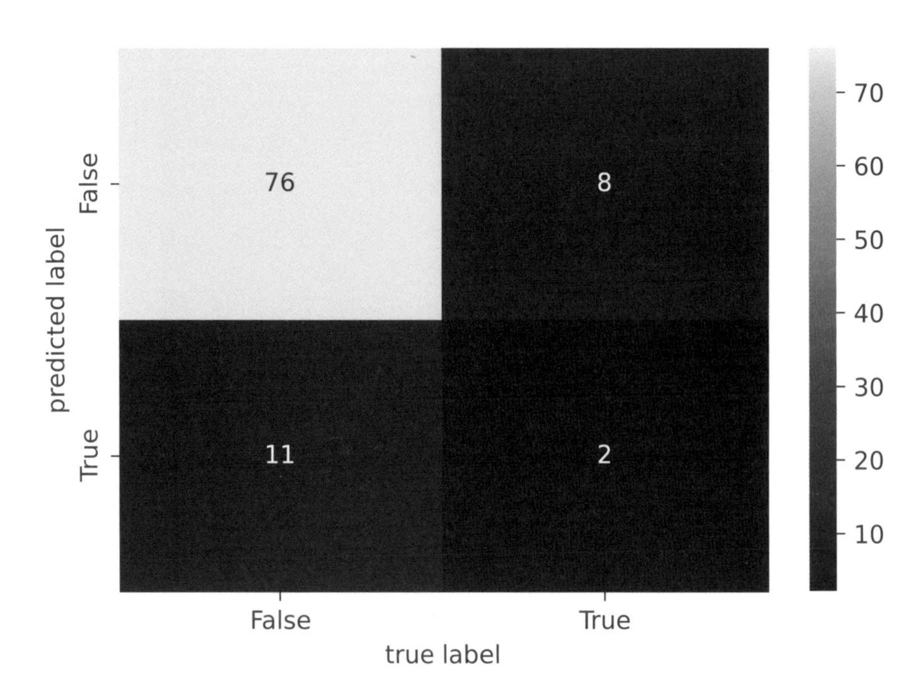

그림 11.10 재현율 향상을 위한 초매개변수 튜닝 최적화는 재현율을 향상시켰지만 정밀도가 희생됐다.

할 수 있는 또 다른 방법은 샘플 가중치이다. 각 부류의 빈도에서 일부 불균형을 설명하는 균형 잡힌 부표본 가중치를 사용했지만, `class_weight` 매개변수를 사용해 희귀한 부류를 추가로 오버샘플링할 수 있다. 이렇게 하면 모델의 재현율이 더 좋아진다. 이 접근 방식의 한 가지 위험은 과적합이다. 모델이 지나치게 샘플링된 희귀 클래스에 맞춰 조정돼 일반화할 수 없다.

```
In [39]:rf_sub = ensemble.RandomForestClassifier(n_estimators=10,
                                                random_state=86,
                                                max_depth=5,
                                                min_samples_leaf=2,
                                                min_samples_split=2,
                                                class_weight=\
                                                  {False: 1, True:50})

         rf_sub.fit(X_train, y_train)

         y_pred = rf_sub.predict(X_test)
         confusion_matrix(y_test, y_pred, rf_sub)
```

그림 11.11에서 큰 효과가 있음을 알 수 있다. 재현율을 70%(7/10)로 높였지만, 정밀도에는 상당한 비용이 들었다. 모델이 `True`로 레이블한 관측치 단 17.5%(7/40)만이 참 긍정이었으며, 33개는 거짓 긍정이었다.

여기 있는 변수의 예측력이 좋지 않다는 사실에도 불구하고 다른 점수에 대한 초매개변수 튜닝을 최적화하면 서로 다른 트레이드오프로 튜닝된 모델이 생성됐음을 분명히 알 수 있다. 이것은 머신러닝에서 중요한 개념이다. 분석가는 비즈니스 결과를 신중하게 고려하고 모델을 적절하게 조정해야 한다. 이는 종종 일반적인 또는 추상적인 '정확도'라는 척도와 다르다.

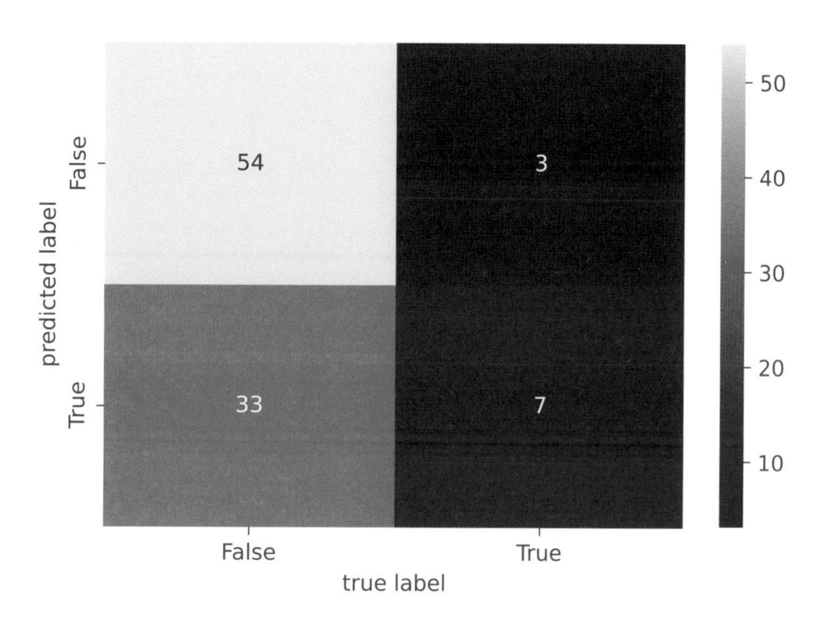

그림 11.11 샘플 가중치 변경은 정밀도/재현율을 조정하는 또 다른 방법이다.
True 부류를 오버샘플링해 정밀도를 희생하면서 재현율을 개선했다.

머신러닝은 마술이 아니라 통계라는 것도 알아둘 필요가 있다. 데이터에 강한 신호가 없다면 좋은 예측을 할 수 없다. 그런 상황에서는 무엇을 해야 할까? 가장 확실한 옵션은 더 예측력이 있는 다른 특징을 찾는 것이다.

11.3 더 알아보기*

이 장에서는 분류의 기본 사항을 다뤘다. 클러스터링에 대해 10.4절에서 권장한 많은 문헌은 분류의 이해와도 관련이 있다. 통계 학습 분야를 소개한 문헌은 『가볍게 시작하는 통계학습』(루비페이퍼, 2013)이다. 또한 ISL의 주제에 대한 좀 더 고급화된 처리는 『통계학으로 배우는 머신러닝 2/e』(에이콘, 2020)에서 다룬다.

분류와 (특히) 예측의 경우 앞서 언급한 ISL 외에 실무자에게 친숙한 응용 문헌으로 쿤Kuhn과 존슨Johnson의 『실전 예측 분석 모델링Applied Predictive Modeling』이 있다. scikit-learn에는 많은 지도 학습 모듈(scikit-learn 개발자 2019b)이 있으며, 그중 대부분은 분류 방법을 포함한다. 전반적으로 이러한 패키지는 머신러닝에서 가장 일반적인 많은 방법을 나타낸다.

11.4 요점

이 장에서는 새로운 관측치에 대한 그룹 구성원을 예측하는 데 사용할 수 있는 분류 방법의 기본 구조를 조사했다. 또한 분류기 시각화 기술을 사용해 모델 성능을 이해하는 방법을 살펴봤다. 다음은 분류와 예측 모델로 작업할 때 염두에 둬야 할 핵심 사항이다.

- 분류 모델을 사용하면, 데이터를 훈련 그룹과 테스트 그룹으로 나누고 테스트(홀드아웃) 데이터에서 모델을 검증한다(11.1절).
- 나이브 베이즈 모델(sklearn.naive_bayes.GaussianNB(), 11.1.1절)과 랜덤 포레스트 모델(sklearn.ensemble.RandomForest Classifier(), 11.1.2절)을 조사했다. 이러한 분류 방법과 다른 많은 분류 방법은 구문이 매우 유사해 모델을 쉽게 사용하고 비교할 수 있다.
- 정밀도, 즉 긍정으로 예측된 것 중 참 긍정의 비율이며, 모든 참 긍정 중 정확히 긍정으로 레이블된 비율을 의미하는 재현율은 분류기 튜닝에서 매우 중요한 개념이며 서로 상충 관계에 있다. 즉, 하나를 개선하면 다른 것은 악화되는 경향이 있다.
- 모델의 한계를 더 잘 이해하기 위해 기저 변수의 결정 경계 시각화를 탐색하는 방법을 배웠다.
- 랜덤 포레스트 모델의 유용한 특징은 매우 많은 예측 변수가 있더라도 그에 대한 변수 중요도를 결정하는 능력이다.
- 분류의 일반적인 문제는 한 그룹이 관측치를 지배해 다른 그룹의 예측을 어렵게 만드는 부류 불균형이다. 랜덤 포레스트 모델에서 class_weight 인수를 사용해 이를 수정함으로써 좀 더 성공적인 예측 모델을 만드는 방법을 살펴봤다(11.2절).
- sklearn.model_selection을 사용해 그리드 검색을 실행하는 방법을 살펴봤다. 모델의 초매개변수 튜닝을 위한 GridSearchCV()를 통해 다양한 점수 척도에서 최적의 모델을 찾을 수 있었다. 또한 초매개변수 튜닝은 유익하지 않은 변수를 극복할 수 없다는 점도 확인했다.

12 결론

축하한다. 이 책을 통해 지금까지 파이썬 프로그래밍, 데이터 분석, 마케팅 연구에 대한 견고한 기반을 구축했다. 이제 가장 중요한 몇몇 요점을 요약한 몇 가지 최종 생각을 다음과 같이 공유하고자 한다.

1. 분석 보고나 통계 모델 구축을 시작하기 전에 항상 데이터를 탐색하고 시각화하라. 잘못된 데이터 포인트를 간과하기 쉽다. 특히 보지도 않는 경우에 그렇다(3.3.2, 3.6절).
2. 분석과 모델 구축은 상호 작용하는 프로세스이다. 간단한 모델로 시작해 각 단계별로 좀 더 복잡한 모델로 발전시키면서 성능이 개선됐는지 조사한다(7.3, 7.4절).
3. 행동과 태도는 종종 함께 작용하므로 실제 데이터에는 상관관계가 높은 관측치가 포함되는 경우가 많다. 그러나 높은 상관관계는 통계 모델을 불안정하게 만들 수 있다. 모델링 전에 데이터를 핵심 차원으로 줄이는 것을 고려하고 모델의 공선성을 살펴보라(8.1, 9.2절).
4. 샘플링된 데이터에서 추정한 통계의 불확실성을 이해하고 보고하는 것이 중요하다. 가능할 때마다 신뢰 구간을 보고하라. 이는 종종 그래픽을 사용하면 최소한의 통계 전문 지식으로 수행할 수 있다(6.5.4, 7.3절).
5. 통계적 유의성은 흥미로운 모델을 위해 필요한 조건이지만, 유의성은 모델이 적절하다거나 유용하다거나 심지어 가장 적합화됐다는 것을 의미하지는 않는다. 가능하면, 대체 모델을 비교하고 중요한 질문에 답하기 위한 유용성 측면에서 모델을 평가한다(7.4, 10.3.1, 11.2절).
6. 개인, 표본 또는 그룹별로 차이를 추정하는 계층적 모델은 종종 마케팅에 매우 유용하며 첫인상처럼 그렇게 복잡하지 않다. 기본 선형 모델을 추정하는 방법을 알게 되면 계층적 모델을 고려하는 것이 비교적 쉽다(8.3.5절).
7. 데이터셋, 특히 소비자 설문 조사의 데이터가 예상한 대로 기본 개념을 반영한다고 가정하지 말라. 분석가는 사람들이 질문지를 해석하고 행동하는 것을 관찰하면 많이 놀랄 것이다. 요인 분석과 같은 방법을 사용하면 잠재 변수를 평가하고 모델이 데이터에 적합한지 여부를 확인할 수 있다(9.3절).

8. 머신러닝은 세그멘테이션(예: 클러스터링, 10장)이나 예측(예: 분류, 11장)에 대한 질문에 '마법의 해답'을 제공하지 않는다. 여러 방법, 다른 모델 그리고 무엇보다 결과가 비즈니스 목적에 유용한지 살피는 것이 중요하다. 파이썬은 풍부하고 강력한 도구를 제공하지만 결과 확인에 회의적이고 주의를 기울여 사용해야 한다.

아마도 가장 중요한 요점은 '배워야 할 것이 항상 더 있으며, 배우는 가장 좋은 방법은 연습하고 다른 사람을 가르치는 것'이란 사실이다. 파이썬을 사용하면 코드를 노트북과 쉽게 공유할 수 있다. 이를 사용해 피드백을 받고 동료 및 (가능한 경우) 더 넓은 커뮤니티와 작업을 공유하라. 이 활기차고 성장하는 커뮤니티는 파이썬이 성공을 거둔 가장 핵심적인 이유이다. 당신도 동참한다면 파이썬은 더욱 강해질 것이다.

| 참고 문헌 |

Agresti A (2012) *An Introduction to Categorical Data Analysis*, 3rd edn. Wiley–Interscience

Agresti A, Coull BA (1998) Approximate is better than "exact" for interval estimation of binomial proportions. *The American Statistician* 52(2):119–126

Anaconda, Inc (2019) *Anaconda Software Distribution*. URL https://www.anaconda.com

Bickel P, Hammel E, O'Connell J (1975) Sex bias in graduate admissions: data from Berkeley. *Science* 187(4175):398–404

Biggs J (2017) factor_analyzer package. URL https://factor–analyzer.readthedocs.io/en/latest/factor_analyzer.html#module–factor_analyzer. factor_analyzer

Borg I, Groenen PJ (2005) *Modern Multidimensional Scaling: Theory and Applications*. Springer

Borg I, Groenen PJ, Mair P (2018) *Applied Multidimensional Scaling and Unfolding*, 2nd edn. Springer

Bowman D, Gatignon H (2010) *Market Response and Marketing Mix Models*. Foundations and Trends in Marketing, Now Publishers, Inc.

Breiman L (2001) Random forests. *Machine Learning* 45(1):5–32

Bush BM (1996) The perils of floating point. URL http://www.lahey.com/float.htm

Casella G, Berger RL (2002) *Statistical Inference*, vol 2. Duxbury Pacific Grove, CA

Chambers J, Hastie T, Pregibon D (1990) Statistical models in S. *Compstat*

Chapman C, Feit E (2019) *R for Marketing Research and Analytics*, 2nd edn. Springer

Cohen J (1988) *Statistical Power Analysis for the Behavioral Sciences*, 2nd edn. Lawrence Erlbaum Associates

Cohen J (1994) The earth is round ($p < .05$). *American Psychologist* 49(12):997

Cohen J, Cohen P, West SG, Aiken LS (2003) *Applied Multiple Regression/Correlation Analysis for the Behavioral Sciences*, 3rd edn. Lawrence Erlbaum

Collins LM, Lanza ST (2010) *Latent Class and Latent Transition Analysis: With Applications in the Social, Behavioral, and Health Sciences*. John Wiley & Sons

Dobson AJ (2018) *An Introduction to Generalized Linear Models*, 4th edn. Chapman & Hall

Everitt BS, Landau S, Leese M, Stahl D (2011) *Cluster Analysis*, 5th edn. Wiley Series in Probability and Statistics, John Wiley & Sons

Fabrigar LR, Wegener DT (2011) *Exploratory Factor Analysis*. Oxford University Press

Fernández–Delgado M, Cernadas E, Barro S, Amorim D (2014) Do we need hundreds of classifiers to solve real world classification problems? *Journal of Machine Learning Research* 15:3133 – 3181

Foundation PS (2020) *Extending Python with C or C++*. URL https://docs.python.org/3.7/extending/extending.html

Fox J, Weisberg S (2011) *An R Companion to Applied Regression*, 2nd edn. Sage, Thousand Oaks, CA

Gałecki A, Burzykowski T (2013) *Linear Mixed-Effects Models Using R: A Step-by-Step Approach*. Springer

Gelman A, Hill J (2006) *Data Analysis Using Regression and Multilevel/Hierarchical Models*. Cambridge University Press

Gelman A, Carlin JB, Stern HS, Dunson DB, Vehtari A, Rubin DB (2013) *Bayesian Data Analysis*, 3rd edn. Chapman & Hall

Gower J, Groenen PJ, Van de Velden M, Vines K (2010) Perceptual maps: the good, the bad and the ugly. Tech. Rep. ERIM Report Series Reference No. ERS–2010–011–MKT, Erasmus Research Institute of Management

Harrell FE (2015) *Regression Modeling Strategies: With Applications to Linear Models, Logistic Regression, and Survival Analysis*, 2nd edn. Springer

Hastie T, Tibshirani R, Friedman J (2016) *The Elements of Statistical Learning: Data Mining, Inference, and Prediction*, 2nd edn. Springer

Hogg R, McKean J, Craig A (2005) *Introduction to Mathematical Statistics*. Pearson Education International, Pearson Education, URL https://books.google.com/books?id=vIEZAQAAIAAJ

Hosmer Jr DW, Lemeshow S, Sturdivant RX (2013) *Applied Logistic Regression*. John Wiley & Sons

Hubbard R, Armstrong JS (2006) Why we don't really know what statistical significance means: Implications for educators. *Journal of Marketing Education* 28(2):114 – 120

Hunter JD (2007) Matplotlib: A 2d graphics environment. *Computing In Science & Engineering* 9(3):90 – 95, https://doi.org/10.1109/MCSE.2007.55

James G, Witten D, Hastie T, Tibshirani R (2013) *An Introduction to Statistical Learning: With Applications in R*. Springer

Jolliffe IT (2002) *Principal Component Analysis*, 2nd edn. Springer

Kerr NL (1998) Harking: Hypothesizing after the results are known. *Personality and Social Psychology Review* 2(3):196 – 217

Kluyver T, Ragan–Kelley B, Pérez F, Granger B, Bussonnier M, Frederic J, Kelley K, Hamrick J, Grout J, Corlay S, Ivanov P, Avila D, Abdalla S, Willing C (2016) Jupyter notebooks – a publishing format for reproducible computational workflows. In: Loizides F, Schmidt B (eds) Positioning and

Power in Academic Publishing: Players, Agents and Agendas, IOS Press, pp 87 – 90

Knuth D (1997) *The Art of Computer Programming*, vol 2: Seminumerical Algorithms, 3rd edn. Addison–Wesley

Kruschke JK (2010) What to believe: Bayesian methods for data analysis. *Trends in Cognitive Sciences* 14(7):293 – 300

Kruschke JK (2016) *Doing Bayesian Data Analysis: A Tutorial Introduction with R, JAGS, and Stan*, 2nd edn. Academic Press, Cambridge

Kuhn M, Johnson K (2013) *Applied Predictive Modeling*. Springer

Lauwens B, Downey A (2019) *Think Julia: How to Think Like a Computer Scientist*. O'Reilly Media, URL https://books.google.com/books?id=UlSQDwAAQBAJ

Liaw A, Wiener M (2002) Classification and regression by randomforest. *R News* 2(3):18 – 22, URL http://CRAN.R–project.org/doc/Rnews/

McInnes L, Healy J, Saul N, Grossberger L (2008) Using t–sne. *The Journal of Machine Learning Research* 9:2579

McInnes L, Healy J, Saul N, Grossberger L (2018) Umap: Uniform manifold approximation and projection. *The Journal of Open Source Software* 3(29):861

McKinney W (2010) Data structures for statistical computing in Python . In: van der Walt S, Millman J (eds) Proceedings of the 9th Python in Science Conference, pp 51 – 56

McKinneyW(2018) *Python for Data Analysis: Data Wrangling with Pandas, NumPy, and IPython*, 2nd edn. O'ReillyMedia, URL https://github.com/wesm/pydata–book

Met Office (2010 – 2015) *Cartopy: a cartographic Python library with a Matplotlib interface*. Exeter, Devon, URL http://scitools.org.uk/cartopy

Mulaik SA (2009) *Foundations of Factor Analysis*, 2nd edn. Statistics in the Social and Behavioral Sciences, Chapman & Hall/CRC

Netzer O, Feldman R, Goldenberg J, Fresko M (2012) Mine your own business: Market–structure surveillance through text mining. *Marketing Science* 31(3):521 – 543

Oliphant T (2006 – 2020) *A Guide to NumPy*. URL http://www.numpy.org/, [Online; accessed 〈today〉]

Orme BK (2010) *Getting Started with Conjoint Analysis: Strategies for Product Design and Pricing Research*, 2nd edn. Research Publishers

Pedregosa F, Varoquaux G, Gramfort A, Michel V, Thirion B, Grisel O, Blondel M, Prettenhofer P, Weiss R, Dubourg V, Vanderplas J, Passos A, Cournapeau D, Brucher M, Perrot M, Duchesnay E (2011) Scikit–learn: Machine Learning in Python. *Journal of Machine Learning Research* 12:2825 – 2830

Perktold J, Seabold S, Taylor J, The statsmodels–developers (2019) *statsmodels.regression.mixed_linear_* *model.MixedLM*. URL https://www.statsmodels.org/dev/generated/statsmodels.regression.mixed_linear_model.MixedLM.html

Peterson B (2008 – 2019) *Python 2.7 Release Schedule*. URL https://www.python.org/dev/peps/pep-0373/

Raftery AE (1995) Bayesian model selection in social research. *Sociological Methodology* 25:111 – 164

Rao V (2009) *Handbook of Pricing Research in Marketing*. Elgar Original Reference Series, Edward Elgar, URL https://books.google.com/books?id=22FU4b0NL2UC

Robinson D (2017) The incredible growth of Python. URL https://stackoverflow.blog/2017/09/06/incredible-growth-python

Ross SM (2019) *Introduction to Probability Models*, 12th edn. Academic Press

Rossi PE, Allenby GM, McCulloch RE (2005) *Bayesian Statistics and Marketing*. John Wiley & Sons

RStudio (2019) *RStudio: Integrated Development Environment for R*. RStudio, Boston, MA, URL http://www.rstudio.org/, version 1.2.5033

Salvatier J, Wiecki TV, Fonnesbeck C (2016) Probabilistic programming in Python using PyMC3. *PeerJ Computer Science* 2:e55, https://doi.org/10.7717/peerj-cs.55

scikit-learn developers (2019a) *scikit-learn clustering documentation*. URL https://scikit-learn.org/stable/modules/clustering.html

scikit-learn developers (2019b) *scikit-learn supervised learning documentation*. URL https://scikit-learn.org/stable/supervised_learning.html

Seabold S, Perktold J (2010) Statsmodels: Econometric and statistical modeling with Python. In: 9th Python in Science Conference

Sokal RR, Rohlf FJ (1962) The comparison of dendrograms by objective methods. *Taxon* 11(2):33 – 40

Thompson B (2004) *Exploratory and Confirmatory Factor Analysis: Understanding Concepts and Applications*. American Psychological Association

Waskom M, Botvinnik O, O'Kane D, Hobson P, Ostblom J, Lukauskas S, Gemperline DC, Augspurger T, Halchenko Y, Cole JB, Warmenhoven J, de Ruiter J, Pye C, Hoyer S, Vanderplas J, Villalba S, Kunter G, Quintero E, Bachant P, Martin M, Meyer K, Miles A, Ram Y, Brunner T, Yarkoni T, Williams ML, Evans C, Fitzgerald C, Brian, Qalieh A (2018) mwaskom/seaborn: v0.9.0 (July 2018). https://doi.org/10.5281/zenodo.1313201

WedelM, KamakuraWA (2000) *Market Segmentation: Conceptual and Methodological Foundations*, 2nd edn. International Series in Quantitative Marketing, Kluwer Academic

Wong DM (2013) *The Wall Street Journal Guide to Information Graphics: The Dos and Don'ts of Presenting Data, Facts, and Figures*. WW Norton & Company

| 찾아보기 |

ㄱ~ㅎ

A~Z

파이썬으로 하는 마케팅 연구와 분석

데이터 처리부터 시각화까지

발 행 | 2023년 1월 3일

지은이 | 제이슨 슈바르츠 · 크리스 채프먼 · 에리 맥도넬 파이트
옮긴이 | ㈜크라스랩

펴낸이 | 권 성 준
편집장 | 황 영 주
편 집 | 김 진 아
디자인 | 윤 서 빈

에이콘출판주식회사
서울특별시 양천구 국회대로 287 (목동)
전화 02-2653-7600, 팩스 02-2653-0433
www.acornpub.co.kr / editor@acornpub.co.kr

ISBN 979-11-6175-696-7
http://www.acornpub.co.kr/book/python-for-marketing

책값은 뒤표지에 있습니다.